l'esprit d'ouverture

Retrouvez-nous sur la page Facebook
de l'Esprit d'ouverture :

www.facebook.com/esprit.douverture

Inscrivez-vous à la newsletter : recevez des informations en avant-première sur les nouvelles parutions, découvrez les coups de cœur du directeur de collection, Fabrice Midal, et participez aux jeux-concours et autres surprises exclusives. Connectez-vous sur :

www.espritdouverture.fr, rubrique newsletter.

Vous pouvez consulter le site de l'auteur à l'adresse suivante :

www.howtohaveagoodday.com

PASSER
UNE BONNE JOURNÉE
AU BUREAU,
C'EST POSSIBLE

CAROLINE WEBB

PASSER UNE BONNE JOURNÉE AU BUREAU, C'EST POSSIBLE

Traduit de l'américain
par Patricia Lavigne

belfond

Titre original :
HOW TO HAVE A GOOD DAY
Harness the Power of Behavioral Science to Transform Your Working Life
publié par Crown Business, une marque de The Crown Publishing Group, une division de Penguin Random House LLC, New York

Retrouvez-nous sur www.belfond.fr
ou www.facebook.com/belfond

Éditions Belfond,
12, avenue d'Italie, 75013 Paris.
Pour le Canada,
Interforum Canada, Inc.,
1055, bd René-Lévesque-Est,
Bureau 1100,
Montréal, Québec, H2L 4S5.

ISBN 978-2-7144-6055-4
Dépôt légal : septembre 2017

Belfond | un département **place des éditeurs**

place
des
éditeurs

À ma mère et mon père,
qui m'ont donné à la fois la confiance et la motivation

SOMMAIRE

INTRODUCTION 11

LES BASES SCIENTIFIQUES 19
LES DEUX SYSTÈMES DU CERVEAU 24
L'AXE DÉCOUVERTE-DÉFENSE 33
LA BOUCLE CORPS-ESPRIT 42

PARTIE I : LES PRIORITÉS 49
Décider en conscience de l'orientation de sa journée 49
1. Choisir ses filtres 55
2. Se fixer des objectifs solides 71
3. Renforcer ses intentions 85

PARTIE II : LA PRODUCTIVITÉ 99
Exploiter au mieux chaque heure de la journée 99
4. Une chose à la fois 103
5. Planifier des périodes de repos 115
6. Halte au trop-plein 127
7. Vaincre la procrastination 146

PARTIE III : LES RELATIONS 159
Tirer le meilleur parti de chaque échange 159
8. Instaurer de bonnes relations 163
9. Résoudre les tensions 179
10. Révéler le meilleur de chacun 213

PARTIE IV : LA RÉFLEXION 229
Exprimer la part de soi
la plus intelligente, la plus avisée et la plus créative 229
11. En quête de l'illumination 233
12. Prendre des décisions intelligentes 245
13. Booster son cerveau 267

PARTIE V : L'INFLUENCE 287
Maximiser l'impact de chacune de ses paroles
et de ses actions 287
14. Déjouer leurs filtres 291
15. Initier le mouvement 306
16. Avoir confiance en soi 329

PARTIE VI : LA RÉSILIENCE 343
Surfer sur les revers et les contrariétés 343
17. Garder la tête froide 347
18. Passer à autre chose 365
19. Rester fort 377

PARTIE VII : L'ÉNERGIE 387
Nourrir l'enthousiasme et la joie 387
20. Faire le plein d'énergie 391
21. Tirer parti de ses forces 409

POSTFACE : MAINTENIR LE CAP 423
APPENDICE A : Comment réussir ses réunions 429
APPENDICE B : Comment rédiger de bons mails 437
APPENDICE C : Comment revitaliser son quotidien 447

Suggestions de lecture 453
Glossaire 459
Remerciements 467
Notes 473

Introduction

« Comme nous traversons nos jours, nous traversons, évidemment, notre vie entière. »

ANNIE DILLARD

Il y a trente ans de cela, j'ai reçu mon premier salaire. À vrai dire, on ne m'a même pas donné de chèque, juste quelques billets et trois ou quatre pièces glissés dans une enveloppe : la paie pour mon emploi de vendeuse au supermarché du coin. À première vue, ce n'était pas un super job : il était mal payé et manquait totalement de glamour. Je remplissais les rayons, lavais le sol, et l'uniforme qu'on m'avait fourni portait encore les taches faites par sa précédente propriétaire. Un manager revêche gardait constamment l'œil sur nous depuis sa cabine surplombant le magasin. Pourtant, d'une certaine façon, ce boulot me plaisait. L'ambiance de l'équipe était chaleureuse, et il nous arrivait même de temps à autre de passer une soirée ensemble. Les clients étaient satisfaits de ma rapidité à la caisse et cela me procurait une certaine fierté. J'avais le sentiment d'être utile.

Six ans plus tard, j'ai atterri dans un emploi nettement plus chic en tant que chargée de recherche dans un institut d'économie. J'avais mon propre bureau et une multitude de poubelles de recyclage rien que pour moi. Pourtant, je m'y suis rapidement sentie très mal à l'aise. Quoi que je fasse, personne ne s'intéressait à mon travail, et je partais à la dérive. J'ai écrit un énorme rapport très sérieux sur le développement économique de l'Europe postcommuniste qu'à mon avis personne n'a jamais ouvert. J'avais ce qu'on appellerait aujourd'hui un « problème de riche », et j'étais consciente de la chance que représentait ce poste. Malgré tout, trouver l'énergie pour aller au travail devenait un peu plus difficile chaque jour. Et comme, à l'époque, j'ignorais comment changer les choses, j'ai tenu tant bien que mal jusqu'à la fin de mon contrat, avant de continuer ma route sans me plaindre.

Au cours de mon existence, j'ai occupé de nombreux emplois, certains pires, d'autres meilleurs que ces deux-là. J'ai été femme de chambre dans un hôtel, réceptionniste, serveuse. J'ai mené des missions exigeantes comme économiste, consultante en management, ou coach de dirigeants. J'ai travaillé dans le public et dans le privé. J'ai fait partie d'une énorme multinationale, et j'ai lancé ma propre petite start-up. À chaque fois, j'ai abouti au même constat, à savoir que la qualité de mon quotidien n'était pas forcément en rapport avec mon statut social. Il était tout à fait possible de passer de bonnes journées dans de « mauvais » boulots, alors que je n'avais pas forcément une vie très agréable dans les postes les plus prestigieux.

Ce paradoxe est à la source des questions que je me pose depuis toujours sur ce qui permet de s'épanouir au travail, aussi bien mentalement qu'émotionnellement. Ce sujet est devenu une sorte de cause personnelle lorsqu'il m'a fallu trouver un moyen de gérer la pression grandissante de ma vie professionnelle – et plus encore quand j'ai remarqué à quel point mes collègues et mes clients étaient fréquemment frustrés et épuisés, jusqu'à être incapables de donner le meilleur d'eux-mêmes. En fait, toutes les recherches sur la question suggèrent que la moitié (ou plus) des salariés actuels ne se sentent plus impliqués dans leur travail[1]. Si l'on ajoute à ce résultat les jours où les plus motivés et satisfaits d'entre eux connaissent une baisse de forme, on prend conscience de l'énorme gâchis de potentiel humain. Or, l'insatisfaction professionnelle est souvent présentée comme une déception banale de la vie, un fardeau qu'il faut bien supporter en attendant le week-end, et dont on peut même plaisanter avec ses amis (« Quoi de neuf aujourd'hui ? – Oh, le boulot, tu connais. – Ah ah. Pareil pour moi. Tu prends un verre ? »).

C'est pour cette raison que j'ai consacré une grande partie de ma carrière à chercher comment augmenter nos chances de répondre un « Oui, merci » plein d'enthousiasme à la question : « As-tu passé une bonne journée ? » Mes douze années chez McKinsey & Company (cabinet de conseil en gestion) m'y ont considérablement aidée : j'ai pu voir à quoi ressemblait la vie quotidienne de plusieurs centaines de sociétés différentes. Mon travail consistait à aider les structures à orienter leur culture d'entreprise dans une direction plus positive, et j'ai donc passé beaucoup de temps à étudier le comportement et les attitudes des gens ainsi que les procédures. À chaque fois que c'était possible, je posais à mes clients ces trois questions : « Qu'est-ce qu'une bonne journée pour vous ? Une mauvaise ? Et que faudrait-il pour qu'il y en ait davantage de bonnes ? » Puis je me mettais au travail pour leur permettre de transformer leurs mauvaises journées en bonnes journées. Dans certains cas, cela nécessitait un coaching individuel des responsables ; dans d'autres, une réflexion plus collective sur la manière de travailler ensemble. Régulièrement, je constatais que des changements relativement mineurs – comme réajuster sa façon de définir ses priorités ou de gérer les désaccords – permettaient d'obtenir des améliorations majeures en termes de performance et de satisfaction professionnelle. C'était exaltant.

Durant toutes ces années, je me suis largement appuyée sur les travaux toujours plus nombreux qui, en sciences comportementales, étudient les conditions favorables au développement de l'être humain. Bien qu'ayant commencé ma carrière dans le secteur de l'économie, j'ai rapidement ressenti un intérêt profond pour ce qui se passait dans les autres domaines des sciences du comportement, d'où ma décision d'entreprendre une nouvelle formation en psychologie et en neurosciences. Je me suis donc plongée dans la lecture d'articles et d'ouvrages universitaires (plus de 600 jusqu'à aujourd'hui) appartenant à ces trois disciplines, en quête de découvertes susceptibles de se transformer en conseils concrets pour mes clients. C'est de ces multiples recherches et de mon expérience pratique qu'est né *Passer une bonne journée au bureau, c'est possible*.

Finalement, c'est quoi, une bonne journée ?

Au fil du temps, j'ai remarqué que les réponses à la question « Qu'est-ce qu'une bonne journée ? » renvoyaient généralement aux mêmes choses, et qu'elles avaient toutes un rapport avec les petites satisfactions que j'avais ressenties lors de mon modeste emploi au supermarché. Tout d'abord, les gens évoquent d'ordinaire le plaisir de se sentir productifs et de savoir que les efforts qu'ils font en valent la peine. Il y a le sentiment de faire du bon boulot et d'être soutenu par les autres. Et puis, dans l'ensemble, à la fin d'une bonne journée on se sent davantage dynamisé qu'à plat. Cela ne veut pas dire que le travail n'est pas fatigant physiquement ou mentalement, mais il procure suffisamment de joie et de motivation pour compenser l'énergie dépensée.

Évidemment, c'est le hasard qui va faire que tous ces points positifs seront réunis un même jour. Quand on a un collègue grincheux ou que l'on nage en pleine crise, on ne maîtrise pas totalement l'ambiance de la journée. Mais mon expérience m'a conduite à une conclusion réconfortante : nous disposons souvent d'une plus grande marge de manœuvre que nous le pensons. La clé consiste à comprendre quelques principes du fonctionnement du cerveau et du comportement humain. Quand nous connaissons un peu mieux les forces qui orientent nos choix et nos émotions et que nous prenons conscience de l'influence de nos schémas de pensée sur tout le reste, depuis notre perception de la réalité jusqu'à l'humeur des personnes qui nous entourent, la qualité de nos journées cesse d'être uniquement liée au hasard. Grâce à ces points essentiels, trouver comment tirer le meilleur parti de soi-même et des autres devient beaucoup plus clair. On est alors dans une bien meilleure position pour créer le genre de journée que l'on a vraiment envie de vivre.

Par exemple, un cadre dont il sera question un peu plus loin dans cet ouvrage raconte comment il a commencé à avoir, « contre toute attente, des réunions hyper efficaces » après avoir appris un fait bien connu des spécialistes du comportement :

remettre en cause (même très légèrement) le sentiment de compétence d'un individu fait basculer son cerveau en mode défensif et diminue ses capacités de réflexion (donnant alors lieu à une prophétie autoréalisatrice). Par son attitude très abrupte, ce responsable provoquait sans le vouloir cette réaction de défense chez ses collaborateurs, engendrant une forte tension lors des réunions. Mais après avoir modifié sa façon de s'exprimer, ses échanges avec les autres ont rapidement gagné en qualité.

Dans un autre chapitre, une professionnelle chevronnée nous explique comment elle a « soudain » obtenu des opportunités de promotion inattendues après avoir développé sa concentration et sa confiance en elle grâce à de nouvelles techniques. Nous lirons également le témoignage d'une responsable qui a découvert avec plaisir des talents cachés dans son équipe en s'inspirant de travaux qui montrent que les gens sont plus créatifs s'ils disposent d'un type d'espace particulier pour réfléchir. Ailleurs, nous verrons un entrepreneur qui, après avoir compris certains aspects du fonctionnement du circuit cérébral de la récompense, s'est rendu compte qu'il pouvait dire non à son interlocuteur en lui donnant presque le même sentiment de satisfaction que s'il avait accédé à sa requête. Et bien d'autres exemples encore.

Passer une bonne journée au bureau, c'est possible parle de la manière dont on peut multiplier ce genre de « coups de chance » grâce à une connaissance plus approfondie du fonctionnement de nos fabuleux cerveaux.

À propos de l'ouvrage

En écho aux thèmes évoqués par toutes les personnes qui ont répondu à ma question : « Qu'est-ce qu'une bonne journée ? », j'ai organisé ce livre autour de sept parties principales. Les deux premières visent à bâtir une base solide sur laquelle vous appuyer pour toutes vos activités ; elles vous apprendront à définir les vraies priorités et à gérer au mieux votre temps. Les trois suivantes vous aideront à transformer en plaisir de nombreuses tâches et à les mener à bien ; elles vous montreront comment briller dans vos échanges avec les autres, optimiser votre créativité et votre sagacité, et augmenter votre impact. Enfin, les deux dernières seront consacrées aux différentes façons de rester de bonne humeur du matin jusqu'au soir. Pour cela, je vous proposerai plusieurs moyens de développer votre résilience face aux revers ainsi que des stratégies pour accroître votre énergie à tout moment.

En bonus, vous trouverez en fin d'ouvrage des conseils pour adapter les idées présentées dans ces pages à deux incontournables du monde du travail actuel : les mails et les réunions. Une check-list vous permettra également de mettre facilement en application les suggestions pour instiller du peps dans le train-train quotidien.

Preuves scientifiques, méthodes, témoignages

Dernières découvertes scientifiques, techniques simples à utiliser et témoignages concrets se côtoient dans les chapitres qui suivent. Voici quelques précisions à ce propos.

Premièrement, tous les conseils que vous lirez dans *Passer une bonne journée au bureau, c'est possible* se fondent sur des preuves scientifiques rigoureuses établies en psychologie, en économie comportementale ou en neurosciences. J'ai veillé à ne m'appuyer que sur des résultats largement reconnus et reproduits par de nombreux laboratoires de recherche, même s'il m'arrive parfois de faire état d'une expérimentation originale afin d'illustrer un point particulier pouvant faire sourire (ou grogner). J'ai présenté les aspects scientifiques le plus simplement possible, tout en prenant soin de ne jamais les déformer. C'est pourquoi je vous propose dans la section « Les bases scientifiques », juste après cette introduction, un petit guide des trois grands thèmes qui se recoupent tout au long de cet ouvrage. Grâce à lui, vous devriez pouvoir pénétrer sans difficulté au cœur de ces démonstrations fascinantes.

L'objectif de ce livre est de transformer ces différents éléments scientifiques en techniques permettant d'améliorer votre quotidien. Pour plus de clarté, chaque chapitre propose une série de suggestions signalées par des flèches, ainsi qu'un récapitulatif des pistes pour les mettre en œuvre. J'ai présenté les chapitres dans l'ordre qui m'a semblé le plus judicieux, mais si vous êtes aux prises avec un problème professionnel spécifique, rien ne vous empêche d'aller directement aux passages correspondants. Il est tout à fait possible de parcourir les chapitres dans le désordre, surtout si vous avez déjà lu les bases scientifiques.

Comme je l'ai déjà indiqué, vous découvrirez également des dizaines de témoignages de personnes expliquant comment elles ont amélioré leur vie professionnelle grâce aux conseils que je propose. Ensemble, elles représentent presque tous les grands secteurs de l'activité et tous les continents du monde (sauf l'Antarctique). Certaines sont au sommet de leur carrière, d'autres sur la pente ascendante. Hormis deux ou trois cas, je les désigne par leur véritable prénom ; cependant je n'ai pas précisé leur nom ni celui de leur entreprise afin qu'elles ne se retrouvent pas constamment sollicitées. J'espère que leurs histoires vous inspireront autant que moi. Et au cas où vous vous poseriez la question : eh bien oui, j'applique moi-même chaque jour ce que je prône. C'est pourquoi je partagerai moi aussi quelques-unes de mes expériences.

Passez le mot

Nous faisons tous face à des situations que nous n'avons aucun moyen de changer. Les sciences du comportement nous montrent, de façon parfois surprenante, jusqu'où il est possible d'influencer le monde qui nous entoure. Si on l'accepte, des transformations spectaculaires peuvent alors se produire. On a soudain plus de contrôle sur ce qui se passe et davantage de « coups de chance bien planifiés ». Ce qui, en toute logique, se traduit par un plus grand nombre de bonnes journées. À présent, entrons dans le vif du sujet.

Passer une bonne journée au bureau		
AVANT TOUTE CHOSE...	**PUIS LORS DE CHAQUE ACTIVITÉ...**	**... ET TOUT AU LONG DE LA JOURNÉE**
PRIORITÉS Déterminez l'orientation de votre journée PRODUCTIVITÉ Exploitez au mieux chaque heure de la journée	RELATIONS Tirez le meilleur parti de chaque rencontre RÉFLEXION Révélez toute votre intelligence, votre sagacité, votre créativité INFLUENCE Maximisez l'impact de chacune de vos paroles et de vos actions	RÉSILIENCE Tracez votre chemin entre les contretemps et les tracasseries ÉNERGIE Boostez votre enthousiasme et votre sentiment de plaisir

Les bases scientifiques

« Je suis prêt à croire à tout, même aux choses les plus folles et les plus ridicules, à partir du moment où on me montre des preuves. Néanmoins, plus une chose paraît folle et ridicule, plus la preuve doit être irréfutable et solide. »

Isaac Asimov

Nous vivons un âge d'or des sciences comportementales, où chaque semaine semble apporter de nouveaux éclairages sur nos façons de penser, de ressentir et d'agir. Neuroscientifiques, psychologues et économistes passent leur temps à essayer de résoudre les grands mystères de notre époque, des problèmes comme : « Comment ne pas me laisser submerger par ma boîte mail ? », « Pourquoi des gens tout à fait normaux perdent-ils les pédales ? », ou : « Que faut-il faire pour que j'arrête de procrastiner tout de suite (ou tout à l'heure, ou demain) ? » Grâce à la recherche scientifique, on a pas mal de réponses à ces questions capitales.

On peut légitimement se demander ce qui a changé. Pourquoi tant d'articles illustrés d'images de cerveaux fleurissent-ils dans les journaux ? En fait, les trois disciplines à la base de cet ouvrage – la psychologie, l'économie comportementale et les neurosciences – existent depuis plus d'un siècle. Sauf qu'aujourd'hui nous sommes au croisement de plusieurs tendances majeures qui rendent ces trois sciences du comportement plus faciles à utiliser dans notre quotidien. Avant d'exposer les trois grands thèmes scientifiques qui se recoupent tout au long de ce livre, j'aimerais vous dire quelques mots sur ce qui nous a conduits à ce carrefour.

Psychologie : le bien-être en point de mire

Durant la plus grande partie de son histoire, la psychologie s'est principalement intéressée aux causes des comportements négatifs. Les chercheurs ont réalisé un travail considérable pour comprendre des pathologies telles que la paranoïa ou la dépression ; ils se sont penchés sur les forces en action dans les phénomènes de peur et d'agressivité. Sachant cela, on ne sera pas surpris d'apprendre que l'une des plus célèbres expériences de psychologie est celle, très controversée, de Stanley Milgram. Il voulait découvrir jusqu'où les gens étaient prêts à aller sous la pression de l'autorité : des sujets volontaires accepteraient-ils d'envoyer des chocs électriques potentiellement mortels à des inconnus juste parce qu'une personne en blouse blanche leur en donnait l'ordre[1] (un nombre troublant d'entre eux obéirent) ? Ce genre de recherche a mis en lumière de façon indéniable les complexités de l'esprit humain et jeté les bases des sciences du comportement. Pour autant, on pouvait difficilement en tirer des conseils immédiatement applicables à la vie de tous les jours.

Ces dernières années, cependant, on s'est mis à explorer ce qui favorisait un comportement positif. Le catalyseur le plus visible de ce changement a peut-être été l'élection de Martin Seligman, professeur à l'université de Pennsylvanie, à la tête de l'American Psychology Association (Association américaine de psychologie) en 1998. Jusqu'alors, Seligman avait consacré ses travaux à l'étude du sentiment d'impuissance. Mais, une fois président, il annonça que le thème de son mandat serait la « psychologie positive », c'est-à-dire l'examen approfondi de ce dont nous avons besoin pour donner le meilleur de nous-mêmes. Depuis, les psychologues explorent les aspects agréables de l'expérience humaine : ce qui nous aide à nous développer, nous met de bonne humeur et nous rend plus productifs. C'est justement ce qu'une majorité d'entre nous a envie de savoir, en particulier en cette période où nos lieux de travail ressemblent fort à une expérience de Milgram.

L'économie : des théories comportementales plus réalistes

À peu près au même moment, l'économie a elle aussi évolué. Au départ, elle s'intéressait à la manière dont nous effectuons des choix : comment nous comparons les avantages et les désavantages de différentes options, et comment nous prenons la décision finale. Il peut s'agir de choix banals, par exemple ce que nous mangerons à midi, ou lourds de conséquences, comme poursuivre ou non un projet de plusieurs millions de dollars. Quelle que soit la situation, les économistes anticipaient les choix de chacun à partir de modèles théoriques qui estimaient que les humains évaluent judicieusement et de façon indépendante les avantages de chaque possibilité. Mais ces modèles étaient incapables d'expliquer une large part des comportements réels : par exemple, pourquoi il nous arrive parfois de prendre brusquement une décision à partir d'un minimum d'informations, ou de changer d'avis en fonction de ce que les autres pensent, ou encore de faire preuve de générosité sans rien attendre en retour.

Ce questionnement poussa deux psychologues, Daniel Kahneman, de Princeton, et Amos Tversky, de Stanford, à proposer une tout autre vision des choses, en 1979, dans un article paru dans *Econometrica*, un magazine économique de premier plan. Dans cet article, ils soulignent le fait que les gens *ne se comportent pas* comme des machines en matière de choix[2], mais suivent des considérations émotionnelles et sociales, souvent pour de bonnes raisons et de manière assez prévisible. Ce fut le début d'une révolution. Bientôt apparut un nouveau mouvement : l'« économie du comportement ». Il s'agissait d'appliquer les puissants outils d'analyse de l'économie à l'étude de la façon dont les personnes réelles prennent leurs décisions dans la vraie vie. Résultat ? Eh bien, Kahneman obtint le prix Nobel d'économie en 2002, mais surtout, ce qui est plus important pour nous, les économistes ont aujourd'hui une compréhension plus nuancée et plus juste des choix que nous effectuons tous les jours et des facteurs qui influencent notre comportement.

Les neurosciences : des outils sophistiqués pour mesurer l'activité cérébrale

D'énormes progrès technologiques ont permis aux scientifiques d'observer des cerveaux ordinaires en action. Ils disposaient déjà depuis longtemps de toute une gamme d'appareils pour étudier les structures et l'activité cérébrales. Mais ces techniques exposaient souvent le sujet à des doses importantes de radiations, ce qui en faisait des outils mal adaptés à la recherche non médicale. Depuis les années 1990, avec le perfectionnement constant de technologies d'imagerie moins risquées (notamment la mise au point de l'IRM fonctionnelle), les neuroscientifiques examinent plus facilement ce qui se passe dans le cerveau de sujets *en bonne santé* dans des situations normales. Ils peuvent voir quelles régions du cerveau s'activent lorsqu'une personne est touchée par une attitude bienveillante ou galvanisée par un succès. Ils peuvent observer l'activité neuronale liée à un sentiment de tristesse ou au stress (au-delà du fait que cette personne est allongée dans un tube métallique assourdissant, le crâne couvert d'électrodes).

Grâce à ces avancées, les neuroscientifiques ont une compréhension de plus en plus fine des mécanismes biologiques qui sous-tendent nos pensées, nos sentiments et nos actes quotidiens. Résultat, ils s'intéressent aux mêmes questions comportementales que les psychologues et les économistes, comme, par exemple, la manière dont nous résolvons les problèmes difficiles et abordons les interactions sociales complexes. Un bon nombre d'études citées dans cet ouvrage sont le résultat d'une collaboration entre les trois disciplines des sciences du comportement ; nous sommes, semble-t-il, en pleine ère du « neuro-psycho-économique » (ou quelque chose comme ça). Et ce mélange interdisciplinaire est une très bonne chose. Nous allons pouvoir tirer profit de points de vue complémentaires (biologique, basé sur l'observation, et analytique) sur les sujets qui nous concernent – et nous aurons ainsi des avis plus pertinents pour être au mieux de notre forme au travail.

La période actuelle est particulièrement propice pour comprendre comment la science peut contribuer à notre développement.

Trois thèmes importants

La science fait de façon constante de très intéressantes découvertes. Comment les utiliser dans notre quotidien au travail, c'est là tout le sujet de *Passer une bonne journée au bureau, c'est possible*. Ce livre a pour objectif d'adapter les résultats des meilleures recherches au contexte professionnel d'aujourd'hui (missions difficiles, emplois du temps surchargés, relations complexes) pour vous aider à rendre chaque journée plus agréable et productive.

Avant de découvrir les sept piliers à partir desquels construire une bonne journée, j'aimerais mettre en lumière trois thèmes importants communs aux trois disciplines citées qui reviendront tout au long de ces pages. Cela vous permettra de mieux aborder les preuves scientifiques et les indications détaillées dans chaque chapitre. (Si vous préférez passer directement à la partie I et commencer par les applications pratiques, ce n'est pas un problème : vous trouverez un glossaire à la fin de l'ouvrage, et il vous sera toujours possible de revenir à cette section plus tard.) Ces trois thèmes sont, en bref :

1. Les deux systèmes du cerveau. L'activité cérébrale se divise en deux systèmes complémentaires : l'un volontaire et sous contrôle, l'autre automatique et instinctif. La combinaison des deux nous rend intelligents et productifs. Mais nous pouvons encore augmenter nos ressources cognitives en adaptant notre façon de travailler de manière à prendre en compte nos forces et nos faiblesses particulières.

2. L'axe découverte-défense. Inconsciemment, nous sommes sans cesse à l'affût de menaces contre lesquelles nous défendre et de satisfactions potentielles. Il suffit de très peu de chose pour mettre notre cerveau en mode défensif – qui n'est pas celui où nous nous montrons le plus intelligent. Cependant, avec un peu de conscience de soi et la recherche de certains types de récompenses, nous pouvons revenir au mode découverte et retrouver notre capacité de réflexion.

3. La boucle corps-esprit. Les liens entre l'état de notre corps et celui de notre esprit sont beaucoup plus étroits que nous l'imaginons. C'est pourquoi certaines actions physiques simples ont un effet dynamisant immédiat sur nos performances intellectuelles, sur notre résilience émotionnelle et sur notre confiance en nous.

THÈME 1 : LES DEUX SYSTÈMES DU CERVEAU

Notre cerveau est un organe impressionnant à tous points de vue. Il gère les fonctions de notre organisme tout en nous offrant une énorme capacité de stockage de souvenirs et d'idées complexes. Il est également capable de véritables prouesses en termes de traitement de données ou d'analyse, nous permettant de réaliser des choses aussi diverses que calculer mentalement, deviner les motivations d'autrui, garder notre calme face à une provocation ou sortir une blague un peu nulle. Si notre cerveau était un smartphone, il se vendrait comme des petits pains.

Pour arriver à ce résultat, notre système cérébral contrôle en parallèle deux systèmes. Chacun possède ses propres atouts, et c'est l'association des deux qui nous confère une telle puissance intellectuelle. Depuis de nombreuses années, les psychologues ont observé que notre esprit semble fonctionner selon deux modes : l'un plus analytique, l'autre plus instinctif[3]. Daniel Kahneman a popularisé ce concept en recevant le prix Nobel d'économie en 2002. Dans son discours de réception, il a expliqué ce qui distingue l'« intuition automatique » et le « raisonnement délibéré », deux concepts au cœur de son best-seller *Système 1, système 2, les deux vitesses de la pensée*[4]. Voyons maintenant ce qu'il voulait dire, et en quoi cela nous concerne dans l'univers professionnel.

Le système délibéré

Commençons par aborder le système dont nous sommes le plus conscient, celui qui contrôle ce que nous faisons consciemment et attentivement. Il se situe en majeure partie dans la région du cerveau appelée cortex préfrontal et porte de nombreuses appellations. Dans les cercles scientifiques, on parle parfois de « système contrôlé », « explicite » ou « réfléchi ». Daniel Kahneman, lui, le désigne sous le nom de « système lent » parce qu'il est, de fait, le plus lent des deux[5]. Personnellement, je m'y référerai sous le nom de *système délibéré*.

En gros, le système délibéré est à la base des comportements adultes, ceux qu'on n'attend pas d'un enfant (voire d'un adolescent), et qui se caractérisent par des capacités de raisonnement, de contrôle de soi, et de planification.

Le raisonnement, ce n'est pas uniquement la pensée logique, mais tous les efforts effectués pour trouver la réaction la plus adaptée face à une situation inhabituelle. Quand nous corrigeons un document rempli de fautes ou que nous cherchons à aider un collègue hyper stressé, nous faisons appel à notre système délibéré. Nous lui demandons d'examiner certaines informations, de mettre en lien ces informations avec nos expériences passées, de trouver du sens à tout ça, d'élaborer différentes options possibles, et de les comparer de manière judicieuse. Ce processus peut réclamer une réflexion logique, mais il requiert également de l'empathie et de la créativité.

Le contrôle de soi est, lui aussi, un concept plus large qu'on le pense généralement. Il intervient bien entendu chaque fois que l'on résiste à la tentation, par exemple quand on se retient de dire à une collègue ce qu'on pense de sa nouvelle coupe de cheveux. Il est au cœur de ce que les scientifiques appellent la *régulation émotionnelle* (ne pas perdre son sang-froid quand on se sent énervé). Le contrôle de soi, c'est aussi l'aptitude à rester concentré malgré les distractions extérieures.

Enfin, notre système délibéré superactif se charge d'anticiper, c'est-à-dire qu'il se fixe des objectifs et se donne les moyens de les atteindre. Il faut pour cela une pensée abstraite : imaginer l'avenir, examiner différentes pistes, et évaluer les avantages des unes ou des autres. Nous effectuons ce genre de calculs complexes tous les jours, même quand notre objectif se limite à nous organiser pour arriver à l'heure en réunion.

En résumé, le système délibéré est chargé de nous faire agir de la meilleure façon. Lorsqu'il a les pleins pouvoirs, il nous rend avisés, maîtres de nous-mêmes et fiables. Mais soyons honnête : ce n'est pas toujours le cas. Car le système délibéré a plusieurs limites.

Intelligent, mais petit, séquentiel et lent

Tout d'abord, il possède une capacité restreinte dans la mesure où il repose pour une large part sur la *mémoire de travail*. Mi-bloc-notes servant à consigner les nouvelles données, mi-bibliothécaire permettant d'accéder aux expériences enregistrées, la mémoire de travail est l'espace de l'esprit conscient où nous conservons les informations le temps de voir ce que nous allons en faire. Sauf que notre bloc-notes n'a pas un nombre de pages illimité. On a longtemps estimé que nous pouvions retenir sept informations à la fois, mais des recherches récentes parlent plutôt de trois ou quatre[6].

Ces trois ou quatre morceaux d'information peuvent être importants ou non. Supposons par exemple qu'une nouvelle idée à propos d'un projet commence à prendre forme dans votre esprit. Votre mémoire de travail est remplie de pensées là-dessus. Soudain, le nom d'un collaborateur que vous êtes censé appeler vous vient à l'esprit. Puis un message s'affiche sur votre écran. Peut-être même qu'un voyant clignote sur votre téléphone. Or, toutes ces choses occupent de l'espace dans votre mémoire de travail. Brusquement votre système délibéré n'arrive plus à réfléchir clairement à la nouvelle idée, car une partie des pensées la concernant a été éjectée de votre bloc-notes pour faire de la place au nom du collègue, au message et au voyant (Quelle *était* cette idée déjà ?). Donc, la taille de notre mémoire de travail limite l'aptitude du système délibéré à exceller dans les activités de raisonnement, de contrôle de soi et de planification évoquées ci-dessus.

En fait, bien que le système délibéré ait accès à environ trois ou quatre éléments d'information en même temps, les recherches semblent prouver qu'il ne peut, au fond, *faire* qu'une seule chose à la fois. Répondre au téléphone en consultant ses mails peut donner l'impression de mener plusieurs tâches de front. Mais, en réalité, le système délibéré ne traite rien simultanément : il effectue des allers-retours entre une activité et l'autre[7]. En plus, il se fatigue assez vite. Si on ne repose pas le cerveau et si on ne le réalimente pas régulièrement, la qualité de nos facultés de raisonnement, de contrôle de soi et de planification se détériore rapidement[8]. Le surmenage d'une partie du système délibéré peut diminuer ses capacités dans toutes ses autres dimensions. Ainsi, des études montrent que le fait de demander à ce système de mémoriser un nombre à sept chiffres aléatoires le rend moins apte à générer suffisamment de contrôle de soi pour résister à une part de gâteau bourrée de calories[9]. Pas étonnant dans ces conditions que l'on ait du mal à faire preuve de créativité au bout d'une réunion interminable : notre système délibéré, qui a dépensé toute son énergie pour rester concentré et poli pendant des heures, n'a quasiment plus de réserves pour des idées géniales.

Ces limites de notre système délibéré ne poseraient pas de problème si nos vies étaient simples. Mais ce n'est pas le cas. Nous sommes constamment bombardés d'informations et de choix à effectuer. Même dans les conversations les plus brèves, notre cerveau doit traiter non seulement la signification des mots prononcés mais aussi les subtils détails de l'attitude de notre interlocuteur : le ton de sa voix, son langage corporel, et ce qu'il tente peut-être de communiquer avec sa nouvelle coupe de cheveux audacieuse. Il y a une multitude d'objets dans notre champ de vision, chacun susceptible de capter notre attention. En plus de tout cela, notre cerveau doit évaluer rapidement ce qu'il convient de faire, penser ou dire face à ce déluge d'informations. Si vous essayiez de traiter consciemment la moindre de ces données et d'examiner en profondeur chaque type d'action possible, votre encéphale tomberait en panne tel un ordinateur saturé.

Le système automatique

Alors, comment nous débrouillons-nous pour gérer ce bombardement incessant ? La réponse réside dans l'héroïque second système de notre cerveau : le *système automatique*. Comme le système délibéré, il possède de nombreuses dénominations. Certains scientifiques le nomment « système réflexif », tandis que d'autres lui donnent un nom d'animal comme « le chimp » (pour chimpanzé) ou « l'éléphant ». Vous le connaissez peut-être sous celui d'« inconscient ». Daniel Kahneman, lui, parle de « système rapide » en référence à sa vitesse d'action nettement supérieure à celle du système conscient, sophistiqué mais beaucoup plus lent. Mais derrière chacune de ces appellations se cache le même système, dont la magie est d'avoir automatisé la majeure partie de nos actes quotidiens, les transformant en processus rapides et involontaires, et nous évitant d'avoir à penser consciemment au moindre de nos actes. Ainsi soulagé, notre système délibéré peut se concentrer sur les domaines où il excelle, comme appréhender des situations inhabituelles, résister à la tentation, et planifier. C'est intelligent et efficace, la plupart du temps.

Notre système automatique soulage notre système délibéré de plusieurs manières. La plus évidente consiste sans doute à prendre en charge nos activités les plus banales en en faisant des automatismes. Cela peut être très basique, comme fermer sa porte en partant de chez soi ou prendre un escalator sans tomber en arrière. Mais cette fonction de pilotage automatique gère également des actions complexes à partir du moment où elles deviennent très courantes, ce qui explique que l'on arrive à se rendre en voiture au travail sans avoir à se concentrer sur l'itinéraire.

Le système automatique peut effectuer plusieurs actions simultanées, contrairement au délibéré qui est plutôt du genre

« une chose à la fois, s'il vous plaît ». Grâce à cette faculté, il peut traiter d'énormes quantités de données – enregistrer les expériences du jour et les relier au souvenir de nos expériences passées, par exemple – tandis que le système délibéré s'occupe des activités conscientes du quotidien. Nous sommes rarement conscients de tout ce processus sous-jacent, sauf quand il contribue à l'un de ces « éclairs de génie », quand une idée lumineuse nous vient brusquement à l'esprit.

Le système automatique utilise encore un autre moyen pour préserver notre énergie mentale : il balaye rapidement les informations et les idées, sélectionne ce qui est pertinent, et rejette le reste. Et comme ce processus se déroule en deçà de la conscience, nous ne percevons pas tout ce qu'il élimine en tant que « spam » hors sujet. Ce filtrage réduit considérablement le nombre de choses auxquelles notre système délibéré doit s'intéresser.

À propos du filtre antispam

Comment notre système automatique cérébral parcourt-il et filtre-t-il les données aussi rapidement ? En bref, il prend des raccourcis, un peu à la manière des systèmes antispam des messageries. Ainsi, quand votre ordinateur envoie dans les « indésirables » les mails entrants adressés à un nombre important de destinataires, il ne les lit pas, mais se contente d'appliquer une règle de base selon laquelle les mails groupés sont souvent des « indésirables ». Il arrive que l'antispam se trompe, mais cette méthode offre un gain de temps certain par rapport au fait de devoir lire tous les messages groupés. De la même façon, le système automatique adopte quelques raccourcis simples afin d'alléger notre boîte mail mentale – des raccourcis le plus souvent utiles, mais parfois un peu à côté de la plaque.

Les experts du comportement ont identifié plusieurs centaines de ces raccourcis, qu'ils qualifient d'*heuristiques*, et leur ont donné des dénominations que vous reconnaîtrez peut-être : biais de confirmation, pensée de groupe, amorçage, etc. J'en détaille quelques-uns au fil des pages de cet ouvrage (et vous trouverez un glossaire à la fin). Mais tous ces raccourcis ont un point commun : ils dirigent l'attention consciente du système délibéré vers ce qui semble simple à comprendre et repoussent les choses plus difficiles à appréhender. Tous sont une version du dialogue suivant entre le monde réel et le système automatique impatient de notre cerveau :

MONDE RÉEL : Tout ça est très complexe... J'ai beaucoup de choses à te dire à ce sujet. Il y a des zones grises... Tout le monde est différent, et il n'y a pas une bonne façon de voir les choses...

SYSTÈME AUTOMATIQUE : Écoute, laisse-moi faire des hypothèses simples sur ce qui est important, et me concentrer là-dessus. D'accord ?

Il en résulte cette étonnante vérité, à savoir que nous n'expérimentons jamais le monde tel qu'il est, mais sa version révisée et simplifiée. La psychologue Anne Treisman, de Princeton, a identifié cette *attention sélective* du système automatique dès 1967[10]. Mais, encore maintenant, cette caractéristique reste difficile à accepter pour beaucoup d'entre nous. Nous préférons penser que nous avons une vision juste de la réalité, et nous avons d'autant plus de mal à croire à la réalité de ce filtrage qu'il est automatique, et donc inconscient.

D'où l'intérêt de la vidéo réalisée par les psychologues Chris Chabris, d'Union College, et Dan Simons, de Beckman College, qui prouve son existence. Dans cette vidéo désormais célèbre, ils montrent qu'un individu déguisé en gorille peut passer au beau milieu d'un match de basket sans que la moitié des spectateurs le remarque, même si le « gorille » s'arrête face caméra pour se frapper le poitrail tandis que les joueurs continuent à lancer le ballon autour de lui[11].

Dans ma pratique de consultante, je peux vérifier les résultats de Chabris et Simons à chaque fois que je montre la vidéo à un groupe : systématiquement, au moins la moitié des participants ne voient pas le gorille. Pourquoi ? Parce qu'avant de commencer je fais la même chose que Chabris et Simons : je leur demande de compter le nombre de passes entre les basketteurs en T-shirt blanc. À partir de là, leur système automatique applique une règle simple et extrêmement efficace qui pourrait se traduire par l'équation suivante : « Tâche requise = objet sur lequel se concentrer ; tout le reste = objet à ignorer[12]. »

Le système automatique économiseur d'énergie ne se contente pas de filtrer les perceptions du monde extérieur. Il rationalise également nos prises de décision en nous orientant vers le choix qui requiert le moins d'efforts conscients. S'il existe une option possible clés en main, une possibilité qui ne demande pas de se projeter trop loin dans le futur ou qui fait écho à quelque chose que l'on a entendu peu de temps avant, notre système automatique se dit : « Génial ! Appliquons la règle "option la plus évidente = meilleure option". Pas besoin de réfléchir plus longtemps. »

À l'instar de nos raccourcis perceptuels, ces raccourcis dans la prise de décision nous sont surtout utiles dans le quotidien. Si vous cherchez un restaurant pour déjeuner, votre système automatique vous évitera d'avoir à lire des dizaines de critiques gastronomiques ; il vous rappellera peut-être inconsciemment le collègue italien qui vous a salué avec un chaleureux *buongiorno* dans l'ascenseur, ce qui vous incitera à réserver une table chez Luigi, ce charmant restaurant italien ouvert depuis peu. Problème résolu. Cependant, emprunter un raccourci n'est pas forcément la meilleure solution en cas de choix plus crucial. Si, par exemple, vous devez décider dans quel pays ouvrir une filiale de votre société et que l'Italie se retrouve en tête de votre liste, vous n'aurez pas vraiment envie que ce soit parce que vous avez pensé à votre sympathique collègue.

Le côté positif

Les spécialistes du comportement disent souvent que les raccourcis empruntés par notre système automatique nous rendent relativement irrationnels, dans la mesure où ils nous empêchent de voir des aspects importants de ce qui nous entoure et nous orientent plus vers la facilité que vers les bonnes solutions. Ce à quoi je répondrai que notre cerveau adopte une stratégie extrêmement rationnelle qui vise à faire le meilleur usage possible de notre faible quantité d'énergie mentale. Il faut juste que nous comprenions l'interaction entre les systèmes délibéré et automatique afin de tirer le meilleur parti de leurs forces complémentaires et de compenser leurs faiblesses. Je présenterai tout au long de ce livre plusieurs moyens de parvenir à ce résultat.

Tout d'abord, on peut se montrer plus proactif en indiquant au cerveau ce qui est suffisamment « important » pour mériter notre attention consciente, l'invitant ainsi à le prendre en compte dans son filtrage des spams. Puisque notre réalité est subjective, autant essayer qu'elle ressemble au maximum à ce que l'on aimerait qu'elle soit. J'explique comment y parvenir dans la partie I consacrée à l'importance d'être clair sur ses intentions.

Nous pouvons également employer intelligemment la capacité limitée du système délibéré en allégeant la charge de notre précieuse mémoire de travail dès que c'est possible. Je vous indiquerai plusieurs techniques allant dans ce sens, à appliquer selon différents moments : celui où l'on décide de ses objectifs, celui où l'on organise sa charge de travail, et celui où l'on résout un problème (respectivement dans les parties I, II et IV). La partie IV propose par ailleurs quelques procédures de routine simples pour ralentir le rythme de manière à profiter plus pleinement de la sagesse du système délibéré quand on doit prendre une décision lourde de conséquences.

Le fait que chacun d'entre nous possède sa propre vision incomplète du monde permet également de comprendre les nombreux désaccords qui surgissent au travail. Imaginez une discussion entre les personnes à l'œil de lynx qui ont repéré le gorille et les autres, centrées sur leur objectif, qui ne l'ont pas vu. Toutes sont certaines de détenir la vérité et pensent que les autres sont devenus fous (« Il y avait un gorille ! », « Ne dites pas n'importe quoi ! En plus vous ne savez pas compter ! »). Nos cerveaux effectuant tous des choix légèrement différents sur ce qui mérite notre attention, ce genre de malentendu est forcément monnaie courante. Dans la partie III, j'exposerai plusieurs techniques pour résoudre de telles tensions ; et dans la partie V, je vous expliquerai comment traverser les filtres antispam de vos interlocuteurs afin qu'ils s'intéressent à vos idées.

Enfin, le caractère subjectif de la réalité signifie également que dans toute situation, si négative soit-elle, il existe une autre façon de voir les choses. Nous avons beaucoup plus d'influence sur la manière dont nous percevons ce qui nous arrive que nous le pensons généralement. Comme vous le découvrirez dans la partie IV où il est question de résilience, cette prise de conscience peut avoir un effet extrêmement libérateur face aux aléas de la vie professionnelle.

CE QU'IL FAUT RETENIR DU CERVEAU À DEUX VITESSES

- Le *système délibéré* assume des fonctions sophistiquées telles que le raisonnement, le contrôle de soi et la planification. Il excelle dans la prise en charge de tout ce qui est inhabituel, complexe ou abstrait. Mais sa capacité est limitée et il se fatigue vite. Quand il est trop sollicité, surchargé ou distrait, on devient de moins en moins judicieux, équilibré et fiable.
- Le *système automatique* allège la charge du système délibéré en automatisant la plus grande partie de nos actions et en prenant des raccourcis qui éliminent les informations et les options « non pertinentes ». Une particularité vraiment utile, mais qui crée inévitablement des angles morts. Et notre incapacité à avoir une vision totalement objective de la réalité entraîne parfois des malentendus ou de mauvais choix.
- On obtient le meilleur de ses capacités cérébrales en ajustant les limites de chaque système. Pour cela, il faut créer les bonnes conditions pour un fonctionnement maximal du système délibéré et savoir à quel moment ralentir et passer en pilotage automatique.

THÈME 2 : L'AXE DÉCOUVERTE-DÉFENSE

À chaque instant, notre cerveau scanne notre environnement à l'affût d'éléments désagréables à éviter et de choses agréables vers lesquelles nous élancer. « Est-ce une menace ou une satisfaction ? » est la première question qu'il se pose face à tout ce qu'il croise : chaque mail reçu, chaque conversation. En fonction de la réponse, il déclenche le comportement approprié. Soit nous prenons des dispositions pour nous protéger de la « menace », soit nous accueillons la « satisfaction » avec plaisir.

Cette question fondamentale de « la menace ou la satisfaction » dicte en grande partie notre comportement. C'est elle qui explique pourquoi nous agissons d'une certaine façon quand nous nous sentons en danger ou quand nous trouvons la vie plutôt agréable. Dans cet ouvrage, je nomme *mode défensif* l'état dans lequel on pense d'abord à se protéger, et *mode découverte* celui où on a l'impression que le monde entier nous soutient. Et vous ne serez pas surpris si je vous dis que nous avons beaucoup plus de chances de passer une bonne journée si nous arrivons à passer le moins de temps possible en mode défensif. Maintenant, voyons un peu plus en détail chacun de ces modes, et comment rester dans le plus confortable des deux.

Le mode défensif : se protéger des menaces

Imaginez que vous vous rendiez au travail, l'esprit occupé par une réunion importante sur un nouveau projet. Tout en consultant votre agenda pour vérifier la date et l'endroit prévus, vous vous avancez pour traverser entre deux voitures garées. Avant même que vous ayez compris ce qui se passe, un camion vous frôle à toute vitesse. Par chance, vous avez eu le temps de vous jeter en arrière et d'échapper au danger. Votre cœur bat la chamade, et vous vous apercevez que vous avez lâché votre téléphone. Heureusement, il est toujours entier, et vous aussi.

Dans ces moments où nous frôlons la mort, nous sentons viscéralement se réveiller en nous ce que le neuroscientifique Joseph LeDoux, de l'université de New York, nomme le « circuit de la survie », un ensemble de connexions neuronales enfouies en profondeur dans le système automatique de notre cerveau[13]. Lorsque ce circuit repère le moindre signe de danger, il travaille à toute allure pour nous protéger en déclenchant une réaction de *lutte*, de *fuite* ou d'*inhibition*. Ce qui signifie que nous pouvons frapper à notre tour (lutte), prendre nos jambes à notre cou (fuite), ou nous figer sur place en essayant de comprendre la nature de la menace (inhibition). Dans le cas du camion, la stratégie qui vous a sauvé la vie était essentiellement celle de la « fuite » (se jeter en arrière), avec peut-être un peu d'« inhibition » le temps de réaliser ce qui se passait. Si vous avez lancé quelques mots bien choisis au conducteur du camion, vous avez également ajouté une pointe de « lutte » à l'ensemble.

Cette réaction de défense est un bon exemple de prise de contrôle par le puissant système automatique cérébral. Ici, ce système n'influe pas simplement sur notre perception ou nos choix, comme décrit dans la section précédente, mais il dirige nos actions immédiates. Et il parvient à ce résultat en amplifiant quelque chose d'habituel. Quand nous nous exhortons d'une façon ou d'une autre à faire quelque chose, par exemple aller travailler le matin ou prendre la parole en réunion, notre système nerveux diffuse dans notre organisme des hormones appelées adrénaline et noradrénaline. En quantité modérée, ces hormones nous aident à nous sentir éveillés et vivants, aiguisent notre motivation et focalisent notre attention pour nous permettre de relever le défi du trajet ou de la visioconférence.

Mais quand la situation semble incontrôlable, notre cerveau et nos glandes surrénales activent des quantités plus importantes d'adrénaline et de noradrénaline et produisent une troisième hormone, le cortisol, dont l'action est plus lente, mais plus durable[14]. Cet afflux de substances chimiques transforme alors notre état d'éveil en quelque chose de plus intense : notre pouls s'accélère et notre cœur se met à battre plus fort pour envoyer un maximum de sang riche en oxygène dans nos muscles ; notre champ de vision tend à se rétrécir pour se focaliser sur le danger. « Vas-y, laisse-le venir, nous presse notre organisme. On est prêt à lutter, à fuir ou à s'immobiliser pour te défendre contre cette saleté de menace. »

Le circuit de la survie à la base de cette réaction d'urgence implique une structure cérébrale appelée *amygdale*.

Constamment à l'affût d'éléments incertains, ambigus, ou nouveaux, y compris les menaces potentielles au sein de notre environnement, cette région d'une extrême sensibilité réagit à des déclencheurs aussi minimes que l'image d'un inconnu fronçant les sourcils[15]. Et dès que l'amygdale note un élément inquiétant, elle déclenche la réaction de lutte, fuite ou inhibition. Tout ce processus est trop rapide pour être conscient – un facteur déterminant quand un millième de seconde peut nous sauver la vie (comme lorsqu'on manque de se faire renverser par un camion).

Ce type de réaction instantanée est impressionnant. Toutefois, en volant à notre secours, le circuit de la survie présente deux défauts. Tout d'abord, sa rapidité d'action s'exerce souvent aux dépens de sa précision. Son mantra est : « Mieux vaut prévenir que guérir. » Si une ombre dans un coin de la pièce ressemble à un intrus, nos défenses entrent aussitôt en action. C'est seulement après ce réflexe inconscient que la partie plus sophistiquée du cerveau intègre des détails plus subtils : cette masse sombre, là, c'est bien votre animal de compagnie et non un voleur. On se sent alors idiot et on éclate de rire. Mais on continue à haleter.

Le second défaut vient de la stratégie cérébrale. En cas de menace, le cerveau intensifie la réaction défensive en puisant dans les ressources du système délibéré, plus élaboré mais plus lent. Quand on est pourchassé par un tigre dans la savane, pas besoin de se poser trente-six mille questions. Mais si la « menace » exige plus de réflexion que de muscles (par exemple, une plainte d'un client, ou un délai qui se raccourcit inopinément), il est dommage de débrancher ses meilleures facultés cognitives. Récemment, Amy Arnsten, professeur de neurobiologie à Yale, a établi que le passage en mode défensif avait un plus grand impact sur l'intellect que ce qu'on pensait jusqu'alors. Elle s'est aperçue que l'exposition à un stress négatif, même relativement faible, réduisait significativement l'activité au sein du cortex cérébral préfrontal, la région où se produit l'essentiel du travail du système délibéré[16].

Vous me menacez ?

Nous avons échappé à la vie tumultueuse que menaient nos ancêtres dans la savane, mais notre circuit de la survie continue à nous protéger avec le même zèle qu'autrefois dans le monde professionnel policé qui est le nôtre aujourd'hui. C'est ainsi qu'opère le mode défensif de notre cerveau. Il est aussi prompt à réagir à un affront personnel ou au coup bas d'un collègue qu'à une menace physique réelle. Notre réaction de lutte, de fuite ou d'inhibition peut se déclencher juste parce que quelqu'un met trop de temps à répondre à un message ou parce qu'un collègue désapprouve notre travail. On peut s'étouffer (inhibition) devant un défi, feindre ou se déconnecter (fuite) quand on se sent dépassé par les événements, ou hurler (lutte) sur les autres parce qu'on a l'impression qu'ils nous laissent tomber[17]. (Je détaille plus loin les types de « menaces » au bureau qui font basculer la plupart d'entre nous en mode défensif ; vous en trouverez la liste récapitulative au chapitre 9.)

Et, comme pour les dangers physiques, il arrive que notre circuit de la survie se trompe. Cet homme devant la machine à café a froncé les sourcils en vous regardant ? C'est peut-être qu'il croit que vous êtes passé devant les autres. Ou peut-être pas. Si ça se trouve, il vient juste de se rendre compte qu'il va être en retard à sa réunion. Sauf que maintenant vous lui renvoyez son regard noir. Votre cerveau est tellement occupé à diriger de l'énergie vers votre moi « défensif » que vous vous apercevez quelques secondes trop tard qu'il s'agit du nouveau directeur financier dont il serait bon d'obtenir l'appui pour un de vos projets. Quel dommage que vous n'en ayez pas profité pour engager la conversation ! (Circuit de la survie : 1, système délibéré : 0.)

Ce mode de fonctionnement est un véritable casse-tête dans le monde professionnel. Notre système défensif nous protège des menaces mortelles, Dieu merci, mais une fois qu'il s'active, nos capacités de réflexion ne sont pas à leur meilleur niveau. Pile au moment où nous voudrions montrer notre facette la plus évoluée, par exemple dans une situation délicate ou complexe, notre cerveau nous pousse parfois à nous conduire comme un animal pris au piège. Notre mode défensif est responsable de la majorité de ces moments où nous réalisons avec un « Oh non ! » horrifié que nous venons de faire une grosse bourde. Sans lui, les mails incendiaires et les disputes territoriales seraient nettement moins nombreux.

Voilà qui explique bien des choses

Mais, comme toujours, il y a un bon côté à tout ça. Une fois qu'on a intégré le fait que l'instinct protecteur de notre cerveau peut provoquer un grand nombre de comportements dysfonctionnels, la vie devient beaucoup plus simple.

Pour commencer, l'attitude inexplicablement désagréable d'un collaborateur se révèle plus facile à accepter si on sait qu'il s'agit d'une réponse « lutte-fuite-inhibition ». En se demandant quelle « menace » peut être à l'origine de sa réaction, on a plus de chances que les choses s'améliorent qu'en se mettant en colère et en amplifiant encore la menace. Nous explorerons ce point plus en profondeur dans la partie III consacrée aux relations interpersonnelles.

Et cela s'applique également à nous-mêmes. Repérer les moments où notre cerveau est en mode défensif est très utile. Même s'il n'est pas toujours possible de réprimer une réaction instinctive, on peut déjà en repérer les signes et essayer de cerner avec précision ce qui l'a déclenchée. Cette conscience de soi est le premier pas vers le réengagement du système délibéré et le retour à un comportement avisé. Par ailleurs, en apprenant à mieux connaître les menaces auxquelles on est particulièrement sensible (ses « boutons déclencheurs » les plus courants), on augmente ses chances de retrouver rapidement son calme. Je vous en dirai plus là-dessus un peu plus loin : là encore, dans la partie III, mais aussi dans la partie IV consacrée à notre attitude face aux problèmes et aux tâches délicates, et dans la partie VI, où j'explique comment garder son sang-froid devant les provocations.

Le mode découverte : à la recherche d'expériences gratifiantes

Pour s'extraire du mode défensif, il faut donc d'abord avoir conscience de ce qui se passe en soi. D'où l'importance de prendre l'habitude de repérer les moments et les raisons qui le déclenchent. Cependant, il existe une autre manière d'améliorer sa réaction face aux problèmes stressants en impliquant un autre réseau neuronal du cerveau, à savoir : le circuit de la satisfaction.

Alors que le système défensif reste aux aguets de tout ce qui menace notre sécurité et notre santé, le circuit de la satisfaction, lui, cherche sans cesse dans l'environnement des éléments susceptibles de nous contenter, parmi lesquels des plaisirs primaires, comme la nourriture et le sexe, mais aussi d'autres plus subtils, tels que les compliments et les réjouissances. Dès que le circuit de la satisfaction repère une chose potentiellement intéressante, il nous lance à sa poursuite tel un labrador après une balle de tennis, en sécrétant des neurotransmetteurs (entre autres, de la dopamine et des endorphines) à l'origine des sentiments de désir et de plaisir. Ces sensations « Je désire » et « J'aime » nous poussent à nous mettre en quête de tout ce qui promet d'être agréable, et placent notre mental dans un état d'anticipation et d'exploration. C'est pourquoi je l'appelle le *mode découverte*.

Les modes découverte et défensif sont comme les deux extrémités d'une ligne que l'on pourrait appeler l'« axe découverte-défense ». Et l'on affronte beaucoup mieux ses problèmes professionnels si l'on aborde cet axe par le premier côté plutôt que par le second (ou en se sentant satisfait plutôt que menacé) : en mode découverte, le circuit de la survie ne panique pas et ne déclenche pas de réaction de lutte-fuite-inhibition, ce qui permet au système délibéré de continuer à fonctionner pleinement. Au lieu de penser de façon simpliste, de voir tout en noir ou tout en rose, on reste souple et posé et on esquive les obstacles. Les recherches montrent d'ailleurs une corrélation évidente entre la bonne humeur et une capacité à résoudre des problèmes analytiques ardus[18]. Il n'est pas question, bien sûr, d'ignorer les difficultés qui surgissent – ce n'est pas là l'objet du mode découverte. Simplement, nous réfléchissons mieux quand notre cerveau n'est pas sur la défensive.

Donc, comment s'éloigner de l'extrémité défensive de l'axe face aux défis qui se posent quotidiennement à nous au travail ? La clé consiste à trouver dans la situation qui nous préoccupe d'éventuels éléments de satisfaction. À partir du moment où nous tentons notre circuit de la récompense par quelque chose de désirable, nous augmentons nos chances d'aborder les situations épineuses avec toute l'intelligence du mode découverte.

Quelques-unes de nos récompenses favorites

Trouver la récompense adéquate dans les moments de stress ou de tension est tout un art, évidemment. Nos échanges professionnels les plus délicats ne permettent pas d'obtenir des satisfactions primaires telles que la nourriture et le sexe. Même si l'on sait que l'argent excite le circuit de la récompense, il semblerait d'après la recherche que les effets neurologiques des gains financiers soient de courte durée[19]. De toute façon, il est peu probable que l'on reçoive une prime à chaque fois qu'on se sent à cran. Heureusement, il existe d'autres satisfactions plus fiables à portée de main, à condition de les chercher.

L'humour, par exemple. Imaginez-vous pendant une réunion stressante : vous sentez la tension monter et tout le monde bascule en mode défensif. Certains commencent à envoyer des piques (lutte) tandis que d'autres gardent la tête baissée (inhibition) ou sortent donner un coup de fil urgent (fuite). Soudain, un de vos collègues lance un commentaire drôle, et tout le monde éclate de rire. C'est une petite récompense, mais elle suffit à faire chuter la tension, signe que le groupe est de nouveau en mode découverte. Chacun ayant réengagé son système délibéré, il devient tout à coup possible d'aller de l'avant.

La puissance de l'humour vient en partie de sa tendance à nous donner le sentiment d'être en plus grande connexion avec les autres. Or, les récompenses sociales sont de véritables friandises pour l'esprit humain. Pensez juste au plaisir que l'on éprouve à se sentir respecté, apprécié, et traité de façon juste. Nous sommes incroyablement sensibles aux signes d'appartenance, sans doute parce que historiquement nous avons eu besoin du soutien de la tribu pour survivre dans la savane[20]. Des spécialistes en neurosciences sociales comme Matthew Lieberman, de l'UCLA, ont d'ailleurs prouvé que notre cerveau réagit d'une manière très similaire aux signes d'appartenance et aux plaisirs plus primaires[21]. C'est pourquoi les compliments et les marques de reconnaissance (même s'il s'agit d'un simple « Bon travail ! ») peuvent suffire à nous maintenir en mode découverte, y compris dans les moments où l'on se sent poussé dans ses retranchements.

C'est en nous-mêmes que réside une autre forme de récompense très efficace. Edward Deci et Richard Ryan, de l'université de Rochester, ont conduit des travaux à grande échelle montrant que les sentiments d'autonomie et de compétence sont des sources de motivation très puissantes[22]. D'après les résultats, il semblerait que nous soyons plus performants et que nous ayons une meilleure image de nous-mêmes quand nous nous sentons responsables d'au moins quelques aspects de notre travail, qu'il s'agisse de nous fixer des objectifs, de la manière d'aborder notre tâche ou du but de nos efforts.

En fait, notre cerveau, tout comme nous, trouve gratifiant d'apprendre des choses nouvelles et intéressantes, même si ce ne sont que des ragots de bureau. George Loewenstein, un neuro-économiste de Carnegie Mellon qui a étudié le phénomène de la curiosité, a constaté que le simple fait d'avoir des réponses à ses questions active le circuit de la récompense sur les scanners cérébraux[23].

Je vous présenterai tout au long de cet ouvrage d'autres façons de convoquer ces récompenses sociales, personnelles et informationnelles afin de rester concentré, intelligent et souple face aux problèmes qui surgissent au travail. Je vous expliquerai non seulement comment employer ces ruses de Jedi pour votre bien-être, mais aussi comment améliorer la qualité de vos rencontres (partie III) et de vos échanges (partie V) en faisant preuve de générosité et en distribuant des récompenses sympathiques au cerveau de vos collègues. Enfin, dans la partie VII, nous verrons de quelle manière intégrer toutes ces récompenses dans une stratégie quotidienne pour accroître votre énergie au bureau.

CE QU'IL FAUT RETENIR DE L'AXE DÉCOUVERTE-DÉFENSE

• Dans notre vie quotidienne, nous n'arrêtons pas de nous déplacer le long d'un axe découverte-défense au gré de notre cerveau, constamment à l'affût de menaces contre lesquelles se protéger et de plaisirs vers lesquels s'élancer.

• En mode défensif, nous devenons moins intelligent et moins souple, car le cerveau utilise une partie de son énergie mentale limitée pour déclencher une réaction de lutte-fuite-inhibition face à la « menace » potentielle, diminuant ainsi la quantité d'énergie disponible pour le système délibéré. Des affronts minimes peuvent suffire à nous faire basculer en mode défensif.

• En mode découverte, nous nous motivons en nous donnant nous-mêmes des gratifications : un sentiment d'appartenance et de reconnaissance sociales, d'autonomie, de compétence, une raison d'être, ou encore une récompense informationnelle en apprenant ou expérimentant une chose nouvelle.

• L'habitude d'identifier les moments où nous basculons en mode défensif nous permet de rester en pleine possession de nos moyens face aux problèmes qui surgissent au travail. Chercher quel genre de satisfactions il est possible de trouver dans la situation aide également à réengager notre système délibéré et à repasser en mode découverte.

THÈME 3 : LA BOUCLE CORPS-ESPRIT

Un autre thème revient fréquemment dans cet ouvrage : l'interaction constante entre le corps et l'esprit.

Nous savons bien qu'il existe un lien entre notre état mental et notre état physique. J'ai déjà évoqué comment le stress peut accélérer le rythme cardiaque, et tout le monde est à peu près d'accord sur le fait qu'on a difficilement les idées claires quand on vient de se cogner un orteil, et que l'on manque de patience et d'humour lorsqu'on a mal dormi.

Pourtant, en pratique, nous nous conduisons souvent comme s'il n'y avait aucune relation entre notre santé physique et notre fonctionnement mental – ou, en tout cas, pas assez pour impacter notablement nos performances professionnelles. On se surprend à se dire : « Je n'ai pas le temps de faire une pause pour l'instant », ou : « Je ferai de l'exercice une fois ce gros boulot terminé », comme si se régénérer physiquement était un luxe. Or, c'est un moyen d'être plus efficace.

Les études sur le sujet montrent que la manière dont nous traitons notre corps a une influence considérable sur nos performances cérébrales. Elle joue sur l'irrigation sanguine, sur l'équilibre entre les différents neurotransmetteurs, et sur le nombre de connexions entre les différentes régions du cerveau. Nous récoltons immédiatement les fruits de nos investissements dans l'exercice physique, dans le sommeil, voire dans les moments où nous nous arrêtons pour respirer en profondeur, sourire ou nous redresser. Quasiment tout au long de cet ouvrage, de la première à la septième partie, je vous expliquerai précisément comment de tels ajustements physiologiques peuvent vous aider à atteindre vos objectifs. Mais auparavant, laissez-moi vous présenter les principaux thèmes de la relation corps-esprit.

Le sommeil

Le manque de sommeil empêche le système délibéré d'effectuer correctement ses miracles quotidiens. Un cerveau fatigué envoie moins de sang vers le cortex préfrontal, principal lieu de résidence de ce système, ce qui diminue l'aptitude à réagir intelligemment à l'inattendu, à réfléchir à de nouvelles idées, et à garder son calme en cas de stress. Et comme les expériences diurnes se transforment en mémoire à long terme en grande partie pendant que nous dormons, réduire nos heures de sommeil altère également notre aptitude à mémoriser et à apprendre des choses nouvelles[24] (pour reprendre la formule d'un directeur général que je connais, ne pas dormir suffisamment, c'est comme oublier d'enregistrer un document après une journée de boulot).

Que signifie exactement « manquer de sommeil » ? La réponse est différente pour chacun. Mais la grande majorité d'entre nous a besoin de sept à neuf heures de sommeil par nuit pour fonctionner de manière optimale[25]. « Nous savons maintenant que le fait de ne dormir que quatre à cinq heures par nuit pendant une semaine produit les mêmes effets qu'une alcoolémie à 0,1 % », affirme Charles Czeisler, professeur de médecine du sommeil à Harvard[26]. Ne pas dormir assez peut donc produire des effets aussi néfastes que l'ivresse. Pourtant, comme le résume Czeisler : « On ne dit jamais : "C'est quelqu'un de très travailleur. Il est tout le temps soûl !" Et l'on continue à vanter les mérites de ceux qui sacrifient leur sommeil. »

Donc, si nous cherchons à améliorer le fonctionnement de notre cerveau, dormir suffisamment doit faire partie de nos priorités. C'est l'un des moyens les plus sûrs de mieux contrôler la qualité de nos journées. Les effets d'un sommeil correct sur les performances cognitives et sur la résilience émotionnelle ont été prouvés scientifiquement. J'y reviendrai dans les parties VI et VII, où vous trouverez également des conseils pratiques pour être certain d'avoir votre compte.

L'exercice physique

À l'instar de Czeisler pour le sommeil, John Ratey est l'apôtre des bienfaits de l'exercice physique. Psychiatre clinicien à la Harvard Medical School (École de médecine de Harvard), Ratey a passé l'essentiel de ces dix dernières années à résumer et à faire connaître les travaux montrant le lien entre exercice physique et fonctions cognitives[27].

L'exercice est un outil puissant. D'après les recherches, une seule séance d'aérobic suffit à améliorer sur-le-champ les performances intellectuelles, avec un traitement de l'information et un temps de réaction plus rapides, une planification plus efficiente, une meilleure mémorisation à court terme, et une maîtrise de soi accrue[28]. En d'autres termes, l'activité physique galvanise toutes les fonctions du système délibéré. Dans la même veine, des chercheurs de l'université de Bristol ont établi que les gens qui font du sport avant le travail ou ont une pratique physique pendant l'heure du déjeuner se concentrent mieux et font plus facilement face à leur charge de travail pendant la journée[29]. L'exercice joue aussi sur la bonne humeur et la motivation (+ 41 %) et sur la capacité à gérer le stress (+ 27 %).

Pourquoi l'activité physique a-t-elle des effets aussi immédiats ? En partie parce qu'elle augmente l'irrigation sanguine du cerveau. Mais elle stimule également la production de dopamine, de noradrénaline et de sérotonine, trois neurotransmetteurs qui ont une influence sur notre intérêt, notre vivacité d'esprit et notre sentiment de plaisir. D'où la formule de Ratey qui compare l'exercice à « un peu de Ritaline avec une pointe de Prozac ». Cela explique pourquoi nous avons l'impression d'avoir les idées plus claires et de moins gros soucis après avoir fait de l'exercice[30]. En outre, les recherches semblent montrer que vingt minutes quotidiennes d'activité physique modérée suffisent pour capitaliser ces avantages cognitifs et émotionnels[31]. Une simple marche rapide à l'heure du déjeuner peut donc faire une vraie différence en termes d'élan et d'enthousiasme.

La pleine conscience

La pratique connue sous le nom de pleine conscience représente un autre pont tangible entre corps et esprit. Pour certains, ces mots évoquent peut-être des moines en robe safran plongés en méditation. Mais la pleine conscience est aujourd'hui beaucoup plus largement répandue, à tel point que des organisations aussi diverses que Google et l'armée américaine y recourent pour accroître les performances et la résilience de leurs membres. Ce succès s'explique par de nombreuses études ayant prouvé l'impact positif de la pleine conscience sur les facultés d'analyse, le discernement, la concentration et la maîtrise de soi, ainsi que sur le sentiment de bien-être et la résilience émotionnelle[32]. Cette longue liste, qui comprend presque tout ce dont on a besoin pour passer une bonne journée, paraît trop belle pour être vraie. Pourtant, ces changements sont bien visibles quand on compare les scanners cérébraux de volontaires avant et après leur apprentissage de la pleine conscience : augmentation du nombre de connexions entre les différentes régions du système délibéré et réduction de la réactivité du circuit de la survie face aux stimuli négatifs. En résumé, plus de temps en mode découverte performant et moins de temps en mode défensif. Voilà les bases scientifiques de cette impressionnante liste de bienfaits[33].

Mais qu'est-ce que la pleine conscience ? Fondamentalement, la pratique se réduit à ça : on fait une pause, on focalise son attention sur un objet, et on la ramène tranquillement vers cet objet à chaque fois qu'elle s'égare. *Pause, focalisation, retour* – cela cependant quelques secondes, vingt minutes, ou plus. Beaucoup de gens choisissent d'observer leur respiration, dans la mesure où celle-ci est toujours disponible et ne coûte rien (pas besoin de robe safran ni de tapis de sol).

La plupart des recherches sur les effets de la pleine conscience concernent des personnes qui ont suivi plusieurs sessions par semaine de « réduction du stress basée sur la pleine conscience », de « méditation », ou d'« attention vigilante ». Mais les chercheurs ont également découvert qu'il était possible d'obtenir des résultats en ne pratiquant que cinq minutes par jour, ce qui devrait pouvoir se caser assez facilement dans votre vie trépidante, débordante d'activités[34]. Je vous indiquerai au fil des pages comment tirer profit de ces petits instants de pleine conscience, avant d'approfondir le sujet dans la sixième partie.

Utilisez votre corps comme un outil

Enfin, la manière peut-être la plus étonnante de jouer sur le mental via le corps s'explique, comme le montrent les recherches, par l'existence au sein du système nerveux d'une boucle rétroactive corps-cerveau à double sens. La voie qui va du mental vers le physique nous est familière ; ainsi, nous savons que si notre esprit est détendu, nous respirons et sourions plus facilement. Mais la circulation s'effectue aussi dans l'autre direction. Quand nous calmons notre respiration et que nous nous forçons à sourire, notre cerveau semble interpréter ce message comme le signe que nous *devrions* être relaxé et content, et se met en devoir de rendre cet état d'esprit réel. Il se passe la même chose pour la confiance en soi. Si on imite les actions physiques associées au fait d'être une femelle ou un mâle dominant – se redresser, ouvrir la poitrine, ou avoir des gestes assurés –, le cerveau se dit que l'on est véritablement maître de soi et réagit en conséquence.

Ce que suggèrent ces découvertes, que l'on pourrait résumer par la formule « Fais semblant jusqu'à ce que ça marche », c'est qu'il est possible de se servir de son corps par rétro-ingénierie pour se retrouver dans l'état d'esprit où l'on aimerait être. Cette technique ne remplace pas toutes celles que je conseille dans ce livre, mais je vous expliquerai pourquoi cela vaut la peine de l'intégrer à votre boîte à outils en tant que complément pour booster votre confiance en vous et votre énergie (parties V et VII).

CE QU'IL FAUT RETENIR DE LA BOUCLE CORPS-ESPRIT

- La manière dont vous traitez votre corps a un impact direct, immédiat, sur vos performances cérébrales en affectant à la fois les fonctions cognitives et émotionnelles de votre cerveau.

- Spécifiquement, votre système délibéré fonctionne beaucoup mieux si vous avez dormi suffisamment, fait un peu d'exercice, et pratiqué la pleine conscience quelques instants.

- Imiter les actions associées aux sentiments de contentement, de confiance en soi et de détente indique à votre cerveau que vous êtes *réellement* content, confiant et détendu, créant ainsi une boucle autoréalisatrice.

Résumé

La présentation que je donne de ces trois thèmes – les deux systèmes du cerveau, l'axe découverte-défense et la boucle corps-esprit – représente une infime partie des connaissances rassemblées par les spécialistes du comportement au cours de ces dix dernières années. Mais, ensemble, ces thèmes recouvrent plusieurs concepts qui, parce qu'ils parlent directement à ce qui nous permet d'être intelligents et efficaces face aux défis de la vie professionnelle, m'ont paru particulièrement efficaces pour coacher les gens et pour leur permettre de devenir le meilleur d'eux-mêmes. À présent, pénétrons au cœur de cet ouvrage en regardant comment appliquer ces belles idées pour créer toutes les conditions d'une vraie « bonne journée ».

PARTIE I

Les priorités

Décider en conscience de l'orientation de sa journée

« Tout ce que vous n'aurez pas ramené à la conscience se manifestera dans votre vie comme le destin ou la fatalité. »

Carl JUNG

J'AIMERAIS TOUT D'ABORD vous raconter ce qui m'est arrivé il y a plusieurs années, à l'époque où je n'appliquais encore aucun des conseils que je vais vous donner.

Ce matin-là, je m'étais réveillée de mauvaise humeur. C'était ma première semaine sur un nouveau projet qui ne m'intéressait absolument pas et auquel on m'avait poussée à participer. Pour me persuader d'accepter, mon patron avait fait valoir que je formerais une équipe très complémentaire avec Lucas, un collègue chevronné. Lucas était du genre froid et fonceur, et j'étais censée représenter l'aspect « humain ». Lucas produirait des monceaux d'analyses et tout autant d'idées, pendant que moi j'aiderais les clients à mettre au point des plans susceptibles de rallier leurs collaborateurs. Je comprenais bien pourquoi notre responsable pensait que nous ferions une bonne combinaison, mais nous avions quand même des styles très différents et cela m'inquiétait.

Ce jour-là, notre équipe devait rencontrer pour la première fois de nouveaux clients, et je m'étais levée en retard, avec très peu de temps pour me préparer. Sur le trajet, j'avais l'esprit embrumé, et me sentais à la fois contrariée et fatiguée. En plus de ça, j'ai découvert à l'arrivée que la réunion avait lieu dans une de ces salles de visioconférence sombres et exiguës que l'on rencontre si souvent dans les immeubles de bureaux modernes. Tout le monde était assis sur une rangée, comme pour une audience judiciaire, face aux visages désincarnés qui apparaissaient sur l'écran vidéo. Mon cœur s'est serré un peu plus.

Au moment où je me disais que j'aurais bien besoin d'un autre café, Lucas a foncé bille en tête sans trop s'embarrasser de présentations, avec visiblement une idée très précise de là où il voulait aller. J'ai fait de mon mieux pour suivre le courant et contribuer de façon constructive, mais cette discussion interminable me donnait l'impression de rouler un rocher vers le sommet d'une montagne : beaucoup d'incompréhensions, des gens qui n'arrêtaient pas de se couper la parole, et une atmosphère lourde, pleine d'agacement et d'inquiétude non exprimés. Tout se passait exactement comme je l'avais craint, et je suis sortie de là avec un gros nuage gris au-dessus de la tête, lequel ne s'est pas évaporé de toute la journée.

Un peu plus tard, de meilleure humeur, je me suis décidée à parler à Lucas de mon sentiment d'avoir démarré sur de mauvaises bases avec ces clients. Mais alors que je lui donnais mes impressions sur la réunion, il m'a regardée d'un air incrédule. Il n'avait pas trouvé la salle particulièrement désagréable ; il n'avait aucun souvenir des froncements de sourcils et de la gêne dont je lui faisais part. Ce nouveau projet l'excitait, il était heureux qu'on ait trouvé le temps de discuter tous ensemble, et avait hâte d'avancer. Il savait ce qu'il attendait de cette réunion et l'avait obtenu.

Certes, nous avions des personnalités très dissemblables, ce qui pouvait expliquer certains écarts d'appréciation. Mais pas à ce point. À nous entendre, on aurait pu croire que nous avions assisté à deux réunions différentes. À travers le filtre rose de ses lunettes, il n'avait pas vu la même chose que moi. Pour ma part, il est bientôt devenu évident que je n'avais pas beaucoup prêté attention à son côté de l'histoire. Il m'a montré de façon convaincante tout ce que nous avions fait, et m'a rappelé des instants de légèreté et des sourires dont je me souvenais à peine. Aucun de nous n'était totalement dans l'erreur, et nous avons réussi à échanger nos points de vue sans nous insulter (« Comment peux-tu être aussi aveugle ? Tu es sûr qu'on était dans la même pièce ? Redescends sur terre, bon sang ! »).

Mais, de toute évidence, nous avions vécu ces quelques heures très différemment. Comment était-ce possible ? Surtout, pourquoi avait-il pris tellement plaisir à cette réunion par rapport à moi ? La réponse, ai-je finalement compris, venait de l'état d'esprit dans lequel lui et moi avions abordé cette journée. Lucas savait ce qu'il voulait qu'il se passe, ce qu'il désirait accomplir, et dans quelle disposition d'esprit il avait envie d'être. Moi, j'ai en quelque sorte attendu que la matinée s'écoule. J'ai été professionnelle, bien sûr, mais en laissant les choses suivre leur cours.

Et cette absence de direction m'a empêchée de prendre conscience de trois facteurs qui, je le sais aujourd'hui, m'auraient permis de jouer sur la qualité de ma matinée. Premièrement, l'influence de nos priorités et de nos suppositions sur une énorme partie de nos perceptions. Deuxièmement, l'importance de se fixer le bon type d'objectifs pour être plus performant et se sentir mieux dans sa peau. Et troisièmement, l'impact de ce que l'on imagine sur la réalité. Dans les trois chapitres suivants, je vous expliquerai comment exploiter avantageusement chacun de ces facteurs majeurs pointés par les sciences comportementales afin de passer de meilleurs moments que moi ce jour-là avec Lucas.

1

Choisir ses filtres

Cela arrive si souvent de traverser la journée en pilote automatique ! On enchaîne une tâche après l'autre sans prendre le temps de s'arrêter pour réfléchir. On travaille dur et on fait tout ce qu'on peut, et tant mieux si tout se déroule comme on le souhaite. Parfois, la chance est avec nous, parfois non. « C'est la vie », comme on dit.

Pourtant, j'aimerais vous prouver qu'il est possible de faire mieux. Pour cela, il faut s'appuyer sur l'un des moyens qu'emploie notre cerveau pour donner de la cohérence au monde qui nous entoure, à savoir : ne nous faire prendre conscience que d'une petite partie de notre environnement (ce que nous choisissons de voir) et ignorer le reste. En effet, l'influence qu'exercent nos priorités et nos suppositions sur nos filtres nous offre un excellent levier pour agir. Quelques minutes de préparation mentale, dont une rapide identification et remise à l'heure de ces priorités et de ces hypothèses, nous donnent le pouvoir d'appréhender la journée différemment et de la rendre plus agréable et productive. J'utilise l'expression d'*ancrage de ses intentions* pour désigner ce processus préparatoire qui vise avant tout à se montrer beaucoup plus intentionnel dans sa manière d'aborder la journée.

Avant de vous présenter une technique d'ancrage d'intention facile à utiliser, laissez-moi vous expliquer pourquoi notre expérience de la réalité dépend à ce point de nos filtres.

Notre réalité subjective

Comme nous l'avons vu dans les bases scientifiques, le système délibéré (responsable du raisonnement, du contrôle de soi et de la planification) n'a qu'une quantité d'attention limitée à accorder à notre monde complexe. Par conséquent, tout au long de la journée, le système automatique donne la priorité à ce qui lui semble mériter le plus d'attention de la part du système délibéré, écartant tout ce qu'il juge sans importance. Ce filtrage, qui se produit sans que nous en ayons conscience, est essentiel pour permettre au cerveau de faire face à la complexité du monde. Mais en rendant notre attention sélective, il nous fournit également une vision incomplète et subjective de la réalité, qui parfois nous sert, parfois nous dessert.

De toute évidence, c'est une bonne chose que notre système automatique sélectionne ce qui est réellement important. Autrement, nous nous retrouverions en train de compter les fils du tapis ou fascinés par les ingrédients de notre déjeuner, ce qui laisserait peu de temps pour avancer dans quoi que ce soit d'autre. L'ennui, c'est que le système automatique étiquette parfois « sans importance » des choses potentiellement utiles. Par exemple, si on est occupé à lire ses messages, il peut décider que ça ne vaut pas la peine de détourner notre attention pour comprendre ce que nous demande une collègue. Quand celle-ci hausse le ton et se fraye enfin un chemin jusqu'à notre conscience avec un « Oh, tu m'entends ? », on s'excuse alors, lui jurant que, effectivement, on ne l'a pas entendue. Et, techniquement, on ne ment pas : on ne l'a vraiment pas entendue, du moins pas consciemment.

Bien sûr, on ne peut pas couper les filtres du circuit automatique puisque, par définition, ils sont automatiques. En revanche, il est possible de les régler en nous montrant plus proactifs dans la sélection de ce que notre cerveau estime « important » chaque jour. On peut ainsi influer sur ce que le cerveau conscient voit et entend. Il s'agit là d'un des moyens les plus puissants d'orienter sa journée vers la réalité que l'on a envie de vivre.

En pilote automatique, que veut dire « important » pour notre cerveau ?

Pour déterminer ce qui mérite d'être envoyé vers l'attention consciente et ce qu'il faut rejeter, le système automatique suit plusieurs règles. En comprenant comment fonctionnent certaines de ces règles d'attention sélective, nous augmentons nos chances de pénétrer dans ce système et d'en ajuster la mise au point.

La première chose à savoir, c'est qu'à partir du moment où nous donnons consciemment la priorité à une tâche, notre système automatique nous empêche de remarquer tout ce qui n'est pas en rapport direct avec elle et tend à l'effacer de notre mémoire. *Tout* ? « Si un truc inattendu, en rapport avec cette tâche ou non, surgit juste devant soi, on le remarquera sûrement », pensez-vous. Eh bien, un nombre phénoménal de travaux sur le sujet montre que vous vous trompez[1]. Prenons, par exemple, cette étude récente : le psychologue Trafton Drew et son équipe du laboratoire d'attention visuelle de Harvard ont demandé à des radiologues expérimentés d'examiner attentivement plusieurs images médicales afin de repérer d'éventuelles anomalies. Il s'agissait d'authentiques scanners des poumons, dont certains présentaient malheureusement de vrais nodules. La dernière image, cependant, était un peu différente puisqu'une photo de gorille avait été insérée dans le poumon (clin d'œil à l'expérience du gorille sur le terrain de basket que j'ai présentée dans les bases scientifiques). Contre toute attente, 83 % des radiologues n'ont pas repéré le singe, qui pourtant était 48 fois plus gros qu'un nodule pulmonaire moyen. Un chiffre d'autant plus surprenant que, comme l'ont constaté les chercheurs grâce à un système de poursuite oculaire, la plupart des radiologues avaient bien posé les yeux sur l'animal[2]. Non qu'ils l'aient vu et ignoré ou oublié. Simplement, leur cerveau ne l'a pas enregistré consciemment. En d'autres termes : puisqu'ils ne le cherchaient pas, ils ne l'ont pas remarqué.

Les spécialistes parlent de *cécité d'inattention*, signifiant par ces termes que nous ne voyons que ce qui semble mériter notre intérêt et restons incroyablement aveugles à tout le reste. D'où l'importance des priorités que nous nous fixons.

On peut même faire preuve de cécité d'inattention sans être totalement happé par une activité. En fait, dès qu'une chose occupe notre esprit, nous devenons beaucoup plus sensible à tout ce qui est en rapport avec elle et beaucoup moins au reste. Le psychologue français Rémi Radel a conduit une étude dans laquelle il proposait à des sujets qui n'avaient pas déjeuné un test de reconnaissance de mots. Ceux-ci, tiraillés par la faim, ont identifié plus clairement et plus rapidement tous les termes liés à la nourriture : par exemple « gâteau » avant « bateau » (si on les avait fait monter sur un bateau, ils auraient repéré le mot « bateau » plus promptement que « gâteau »). Généralement, le système automatique sélectionne en priorité les informations qui résonnent avec ce que l'on a en tête.

Même notre état d'esprit joue un rôle dans le réglage des filtres perceptuels de notre journée. Joseph Forgas et Gordon Bower, respectivement professeurs à l'université de New South Wales et à Stanford, ont mené une expérimentation qui visait à influer légèrement sur l'humeur des participants (en positif ou en négatif) en leur donnant de faux résultats concernant un test sans importance qu'ils venaient de passer. Puis ils leur ont distribué des monologues de personnages fictionnels spécialement conçus pour être neutres : selon la manière dont les participants abordaient le texte, ces personnages pouvaient être considérés comme énergiques, turbulents, calmes ou ennuyeux. Et qu'ont découvert Forgas et Bower[3] ? Que les sujets satisfaits de leurs résultats avaient une nette tendance à percevoir les personnages plus positivement que ceux qui étaient déçus. Or, notre état d'esprit n'influence pas uniquement nos jugements interpersonnels. Ainsi une autre recherche a-t-elle établi que des gens tristes percevront une colline significativement plus escarpée (donc plus difficile à gravir) que d'autres plus enjoués[4].

Par conséquent, l'expression « se lever du mauvais pied » n'est pas une simple figure de style. Le point de départ de notre journée peut avoir une influence considérable sur notre perception, positive ou négative, des choses. Notre système automatique veille à ce que nous voyions et entendions tout ce qui résonne avec nos priorités conscientes, nos centres d'intérêt principaux, et même notre humeur. Parallèlement, il minimise tout le reste.

Comment nos filtres influencent notre réalité

À présent, voyons comment nous pouvons appliquer ces connaissances dans notre vie. Imaginez que nous participions, vous et moi, à la même conversation. Mes priorités, mes centres d'intérêt et mon état d'esprit vont influencer mon impression de ce qui se passe, tandis que les vôtres joueront sur votre propre perception. Au final, il est tout à fait possible que je ne remarque pas des choses importantes pour vous, et *vice versa*. À partir de là, et vu l'humeur qui était la mienne à mon arrivée, il n'est pas étonnant que la réunion à laquelle j'ai participé avec Lucas n'ait pas été le meilleur moment de ma vie professionnelle. Quant à lui, bien sûr, il s'est éclaté. Nous vivons tous, à travers notre propre réalité personnelle, une réalité forgée par les efforts de notre système automatique pour diriger notre attention là où il le faut.

Alors, à quelle réalité particulière aimerions-nous que notre cerveau soit un peu plus attentif ? Prenons votre prochaine réunion. Si votre principal objectif est de faire valoir votre point de vue, il y a de fortes chances que vous notiez toutes les fois où vous serez interrompu et commenciez à comptabiliser le temps de parole de chacun. Vous allez peut-être aussi perdre de temps à autre le fil de la conversation tant vous serez concentré sur votre désir d'être entendu. Non que vous aurez décidé de vous fermer ; mais votre système automatique donnera la priorité à tout ce qui correspond à votre état d'esprit. Et si ce dernier change, les choses, elles aussi, se transformeront. Par exemple, si vous arrivez avec l'intention de saisir de nouvelles opportunités de collaboration ou d'apprendre des choses intéressantes, vous en aurez probablement plus souvent l'occasion que dans le cas précédent. Parce qu'ils varient parallèlement à nos intentions, nos filtres nous donnent l'impression que la réalité se transforme avec eux.

Déterminez vos objectifs, réglez vos filtres

La conclusion de tout ce qui précède est limpide : en se laissant porter par les événements, on passe à côté d'énormes opportunités.

Nous *ne pouvons pas* tout contrôler (il existe des livres pour ceux qui croient que c'est possible). En revanche, nous avons une petite marge d'action sur notre façon de ressentir ce qui se passe chaque jour au travail, à condition de penser à régler nos filtres. C'est pourquoi il est utile de prendre l'habitude d'identifier ses objectifs pour définir explicitement ses priorités et ses préoccupations majeures et décider de l'état d'esprit de sa journée.

Personnellement, j'aime me servir de l'approche ci-dessous. Elle ne requiert que quelques minutes et consiste à aborder une même chose par trois voies différentes (d'autant plus faciles à mémoriser que chacune commence par la lettre « A ») :

➢ **Aimant.** Réfléchissez aux activités les plus importantes de votre journée : les gens que vous rencontrerez, les tâches que vous devez effectuer... Quel est l'élément primordial pour que tout se passe au mieux ? Voilà votre objectif, l'aimant qui vous attirera vers lui.

➢ **Attitude.** En pensant à votre journée, posez-vous un moment pour prendre conscience de ce qui occupe principalement votre esprit et influe sur votre humeur. Ces préoccupations vous aident-elles à vous rapprocher de votre aimant ? Si ce n'est pas le cas, pouvez-vous les mettre de côté pour l'instant ?

➢ **Attention.** Compte tenu de vos véritables priorités, sur quoi souhaitez-vous concentrer toute votre attention ? Définissez ce que vous désirez croiser plus souvent sur votre route, et assurez-vous de le chercher.

Dans la majorité des cas, les gens que j'ai coachés préfèrent réfléchir à ces questions avant le début de la journée, le matin au réveil, ou carrément le soir qui précède. Mais, cette routine ne prenant que quelques minutes, il est toujours possible d'identifier et d'ancrer ses intentions au cœur de l'action.

Par exemple, à quoi aurait pu ressembler ma réunion avec Lucas si je m'étais arrêtée un instant avant d'entrer dans la salle de visioconférence pour examiner les « Trois A » ? J'aurais pu me dire cela :

➢ **Aimant :** « Ce qui compte vraiment pour moi, c'est d'aider l'équipe à partir d'un bon pied avec nos nouveaux clients en favorisant un climat où tout le monde a envie de coopérer et est heureux à l'idée de travailler ensemble. »

➢ **Attitude :** « Je reconnais que je me sens de mauvaise humeur et fatiguée. Je ne peux rien contre la fatigue. En revanche, je peux décider d'oublier ma contrariété concernant la mise en œuvre du projet pour me concentrer sur la vraie priorité : que l'équipe fonctionne bien. »

➢ **Attention :** « Je veux profiter de chaque occasion de souder l'équipe en faisant ressortir les points communs entre les idées de chacun. Je saisirai la moindre occasion de rendre cette réunion chaleureuse. »

Examiner chaque point de cette liste « aimant-attitude-attention » pendant que je me débarrassais de mon manteau sur le chemin de la salle de visioconférence ne m'aurait demandé que quelques minutes. (Depuis ce jour, je le fais d'ailleurs systématiquement avant de me lancer dans quoi que ce soit d'important.) Ce n'est franchement pas un gros effort que de focaliser ses filtres sur la journée que l'on souhaiterait vivre, surtout si l'on intègre cette tâche à son emploi du temps quotidien.

Pour illustrer l'intérêt de la valeur de l'ancrage d'intentions, je vous présente Martin, directeur stratégique d'une société de construction aéronautique. Parallèlement à son emploi, Martin trouve encore le temps de siéger au conseil d'administration de plusieurs sociétés technologiques et d'aider des entrepreneurs à faire décoller leur entreprise dans des secteurs de haute technologie. Il est réfléchi, concentré et brillant – en partie, déclare-t-il, parce qu'il a appris à se montrer aussi stratège dans la mise en place de ses intentions personnelles que dans son travail.

Qu'est-ce qui a conduit Martin à prendre l'habitude d'ancrer ses intentions ?

— En fait, j'ai toujours eu des problèmes de concentration, explique-t-il. À peine arrivé au bureau, je me jetais dans des activités sans intérêt, comme discuter avec les collègues, regarder de nouveaux sites web, etc. J'ai commencé à me rendre compte que mes journées n'étaient pas aussi profitables qu'elles auraient dû l'être, juste parce que je me laissais porter par les événements.

Un matin, Martin a découvert par hasard comment donner une orientation plus précise à sa journée.

— J'étais assis sur mon lit avant de partir au bureau, un peu dépassé par la somme de travail qui m'attendait. J'ai saisi un carnet, et je me suis mis à écrire tout ce qui me venait sur les raisons pour lesquelles je faisais ce que je faisais, et comment je voulais le faire. il ne s'agissait pas vraiment de phrases, plutôt d'une carte visuelle de ce qui me semblait important. Ça a été incroyablement éclairant.

Il a été surpris de constater à quel point il se sentait positif et déterminé une fois ses intentions profondes clarifiées et définies dans un esprit constructif.

Naturellement, après cette expérience, Martin a eu envie d'orienter toutes ses journées de façon plus intentionnelle. Conscient qu'il ne pouvait pas écrire chaque matin pendant des heures sur son lit, il a élaboré une version abrégée du processus afin d'intégrer cette routine dans son quotidien.

— Avant de partir au bureau, je passe un moment à respirer profondément pour me vider la tête. Puis je m'interroge sur ce qui compte le plus pour moi dans cette journée par rapport à mes objectifs de travail, et je note les éléments sur lesquels j'ai envie de focaliser mon attention. C'est aussi simple que ça. Des choses que je ne pensais pas être là remontent à la surface jusqu'à ce que j'arrête de réfléchir. Souvent, je décide finalement d'aborder un problème d'une manière spécifique, par exemple j'envisage les choses à plus long terme ou je suis moins pointilleux sur les délais.

Pour Martin, les bénéfices sont très nets.

— Au bureau, je passais toujours la première heure à m'agiter dans tous les sens sans rien faire d'efficace. Maintenant, je suis à 100 % dès que j'arrive. Je me sens plus calme et de meilleure humeur.

Et au cours de la journée, il continue à garder le cap en se rappelant ses intentions profondes.

— Cela me remet en mémoire les vraies priorités de ma journée si – *quand* – je commence à fatiguer.

Rendez vos intentions positives

À l'orée d'une journée particulièrement difficile, on peut se surprendre à nourrir des intentions teintées de dérision ou de négativisme, du genre : « Tout ce qui compte, c'est de ne jamais me retrouver à écrire un document de 200 pages pour une réunion. » Ou encore, se dire que sa vraie priorité consiste à faire comprendre à l'un de ses collaborateurs qu'il a commis une erreur stupide la semaine précédente.

Sauf que s'assurer qu'un collaborateur prenne conscience de sa bêtise n'est pas une façon très inspirante de formuler une intention profonde. C'est plutôt mesquin et ça risque de pousser inconsciemment le cerveau à prioriser des observations pas très élevées. Si vous souhaitez sincèrement avoir une conversation fructueuse avec votre collaborateur, mieux vaut énoncer une intention plus généreuse ouvrant sur une perspective plus vaste. Demandez-vous ce que vous cherchez vraiment à obtenir. Dans le cas du collaborateur qui a fait une erreur, une intention plus large pourrait consister à l'aider à trouver un moyen de ne pas recommencer. Ou, mieux encore, vous pourriez décider d'améliorer vos relations avec lui, pour, à l'avenir, parler plus facilement et plus ouvertement ensemble de ce qui va ou ne va pas.

Avec de telles intentions profondes plus centrées sur la solution, vous ne cherchez pas à éviter les sujets qui fâchent, mais vous recourez à une approche moins agressive. Il sera plus facile de résoudre la crise au moment où vous parlerez à votre collaborateur. Et puis, vous risquerez moins de provoquer une réaction de lutte-fuite-inhibition dans vos cerveaux respectifs. Vous pourrez l'un et l'autre conserver toute votre sagacité et cela augmentera vos chances d'aboutir à une solution intéressante.

Encore une chose : vérifiez vos suppositions

Pour donner une base encore plus solide à nos intentions profondes de la journée, l'étape suivante consiste à repérer toutes nos attentes négatives et à les contrer.

À côté de nos priorités, de nos préoccupations et de notre humeur, nos suppositions constituent un autre filtre d'attention sélective. Le cerveau fait des suppositions pour simplifier notre approche du monde environnant. Voilà comment ça fonctionne : dès que l'on croise une information ou une attitude en accord avec ce qu'on avait prévu, le système automatique tend à nous la faire remarquer. En revanche, si ce que l'on rencontre contredit nos attentes, ce même système veille à nous faire passer à côté. Grâce à ce raccourci cognitif nommé *biais de confirmation*, nous économisons une importante quantité d'énergie mentale en évitant d'avoir à élaborer une nouvelle supposition à chaque fois qu'apparaît un signe réfutant nos croyances.

Ce sont des bananes

En réalité, les biais de confirmation ne se contentent pas de bloquer les informations qui contredisent nos prévisions ; ils déforment également ce qu'on voit et ce qu'on entend pour le rendre conforme à notre attente. Les chercheurs ont inventé toutes sortes d'expérimentations ingénieuses démontrant ce fait, dont l'une (qui fait partie de mes préférées) met en scène des bananes (c'est vrai, je suis d'accord, on dirait une variante de l'histoire du gorille). Pour cette expérience, ils ont montré aux participants une photo de banane en noir et blanc, puis leur ont demandé d'ajuster la couleur du fond d'écran jusqu'à ce qu'elle ait exactement la même teinte que le fruit. De manière totalement inconsciente, les participants ont sélectionné un fond contenant une nuance jaune. Ils étaient tellement certains que la banane était jaune que leur cerveau a décidé qu'elle l'était vraiment[5].

Si les biais de confirmation affectent notre vision d'un objet aussi tangible qu'une banane, imaginez leur influence sur nos jugements subjectifs au bureau. Dans le cas de ma réunion avec Lucas, un bon départ aurait consisté à m'ancrer dans de bonnes intentions, par exemple : injecter de la chaleur plutôt que de la frustration dans l'atmosphère et saisir toutes les occasions de créer un esprit d'équipe. Mais je suis arrivée avec la conviction profonde qu'une visioconférence, contrairement à une rencontre en chair et en os, ne permettait pas d'établir des liens au sein d'une nouvelle équipe. Mon biais de confirmation m'a donc poussée à chercher tous les éléments me prouvant que cette visioconférence était un échec. De toute évidence, cette attitude a joué négativement sur mon vécu de la réunion ; ce qui n'a pas été le cas pour Lucas.

Bien sûr, cela ne signifie pas qu'il faille totalement ignorer nos expériences passées : on peut avoir de bonnes raisons de se sentir méfiant ou inquiet. Il s'agit juste de se rendre compte que l'on s'accroche parfois à des attentes négatives à propos d'une situation ou d'une personne, et que cette crispation peut nous inciter à rejeter tout ce qui n'irait pas dans ce sens. Ce genre de prise de conscience peut nous rappeler qu'il vaut mieux rester un peu plus ouvert aux informations nouvelles.

Le vocabulaire « absolu »

Un bon signe pour s'apercevoir que l'on est victime d'un biais de confirmation est l'emploi de ce que j'appelle un vocabulaire *absolu* : des termes comme « jamais », « toujours », « complètement », « absolument » ou « définitivement », peut-être avec une touche de « terrible » et d'« affreux ». « Rien n'est jamais absolument comme il devrait être », a écrit le romancier Theodore Sturgeon, et il avait raison : très peu de choses dans la vie sont totalement bonnes ou mauvaises[6]. C'est pourquoi le recours à un vocabulaire absolu est le voyant rouge nous signalant que l'on ne perçoit probablement qu'un aspect des choses. Martin, notre directeur stratégique dans l'aéronautique, est tout à fait d'accord avec cette idée.

— J'ai tendance à exagérer le négatif, à lâcher des affirmations comme : « Rien ne marche. » On se sent tellement bien quand on se complaît dans un langage excessif ! Mais je remarque de plus en plus souvent les moments où je lance ce genre de phrases, et je me dis : « Attends, est-ce que c'est vrai ? Comment puis-je le vérifier ? »

Alors, si vous vous surprenez à employer des termes forts, en pensée ou en paroles, à propos d'un collaborateur ou de la tâche qui vous attend, prenez ça comme un avertissement, et vérifiez la justesse de votre point de vue. Pour cela, posez-vous une question fondamentale :

➢ « Quelles sont mes suppositions négatives sur cette personne ou cette activité ? »

Puis prenez encore un peu plus de distance en vous demandant :

➢ « Sur quels éléments puis-je m'appuyer pour confirmer ces suppositions ? »

➢ « Si je devais m'opposer à ces a priori négatifs, que dirais-je ? »

➢ « Quels éléments contradictoires puis-je chercher pour m'aider à garder l'esprit ouvert ? »

Voilà les réponses que j'aurais fournies si j'avais pris conscience de ma négativité le matin de cette trop mémorable réunion avec Lucas :

➢ **Supposition** : « Parce qu'elle a lieu par visioconférence, cette réunion va être horrible. »

➢ **Confirmation** : « Il y aura probablement quelques problèmes techniques, et si je ne fais pas attention, je ne vais plus voir que ça (ainsi que les moindres signes de contrariété chez les autres). »

➢ **Opposition** : « Lucas connaît mieux que moi nos clients et leurs préférences. Cela m'aurait sûrement demandé plus de temps de convoquer tout le monde en un même lieu. La technologie vidéo s'est améliorée. »

➢ **Recherche d'éléments contradictoires** : « Je peux décider de remarquer ce qui marche bien dans cette façon de faire. Je peux chercher des moyens de ramener la réunion sur les rails en cas de problème technique. »

Grâce à ce détour par l'ouverture d'esprit, il devient plus facile de faire émerger des intentions positives, y compris quand tout ne se déroule pas selon nos plans.

Entamez votre journée la veille au soir

Maintenant, j'aimerais vous présenter Audrey. Elle dirige un établissement public de premier plan destiné à soutenir le développement et l'innovation au sein des petites entreprises. Son quotidien consiste à dispenser des formations, à chercher des financements, ou à encourager les petites sociétés familiales pour qu'elles profitent de toutes les ressources offertes par son organisme. Très investie dans son travail, elle connaît d'autant mieux les besoins de ce type d'entreprises que ses parents en ont dirigé une pendant des années. Comme beaucoup de hauts responsables, elle estime important de définir l'ordre de ses priorités. Sinon, elle se retrouve « toujours en train de parer au plus urgent ».

C'est pourquoi, à l'instar de Martin, elle a pris l'habitude d'identifier ses intentions profondes tous les jours, sauf qu'elle préfère le faire la veille, dans le train qui la ramène chez elle.

— Je commence par revisiter la journée écoulée. Je réfléchis à ce qui s'est bien passé, à ce qui n'a pas marché, et pour quelles raisons, et je me demande ce que j'aurais pu prévoir. Enfin, je passe à la journée du lendemain, à ce que j'en attends et ce qui mérite que je m'y intéresse le plus.

Elle prend quelques notes, qu'elle relit le matin suivant avant de commencer la journée.

— Je me remémore ce qui est primordial, et j'y ajoute tout ce qui m'est venu entre-temps. Je m'y réfère tout au long de la journée, notamment avant de me plonger dans les plus gros dossiers.

Audrey réfléchit tout particulièrement à ce qui s'annonce difficile. À son niveau, il s'agit généralement d'un échange délicat. Identifier et affermir ses intentions profondes l'a beaucoup aidée. Voici l'exemple qu'elle cite :

— Pendant longtemps, j'ai travaillé avec une collaboratrice passive-agressive, qui pouvait aussi devenir agressive-agressive si on la prenait à rebrousse-poil, précise-t-elle en riant. Je devais souvent lui demander de faire des choses qu'elle n'avait pas envie de faire, ce qui la poussait généralement à me dresser la liste de tout ce qui risquait de mal tourner. Tant que je ne m'étais pas préparée mentalement, je prenais son attitude pour une attaque personnelle.

À partir du moment où Audrey a commencé à réfléchir à ses intentions positives, sa relation avec cette personne s'est améliorée.

— Quand j'ai explicitement décidé que cette collaboration serait mon objectif, j'ai abordé nos conversations d'une façon très différente. J'ai réussi à moins prendre ses commentaires pour moi. J'y ai vu l'expression de ses propres frustrations ou même de son désir de bien faire. Et, vous savez, elle était peut-être toujours aussi pénible qu'avant, sauf que je me suis rendu compte que mon état d'esprit changeait énormément ma façon de percevoir son attitude, et donc ma réaction.

Selon Audrey, cette avancée est due en grande partie au fait d'avoir contré ses a priori.

— L'une des transformations les plus notables pour moi a été de me débarrasser de l'habitude de soupçonner les autres de mauvaises intentions. J'avais un esprit très compétitif et je pensais que tout le monde me ressemblait. Du coup, c'était précisément ça que je voyais, explique-t-elle. J'accordais beaucoup d'attention aux signes d'une attaque éventuelle, par exemple l'envoi d'un mail malveillant à mon boss à propos d'un travail que j'avais effectué. Mais aujourd'hui, quand quelqu'un se conduit mal, je n'en déduis pas forcément que c'est une mauvaise personne : je me dis qu'il est peut-être simplement dans un mauvais jour. Nos préjugés colorent vraiment ce que nous voyons et notre façon de réagir.

Avec la pratique, Audrey a également découvert qu'elle pouvait modifier ses intentions profondes au cœur même d'une rencontre difficile.

— Je me suis aperçue que, même quand les choses étaient mal parties, je pouvais revenir en arrière et mettre en place une version adaptée de ce que j'aurais dû faire dès le départ. Cette collègue passive-agressive avait l'habitude de se triturer l'oreille quand elle était stressée. Du coup, dès qu'elle commençait, je me disais qu'il était temps de me poser et de « voir les choses autrement ». Je changeais de position dans mon fauteuil, histoire de me donner le temps de me reprogrammer et de me rappeler ce que j'attendais vraiment de notre conversation. Parfois, je demandais même à voix haute : « Attendez un peu. Qu'est-ce qu'on veut vraiment obtenir ? » Ça ne suffisait pas toujours pour avoir le genre d'échange que j'aurais eu en l'ayant préparé, mais en général ça permettait d'arranger les choses.

CHOISIR SES FILTRES

Prenez un moment pour réfléchir à la journée ou à une conversation importante à venir. Posez-vous ces questions pour déterminer vos intentions profondes :

- **Objectif :** Qu'est-ce qui est le plus important dans le fait que ça marche, et qu'est-ce que ça implique en termes de priorités ?

- **Attitude :** Quelles préoccupations dominent vos pensées et votre état d'esprit ? Vont-elles dans le sens de vos priorités ? Si ce n'est pas le cas, pouvez-vous les mettre momentanément de côté ?

- **Suppositions :** À quelles choses négatives vous attendez-vous dès le départ ? Comment pouvez-vous contrer ces a priori ? Quels éléments contradictoires pouvez-vous rechercher ?

- **Attention :** Étant donné votre objectif et vos suppositions, vers quoi souhaitez-vous diriger votre attention en premier lieu ? Que voulez-vous être certain de remarquer spécifiquement ?

2

Se fixer des objectifs solides

Dans les pages précédentes, je vous ai expliqué en quoi le fait de prendre un moment pour identifier ses intentions profondes constituait un excellent moyen de préparer sa journée. À présent, je souhaiterais vous parler des quelques minutes de préparation supplémentaires qui visent à approfondir ces intentions globales grâce à des objectifs précis pour la journée.

Si vous avez déjà occupé un emploi, vous avez certainement déjà eu l'occasion d'établir un planning journalier, que ce soit en rédigeant une liste de tâches ou en réfléchissant à la manière de procéder pour rendre votre travail en temps voulu. Mais quelle que soit votre approche actuelle, j'aimerais vous suggérer plusieurs ajustements qui s'appuient sur des découvertes scientifiques. Votre façon habituelle de définir vos objectifs en sera d'autant plus efficace.

Tout d'abord, j'insisterai sur l'importance d'ajouter à votre To-Do list quelques objectifs comportementaux qui viendront soutenir vos intentions profondes. Ensuite, parce que les recherches prouvent que la façon dont nous formulons nos objectifs a un impact énorme sur nos chances de les atteindre, je vous ferai part de quatre astuces pour augmenter votre taux de réussite. Enfin, si vous rédigez votre liste de tâches d'une manière plaisante pour votre cerveau, celui-ci apprendra à l'aimer – ou du moins à l'apprécier un peu plus – et vous réaliserez plus de choses au final.

Étayez vos résolutions grâce à des objectifs comportementaux soigneusement définis

La plupart d'entre nous dressent la liste de leurs objectifs pour la journée comme suit :

☑ Contacter untel
☑ Préparer la réunion
☑ Penser à telle chose

Selon que vous soyez artiste ou artisan, vos objectifs seront probablement différents, mais le fond restera le même, à savoir une liste d'actions à faire, qu'il s'agisse de choses à réaliser, de conversations à avoir, de trucs à apprendre ou de produits à créer. C'est très bien d'être clair sur ce que vous voulez effectuer dans votre journée. Quarante années de recherches menées par Edwin Locke et Gary Latham, respectivement psychologues à l'université du Maryland et à la Rotman School of Management, indiquent que les gens qui prennent la peine de formuler un objectif particulier augmentent notablement leurs performances : généralement de 15 % pour les tâches quantifiables[1]. Des objectifs clairement définis aident à garder le cap pour au moins deux raisons : ils vont encore plus loin que les simples résolutions en focalisant l'attention – d'où une plus grande facilité à résister aux distractions éventuelles ; et ils renforcent la persévérance dans la mesure où le circuit de la récompense trouve extrêmement satisfaisant d'avancer vers un but. Le petit frisson de plaisir que l'on ressent au moment où l'on coche une case sur notre To-Do list vient de notre cerveau qui s'exclame, confiant : « Super ! »

Étant donné cet impact positif d'une définition claire des objectifs sur les résultats, il semble logique de se servir de cet outil non seulement pour des tâches pratiques, mais aussi pour soutenir les intentions profondes de la journée, notamment en se posant les questions suivantes :

➢ **Personnellement** : « Que puis-je changer dans mon comportement pour que mes intentions profondes se concrétisent ? »

➢ **Spécifiquement** : « À quoi ressemblera ce changement d'un point de vue pratique, et quelles actions vais-je mettre en place aujourd'hui ? »

Supposons que votre intention profonde consiste à trouver un moyen de faire avancer un projet. Sans raison apparente, ce dernier se développe très lentement, ce qui vous contrarie. Mais là, vous avez décidé d'utiliser un filtre d'attention positif : en réunion, vous ne vous focaliserez plus sur les problèmes, mais chercherez toutes les occasions de progresser. Parfait. Maintenant, comment pouvez-vous agir *personnellement* dans ce sens ? Vous pourriez peut-être impliquer un peu plus vos collaborateurs au lieu d'essayer de tout faire évoluer par vous-même. Et plus *spécifiquement* ? Pourquoi ne pas vous appuyer sur votre position lors de la prochaine réunion pour expliquer quel est, selon vous, l'obstacle principal et demander aux autres s'ils ont des idées pour le contourner ? Rien ne vous empêche, par ailleurs, d'apporter des viennoiseries pour les remercier de leur contribution. À vrai dire, les actions qui pourront soutenir vos intentions profondes deviennent souvent toutes évidentes à partir du moment où vous acceptez de vous arrêter un instant pour y réfléchir. Malheureusement, nous prenons rarement le temps de penser à ces objectifs comportementaux bien réels.

En vous parlant de ma visioconférence avec Lucas dans le chapitre précédent, j'ai précisé que ma priorité numéro 1 à ce moment-là était d'aider la nouvelle équipe à se souder. Logiquement, j'aurais dû rechercher tous les signes d'un terrain d'entente possible entre les participants. C'est pourquoi j'ai pris soin avant les réunions suivantes de me donner le temps de m'ancrer dans cette intention plus positive en me fixant deux objectifs comportementaux susceptibles de la soutenir : premièrement, dire quelques mots agréables à chacun à propos de sa contribution ; deuxièmement, relever toutes les fois où quelqu'un proposerait une idée en accord avec un point abordé précédemment (de très bons objectifs pour n'importe quelle réunion, ai-je eu l'occasion de constater depuis, même quand elle ne se déroule pas dans une salle de visioconférence obscure).

Par conséquent, quand vous pensez à vos priorités pour la journée, ne vous fixez pas seulement des buts en termes de tâches à réaliser. Définissez au moins un ou deux objectifs comportementaux, de façon précise, pour avoir plus de chances que tout se passe comme vous le souhaitez.

Trouvez une formulation gagnante pour vos objectifs

Maintenant, passons à la nécessité de formuler le plus finement possible vos objectifs (qu'ils concernent des activités ou des comportements) pour augmenter vos chances de succès. D'après les recherches sur le sujet, ils doivent être exprimés positivement, avoir du sens pour soi, être réalisables, et être reliés à une situation précise. Examinons ces quatre aspects l'un après l'autre.

Les « buts d'approche » ou « donner plus de place à quelque chose de bien »

En général, il y a deux catégories d'objectifs : ceux qui visent à rendre une chose positive plus fréquente ou plus importante et ceux qui entendent réduire au maximum quelque chose de négatif. De nombreuses études indiquent que la première catégorie (connue sous le nom de « buts d'approche ») nous conduit plus efficacement vers de hautes performances que la seconde (« buts d'évitement »), même si, au final, les deux types d'objectifs poursuivent le même dessein. En étudiant l'impact de différents objectifs personnels d'un grand groupe d'étudiants de l'université de Rochester sur leurs résultats, les psychologues Andrew Elliot et Marcy Church ont constaté que leurs notes étaient *diminuées* par les buts d'évitement (« Je ne veux pas échouer ») et augmentées par les buts d'approche (« Je veux réussir ») dans une proportion à peu près équivalente[2].

Pour voir comment cela se traduit dans le domaine professionnel, revenons à Audrey, notre directrice d'un établissement public dédié à l'innovation du chapitre précédent. Audrey nous a confié qu'elle commençait souvent les discussions délicates avec l'intention profonde de développer des relations constructives plutôt que de marquer ponctuellement des points dans la conversation. Mais alors, quels buts spécifiques se donne-t-elle avec sa collaboratrice difficile ? Elle pourrait, par exemple, se dire les deux choses suivantes :

➢ **But d'évitement :** « Si ça dégénère, je ne perdrai pas mon calme ; je ne me laisserai pas ébranler par ses commentaires mesquins ; je ferai tout mon possible pour que la discussion ne dégénère pas davantage. »

➢ **But d'approche :** « Si ça dégénère, je me rappellerai ce qui compte vraiment ; je penserai à sourire ; je poserai les bonnes questions pour être sûre qu'elle se sente entendue. »

Les deux formulations expriment le même désir. Mais à la lecture, l'effet est bien différent, n'est-ce pas ? Pour être franche, avec la première série de phrases, je suis un peu inquiète pour Audrey. La seconde me laisse plus optimiste sur les chances que la rencontre se passe bien. Et mon instinct a raison.

Pourquoi ? La réponse est en lien avec l'axe découverte-défense présenté dans les bases scientifiques. Quand on se concentre sur une chose désagréable qu'on aimerait éviter (dans le cas d'Audrey, ne pas se disputer avec sa collaboratrice), nos pensées signalent à notre cerveau une menace potentielle contre laquelle se protéger. Et comme cette réaction défensive mobilise nos ressources mentales, nous sommes moins perspicaces et moins aptes à atteindre notre objectif. En revanche, si l'on a un objectif hautement désirable, il est plus simple de rester en mode découverte, y compris quand la tâche est difficile. On peut alors continuer à se montrer ouvert et intelligent, et accroître ses chances de succès.

Martin, notre responsable stratégique dans l'aéronautique, a travaillé autrefois dans une société où chacun semblait être davantage motivé par la peur de l'échec que par l'excitation de la réussite.

— Tout le monde était constamment sur la défensive. Je n'arrêtais pas de tomber dans ce que j'appelle mon « piège esprit négatif » et de me répéter : « Si ça ne marche pas, je vais avoir de gros soucis d'argent. » Ça avait un impact considérable. J'arrivais souvent au boulot déprimé, et on avait tous beaucoup de mal à faire de notre mieux.

Il a été frappé de voir à quel point les choses se passaient différemment les jours où il arrivait à formuler ses objectifs de façon plus positive.

— Certains jours, j'arrivais à penser plus à la récompense qui m'attendait au bout, à ce qui était possible, et ça me remontait tout de suite le moral et me rendait plus productif : pendant un jour ou deux les choses avançaient rapidement. J'avais vraiment le sentiment de progresser.

Voici quelques outils pratiques pour reformuler vos objectifs de manière à rester en mode découverte au lieu de basculer en mode défensif :

➢ Demandez-vous : « Quel résultat positif ai-je envie d'obtenir ? Et que dois-je commencer à faire, ou à faire plus intensément ou plus souvent, pour l'atteindre ? »

➢ Si l'un de vos objectifs consiste à éviter quelque chose, formulez-le autrement en réfléchissant à ce que vous pourriez encore améliorer pour arriver au même résultat. (Par exemple, remplacez « Trouver un moyen d'arrêter de perdre des clients » par « Trouver un moyen de rendre notre proposition clientèle irrésistible ».)

Avec le bon sens qui le caractérise, Martin tient à ajouter ce conseil sur les buts d'approche :

— Formuler les choses positivement ne veut pas dire faire semblant. J'ai eu un patron qui était horrible en tant que personne mais qui affichait toujours un grand sourire dès qu'on le croisait. Il n'est pas question de faire ça. Juste de formuler ses objectifs d'une manière qui aide à les atteindre, en accord avec son style propre.

Trouvez votre « pourquoi personnel »

Dans le chapitre sur les bases scientifiques, j'ai évoqué des recherches montrant l'importance cruciale du sentiment d'autonomie dans la motivation. Quitte à fournir des efforts, on aime généralement sentir qu'on a un minimum de contrôle sur ce qu'on fait et décider soi-même de certains choix. De la même manière, les scientifiques ont établi que l'on a plus de chances d'atteindre un objectif élevé si l'on décide soi-même pourquoi on veut y parvenir. Ou, pour l'exprimer en termes psychologiques : la motivation *intrinsèque* (quand on fait une chose parce qu'elle a du sens pour nous ou qu'elle nous procure un sentiment de satisfaction) tend à donner de meilleurs résultats que la motivation *extrinsèque*, née du désir de répondre aux attentes d'autrui[3]. Dans les faits, les buts intrinsèques et extrinsèques entraînent des fonctionnements si différents qu'ils sont traités par des régions cérébrales distinctes. Les demandes d'autrui activent des régions fortement associées au contrôle de soi et à l'autodiscipline, tandis que les buts fixés par soi-même impliquent des zones en lien avec les désirs et les besoins[4]. Nous ne les ressentons pas comme des obligations, mais comme des actions que nous souhaitons réaliser.

Quelles conclusions en tirer ? Bien entendu, il est impossible d'être passionné par tout ce que l'on a à faire. Cependant, la science nous apprend que nous avons plus de chances de voir nos efforts couronnés de succès si nous réfléchissons à ce qui nous pousse *personnellement* à les faire. Pour reprendre l'exemple cité plus haut, si vous comptez demander à des collaborateurs de participer à l'avancement d'un projet, commencez par vous poser la question : « En quoi est-ce important pour moi qu'ils s'impliquent ? » Cela vous permettra peut-être de vous rappeler pourquoi ledit projet vous tient tant à cœur, ce qui vous donnera davantage de conviction au moment de requérir leur aide lors de la prochaine réunion. (Par exemple : pourquoi était-ce important pour moi de favoriser la cohésion de l'équipe de Lucas ? Parce que j'ai pour mission personnelle d'aider chacun à passer une bonne journée au travail. Et ainsi de suite...) Reprendre contact avec son « pourquoi personnel » peut nous donner un coup de pouce supplémentaire pour accomplir la tâche requise.

Bien sûr, ce « pourquoi » n'est pas forcément aussi évident quand la tâche en question nous est imposée de l'extérieur. Pourtant, même dans ce cas, il n'est généralement pas très difficile de la relier à quelque chose qui compte pour soi, y compris quand ce lien ne saute pas aux yeux. On peut toujours se demander :

➢ « À quelle aspiration ou valeur en *moi* cette tâche fait-elle écho ? »

➢ « En quoi cette demande va-t-elle dans le sens d'une chose qui a de l'importance pour *moi* ? »

David, directeur d'hôpital, a partagé avec moi un bel exemple de ce type de « pourquoi personnel ». Nouvellement arrivé dans son établissement, David a voulu profiter de son anonymat temporaire pour travailler une journée comme aide-soignant et se rendre compte du quotidien des employés situés en première ligne. Il a donc passé son premier jour de travail à transporter des patients entre les urgences, les salles d'examen et les blocs opératoires, et il en a appris à chaque fois un peu plus sur son hôpital. Au cours de ses allées et venues, il a rencontré un ouvrier qui s'affairait sur une porte avec un tournevis. Comme il lui demandait ce qu'il faisait, l'homme a levé les yeux vers lui et lui a répondu : « Je règle les gonds pour que ça s'ouvre plus facilement. C'est trop serré. Du coup, à chaque fois qu'ils passent, les patients sur les chariots reçoivent une sale secousse. C'est pas ça qui va les aider à aller mieux, pas vrai ? » Évidemment, cet employé exécutait une tâche qui lui avait été assignée par son supérieur. Il aurait pu s'agir d'un boulot rébarbatif et pénible. Sauf que, dans son esprit, l'objectif ne consistait pas simplement à ajuster l'ouverture de la porte, mais plutôt à diminuer la souffrance des malades. Cela avait du sens pour lui. Son activité était donc devenue un but intrinsèque, d'où un plus grand sentiment de satisfaction – et, comme le montrent toutes les enquêtes, de meilleures performances.

Petit bout par petit bout

En planifiant votre journée, vous serez peut-être tenté de dresser une longue liste de tâches plus ambitieuses les unes que les autres. Cependant, les études révèlent que l'on atteint plus souvent ses buts quand ceux-ci sont réalisables et en nombre limité. Pour en comprendre la raison, souvenez-vous du fonctionnement du circuit cérébral de la récompense. Si réaliser nos objectifs déclenche en nous un frisson de plaisir motivant, ne pas les atteindre entraîne l'effet contraire. C'est pourquoi il est généralement préférable de diviser nos grands objectifs ambitieux en une série de petits buts successifs à notre portée. De cette façon, les messagers chimiques de notre circuit de la récompense nous incitent à continuer au lieu de nous éteindre par un déprimant sentiment de déception.

Par exemple, « Apprendre l'anglais » est un objectif vers lequel on a peu de chances de progresser beaucoup le jour même. La tâche semble trop vaste et trop imprécise pour être considérée autrement que comme l'une de celles que l'on inscrit sur sa To-Do list mais à laquelle on prévoit de s'atteler « plus tard ». Pourtant, rien ne nous empêche de la diviser en plusieurs petits morceaux pour commencer dès aujourd'hui. On peut se donner comme but : « Prendre un quart d'heure pour chercher sur Internet les cours d'anglais les mieux classés de la région », ou : « Téléphoner à Nicole pour lui demander son avis sur la meilleure façon d'apprendre l'anglais. » Découper les choses en fines tranches est une bonne recette pour en venir à bout.

Martin, notre responsable stratégie dans l'aéronautique, a une vision audacieuse de ce qu'il veut réaliser au travail, et un grand nombre de ses projets sont par nature ambitieux et à long terme. Mais il a appris à avoir des aspirations modestes pour chaque jour, permettant ainsi à son cerveau de recevoir un flot constant de petites satisfactions.

— J'écris sur mon ordinateur tous les projets sur lesquels je travaille en indiquant pour chacun d'eux la *prochaine tâche* à effectuer. Ainsi, je sais toujours quel est le petit pas suivant que je dois faire. Je me suis rendu compte qu'en découpant un gros objectif en trois petits, il paraissait plus facile à atteindre. En plus, on triple le plaisir de le cocher sur sa liste.

Par exemple, une des attributions de sa fonction consiste à rédiger des offres, une tâche qu'il considère comme « la partie la moins amusante de [s]on boulot ». Pour rester motivé, Martin n'inscrit jamais sur sa liste : « Rédiger une offre. » Il divise cette activité en : « Rassembler les données », « Évaluer le budget », « Élaborer un premier jet », etc.

— Et chaque « coché ! », « coché ! », « coché ! » me donne le sentiment d'avancer, affirme-t-il.

Ce qui le pousse directement vers l'étape suivante.

Des résolutions pour passer à l'action, ou « Si [je rencontre la situation X], alors... »

Enfin, pour être certain de réaliser ses objectifs, il est préférable de définir avec précision ce que l'on fera et à quel moment. En guise d'exemple, comparez ces deux versions de l'objectif d'Audrey :

- « Aujourd'hui, je me montrerai plus collaborative dans mes échanges. »

- « Si ma collaboratrice fronce les sourcils ou n'est pas d'accord, alors je m'arrêterai pour l'écouter avec attention et je lui poserai des questions afin de mieux comprendre ce qu'elle veut dire. »

Quelle formulation vous donne une idée claire de la manière dont Audrey doit agir ? La seconde est plus tangible, non ? On imagine sans problème qu'Audrey va réussir à l'appliquer.

C'est parce qu'elle suit une règle « Si... alors » très précise, qui signifie : « Si je rencontre la situation X, alors je ferai Y. » En ne laissant aucun doute à notre cerveau sur la façon dont il faudra agir si la situation envisagée se présente, ce genre de règle – que les scientifiques nomment *intention d'exécution* – exige beaucoup moins d'efforts de sa part qu'un concept abstrait comme « Se montrer plus collaborative ». En comblant l'écart entre les espoirs abstraits et les petits pas concrets, cette formulation « Si... alors » est l'ingrédient de base d'une recette bien connue pour atteindre ses objectifs[5].

Voici un petit exemple de « Si... alors » qui m'a aidée à mettre en place un objectif quotidien. Je ne suis pas du matin, et la seule chose qui me permettait de me mettre au travail de bonne heure, c'était de savoir que mes collègues comptaient sur moi. Aussi, lorsque j'ai créé mon agence de consulting et suis devenue ma propre patronne, ma crainte a été de ne rien faire pendant tout le début de la matinée. Mon mari m'a donc suggéré de prendre l'habitude d'une petite marche matinale histoire de me réveiller avant de me mettre au travail. Cela semblait une bonne idée. Sauf qu'en essayant de l'appliquer je me suis souvent retrouvée en train de lire mes mails à moitié endormie dans la cuisine. J'ai donc dégainé mon arme « Si... alors », que j'ai légèrement transformée en « Quand... alors », pour m'imposer quelques règles : « Quand je me réveillerai pendant la semaine, alors je m'habillerai et j'irai préparer le café pour remplir ma tasse-thermos. Quand je sortirai, alors je prendrai le jeu de clés supplémentaire près de la porte et je sortirai marcher vingt minutes. Quand je rentrerai, alors je consulterai mes mails pour la première fois de la journée. »

Pour vous, cette petite routine ne représente peut-être pas grand-chose. Pourtant, ces « Quand... alors » extrêmement précis et concrets m'ont permis de modifier des habitudes de toujours. Et ils sont un merveilleux moyen de solidifier ses objectifs avant de se jeter dans la bataille.

Créez une To-Do list sympathique à votre cerveau

Après avoir clarifié leurs intentions positives et leurs objectifs, la plupart d'entre nous s'aident à garder le cap en listant les tâches qu'ils doivent réaliser. Il y a plein de façons de faire ce genre de liste : on peut utiliser une application sophistiquée, écrire sur un joli carnet, ou encore griffonner sur le dos de sa main. Ce qui compte, c'est que cela marche pour vous. Cependant, il existe quelques règles essentielles que nous devrions tous connaître pour que nos listes aident notre cerveau à piloter la journée. Ces règles sont issues des découvertes scientifiques sur la mémoire de travail, sur la motivation, et sur la poursuite d'objectifs. Comme il m'arrive de croiser des personnes qui ne les appliquent pas, je vous propose ci-dessous une check-list :

➢ **Notez sur-le-champ ce qui vous vient à l'esprit.** Ne gaspillez jamais votre précieuse mémoire de travail en essayant de retenir mentalement des idées ou des choses que vous devez réaliser. Utilisez votre intelligence pour les faire, pas pour tenter de vous en souvenir. Cela implique de disposer d'une méthode pour fixer sur le moment ce qui vous vient à l'esprit, même si, au final, vous le reportez sur « la » To-Do list de référence.

➢ **Concentrez-vous uniquement sur les tâches du jour.** Il est possible que vous ayez une longue liste de choses que vous aimeriez avoir terminées dans les semaines ou les mois à venir. Mais une fois que vous avez déterminé ce que vous avez vraiment besoin de finir dans la journée, ne vous référez qu'à cette liste réduite et cachez le reste. Tant que les éléments à plus long terme de votre liste globale resteront visibles, ils capteront une partie de la capacité de traitement de votre cerveau, risquant même de vous déprimer s'ils sont trop nombreux.

➢ **Prenez plaisir à cocher le travail effectué.** Si vous avez mis votre liste en ligne, ajoutez-lui des cases à cocher qui émettront un son à chaque fois que vous ferez une croix. Si elle est sur papier, offrez-vous la satisfaction de tirer un large trait sur tout ce que vous avez achevé. Plus vous éprouverez de plaisir à constater vos progrès, plus votre cerveau vous poussera à faire les choses.

➢ **Ayez des ambitions réalistes pour la journée.** Autant le circuit cérébral de la récompense aime que les choses progressent, autant il déteste l'échec. Il y a peut-être cinq choses auxquelles vous souhaitez vous attaquer aujourd'hui tout en sachant que vous n'aurez probablement pas le temps d'en finir plus de trois. Dans ce cas, mieux vaut vous donner un sentiment de satisfaction en vous limitant à ces trois-là. Si vous atteignez votre but et qu'il vous reste du temps, vous aurez toute la motivation nécessaire pour en entreprendre une ou deux de plus.

➢ **Prenez soin de votre corps-esprit.** À côté des autres activités, incluez dans votre liste de l'exercice, du repos, et d'autres objectifs liés à votre santé physique. Si vous ajoutez : « Faire un tour à pied », vous aurez beaucoup plus de chances de caser cette activité dans votre emploi du temps que si votre journée est déjà totalement remplie – cela en accord avec la règle qui veut que, dans n'importe quel domaine, on réalise plus facilement ce que l'on prévoit en en faisant explicitement un objectif.

SE FIXER DES OBJECTIFS SOLIDES

Maintenant, prenez un moment pour réfléchir à vos priorités de la journée.

- **Définissez plusieurs objectifs comportementaux.** *Personnellement*, quelle attitude vous aidera à mettre en œuvre vos intentions profondes aujourd'hui ? *Précisément*, quelles actions tangibles pouvez-vous envisager ? Notez-les sur votre To-Do list au même titre que les autres tâches à accomplir.
- **Trouvez une formulation gagnante pour vos objectifs.** Exprimez-les de manière à ce qu'ils soient positifs, chargés de sens, réalisables, et en rapport avec une situation précise.
- **Créez des « buts d'approche ».** Veillez à ce que vos objectifs prévoient de faire (ou de faire plus souvent) une chose qui vous plaît plutôt que d'éviter une tâche désagréable. S'ils résonnent négativement, tournez-les positivement.
- **Trouvez votre « pourquoi personnel ».** Pouvez-vous dire pourquoi cet objectif vous tient à cœur ou comment il alimentera quelque chose d'important pour vous ?
- **Découpez en petits morceaux.** Si les actions à entreprendre ne sont pas évidentes, divisez votre objectif en plusieurs petits

bouts. Soyez particulièrement clair sur la toute première action à entreprendre.

- **Prenez des résolutions « Si... alors ».** Définissez des aide-mémoire situationnels précis (« Si je me retrouve dans la situation X, alors je ferai Y ») pour accroître vos chances d'atteindre vos buts les plus importants de la journée.
- **Rédigez une To-Do list sympathique à votre cerveau.** Quelle que soit la manière dont vous gérez vos activités, veillez à ne pas surcharger votre mémoire de travail et à alimenter votre circuit de la récompense.

3

Renforcer ses intentions

Maintenant, vous êtes prêt à aborder la journée de manière plus délibérée, en ayant conscience de l'énorme influence de vos buts, attitudes et suppositions sur la façon dont vous vivez les choses. Vos objectifs sont clairs et formulés au mieux pour optimiser vos chances de succès. À présent, je vais vous expliquer comment puiser dans la boîte à outils des sciences les techniques qui vous aideront à rester fidèle à vos bonnes intentions quand vous vous attaquerez à la priorité principale ou à la plus difficile à réaliser. Ces trois techniques sont le contraste mental, l'amorçage et la répétition mentale.

Le contraste mental

Si étrange que cela puisse paraître, une excellente façon de renforcer nos intentions positives consiste à passer un moment à en considérer les aspects négatifs. J'entends par là le fait de réfléchir à tout ce qui risque de nous empêcher de réussir, dans le but d'aborder ces obstacles de front. Cette technique s'appelle le *contraste mental* parce qu'elle compare le résultat idéal à l'agaçante réalité de la vie quotidienne. (Après toute cette positivité à tous crins, certains d'entre vous étaient peut-être impatients d'aborder ce point.)

Elle est en lien avec « le paradoxe de Stockdale », un concept théorisé par Jim Collins dans son livre *De la performance à l'excellence*. Le paradoxe de Stockdale doit son nom à James Stockdale, un vice-amiral de l'US Navy emprisonné pendant la guerre du Vietnam qui est parvenu à survivre huit ans dans des conditions terribles alors que beaucoup de gens autour de lui perdaient espoir et mouraient. Stockdale avait remarqué que les pessimistes n'étaient pas les seuls à ne pas trouver la force psychologique nécessaire pour résister ; les optimistes aveugles finissaient également par craquer en constatant que leurs croyances positives (par exemple, « On ne sera plus là à Noël ») ne se matérialisaient jamais. « Croire que l'on finira forcément par réussir, ou que l'on ne peut pas se permettre de perdre, ne doit pas être confondu avec la discipline qui consiste à affronter la réalité présente, dans toute son éventuelle brutalité[1]. »

Aujourd'hui, les psychologues ont prouvé que ce genre d'idéalisme réaliste est la clé qui transforme nos intentions en actes. Heureusement, nous n'avons pas à survivre en tant que prisonnier de guerre ; malgré tout, chaque jour nous sommes confrontés à des contrariétés, comme un ordinateur rebelle ou un collègue qui nous demande quelque chose à la dernière minute. Gabriele Oettingen et Peter Gollwitzer, spécialistes en psychologie de la motivation à l'université de New York, ont découvert que les gens ont beaucoup plus de chances d'atteindre leurs objectifs s'ils pensent à la fois aux *résultats* souhaités et aux *obstacles* qui les attendent, et s'ils planifient leurs actions en fonction des uns et des autres. Leurs vingt années de recherches ont confirmé ce constat dans de multiples domaines, qu'il s'agisse de travail, de performances scolaires ou même de relations amoureuses[2]. Ils se sont aperçus que le contraste mental est particulièrement utile pour les objectifs décrits dans le chapitre précédent (ceux qui sont réalisables dans leur ensemble et formulés positivement) dans la mesure où ces objectifs nous aident naturellement à nous sentir bien par rapport à ce que nous voulons accomplir. Ce qui signifie que vous ne serez pas ébranlé par la petite vérification réaliste que représente le contraste mental.

Pour utiliser au mieux le contraste mental en préparant votre journée, posez-vous les questions suivantes :

➢ Qu'est-ce qui risque le plus de vous gêner dans la réalisation de vos objectifs aujourd'hui ?

➢ Quelle est votre alternative « Si… alors » pour contourner cet obstacle ?

Dans le chapitre précédent, je vous ai raconté comment une version de la technique « Si… alors » m'avait finalement permis d'atteindre un but important pour moi : effectuer une promenade chaque matin avant de me mettre au travail. Mais j'ai encore consolidé ma résolution le jour où j'ai pris conscience que le mauvais temps (« Oh, il pleut, je ne vais peut-être pas sortir ») et la tentation d'une douche chaude (« Je vais juste prendre une douche vite fait… Oups, il est trop tard pour y aller ») représentaient de sérieux obstacles. Pour cela, j'ai ajouté deux nouveaux « Si… alors » :

➢ « Si j'ai la tentation de prendre une douche, alors je me dirai de remettre mes vêtements de la veille, je me rappellerai que je ne rencontrerai personne de ma connaissance sur le chemin, et je me promettrai de me récompenser par une longue douche au retour. »

➢ « S'il pleut, alors j'enfilerai mon imperméable, que je laisserai accroché dans l'entrée pour que ce soit plus facile. »

Prévoir quelques solutions de rechange de ce genre sera un autre atout clé sur la voie de la réussite.

Amorcez la pompe

Avez-vous une chanson qui vous donne la pêche dès que vous l'entendez ? Ou un endroit qui vous aide à bien réfléchir, comme une pièce aérée ou un fauteuil près de la fenêtre ? À l'inverse, il est possible que certaines choses vous démoralisent : les mots « deux heures de conférence téléphonique », par exemple. Comment des déclics aussi insignifiants peuvent-ils avoir autant d'impact sur notre humeur ? Est-ce juste une impression de notre part ? Probablement pas. En tout cas, pas totalement, étant donné la facilité avec laquelle notre cerveau procède naturellement à des associations.

À chacune de nos pensées, de nos émotions et de nos actions, des signaux électrochimiques sont émis dans notre cerveau via un réseau de neurones. Quand on pense à la couleur rouge, un ensemble spécifique de neurones entre en activité, mais si on voit de l'orange, c'est une autre configuration, légèrement différente, qui se met en branle. Cet assemblage est encore différent quand vous écoutez une chanson particulière, quand vous faites par mégarde un accroc à la housse de votre cher fauteuil près de la fenêtre, quand vous participez à une conférence téléphonique, etc. Et chacun de ces réseaux est à son tour relié à de nombreux autres représentant tout ce que vous associez à cette chanson, ce fauteuil ou cette conférence.

Ainsi votre réseau neuronal du mot « orange » est-il probablement lié à celui du mot « rouge » puisqu'il s'agit de deux couleurs. Et « rouge » est lui aussi en relation avec tout un tas d'autres pensées et de souvenirs associés dans votre esprit, parmi lesquels, peut-être, « camion de pompiers » et « coucher de soleil ». Pour illustrer le type de cartes neuronales qui peuplent l'esprit de la plupart d'entre nous, la psychologue Elizabeth Loftus, de l'université de Columbia, a imaginé le schéma suivant montrant des associations élaborées au cours de toute une vie autour de divers objets, expériences et idées :

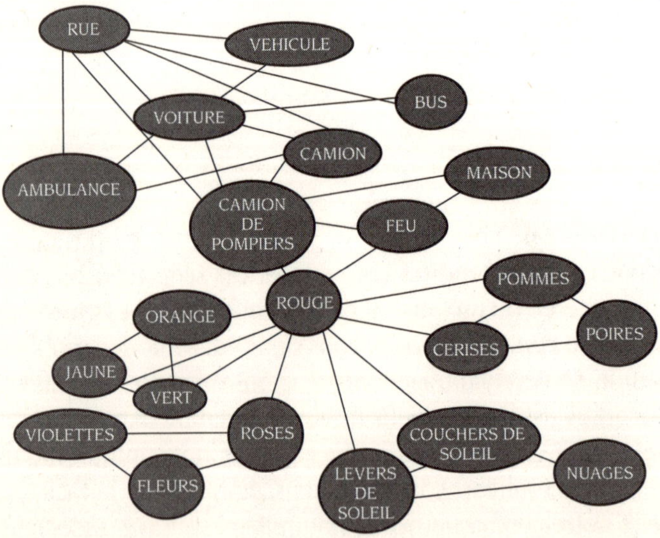

Voilà comment ça marche : quand un petit coin du réseau neuronal est activé, il se conduit comme dans un effet domino, déclenchant l'entrée en activité d'une cascade de neurones qui lui sont connectés. Par exemple, si vous êtes le propriétaire de la carte neuronale ci-dessus et que vous rencontrez la couleur rouge sous quelque forme que ce soit, cela fera peut-être inopinément remonter en vous le souvenir d'un magnifique coucher de soleil auquel vous avez assisté pendant les vacances. Vous pourriez aussi avoir tout à coup envie de manger des cerises, en voyant passer un camion de pompiers. Ce genre d'idées apparemment surgies de nulle part peut s'imposer à la conscience à partir d'un simple stimulus qui lui est associé dans le cerveau, un phénomène que les scientifiques nomment *effet de diffusion de l'activation*.

Ainsi, s'il vous est arrivé un après-midi d'être particulièrement efficace alors que vous travailliez assis dans ce fauteuil près de la fenêtre, il est tout à fait possible que votre réseau neuronal « fauteuil près de la fenêtre » se soit connecté au réseau « attitude extrêmement productive et concentrée ». D'où, peut-être, l'impression d'un subtil regain d'efficacité à chaque fois que vous prenez place dans ledit fauteuil. Votre réseau « conférence téléphonique », quant à lui, a pu se relier à celui qui pourrait s'appeler « choses vraiment pénibles », ce qui se traduit par une sensation de fatigue à la simple idée de composer le numéro d'appel. Une chanson entraînante pourra faire remonter le souvenir d'une bonne soirée entre amis, souvenir lui-même connecté au réseau cérébral associé à la bonne humeur. Le rappel d'un aspect de cette soirée (la chanson) peut remettre en route d'autres éléments mémorisés, dont notre état émotionnel. Que l'on entende cette chanson en se rendant au travail, et on se sent joyeux – parfois en ayant conscience que cet état d'esprit est en relation avec la soirée, parfois non.

Vous avez sans doute remarqué que je précise que toutes ces connexions *peuvent* se produire. Elles ne sont pas certaines. S'il vous est déjà arrivé de chercher le nom d'une personne sans le trouver, vous savez que les connexions neuronales ne s'activent pas toujours sur demande ou de manière prévisible. Néanmoins, les neurones ont plus de chances de se connecter entre eux s'ils l'ont fait souvent dans le passé – ce qui explique pourquoi on se rappelle plus facilement le nom de son mari que celui d'une simple connaissance. « Les neurones qui s'activent ensemble se connectent ensemble », dit-on en neurosciences pour exprimer le fait que plus les connexions neuronales sont utilisées, plus elles se renforcent[3]. Donc, dans le cas de la chanson qui met en joie, plus on l'associera avec une sensation de bien-être, plus le lien entre « cette super chanson » et « je me sens bien » sera puissant.

C'est mon excuse pour toujours fredonner « I Feel Love » de Donna Summer avant de commencer un atelier avec des clients. Cette chanson me donne un coup de fouet quand je dois m'adresser à une assemblée, car elle est associée dans mon esprit à un spectacle du Blue Man Group auquel j'ai assisté il y a plusieurs années. « I Feel Love » avait été le feu d'artifice final, et j'étais sortie de là gonflée à bloc. Résultat, à chaque fois que je l'entends, une petite région de mon cerveau met en mouvement le processus « pleine d'énergie ». C'est un bon coup de pouce pour se préparer à l'action.

Ce mécanisme de base a été démontré par de nombreuses études : de légers stimuli peuvent suffire à orienter nos pensées, nos sentiments et nos actions dans une direction ou une autre. Des chercheurs ont ainsi demandé à des volontaires de jouer deux par deux à un jeu dans lequel chacun devait choisir entre une stratégie collaborative et une stratégie individualiste. Quand ils ont présenté l'exercice comme étant un « jeu communautaire », les deux tiers des sujets ont opté pour la collaboration. Mais quand ils ont dit que c'était « le jeu de Wall Street », le même pourcentage a adopté un comportement individualiste. Pourquoi ? Parce que les mots employés ont déclenché une série d'associations au sein de leur cerveau, à tort ou à raison, lesquelles associations ont influencé (ou « amorcé », pour reprendre le terme scientifique) la décision qu'ils ont eu l'impression de prendre de leur plein gré.

Des effets similaires ont également été observés avec des stimuli physiques et visuels. Lors d'une autre expérimentation, la simple présence d'objets évoquant le monde des affaires – une mallette, une table de réunion – a suffi à rendre les sujets plus durs au cours de leurs négociations sans même qu'il soit besoin de mentionner Wall Street[4]. Dans une autre, le fait de montrer aux participants une photo de bibliothèque les a incités à baisser la voix[5]. Enfin, dans une troisième étude, les scientifiques ont proposé un test de concentration : ceux à qui ils ont donné une blouse de laboratoire ont fait deux fois moins d'erreurs que ceux restés en vêtements de ville – probablement parce qu'ils associaient la blouse blanche avec un haut niveau universitaire. Mais quand on leur a précisé que ladite blouse appartenait à un peintre (plutôt qu'à un chercheur ou un médecin), leurs performances ont chuté[6].

Ces expériences pourraient laisser penser qu'il est très facile de savoir comment commencer chacune de nos journées : enfilons une blouse de médecin et trempons dans notre café tous les objets qui doivent nous inspirer. Bien entendu, ce n'est pas aussi simple (sinon, ce livre serait très court). Aucune expérimentation ne peut prouver qu'un stimulus particulier entraîne un comportement spécifique, notamment parce que nos cerveaux établissent tous des associations différentes avec un stimulus donné. Par exemple, les camions de pompiers étaient peut-être jaunes et non pas rouges là où vous avez grandi. À moins que vous ne détestiez Donna Summer et que les conférences téléphoniques de deux heures n'aient pour vous que des connotations positives. Néanmoins, rares sont ceux qui contestent le fait que les stimuli évocateurs qui nous entourent puissent avoir un impact modeste mais parfois très utile sur notre état d'esprit. En particulier si l'on s'expose volontairement à une chose que l'on sait pouvoir déclencher des associations profitables dans son cerveau (comme ma petite astuce Donna Summer).

Si vous voulez utiliser ces découvertes dans votre quotidien, remémorez-vous vos intentions profondes, et réfléchissez au genre de pensées et de sentiments qui vous soutiendront dans ce sens aujourd'hui. Demandez-vous :

➢ Quels mots ou quelles phrases peuvent vous aider à ne pas oublier ces intentions ?

• Fabriquez-vous un pense-bête qui vous permettra de garder ces mots à l'esprit au cours de la journée.

• Dans la limite du possible, employez ces mots dans votre To-Do list, en réunion, ou dans vos mails.

Une formule n'a pas besoin d'être poétique pour être efficace. Depuis que le stratège politique James Carville a lancé la réplique « C'est l'économie, idiot ! » au cours de la campagne présidentielle de Bill Clinton de 1992, des politiciens de tous bords l'ont mise à leur sauce pour se rappeler ce qu'ils veulent garder en tête pendant leurs discours aux électeurs. Les clichés marchent à partir du moment où ils ont un sens pour vous. Par exemple, si vous avez décidé qu'aujourd'hui, en réunion, vous alliez écouter plus que vous n'alliez parler, griffonner « Le silence est d'or » sur votre carnet peut être un excellent rappel à garder à portée de vue.

➢ Pouvez-vous faire de votre environnement le reflet de vos intentions profondes ? Déterminez un endroit particulièrement propice pour travailler ou réfléchissez aux modifications que vous pourriez apporter à votre espace de travail. Par exemple :

• Pour favoriser l'ouverture d'esprit, cherchez un espace ouvert où vous installer pour réfléchir. (Voire, si vous êtes en conversation, sortez marcher et discuter à l'extérieur[7].)

• Pour être créatif, essayez de vous entourer d'œuvres d'art ou de curiosités.

• Pour une discussion détendue, choisissez un endroit chaleureux plutôt qu'une salle de réunion.

• Vous avez besoin d'avoir l'esprit particulièrement clair aujourd'hui ? Rangez votre bureau. Augmentez la luminosité.

Martin, notre directeur stratégique dans l'aéronautique, est très attentif à la manière dont son environnement peut aller à l'encontre de ses intentions profondes ou, au contraire, les soutenir. Lui qui se donne chaque jour l'objectif de rester concentré, confirme l'intérêt du dernier exemple cité ci-dessus :

— Mon bureau était toujours en désordre. Mais je me suis aperçu que lorsque j'avais du mal à respecter les intentions que je m'étais fixées le matin, ça m'aidait vraiment de le ranger. Je dégage l'espace, et tout à coup j'ai l'impression d'avoir les idées claires. C'est quasiment miraculeux.

Jouez la scène dans votre tête

Si vous pratiquez un sport comme le golf ou le tennis, il vous est certainement déjà arrivé de vous imaginer en train de réaliser un lancer parfait juste avant de frapper la balle. Si vous pensez que cette vision vous a aidé, la recherche semble confirmer votre impression. Cela pour deux raisons : *primo*, notre cerveau s'active dans une large mesure à l'identique quand nous visualisons quelque chose et quand nous en faisons réellement l'expérience – une similitude qui, selon les études, peut aller de 60 à 90 % [8]. *Secundo*, plus nous répétons un comportement particulier, plus les voies neuronales qui lui sont associées se renforcent, d'où une plus grande facilité à y recourir au moment propice. Voilà pourquoi la pratique mène à la perfection. Par conséquent, lorsque nous prenons le temps de nous visualiser en train d'affronter une situation avec assurance, nous offrons en réalité une chance à notre cerveau de répéter – ce qui nous permet d'activer plus facilement les bonnes connexions neuronales une fois en action.

De très nombreuses études ont confirmé le pouvoir de ce type de répétition mentale. L'une d'entre elles, que j'apprécie particulièrement, a été menée à Harvard par le chercheur Alvaro Pascual-Leone et son équipe. Pour cette expérience, deux groupes de musiciens débutants devaient jouer une suite de notes au piano, puis pratiquer seuls pendant une semaine, au cours de laquelle on testait régulièrement la précision de leur jeu. Cependant, l'un des groupes avait pour consigne de « pratiquer » uniquement dans sa tête : les participants devaient s'asseoir devant un clavier deux heures par jour, mais sans y toucher, en se visualisant en train de jouer les notes. L'autre groupe, lui, répétait autant de temps, mais en jouant vraiment.

Que s'est-il passé ? Les deux groupes ont appris la suite de notes. Le troisième jour, ils étaient au même niveau. Le cinquième jour, le groupe qui pratiquait physiquement jouait mieux. Mais une seule session de pratique concrète a suffi aux « visualiseurs » pour combler leur retard[9].

Doug, le P-DG d'une grande société chinoise de vente en ligne, recourt très souvent à la répétition mentale dans le cadre de sa vie professionnelle.

— C'est fondamental quand je sais que je vais me retrouver dans une situation qui exigera beaucoup de moi, par exemple une présentation importante, explique-t-il. Bien sûr, je prépare tout normalement, les points clés bien en évidence sur des diapositives, et tout le reste. Mais le matin de ma présentation, je prends également un moment pour imaginer comment j'aimerais que ça se passe. Puis je repense à une présentation difficile qui s'est bien déroulée et à la façon dont j'ai mené les choses. Je respire profondément et je me rappelle chaque aspect de ce souvenir ainsi que toutes les sensations physiques qui ont accompagné cette expérience. Cette façon de faire me détend, car elle me permet de ressentir que j'ai les ressources nécessaires pour relever le défi qui m'attend.

Remarquez qu'il existe une nette différence entre cette visualisation efficace et le genre d'affirmations employées par les adeptes du mouvement de la « pensée positive » New Age. Doug ne se contente pas de murmurer : « Crois que tu vas réussir, et tu réussiras. » Il se sert du contraste mental et de la prévision « Si... alors ». Il imagine les particularités du défi à relever, et visualise précisément la manière dont il devrait y faire face et le surmonter en fonction de ses expériences passées. De la même façon, les pianistes ne se sont pas fait de grands discours et ne se sont pas imaginés comme de grands musiciens ; ils ont seulement travaillé assidûment chaque note dans leur tête. La preuve scientifique des effets bénéfiques de la visualisation a été apportée. Mais il s'agit bien d'une répétition mentale réaliste, pas d'une vision chimérique dénuée de toute réalité.

J'aimerais également souligner que, correctement effectuée, la visualisation mentale incorpore un maximum d'informations sensorielles : le visuel, bien sûr, mais aussi les sons, les émotions, les odeurs et même les goûts. La prise en compte de tous ces éléments permet d'enrichir l'ensemble des connexions neuronales activées. C'est pourquoi, lorsqu'il se prépare pour une présentation, Doug fait remonter à son esprit l'aspect d'une salle où il est déjà intervenu avec succès, tout en se rappelant par ailleurs le plus grand nombre possible de détails liés à cette expérience : le son de sa voix, des phrases prononcées par d'autres, son sentiment intérieur. Parfois même ce qu'il a mangé avant de prendre la parole.

— L'idéal est de se fabriquer au fil du temps une playlist de bons souvenirs dans laquelle puiser, conseille-t-il. On peut en rappeler un pour « Je veux faire une bonne présentation », et un autre pour « J'ai besoin d'être extrêmement patient et tolérant aujourd'hui ». Avec un peu de pratique, j'ai découvert que l'on arrive à visualiser ces souvenirs juste avant d'en avoir besoin, quasiment au moment de se mettre en situation.

Pour renforcer vos intentions grâce à la visualisation mentale, voici quelques suggestions pratiques à suivre pas à pas :

➢ **Revivez vos anciens succès.** Pensez à votre intention positive de la journée. Cherchez dans votre passé un moment où avez agi comme vous aimeriez le faire aujourd'hui et où vous avez ressenti ce que vous espérez éprouver. Puis installez-vous dans un endroit tranquille, confortablement assis, et fermez les yeux.

• Prenez quelques respirations profondes. (Vous impliquerez encore plus facilement votre cerveau si vous êtes conscient de vos sensations corporelles, des bruits qui vous entourent, et si vous observez les taches plus claires ou plus sombres qui apparaissent sous vos paupières closes.)

• Maintenant, pensez à votre expérience positive passée. Mentalement, observez la scène, rappelez-vous vos paroles et celles des autres, vos pensées du moment ; soyez conscient de chaque émotion et de chaque sensation qui remonte.

• Après avoir revécu l'événement en profondeur, ouvrez les yeux. Si c'est possible, couchez par écrit les éléments les plus importants de ce souvenir. Notez toutes les images ou toutes les phrases susceptibles de vous aider à vous reconnecter rapidement à la situation.

➢ **Faites une répétition du défi qui vous attend.** Imaginez-vous clairement dans la situation.

• Remémorez-vous vos intentions et vos objectifs concernant le défi que représente la tâche, la conversation, ou la réunion qui vous attend. Demandez-vous quels aspects de la situation risquent de poser problème.

• Puis fermez les yeux et visualisez-vous en train de gérer magnifiquement les choses du début à la fin. Vivez mentalement tout le film, avec les sons, les images, et les sensations que vous attendez ou désirez avoir.

Combiner le tout : aborder sa journée avec des objectifs clairs

En tant que brand manager d'une grande chaîne hôtelière, Russel est responsable du marketing et de la publicité ainsi que d'une partie du processus de développement des produits. Récemment, il s'est occupé de « produits » aussi importants qu'un concept d'hôtels urbains et aussi insignifiants qu'un oreiller plus confortable. À en juger par l'enthousiasme avec lequel il parle de l'un et de l'autre, nul doute qu'il adore son métier. Néanmoins, il travaille beaucoup, et s'efforce par conséquent de gérer son temps le mieux possible. Pour cela, il commence à y réfléchir dès le moment où il organise sa journée.

— Le soir, je pense toujours aux deux ou trois choses qui doivent absolument se concrétiser le lendemain, explique-t-il. Puis, en arrivant au bureau, je passe une heure à réfléchir à ce que je veux terminer avant la fin de la journée, et aux éléments que je dois apporter au cours des réunions prévues. Il peut s'agir d'une idée ou d'une analyse. Cela consiste également à visualiser qui je veux « être » face aux gens que je dois rencontrer – ce que je désire communiquer par mon attitude –, ainsi que la manière dont je surmonterai les obstacles éventuels.

Je mène cette réflexion le matin, car une fois que la journée commence, je n'ai plus un moment à moi, et les dix heures qui suivent sont un véritable marathon. Je trouve que cette petite préparation me permet de tirer le meilleur parti possible de tout ce que je fais par la suite. Notre énergie et nos capacités d'attention sont limitées, c'est pourquoi on doit veiller à les utiliser à bon escient. Il faut décider consciemment de ce qui est important ou non.

Il examine également ses a priori sur les situations ou les gens qu'il doit rencontrer.

— Je me rappelle que je dois m'attendre au meilleur. Je sais que ça jouera sur la façon dont je percevrai tout ce qui se passera dans la journée, ajoute-t-il.

Bien sûr, il y a parfois des contretemps.

— On doit accepter les trucs imprévus. Il faut être prêt à faire face à l'inattendu. Mais il est plus facile d'être content de sa réaction si on sait déjà dans quelle direction il faut essayer d'aller. Ainsi on connaît ses vraies priorités et ce qu'on a envie de défendre.

Il n'hésite pas à utiliser des pense-bêtes évocateurs pour soutenir ses intentions.

— J'avoue qu'il m'arrive de choisir mes vêtements la veille en fonction de l'état d'esprit dans lequel j'ai envie d'être le lendemain. Parfois, il s'agit juste de décider si je mettrai une cravate ou pas. Mais je me souviens d'avoir un jour porté des chaussures noires avec des lacets rouges, et j'ai été surpris de voir à quel point les gens trouvaient ça original. Du coup, si je sais que je dois rencontrer des personnes avec lesquelles j'aurai envie de me sentir créatif, je peux intégrer ça à l'ensemble.

Russel estime que l'attitude volontaire avec laquelle il appréhende la vie a considérablement joué sur l'agrément et la réussite de sa carrière professionnelle au fil des années.

— Franchement, je pense que ça m'a permis de repérer des opportunités que je n'aurais pas vues autrement, parce que je prends toujours ce moment pour être clair sur ce que je veux.

RENFORCER SES INTENTIONS

Prenez un moment pour réexaminer vos intentions et vos objectifs de la journée. Pour les plus importants d'entre eux, envisagez-les en fonction de ces trois approches :

- **Contraste mental.** Qu'est-ce qui pourrait vous gêner dans la réalisation de ce que vous souhaitez faire ? Comment pouvez-vous diminuer les risques que représente cet obstacle (dans l'idéal, en prévoyant des actions spécifiques « Si... alors ») ?

- **Amorces.** Quels pense-bêtes pouvez-vous utiliser pour vous aider à garder le cap aujourd'hui ? Y a-t-il des mots ou des phrases susceptibles de vous remémorer vos intentions ? Comment pouvez-vous faire de votre environnement une bonne métaphore de vos intentions ?

- **Répétition mentale.** Prenez le temps de visualiser le déroulement idéal de la partie la plus importante de votre journée. Que ferez-vous pour relever les défis qui se présenteront à vous ? À quoi ressemblera la scène visuellement ; quels seront vos ressentis ? Remémorez-vous une situation passée au cours de laquelle vous vous êtes comporté comme vous aimeriez le faire aujourd'hui et revivez-la en profondeur.

PARTIE II

La productivité

Exploiter au mieux chaque heure de la journée

« La priorité, c'est de laisser la priorité
à la priorité. »

Stephen Covey

UNE FOIS QUE VOUS AVEZ DÉTERMINÉ vos objectifs, défini vos intentions et pris des mesures pour les renforcer, comment pouvez-vous gérer au mieux votre temps et vos efforts pour atteindre vos buts ? Comment réussir à tout caser dans l'emploi du temps de manière à ce qu'en fin de journée vous puissiez regarder avec satisfaction tout ce que vous avez accompli ?

Commençons par admettre une vérité de base : nous avons pour la plupart trop de choses à faire. Entre les années 1970 et 2000, l'Américain moyen a vu sa durée annuelle de travail s'accroître de près de deux cents heures, soit un mois complet de plus[1]. Et notre temps de travail n'est pas seulement plus long ; il est aussi plus chargé. À cause du flot incessant de messages et d'alertes qui nous arrivent, nous répondons à un plus grand nombre de demandes informelles qu'autrefois. Qu'il s'agisse du mail plein d'humour d'un collègue ou d'un lien conseillé par un réseau social, chaque interruption nous vole un instant d'attention.

Résultat, bien que nous travaillions énormément, notre To-Do list reste toujours trop longue pour espérer en venir à bout dans la journée. Au lieu de nous concentrer sur ce qui est vraiment primordial et en accord avec nos intentions profondes, nous nous intéressons à ce qui clignote. Et compte tenu du nombre d'heures que nous faisons, il est probable que nous ne soyons pas au mieux de nos capacités. Selon plusieurs études, il semblerait qu'au-delà de huit heures de travail notre productivité et nos performances cognitives déclinent, ce qui voudrait dire que nos neuvième, dixième et onzième heures ont de moins en moins d'effet sur la diminution de notre charge de travail[2].

Il y a environ deux ans, tous ces jonglages et ces luttes permanentes ont fait craquer Anthony. Expert en marketing numérique, père de deux enfants en bas âge et pratiquant assidu de course à pied, il dégage aujourd'hui une énergie pleine d'enthousiasme qui le fait paraître dix ans de moins que son âge. Mais à l'époque, le poids de son quotidien l'écrasait.

— Je travaillais trop, j'avais toujours une multitude de projets en cours et une boîte mail pleine à craquer. J'essayais de répondre à tout, mais je n'y arrivais pas. Dans ma société régnait une espèce de « présentéisme » : on devait donner l'impression d'être là tout le temps, et toujours en plein boulot. C'était toxique.

Il a fini totalement épuisé.

— J'étais à bout de souffle, et j'ai compris que ce n'était pas tenable. J'ai décidé qu'il fallait changer quelque chose.

Anthony avait fait son maximum pour tout gérer, travaillant sur plusieurs choses à la fois et s'interdisant de prendre des pauses. Mais en se plongeant dans la science de la productivité individuelle et de la priorisation, il a compris qu'il existait une meilleure façon de répondre aux exigences de sa vie professionnelle, qui ne nécessitait ni de se prendre autant la tête ni de se sentir aussi mécontent.

Dans cette partie, je vous révélerai ce qu'Anthony et d'autres ont découvert en mettant cette science en pratique. Je vous apprendrai comment gérer votre temps pour vous sentir moins fatigué, plus alerte, et avoir l'impression de mieux contrôler les choses. Je vous indiquerai également comment faire quand vous êtes surchargé ou lorsque vous voulez vraiment, enfin, arrêter de procrastiner. Une fois que vous aurez intégré ces suggestions dans votre quotidien professionnel, chaque heure de travail vous paraîtra soudain nettement plus profitable, et vous devriez finir votre journée avec un plus grand sentiment de satisfaction et d'équilibre.

4

Une chose à la fois

Nous avons tendance à croire qu'en faisant plusieurs choses à la fois, nous arriverons à en caser plus dans la journée. Résultat, nous essayons d'avoir une conversation au téléphone tout en lisant un document ou en cherchant quelque chose sur Internet ; nous vérifions nos messages pendant une réunion, voire pendant le dîner ; ou encore, nous discutons avec un collègue passé nous rendre visite tout en nous efforçant de terminer un rapport en retard et en avalant notre repas de midi. « À fond, à fond, à fond », telle est notre devise.

En plus de nous donner l'impression de continuer à tout contrôler, cette façon de mener plusieurs activités de front peut nous procurer un certain plaisir. Le circuit cérébral de la récompense aime la nouveauté et le contact humain, en particulier quand il n'est pas prévu. C'est pourquoi chaque sonnerie ou vibration de notre appareil préféré est la promesse d'un petit plaisir éventuel ; à chaque interruption, c'est peut-être une information intéressante ou amusante qui nous arrive. Difficile d'y résister, même si au final il s'agit souvent d'un spam.

Pourtant, les recherches montrent sans équivoque que faire plusieurs choses à la fois au travail diminue notre productivité ou, pour le dire de façon plus pragmatique, allonge nos journées. Non seulement cela nous ralentit, mais cela entraîne aussi un surcroît d'erreurs, d'où la nécessité de recommencer, et un ralentissement encore plus important. On a l'*impression* d'être plus actif, mais en réalité on en fait moins, et moins bien.

Sans compter que l'impact de ces tâches simultanées sur nos résultats est loin d'être marginal. René Marois, directeur du laboratoire de traitement de l'information humaine à l'université Vanderbilt, a établi que les personnes qui effectuent deux tâches à la fois mettent un tiers de temps supplémentaire et commettent deux fois plus d'erreurs que celles qui les réalisent l'une après l'autre – des résultats vérifiés à maintes reprises par d'autres chercheurs[1]. D'après d'autres études, le fait de mener plusieurs activités en même temps influe également sur la qualité de nos décisions. Par exemple, on a demandé à un groupe de volontaires de sélectionner un endroit où installer un magasin après avoir examiné les avantages et les désavantages de plusieurs localisations. Lorsqu'ils devaient jongler avec une nouvelle demande d'information – le genre de chose qui se produit souvent au travail –, les participants ont mis plus de temps à trancher, et se sont finalement montrés moins judicieux dans leur choix[2].

Par ailleurs, une autre étude menée auprès du personnel de Microsoft a prouvé que des employés interrompus par un mail mettaient quinze minutes à reprendre véritablement le fil de leurs pensées, qu'ils répondent ou non au message[3]. Quant aux messages instantanés, ils ne faisaient guère mieux, puisqu'il fallait plus de dix minutes pour se remettre sur les rails. Multipliez cette perte d'attention par le nombre de fois où vous êtes interrompu dans une journée normale, et vous commencerez à comprendre que ce n'est peut-être pas une bonne idée pour votre productivité de rester constamment en ligne.

Pourquoi le fait de mener plusieurs activités de front diminue-t-il à ce point notre vitesse, notre précision et notre pertinence ? Cela vient des limites de notre système délibéré. Alors que nous pensons traiter plusieurs tâches en parallèle, celui-ci dirige en réalité rapidement notre attention de l'une à l'autre. Allumer « Lire mail », éteindre « Écouter collègue », allumer « Écouter collègue », éteindre « Lire mail », etc. Et chacun de ces va-et-vient coûte à notre cerveau un peu de temps et d'énergie[4].

Vous pouvez avoir un aperçu de ce coût avec cet exercice simple :

• Dites « abcdefg », et immédiatement après « 1234567 ». Notez combien de temps il vous faut pour cela. Vous pouvez vous chronométrer.

• Puis mêlez les deux : dites « a1b2c3d4e5f6g7 ». Observez combien de temps supplémentaire il vous a fallu pour faire la même quantité de « travail » en passant à chaque fois des lettres aux nombres – et l'effort mental supplémentaire que ça vous a demandé.

Pas étonnant dans ces conditions que l'on dise quelque chose comme « Je n'arrive pas à réfléchir » quand quelqu'un nous parle et que notre téléphone sonne en même temps. Nous compliquons la tâche de notre système délibéré en exigeant de lui qu'il jongle entre plusieurs activités. Or, comme notre régulation émotionnelle (rester posé et serein) dépend aussi de ce système, une augmentation de sa charge de travail se répercute forcément sur notre capacité à garder notre calme. Une étude a montré que la légère anxiété que l'on ressent naturellement face à une tâche totalement nouvelle devient deux fois plus forte si on est interrompu au cours de sa réalisation[5].

Conclusion ? Avoir des activités variées peut insuffler de l'énergie à votre journée, mais évitez d'en abuser si vous voulez travailler vite, garder l'esprit affûté et rester calme. Mener plusieurs tâches de front peut paraître un moyen efficace et stimulant de gérer les choses quand on a beaucoup à faire, mais en réalité on est nettement plus productif en se concentrant sur une seule activité, c'est-à-dire en effectuant les choses les unes après les autres.

Mais n'y a-t-il pas d'exceptions ?

Contrairement au système cérébral délibéré, le système automatique est capable de traiter plusieurs informations en parallèle. Donc, si l'une de vos activités ne vous demande absolument pas d'y penser consciemment, vous pouvez faire autre chose en même temps. La conduite est souvent citée comme un bon exemple d'action automatique, ce qui explique pourquoi on peut parler avec un passager tout en conduisant sur une route tranquille.

Mais dès que cette tâche simple se complexifie, par exemple si un autre véhicule surgit brusquement devant nous, elle cesse d'être automatique et requiert une attention consciente de la part du système délibéré. À ce moment-là, nous ne pouvons pas discuter *et* réagir correctement au changement de situation. C'est pourquoi un accident grave sur cinq est dû à l'inattention de l'un des conducteurs, et la raison pour laquelle, lors de la courte panne survenue sur les réseaux BlackBerry d'Abu Dhabi et de Dubaï en 2011, les rapports de police ont fait état d'une chute du nombre d'accidents de la route de 40 % et de 20 %[6].

Il semblerait qu'il y ait un très faible pourcentage (à un seul chiffre) d'individus dont le cerveau fonctionne différemment. David Strayer, un psychologue de l'Utah, s'est intéressé au très rare phénomène des « supertaskers ». Ces personnes capables de faire plusieurs choses en même temps existent bel et bien. Cependant, une chose est sûre : on l'est ou on ne l'est pas. La vérité, c'est que malheureusement la plupart des gens – y compris les lecteurs de cet ouvrage – n'en font pas partie. En règle générale, mener plusieurs activités de front ne s'apprend pas. À l'inverse, on a constaté que les « multitâches » réguliers mettent plus de temps pour passer d'une activité à une autre que les occasionnels – peut-être parce qu'ils ne savent plus comment se concentrer durablement. Ironiquement, les résultats des recherches indiquent que ceux qui ont le plus confiance dans leur capacité à faire plusieurs choses à la fois sont en réalité les pires dans ce domaine.

Regroupez vos activités, divisez votre journée

Maintenant, voyons à quoi ressemble une journée idéale pour nos cerveaux « monotâches ». La première conclusion que l'on peut tirer des découvertes scientifiques, c'est qu'il est possible de réduire son nombre d'heures quotidiennes de travail, mais aussi de les rendre moins fatigantes en regroupant ses activités plus efficacement. Par regrouper, je veux dire enchaîner les tâches similaires afin d'économiser du temps et de l'énergie en évitant de passer d'un type d'activités à un autre. Dans l'exercice « a1b2c3... » de tout à l'heure, cela revient à s'occuper des lettres dans un premier temps – premier regroupement –, puis des chiffres dans un second temps – deuxième regroupement. Appliqué à votre travail, cela signifie passer un moment sur vos mails et, *ensuite*, un autre à réfléchir. Sans mêler les deux.

Anthony a réussi à alléger sa charge de travail en utilisant au maximum cette technique de regroupement pour ses activités courantes. Par exemple, une partie de son travail consiste à trouver des articles susceptibles d'intéresser ses clients et à les communiquer.

— On pense qu'il n'y a qu'une seule chose à faire, mais en réalité cela représente plusieurs activités de types différents, explique-t-il. Il faut *rassembler* les informations, ce qui signifie que mon esprit doit être largement ouvert et prêt à saisir rapidement les renseignements. Puis il faut les *digérer*, c'est-à-dire se poser pour réfléchir. Ensuite, il faut *communiquer* et donc faire des choix : qu'est-ce qui mérite d'être partagé, et avec qui ? Or, rassembler, digérer et communiquer impliquent des fonctions cognitives distinctes.

Anthony avait l'habitude de tout faire en même temps, mais comme il le précise :

— Vu que j'utilisais des applications différentes pour rassembler les infos et communiquer, je me laissais souvent distraire en naviguant de l'une à l'autre. J'avais toujours un tas de fenêtres ouvertes sur mon écran, et chacune d'elles m'invitait à aller voir ailleurs. Alors, j'ai trouvé que c'était bien plus efficace de diviser mon travail par types d'activités, et je me suis dit : « Maintenant, je *rassemble* les informations, et je me concentre totalement là-dessus. » Cela prend beaucoup moins de temps dans l'ensemble, et le résultat est de meilleure qualité.

Anthony a également décidé de créer quelques « plages de temps » standards dans son emploi du temps quotidien : au moins un moment destiné à réfléchir aux activités les plus délicates de la journée, et deux « plages de temps » pour gérer un maximum de messages entrants. Parfois, il doit trouver l'horaire le plus adéquat pour les placer en cherchant les créneaux libres sur son agenda. Mais savoir qu'il a réservé ces moments pour s'attaquer à sa messagerie deux fois par jour lui permet de se concentrer plus facilement sur les autres tâches, estime-t-il, et en conséquence de profiter des avantages cognitifs et émotionnels de ne faire qu'une chose à la fois.

Voici quelques suggestions pour utiliser à votre tour cette technique :

➢ **Divisez votre travail par types d'activités.** Quels genres de tâches devez-vous réaliser aujourd'hui ? Dans quelles catégories se classent-elles ? Il pourrait s'agir par exemple de :

- Réflexion approfondie ou travail créatif
- Réponses aux mails et aux messages téléphoniques
- Lectures ou recherches
- Rendez-vous (virtuels ou en face à face)
- Projets personnels
- Travail administratif

Concernant cette dernière catégorie, Anthony déclare avoir suivi l'approche de Benjamin Franklin, pour qui le travail administratif, même abrutissant, est une façon de « ranger les choses à leur place ».

— Tout le monde sent son courage l'abandonner en pensant au mot « administratif ». Alors que l'expression « ranger les choses à leur place » sonne comme un truc que toute personne sensée a envie de faire. Je connais aussi quelqu'un qui appelle ça un « moment de consolidation », pour la même raison.

➢ **Maintenant, réservez des plages de temps sans interruption.** Regardez votre agenda de la journée, et trouvez des moments où vous ne serez pas dérangé. Consacrez-les à des types de tâches spécifiques. Essayez de réserver des plages de vingt à trente minutes minimum, ainsi que quelques-unes plus longues, de une heure à une heure et demie. Si votre emploi du temps est très fragmenté, avec des réunions et des appels disséminés sur l'ensemble de la journée, essayez de rapprocher ces rendez-vous en demandant à parler ou à rencontrer l'un de vos interlocuteurs un peu plus tôt ou un peu plus tard. Il est souvent possible de déplacer légèrement un rendez-vous, même si en général on n'ose pas poser la question ou on ne se donne pas la peine de le faire – il est dommage de se priver de cette occasion d'avoir un laps de temps pour travailler tranquillement sans être interrompu au cours de la journée.

➢ **Décidez ensuite quels types d'activités vous placerez dans ces créneaux.** L'objectif est de passer moins souvent d'une tâche à une autre – de la rédaction d'un document à la réponse à un mail, et d'un mail à une conversation téléphonique. Même si vous ne faites rien d'autre, réservez au moins une plage pour de la réflexion ou de la création, et une ou deux autres pour gérer vos messages. Gardez le créneau le plus long pour une activité exigeant beaucoup de réflexion, pour laquelle vous savez que vous aurez besoin de calme.

Trouvez également quels moments de la journée conviennent le mieux à vos différentes « plages de temps ». N'écoutez pas ceux qui vous disent qu'il n'y a qu'un seul bon moment pour effectuer un certain type de tâches. Par exemple, certains affirment ne pouvoir être créatifs que très tôt le matin. C'est vrai qu'il y a effectivement quelque chose de spécial dans la qualité de nos pensées au réveil, d'où l'intérêt de garder un carnet près de son lit ou pas loin de la douche afin de les noter. Mais vous devez vous connaître et organiser votre emploi du temps en fonction de votre personnalité. Si vous êtes un oiseau de nuit, vous n'aurez sûrement pas la même routine que celui qui aime se lever avant 6 heures. Quel que soit votre « chronotype », lève-tôt ou lève-tard, identifiez à quelles périodes de la journée vous êtes le plus performant, et profitez de ces moments pour vous atteler aux tâches les plus complexes[7].

Éliminez les distractions

Anthony a fait un autre grand pas en avant en s'entraînant à résister aux distractions éventuelles. Il savait que, quelle que soit l'activité à laquelle il se livrait (coup de fil, travail de routine, rédaction), il la réaliserait plus intelligemment et plus rapidement s'il parvenait à focaliser toutes ses énergies mentales sur elle. Ce qui, bien entendu, est également valable pour vous.

Voici ce que je vous propose pour éliminer les distractions inutiles et concentrer la précieuse attention de votre cerveau sur la chose la plus importante du moment :

➢ **Éteignez toutes les alertes.** Il était une époque où la seule alerte à laquelle on était censé réagir était la sonnerie du téléphone. Incroyable ! Aujourd'hui, nous nous entourons d'appareils qui réclament notre attention, depuis notre smartphone avec ses vibrations et ses sonneries jusqu'à notre ordinateur et ses pop-up visuels. Tant que vous recevrez ces notifications à longueur de journée, vous ne pourrez pas utiliser au mieux votre temps, dans la mesure où chaque alerte, que vous y répondiez ou non, consomme une petite partie de votre mémoire de travail. Ce n'est pas difficile de les éteindre quand vous avez vraiment besoin de vous concentrer. Ainsi, vous pouvez mettre votre portable en mode avion ou couper la connexion Wifi de votre ordinateur. Pour augmenter vos performances intellectuelles, rien ne vous empêche par ailleurs d'arrêter de façon permanente les notifications les moins utiles et les plus intrusives de vos appareils.

➢ **Éloignez les tentations.** Chaque distraction visuelle capte une partie supplémentaire de votre mémoire de travail et augmente un peu plus la tentation de passer en mode multitâche. Si vous devez être concentré, fermez votre messagerie. Fermez également votre navigateur ou, au moins, les pages dont vous n'avez pas l'utilité. À l'époque où il écrivait *Freedom*, avant l'apparition de la connexion sans fil, le romancier Jonathan Franzen avait trouvé un moyen de s'interdire tout accès à Internet afin de ne pas se laisser distraire : il avait collé un câble à l'intérieur du port Ethernet de son ordinateur portable, puis l'avait coupé. Il existe aujourd'hui des versions plus modernes de son installation sous la forme d'applications capables de bloquer l'accès à certains sites pour une durée déterminée (sans qu'il y ait besoin de colle).

➢ **Installez les pensées impromptues en « salle d'attente ».** Même quand on se concentre sur une tâche, il arrive que d'autres pensées nous viennent à l'esprit, dont certaines sont trop intéressantes pour qu'on les laisse passer. Au lieu de mobiliser de l'espace mental à essayer de les retenir ou de les approfondir, prenez l'habitude de les noter immédiatement (sur un Post-it ou dans un mémo vocal). Ainsi, vous serez assuré de pouvoir revenir vers elles au moment voulu.

➢ **Renforcez votre endurance.** Parce que, en majorité, nous ne sommes pas habitués à nous concentrer sur une seule chose à la fois, cela peut paraître difficile au début. Si c'est votre cas, commencez par vous donner des tranches de cinq minutes sans laisser quoi que ce soit vous interrompre. Puis constatez que vous êtes capable de cette concentration, et n'oubliez pas de vous en féliciter mentalement. Vous pouvez également noter sur un carnet le temps total pendant lequel vous avez réussi à rester hors connexion sur l'ensemble de la journée. Il est d'autant plus important de vous récompenser par de petits plaisirs comme celui-là que vous devrez compenser la légère excitation cérébrale qu'entraîne le fait d'être constamment connecté. Au fil du temps, allongez graduellement vos sessions de concentration jusqu'à ce que vous parveniez à rester totalement attentif un long moment sans vous sentir nerveux.

➢ **Chronométrez-vous.** Quand vous effectuez un travail important, déterminez combien de temps vous voulez rester entièrement concentré dessus, et programmez un minuteur. Cela donnera un ancrage physique à votre décision, ainsi qu'une bouffée de satisfaction quand il arrivera sur zéro et vous fera part de son approbation par une sonnerie.

Désormais, Anthony s'accorde différents laps de temps en fonction des types de tâches auxquelles il se livre.

— J'ai lu des études qui disaient que quatre-vingt-dix minutes représentaient la durée maximale pendant laquelle on peut se concentrer et réfléchir intensément. Alors, quand je fais un travail qui exige beaucoup d'attention, je programme un minuteur sur quatre-vingt-dix minutes, et tout le monde comprend que je suis sur un truc important. On peut me déranger si besoin, mais autour de moi on sait ce que ça signifie.

Il reconnaît qu'il s'essouffle parfois au bout de soixante ou soixante-dix minutes.

— Mais ça va, assure-t-il. J'ai appris à ne pas m'en faire pour ça.

S'il s'agit d'un travail moins lourd, il préfère se concentrer par tranches de vingt-cinq minutes.

— Quelle que soit la durée choisie, je trouve que le minuteur permet de plonger plus facilement dedans dès le départ. Il me rappelle que ça ne va pas durer une éternité.

Et si le patron a besoin de vous ?

Cadre dans une société de télécommunications, Min est souvent en rapport direct avec le P-DG de la compagnie, qu'elle décrit comme « du genre survolté, tout le temps en train de poser des questions et réclamer des réponses ». Récemment, après avoir découvert dans un article les risques liés au fait de faire plusieurs choses à la fois, elle a commencé à changer avec succès certaines habitudes. Elle a défini plusieurs moments de la journée qu'elle consacre à consulter ses messages, ce qui signifie que personne n'attend jamais plus de deux heures avant de recevoir une réponse, mais aussi qu'il ne faut pas forcément vouloir une réaction de sa part dans la minute. Et cela concerne aussi son P-DG – que ça fait râler.

Min a failli céder et installer une sonnerie personnalisée sur son téléphone, rien que pour lui. Pourtant, avant de s'y résoudre, elle a voulu lui expliquer pourquoi elle avait changé sa façon de faire.

— Je lui ai dit que, suite aux découvertes scientifiques sur la dispersion des tâches, j'essayais de traiter mes mails par blocs au lieu de les picorer un par un. Je lui ai expliqué que je les consultais quatre à cinq fois par jour, ce qui permettait toujours un délai d'exécution rapide.

Il a hoché la tête, presque convaincu, avant d'objecter :

— Et si j'ai besoin de vous tout de suite ? Si vous consultez vos mails quatre fois par jour, cela veut dire qu'il peut arriver que je doive attendre trois heures avant de réussir à vous joindre ?

Après un instant de réflexion, Min a proposé :

— Je pourrais m'arranger pour que mon assistante me prévienne en cas de réelle nécessité. Ça vous irait ?

Il a accepté.

— On prend rarement le temps de parler de la façon dont on organise sa journée et des raisons pour lesquelles on le fait de telle ou telle manière, commente Min en songeant à cette brève conversation. En tout cas, en avoir discuté explicitement avec mon patron a diminué le stress des deux côtés. Ça a fait une énorme différence pour tous les deux.

UNE CHOSE À LA FOIS

Examinez votre emploi du temps de la journée, et organisez vos activités pour permettre à votre cerveau de fonctionner au mieux (et d'être plus productif au final). Essayez ce qui suit :

- **Regroupez vos activités.** Rassemblez les tâches similaires (par exemple mails, appels téléphoniques et lecture) afin de ne pas passer constamment d'un mode de fonctionnement mental à un autre.

- **Sectorisez votre journée.** Définissez le meilleur moment de la journée pour vous attaquer à chaque groupe d'activités, en incluant un ou deux créneaux pour les mails. Réservez des temps plus longs où vous pourrez effectuer vos tâches les plus importantes sans être interrompu. Pouvez-vous déplacer certains rendez-vous pour créer des plages horaires plus nettes ?

- **Éliminez les distractions.** Minimisez les interruptions afin de focaliser votre attention sur la tâche en cours. Quelles alertes pouvez-vous éteindre ? Pouvez-vous utiliser une application pour bloquer l'accès à certains sites web ? Choisissez une bonne technique de « salle d'attente » pour retenir les idées qui vous traversent sans qu'elles détournent votre attention.

- **Prévoyez de petites récompenses pour votre bonne conduite.** Récompensez-vous d'être resté concentré sur votre tâche en cours – par exemple, en programmant un minuteur ou en tenant un carnet de bord.

- **Partagez vos connaissances.** Vous pouvez être proactif et expliquer vos choix concernant l'organisation de votre emploi du temps à vos collaborateurs, par exemple en utilisant l'exercice « a1b2c3... » pour leur faire comprendre pourquoi vous êtes désormais moins enclin à mener plusieurs tâches de front.

5

Planifier des périodes de repos

Vous regardez votre montre. Comment le temps a-t-il pu filer aussi vite ? Vous avez tant à faire. Les yeux vous piquent et votre esprit vagabonde. Vous n'arrivez même pas à vous rappeler quand vous avez étiré vos jambes pour la dernière fois. Pourtant, vous l'avez décidé, il faut continuer à travailler. Vous devez tirer profit de chaque instant de cette journée.

En êtes-vous certain ? Est-ce qu'augmenter votre fatigue vous rend vraiment plus efficace ? En lisant cette question, vous avez sans doute deviné où je veux en venir et que la réponse est non. Même si notre instinct nous dit le contraire, tirer profit de chaque minute de la journée ne veut pas dire s'agiter sans arrêt. En réalité, la recherche scientifique montre que l'on est bien plus productif lorsqu'on s'accorde des intervalles de repos entre deux périodes de travail intense.

Deux faits soutiennent cet argument. D'une part, notre système cérébral délibéré a besoin de pauses et de combustible pour continuer à fonctionner pleinement. D'autre part, durant les moments où l'on se « repose », c'est-à-dire où l'on n'est pas engagé de manière active dans une tâche, notre cerveau, lui, s'affaire à nous aider à apprendre et à avoir de nouvelles idées. Laissez-moi vous exposer ces deux points en profondeur avant d'expliquer comment les mettre en pratique.

La fatigue décisionnelle

Chaque jour, nous prenons une multitude de décisions mineures. Par exemple, si nous désapprouvons ce que quelqu'un vient de dire, deux solutions s'offrent à nous : exprimons-nous notre désaccord ou nous contentons-nous de sourire en hochant la tête ? Si nous optons pour la première, qu'allons-nous dire ? (Et avec quel niveau de diplomatie ?) Même une décision banale comme celle-ci implique de comparer les avantages et les inconvénients de chaque possibilité, d'évaluer de quel côté penche la balance, et de déterminer notre future action. Les décisions représentent donc une importante dépense d'énergie pour le cerveau. Et plus il faut en prendre, plus notre capacité à peser le pour et le contre et à effectuer des choix judicieux et nuancés se restreint. Les scientifiques appellent ce phénomène la *fatigue décisionnelle*. Vous en avez probablement fait l'expérience s'il vous est arrivé de rénover votre appartement et d'éprouver soudainement une immense fatigue face aux innombrables coloris de peinture et types de robinets possibles. Peut-être même avez-vous fini par conclure : « Peu importe. »

Dans le monde professionnel, les conséquences de la fatigue décisionnelle peuvent être graves. Shai Danziger et ses collègues de l'université de Tel-Aviv, tous spécialistes du comportement, ont examiné plus d'un millier de jugements rendus par des magistrats soi-disant objectifs au sein d'un comité de probation israélien[1]. Les membres du comité décident d'accepter ou de refuser la libération sur parole de certains prisonniers après les avoir entendus plaider leur cause. Ils siègent toute la journée, avec deux interruptions. Or, les chercheurs ont relevé que les jugements rendus suivaient un schéma caractéristique : quand un prisonnier est entendu en début de matinée ou juste après l'une des deux pauses quotidiennes – au moment où les juges ont les idées claires –, ses chances de se voir accorder une libération sur parole sont de 65 %. En revanche, s'il défend sa cause vers la fin d'une session, avant que les magistrats prennent leur temps de repos, ses chances sont quasiment nulles, indépendamment de ses mérites. Ce schéma est inéluctable : un pic après chaque pause, suivi d'un déclin continu. Apparemment, l'élément primordial dans la suite que les juges choisissent de donner à la requête d'un prisonnier est l'heure à laquelle il passe devant le comité et la dose d'énergie qui leur reste pour s'intéresser ou non à son cas.

D'autres études ont également montré que les gens effectuent de plus mauvaises décisions d'achat quand ils sont fatigués, qu'il s'agisse d'acquérir une babiole dans une boutique ou une nouvelle voiture[2]. La probabilité qu'ils prennent les bonnes décisions sur un plan éthique et qu'ils suivent certaines règles est également réduite. Une étude menée par l'université de Pennsylvanie auprès d'agents hospitaliers a montré que le fait de travailler sans pause pendant de longues heures d'affilée conduisait le personnel à se montrer moins respectueux des règles d'hygiène, bien qu'il les estime importantes[3].

Ce que révèlent tous ces manquements, c'est qu'un système délibéré surmené n'arrive pas à faire son travail correctement. Résultat, on devient moins perspicace, et l'on a plus de difficultés à conserver son sang-froid, à rester concentré et à anticiper. Par ailleurs, dès qu'on travaille trop longtemps sans s'arrêter, le système automatique prend les commandes. D'où une tendance à s'orienter vers la facilité – la solution rapide, la réponse noir ou blanc, le coup de fouet immédiat, l'option standard ou le statu quo – au lieu de prendre la meilleure décision.

Le risque de tels faux pas est encore plus élevé quand nous avons faim, car une partie de notre système délibéré est occupée par la pression croissante de notre estomac vide et la recherche d'une stratégie pour y remédier (« Est-ce qu'on va s'arrêter bientôt ? Est-ce que je pourrais m'excuser pour sortir ? Reste-t-il des biscuits à portée de main ? »). À l'instar du reste de l'organisme, le cerveau a besoin de sucre pour fonctionner mais, contrairement à lui, il ne peut pas en stocker de grandes quantités, d'où la nécessité de s'alimenter régulièrement pour rester au sommet de ses capacités cognitives[4].

C'est pourquoi il n'est pas très étonnant que même les personnes les plus investies commencent à flancher après une trop longue période de travail ininterrompu. Quel qu'en soit notre désir, il est tout simplement impossible d'exiger de notre cerveau qu'il demeure indéfiniment à son plus haut niveau d'attention et d'analyse. Et c'est ainsi que tant de réunions s'achèvent dans le brouillard et l'agacement : quand on n'a pas pris suffisamment de pauses, il nous reste rarement assez d'énergie mentale pour finir en beauté.

Se reposer et réfléchir : un dur labeur

Même quand il n'est pas impliqué dans une activité (ou, pour reprendre le terme des neuroscientifiques, quand il est en « état de repos »), notre cerveau reste très actif[5]. Ce qu'il fait dans cet état constitue aujourd'hui l'objet d'un domaine de recherche émergent particulièrement exaltant. Les scientifiques ont en effet découvert que lorsque nous offrons une pause à notre système nerveux au milieu d'une tâche, celui-ci en profite pour effectuer un important travail d'encodage et de consolidation des informations que nous venons d'absorber, et que cette période de réflexion facilite notre apprentissage et augmente notre sagacité.

À l'université de Birmingham et à la Harvard Medical School, le neuroscientifique Saber Sami fait partie de ces chercheurs qui tentent de cartographier les activités du cerveau « au repos ». Pour l'une de ses expérimentations, il a demandé à des volontaires de s'allonger dans un appareil IRM et d'appuyer sur différentes touches d'un clavier en rapport avec des images projetées devant leurs yeux. Cette activité était interrompue par plusieurs pauses durant lesquelles on scannait leur cerveau. Tous les sujets ont gagné en rapidité au cours des six heures de pratique, et les chercheurs ont pu observer quelles régions cérébrales s'impliquaient à mesure qu'ils s'amélioraient. Mais la découverte clé de cette expérience, c'est qu'au cours des périodes de pause de nouvelles connexions se formaient et d'autres se renforçaient entre lesdites régions, laissant penser que leur cerveau, bien que n'étant plus engagé dans l'activité, continuait à traiter tout ce qu'il venait d'apprendre[6]. Autrement dit, la pratique n'était pas le seul facteur de leurs progrès ; les périodes de repos jouaient également un rôle majeur.

Dans cette expérimentation, les sujets n'avaient pas conscience de réfléchir pendant les pauses. Mais une étude en deux volets menée par Giada Di Stefano et ses collègues de la Harvard Business School a clairement démontré à quel point prendre *consciemment* du recul permet de clarifier l'esprit. Dans un premier temps, les chercheurs ont proposé aux sujets une série de nombres qu'ils devaient compléter par deux autres de manière à obtenir un total de 10. Ce qui semble facile, sauf que les nombres en question contenaient jusqu'à deux décimales. Les participants ont réalisé de meilleures performances quand on leur proposait de prendre un moment pour réfléchir à la stratégie qu'ils comptaient employer[7]. Ce qui est déjà intéressant en soi.

Puis Di Stefano et son équipe ont obtenu des résultats encore plus nets en effectuant une étude de terrain auprès d'employés d'un centre d'appel indien. Dans ce centre d'appel, les personnes nouvellement embauchées commençaient par quatre semaines de formation. Toutes suivaient les mêmes cours, mais on a demandé à certaines de prendre un quart d'heure pour noter deux ou trois choses importantes qu'elles avaient apprises dans la journée. Conclusion ? Lors du test de post-formation, les employés qui s'étaient posés pour réfléchir ont obtenu en moyenne des scores de 23 % supérieurs aux autres. Un petit moment de réflexion permet d'augmenter considérablement les performances.

Selon la neurocognitiviste Jessica Payne, responsable du laboratoire sur le sommeil, le stress et la mémoire de l'université d'Arizona, donner au cerveau la possibilité de prendre du recul par rapport à une activité et de consolider les expériences revient à reproduire ce qui se passe pendant le sommeil. « Il est clair qu'alterner les phases de connexion et de déconnexion nous aide à optimiser la capacité de notre cerveau à bien utiliser les informations absorbées », affirme-t-elle[8].

Votre « stratégie d'arrêts au stand »

Il ressort de tout cela que l'on fait un meilleur usage de son énergie mentale si l'on dégage un peu de temps pour se recharger et réfléchir au cours de la journée, au lieu de courir de rendez-vous en rendez-vous sans un moment pour souffler.

Personnellement, je me sers d'une métaphore empruntée à l'univers de la compétition automobile pour me rappeler de lever les yeux de mon écran d'ordinateur et de prendre une pause. Enfant, j'ai eu l'occasion de visiter un stand de ravitaillement sur le célèbre circuit de Silverstone, et bien sûr j'ai été fascinée de voir la rapidité avec laquelle les mécaniciens changent les pneus et remplissent les réservoirs des Formule 1 (pas plus de quelques secondes). Mais ce qui m'a le plus marquée, c'est d'avoir réalisé que la victoire du pilote ne dépend pas uniquement de sa vitesse sur le circuit, mais aussi de la « stratégie de ravitaillement », c'est-à-dire de ses arrêts programmés au stand de l'écurie. Chaque arrêt représente un investissement stratégique, un ralentissement délibéré qui permet au bolide de repartir de plus belle. Loin d'être du temps perdu, c'est un élément essentiel d'une course efficace et bien organisée. Eh bien, d'une certaine façon, notre cerveau ressemble à une compétition de F1. Dans une journée, les pauses sont aussi importantes que les périodes de travail, et il est fondamental de veiller à en avoir suffisamment du matin jusqu'au soir. Planifiez-les, protégez-les, respectez-les.

Maintenant, examinons les éléments d'une bonne stratégie d'arrêts au stand : les pauses malignes et les temps de réflexion.

Les pauses malignes

Dans le chapitre précédent, je vous ai proposé de diviser votre journée en plusieurs plages de temps regroupant des types d'activités similaires. À présent, regardez votre emploi du temps et mettez ceci en pratique :

➢ **Prévoyez de faire une pause entre plusieurs « plages ».** Par exemple, si vous passez une heure à gérer vos mails, donnez-vous quelques minutes pour vous lever et vous éclaircir les idées avant de courir à une réunion ou de vous plonger dans une analyse ou un travail créatif.

➢ **Ne restez jamais plus de quatre-vingt-dix minutes sans vous aérer l'esprit ni bouger.** Si possible, étirez vos jambes et changez brièvement de décor.

Pourquoi quatre-vingt-dix minutes ? En Floride, le psychologue K. Anders Ericsson a passé des années à étudier les caractéristiques et les habitudes des plus grands experts dans leur domaine (dont des sportifs, des joueurs d'échecs et des musiciens de renommée internationale) en vue de repérer des schémas susceptibles d'expliquer leurs performances hors norme. Ericsson s'est aperçu que la majorité d'entre eux travaillaient en totale concentration par périodes de quatre-vingt-dix minutes, périodes entre lesquelles ils faisaient une pause[9].

Cette découverte me parle d'autant plus qu'au cours des quinze dernières années j'ai très souvent préparé des réunions de conseils d'administration et observé ce qui se passait pendant que je les animais. Au-delà de quatre-vingt-dix minutes (ou même avant si les personnes arrivent déjà fatiguées), l'attention s'éparpille et le niveau d'énergie commence à baisser. Si j'ignore ces signes et que je décide de continuer, les smartphones commencent à prendre le contrôle de la situation, chaque participant essayant de trouver un stimulus pour réveiller son cerveau engourdi. En revanche, je me suis rendu compte que si je propose de souffler un peu, tout le monde revient au bout d'un quart d'heure plus déterminé et attentif, ce qui nous permet de poursuivre efficacement la réunion quatre-vingt-dix minutes de plus.

Anthony, notre spécialiste en marketing numérique, prend toujours soin de grignoter quelque chose, de boire un verre, ou de faire un petit tour entre deux activités ou réunions. Il en constate tous les jours les effets bénéfiques sur sa productivité, et ses collaborateurs aussi.

— C'est devenu un truc collectif au bureau, on fait un tour et on discute d'une chose ou d'une autre. On a décidé que prendre ce temps était tout à fait légitime dans la mesure où on abat beaucoup plus de travail après avoir changé d'air quelques instants.

Pour lui, le processus auquel se livre son cerveau quand il se détourne un moment d'une tâche délicate est très clair.

— Quand je bosse à fond sur quelque chose et que je lâche tout pour aller faire un tour, je peux me retrouver en train de cartonner une demi-heure ou moins après m'être remis au boulot. Alors que si je m'accroche sans prendre de pause, je mets plus de temps au final.

Anthony a même trouvé un terme pour ces moments de productivité tranquille hors travail : il parle d'« état liminal ». C'est l'état d'esprit qu'on expérimente quand on est « entre deux activités ».

Prenez vos décisions en périodes de pic, pas de creux

Il est particulièrement important d'établir une stratégie d'arrêts au stand quand on effectue un travail exigeant sur le plan mental. Pour cela, au moment de planifier votre journée, posez-vous les questions suivantes :

➢ Quelles décisions importantes devez-vous prendre aujourd'hui (qu'il s'agisse de choix demandant de l'analyse ou de la créativité) ?

➢ Comment pouvez-vous vous organiser pour prendre ces décisions pendant que vous aurez encore l'esprit clair ?

Si vous savez que vous allez avoir beaucoup de décisions à prendre ce jour-là – évaluer les performances de votre équipe ou relire et modifier un document –, il est d'autant plus essentiel de prévoir des pauses régulières, même si elles ne durent que quelques secondes. Veillez également à ne pas laisser la faim miner vos capacités de concentration. Anthony sent quand son taux de sucre est trop bas pour qu'il puisse faire des choix judicieux.

— Je peux repérer quand ça arrive, parce que je deviens facilement irritable et que je cherche à imposer ma vision des choses. À ce moment, j'ai souvent un collègue qui me conseille de « manger quelques fruits secs ou autre chose ». Ce que je fais.

Donnez-vous des moments de respiration en gérant intelligemment votre agenda

➢ Chaque fois que c'est possible, planifiez des réunions et des communications téléphoniques moins longues que l'heure et la demi-heure standards afin de garder dix minutes pour recharger les batteries entre deux obligations.

➢ Dès que vous en avez l'occasion, terminez vos rendez-vous un peu plus tôt que prévu, de manière à vous permettre (et à permettre aux autres) de souffler quelques instants.

Il est bon de prêter attention à la manière dont on organise ses rendez-vous. Lorsque ça se passe de façon informelle, on se dit quelque chose comme : « Retrouvons-nous à 15 heures » ; s'il s'agit d'une entrevue plus formelle, on peut envoyer une invitation avec un horaire, par exemple « de 15 heures à 16 heures ». On pense alors être libre après 16 heures. Sauf que si l'on passe directement de son rendez-vous de 15 heures à celui de 16 heures, on n'aura pas le temps de souffler. Ce qui, comme nous le savons, jouera sur la qualité de tout ce qu'on entreprendra après 16 heures.

Saku Tuominen et Pekka Pohjakallio dirigent 925 Design, un cabinet de consultants qui aide les sociétés à créer des ambiances propices au travail. Leur objectif est d'appliquer intelligemment certains principes du design à notre quotidien professionnel, pour que nous éprouvions cette même impression d'utilité et de beauté mêlées que l'on ressent devant une chaise ou un téléphone aux lignes élégantes[10]. Après avoir analysé les emplois du temps et les habitudes de plus d'un millier de personnes, ils ont notamment proposé la solution suivante : prévoir des réunions de quarante-cinq minutes, abrogeant la règle tyrannique qui impose une durée d'une heure, et des conférences téléphoniques de vingt ou vingt-cinq minutes, plutôt que la traditionnelle demi-heure. Cette idée a été mise en place dans plusieurs sociétés, et le résultat est évident : les gens trouvent qu'ils font autant de choses qu'avant en bénéficiant de l'énorme avantage que représentent des pauses régulières sur le plan cognitif.

Bien sûr, nous ne maîtrisons pas toujours notre emploi du temps. Mais nous avons souvent plus de marge que nous le croyons. Ainsi, au lieu de dire à votre interlocuteur : « Je suis libre à 15 heures », essayez plutôt : « Je suis libre de 15 heures à 15 h 45. » Ou, dans un style à la fois pragmatique et optimiste : « Je devrai m'arrêter à 15 h 45, mais je pense que nous aurons tout terminé avant. » Il est alors possible de réserver cinq à dix minutes sur son agenda au début de chaque heure. Évidemment, les circonstances ne nous permettent pas toujours de respecter ce battement, mais cette façon de faire a un tel impact que même si vous n'arrivez à la mettre en pratique qu'une fois sur deux, vous en sentirez l'immense utilité.

Sans compter que certains de vos collaborateurs peuvent être très contents d'apprendre que vous souhaitez tout boucler un peu plus tôt que prévu. Je me souviens de la confidence que m'a faite sir Michael Barber, à l'époque où nous travaillions ensemble chez McKinsey, après qu'il eut quitté son poste de conseiller auprès du gouvernement britannique. Il m'a dit qu'il prévoyait systématiquement de clore ses réunions en avance parce que ses interlocuteurs – et notamment le Premier ministre Tony Blair – étaient toujours ravis de ces quelques minutes de battement imprévues.

Un temps de réflexion

Après avoir terminé un travail important, appris quelque chose de nouveau ou achevé une réunion, voici ce que vous pouvez faire :

➢ Valorisez ce que vous venez de faire en vous accordant un moment pour prendre du recul et réfléchir. Qu'est-ce qui vous a le plus marqué ? (Que feriez-vous différemment, par conséquent ?)

➢ Si vous êtes avec d'autres personnes, invitez-les à vous imiter.

Adepte de l'entrepreneuriat social, Robyn est à la tête d'une organisation dont l'une des finalités est de former d'anciens détenus à la programmation informatique et au monde des affaires pour les aider à recommencer leur vie sur de nouvelles bases. Elle fait partie de ces gens débordants d'énergie qui semblent ne jamais s'arrêter. Sauf qu'en réalité elle s'accorde volontairement plusieurs pauses par jour pour réfléchir. Dès que quelque chose lui paraît important (une conversation, une lecture, etc.), elle prend un bref instant juste après pour noter ce que cette expérience a éveillé chez elle.

— Il peut s'agir, explique-t-elle, d'une intonation de voix ou de la façon dont une petite suggestion en a fait naître d'autres, ou encore d'une idée inspirée par une remarque anodine.

En tout cas, à chaque fois qu'elle applique cette règle qui ne lui prend que quelques secondes, elle trouve que « les choses deviennent un peu plus faciles, ce qui [l']aide beaucoup »[11].

Tous les soirs, Robyn recourt également à une technique de réflexion de son invention, qu'elle nomme « DATE » (découvert, achevé, trésor reçu, expérimenté), un acronyme destiné à lui rappeler de prendre date avec elle-même pour repenser à la journée écoulée : à ce qu'elle a *découvert* (« par exemple, un fait ou une leçon intéressants, ou peut-être une chose que je ferai différemment le lendemain ») ; à ce qu'elle a *achevé* ; à un *trésor* offert par cette journée lui inspirant de la gratitude ; ou à une *expérience*, professionnelle ou autre, qu'elle souhaite garder en mémoire.

— Ce moment de réflexion m'aide à faire de chaque journée, qu'elle soit bonne ou mauvaise, un jour aussi précieux et important que possible.

PLANIFIER DES PÉRIODES DE REPOS

Examinez vos emplois du temps d'aujourd'hui et de demain, et planifiez ce qui suit :

- **Faire des pauses malignes.** De quelle manière pouvez-vous vous assurer de faire régulièrement une pause – au minimum toutes les quatre-vingt-dix minutes et entre chaque « plage » d'activité de la journée ?

- **Prendre des décisions dans les moments de pic (et non de creux).** Quelles tâches vous amèneront à prendre de nombreuses décisions ? Comment pouvez-vous vous organiser pour effectuer ces choix dans les moments où vous avez l'esprit le plus vif ?

- **Programmer des moments de battement.** Pouvez-vous prévoir des réunions ou des rendez-vous par blocs de vingt-cinq ou de quarante-cinq minutes (plutôt que trente ou soixante minutes), de façon à faire des micro-pauses entre chaque obligation ? Si les horaires de vos engagements sont déjà établis, pouvez-vous décider de terminer un peu plus tôt que prévu ?

- **Se donner des temps de réflexion.** Après chaque activité, prenez trente secondes pour noter ce qui vous semble le plus important. Essayez de mettre en place une méthode de réflexion de fin de journée, comme le « DATE ».

6

Halte au trop-plein

Même si Anthony est quasiment devenu expert dans l'art d'organiser sa journée pour tirer le meilleur parti de son temps et de ses efforts, sa charge de travail reste lourde. La société de marketing numérique dans laquelle il travaille se développe rapidement.

— Chaque semaine, je frôle le point de rupture, explique-t-il. Je me retrouve alors le lundi avec un emploi du temps plein à craquer, et le sentiment de commencer ma semaine déjà épuisé. Ça crée un rythme d'enfer pour tous les autres jours.

Pour lui, cette sensation de surcharge est le plus sûr moyen de faire basculer son cerveau en mode défensif.

— Parfois, j'ai envie de lever les mains en hurlant : « Assez ! » Dans ces moments-là, mon cerveau se fige. Le risque, alors, c'est de travailler sans réfléchir et de prendre de mauvaises décisions. On peut finir par faire du catastrophisme, on imagine les pires scénarios, on se dit qu'on ne va pas respecter les délais, qu'on va perdre son boulot. Ça n'aide pas à avoir les idées claires.

Son témoignage décrit bien l'énorme stress que l'on ressent quand le système délibéré croule sous les demandes, et comment le fait de basculer en mode défensif empêche d'avoir accès à la part la plus raisonnable de soi.

Certains aspects de cette pression font partie intégrante du monde professionnel d'aujourd'hui. Cependant, beaucoup d'entre nous se sentent souvent surchargés pour une autre raison, à savoir : l'*illusion de planification*[1]. Cette expression se réfère à l'une de nos caractéristiques consistant à croire qu'une activité nous prendra moins de temps qu'elle en exige en réalité. Cette tendance est liée au fait que nous fondons notre estimation sur un souvenir marquant – notre meilleure expérience – plutôt que sur le temps *moyen* qu'il nous a fallu pour accomplir la même chose dans le passé. (C'est l'un des raccourcis automatiques communs empruntés par le cerveau : il s'appuie sur un unique exemple au lieu de se fatiguer à calculer une moyenne à partir d'un ensemble de données.) Résultat : nous sommes trop optimistes concernant nos attentes envers nous-mêmes. Si nous avons déjà beaucoup à faire, il suffira de peu de chose pour briser l'équilibre : un collègue en congés, une échéance imminente, un problème imprévu, ou simplement le fait de dire oui à une chose qu'on aurait dû refuser.

Dès que l'on reconnaît l'existence de l'illusion de planification, le premier conseil coule de source : au moment où vous estimez la durée d'une tâche, équilibrez l'optimisme naturel de votre cerveau en imaginant un scénario où tout ne se déroule pas exactement comme prévu. Puis planifiez une durée proche de celle qu'il vous faudrait *dans cette situation*. L'illusion est si puissante dans notre esprit que le résultat devrait être assez proche de la réalité. (Et pensez à la satisfaction que vous aurez si vous terminez plus tôt.)

Mais si vous êtes déjà trop surchargé pour espérer vous en sortir avec ce genre de calculs, laissez-moi vous présenter d'autres techniques qui vous redonneront l'impression de maîtriser un minimum la situation et, par la même occasion, un peu de sérénité – cela, sans que votre portable vole à travers la pièce.

La « pause pleine conscience »

Anthony sait quand il atteint sa limite. Il le sent à la tension dans ses muscles, aux piques qu'il lance et à sa difficulté à garder les idées claires. Heureusement, il a une méthode efficace pour faire rebasculer son cerveau en mode découverte.

Quand il s'aperçoit que le stress monte, il s'arrête, prend une inspiration profonde et s'interroge : « Ai-je envie de me sentir dans cet état ? »

— Je sais que ce que j'éprouve n'est qu'un symptôme parce que mon cerveau a trop de choses à gérer. Et je sais aussi que je peux faire un tas de choses pratiques pour l'aider à faire face, explique-t-il. Je me suis rendu compte que me poser cette question était un moyen de me rappeler que mes réactions dépendent en partie de moi. À chaque fois, ça remet la pensée rationnelle en route. C'est comme se pincer quand on rêve.

Il passe par une technique particulière pour inspirer en profondeur.

— Quand on panique, on peut avoir l'impression de manquer d'air, mais en réalité on est en hyperventilation parce qu'on respire trop rapidement. Pour y remédier, je me sers d'une méthode appelée « respiration triangulaire », dans laquelle on inspire sur trois temps, on expire sur trois temps et on retient son souffle sur trois temps. En ralentissant son rythme cardiaque, on envoie au cerveau le message que la menace est passée, ce qui diminue les autres signaux de stress.

C'est un bon exemple de ces boucles corps-esprit dont j'ai parlé dans les bases scientifiques.

Grâce à cette pratique, Anthony fait de la pleine conscience quasiment sa première arme pour affronter la surcharge de travail au bureau. Il profite ainsi des immenses bienfaits neurologiques – aujourd'hui démontrés par la recherche – des pratiques méditatives : un esprit plus vif et une résilience accrue. Si ce petit exercice ne ressemble pas forcément à de la pleine conscience, il en fait pourtant bien partie. Compter jusqu'à trois en respirant crée pour l'esprit surchargé d'Anthony un point de focalisation simple et clair sur lequel se concentrer un instant, offrant quelques minutes à son cerveau pour poser ses valises et réorganiser tout ce qu'il essaie de gérer. Comme il le résume :

— Ça ralentit tout et ça calme les choses très rapidement.

Si vous avez envie d'une « pause pleine conscience » rapide et discrète quand vous vous sentez submergé, essayez ceci :

➢ Installez-vous le plus confortablement possible sur une chaise (ou debout). Posez les pieds bien à plat sur le sol. Si possible, fermez les paupières, sinon, gardez le regard dirigé vers les cuisses.

➢ Puis choisissez un point de focalisation simple. Testez l'une de ces approches :

- Concentrez-vous sur votre souffle. Vous pouvez suivre la technique d'Anthony, ou juste compter 1-2 sur les inspirations et 3-4 sur les expirations. Pour mieux se concentrer, on peut placer les mains sur l'abdomen afin de le sentir se gonfler à chaque inspiration et se creuser à chaque expiration.
- Portez votre attention sur les sensations de chaque région du corps en remontant des orteils jusqu'au sommet de votre crâne.
- Décomptez mentalement de 100 à 0.

➢ Si votre esprit vagabonde, ne vous inquiétez pas : c'est normal. Ne vous jugez pas. Contentez-vous de noter que vous vous êtes égaré, et ramenez votre attention là où vous en étiez.

S'il vous arrive de vous sentir débordé au beau milieu d'une réunion, vous pouvez recourir à une version abrégée de toutes ces suggestions pour vous poser brièvement et remettre en route la part la plus réfléchie de vous-même. Respirez juste une ou deux fois en conscience ; ou décomptez de 10 à 0 ; ou prenez un instant pour percevoir la sensation de vos pieds sur le sol. Personne ne le remarquera hormis votre cerveau reconnaissant.

Sous-traitez votre mémoire

Notre mémoire de travail ayant une capacité extrêmement réduite, de toutes petites distractions suffisent parfois à nuire à notre concentration. Or, une tâche non effectuée ou un problème sont loin d'être de *petites* distractions, surtout si l'on s'efforce de les garder en tête. À chaque fois qu'on se dit : « Je ne dois pas oublier de passer au pressing aujourd'hui », on enlève un peu d'énergie mentale au système délibéré. E. J. Masicampo et Roy Baumeister, psychologues à l'université de Floride, ont constaté que les gens ont plus de mal à résoudre des anagrammes et des problèmes de logique s'ils savent qu'ils ont encore une autre tâche à terminer[2]. Ce phénomène porte même un nom : l'*effet Zeigarnik*, en référence à la psychologue russe qui l'a découvert.

La solution pour contourner cet effet Zeigarnik consiste à libérer de l'espace pour la réflexion en sous-traitant une partie de nos activités basiques de mémorisation à des appareils enregistreurs autres que notre cerveau :

➢ Prenez l'habitude de sortir immédiatement de votre tête et de coucher sur le papier (ou sur toute autre version électronique) vos pensées concernant des problèmes ou des travaux en cours, afin que votre cerveau n'ait plus à dépenser d'énergie pour s'en souvenir (cela rejoint mon conseil du chapitre 2 de noter vos tâches par écrit, y compris les moins importantes).

➢ Laissez toujours un carnet ou un enregistreur vocal dans les endroits où vous avez souvent des « illuminations ». Personnellement, je garde une tablette étanche dans la douche, une autre à côté de mon lit, et j'utilise sans retenue la fonction « prise de notes » de mon téléphone portable.

Il sera toujours temps plus tard de vous demander quoi faire de ce que vous aurez écrit. En attendant, vous arriverez plus facilement à travailler sans gâcher une partie de votre énergie mentale à essayer de tout garder en tête. Les tâches non achevées ressemblent à des enfants en maternelle : on les gère plus facilement une fois qu'on les a fait asseoir en silence.

Le plus important d'abord

Il y a quelques années, quelqu'un a posté sur un compte Twitter aujourd'hui inactif un petit texte intitulé *La Productivité en 11 mots*[3]. Rédigé comme un haïku, il disait : « Une chose à la fois. La plus importante d'abord. Commencer maintenant. » L'auteur n'était pas un neuroscientifique, mais il aurait pu l'être, étant donné les récentes découvertes montrant à quel point notre système délibéré peut facilement se retrouver en surcharge.

Mais c'est quoi, « le plus important » ? me direz-vous. Eh bien, voilà : si vous ne pouviez faire qu'une seule chose aujourd'hui, quelle serait-elle ? Un jour de janvier, j'étais à New York où je coachais une femme d'affaires de haute volée sur le point de se rendre au Forum économique mondial de Davos, en Suisse. De toute évidence, Valérie croulait sous le travail : elle était entre deux postes, avait promis de rendre des services à une dizaine d'amis et de connaissances, et s'était engagée à rédiger un long discours sur la place du commerce et des affaires dans la société. Elle m'a récité à voix haute la liste de tout ce qu'elle devait faire, pendant que nous marchions dans la neige.

Profitant d'une pause dans la conversation, j'ai commenté :

— Ça fait beaucoup, en effet. Et dans tout ça, quelle est la seule chose vraiment primordiale aujourd'hui ?

Son regard s'est illuminé.

— C'est ça !

Comme je la regardais sans comprendre, elle m'a expliqué :

— Votre question est tellement éclairante !

C'était l'une des questions les plus simples au monde, mais elle avait suffi à lui faire prendre conscience que « la chose primordiale » était d'envoyer des invitations personnelles pour son intervention de Davos à quelques personnalités clés. Elle attendait beaucoup de cette intervention, et celle-ci approchait à grands pas. Débordée de travail, elle n'arrivait plus à voir l'essentiel. Lui poser directement la question avait permis de clarifier de nouveau les choses en réduisant les bruits parasites dans son cerveau (ou, plus précisément, en allégeant la charge sur sa mémoire de travail).

C'est une astuce très simple dont se sert couramment Anthony quand il atteint son point de rupture hebdomadaire.

— Après avoir respiré et remis mes idées d'aplomb, je regarde tout le boulot qui m'attend et je me demande : « Bon, qu'est-ce qui doit *réellement* être fait avant la fin de la journée ? » Voir clair peut avoir un effet très déstressant. Si je me pose vraiment la question, je trouve toujours un truc prioritaire, souvent parce que d'autres choses en dépendent ou parce que l'enjeu est vraiment plus important à long terme. Quant au reste, il est possible de le reporter, de le déléguer ou de le laisser tomber en réfléchissant bien.

En relisant la liste de tout ce que vous devez effectuer, essayez de répondre à ces questions :

➢ « Qu'est-ce qui compte vraiment le plus, maintenant ? » (Il peut être utile de vous remémorer vos intentions profondes pour cette journée.)

➢ « Si je ne devais faire qu'une chose aujourd'hui, quelle serait-elle ? »

➢ Imaginez-vous à la fin de la journée. Qu'est-ce qui vous procurera le plus de satisfaction ou de soulagement si vous l'avez réalisé ?

Le tout premier pas

Vous savez maintenant ce qui est le plus important. Mais il s'agit de quelque chose de complexe ou d'intimidant, et vous n'arrivez toujours pas à passer à l'acte. Dans ce cas, la question suivante sera :

➢ « Quel est le tout premier pas que je peux faire pour avancer ? »

Cette question si simple en apparence apaise le cerveau pour plusieurs raisons. Tout d'abord, elle évite de se laisser impressionner par l'ampleur du défi qui nous attend en focalisant notre attention sur ce que l'on se sait capable de faire. Le cerveau anticipe le plaisir de la réussite, ce qui facilite le passage du mode défensif au mode découverte. La question du « tout premier pas » permet par ailleurs d'alléger la charge qui pèse sur le cerveau en redirigeant ses efforts vers un objectif apparemment facile (réfléchir à l'action immédiate à entreprendre).

Angela est avocate. Elle travaille dans une entreprise où les cadres dirigeants ne sont pas désignés mais élus par leurs pairs – une approche qui récompense la créativité et la compétence des individus, deux qualités qu'elle possède en abondance. Pourtant, à chaque fois qu'elle envisageait de se présenter pour ce type de poste, quelque chose l'arrêtait. Presque chaque jour, elle inscrivait sur sa liste : « Commencer à se préparer pour l'élection. » C'était toujours la « chose la plus importante », mais cela lui semblait trop vaste et trop complexe pour qu'elle l'intègre dans son emploi du temps surchargé.

Alors nous avons discuté du tout premier pas.

— J'ai compris que la première chose à faire était simplement de prendre un café avec mon patron, que je connais et que j'apprécie, pour lui parler de mes idées. Du coup, j'ai écrit ça sur un Post-it. Puis j'ai appelé son assistante, j'y suis allée, et j'ai fait ça. Ensuite, j'ai utilisé la même approche pour le pas suivant, et le suivant. Ça a été extrêmement libérateur.

Surtout, ça a marché. Depuis qu'elle a été élue par ses collègues, Angela applique la technique du « tout premier pas » dès qu'elle doit effectuer une tâche délicate.

— Ça fonctionne *à tous les coups*. Il y a toujours une toute petite chose que l'on peut faire pour avoir le sentiment de progresser. C'est un moyen infaillible de continuer à avancer quand la tâche semble impossible à réaliser.

Votre avantage comparatif

Parfois, la chose la plus importante et les premiers pas à effectuer dans sa direction sont très clairs, mais notre emploi du temps est tellement chargé qu'on n'arrive pas à passer à l'acte. Face à ce problème, intéressons-nous à la notion d'*avantage comparatif*, un vieux concept d'économie théorisé par David Ricardo en 1817, et souvent mal compris.

Voilà comment ça marche. Imaginez que l'Angleterre et le Portugal soient tous deux producteurs de tissu et de vin (disons que vous êtes le Portugal, et l'un de vos collaborateurs l'Angleterre), et que le Portugal ait une supériorité dans ces deux domaines. Est-ce que le Portugal devrait assurer toute la production et l'Angleterre cesser la sienne ? Non, car les ressources du Portugal sont limitées (tout comme le sont vos journées). Par ailleurs, l'Angleterre n'est pas incapable de produire du tissu et du vin, elle est juste moins performante que le Portugal.

Dans ce cas, est-il indispensable que chaque pays fabrique les deux produits ? Non, pas s'ils peuvent faire des échanges. Le vin et le tissu anglais sont d'« assez bonne qualité », tandis que le vin portugais est « excellent » et leur tissu simplement « de bonne qualité ». L'écart entre les performances de l'un et de l'autre étant plus important dans le secteur vinicole que dans celui du textile, on dit que le Portugal a un *avantage comparatif* dans le domaine du vin (et pas dans celui du tissu). Conclusion ? Ses ressources étant limitées, le Portugal devrait investir toute son énergie dans l'activité où il est particulièrement talentueux, à savoir : la production de vin. S'il le fait et que l'Angleterre se concentre sur le textile, démontre Ricardo, les deux pays, en se spécialisant, produiront ensemble plus de tissu et de vin que si chacun avait essayé de développer les deux secteurs[4].

Recourir à cette logique de l'avantage comparatif au moment où l'on détermine l'ordre de ses priorités peut être très utile. Souvent, on se fait happer par des tâches que l'on serait tout à fait en droit de déléguer à d'autres. Mais on se dit qu'ils ont moins d'expérience ou qu'ils sont moins calés que nous, ou encore que ça ira plus vite si on s'en occupe personnellement. Or, cette façon de voir les choses a un coût : en refusant de confier à d'autres des tâches qu'ils pourraient effectuer à notre place, nous nous privons de la possibilité d'avancer sur d'autres choses importantes ou difficiles que nous sommes vraiment les seuls à pouvoir réaliser. Le président américain Teddy Roosevelt en avait parfaitement conscience. Il tapait plus vite à la machine que son secrétaire. Cependant, son avantage comparatif ne résidait pas dans sa vitesse de frappe, mais dans sa capacité à exercer ses fonctions présidentielles, où ses compétences étaient exceptionnelles. C'est donc là-dessus qu'il se concentrait, et il déléguait la frappe à son secrétaire. Un choix certainement plus profitable à son pays.

Alors, examinez vos activités prévues pour aujourd'hui, et demandez-vous :

➢ Quelles sont les tâches que vous seul pouvez effectuer ?

➢ Quelles tâches serait-il possible de confier à une autre personne qui les réaliserait correctement (même si c'est moins bien que vous) ?

Anthony s'efforce d'identifier les choses qui ne nécessitent pas forcément ses talents.

— Dans la vie, on peut *avoir l'impression* que tout est important. Sauf qu'il est impossible de tout faire. Alors, j'ai appris à lâcher certaines choses, mais au départ c'était tellement difficile que c'en était ridicule.

Ce qui lui a facilité la tâche, explique-t-il, c'est de parler ouvertement avec ses collaborateurs de leurs missions respectives, et de voir comment ils pouvaient répartir et réaliser le travail plus efficacement.

— Je me suis rendu compte qu'il y avait des choses que j'aimais faire et que je faisais bien, mais que d'autres pouvaient prendre en charge, par exemple écrire sur le blog ou poster des tweets pour la société. En même temps, il y avait d'autres choses dont moi seul pouvais m'occuper, et qui n'avançaient pas. Finalement, j'ai eu le temps de travailler dessus.

Le « non positif »

Comme nous l'avons déjà vu, une journée ayant un nombre d'heures limité, il est impossible de tout faire. Par conséquent, chaque fois que l'on répond oui à une chose, on dit forcément non à une autre. D'où l'envie de concentrer ses oui sur ce qui compte et que l'on est le seul à pouvoir réaliser. Malheureusement, un obstacle banal nous en empêche souvent : le désir d'éviter une discussion pénible avec la personne à qui nous disons non.

— Je n'aime pas le conflit ni avoir l'impression de laisser tomber quelqu'un, déclare Anthony. Du coup, j'ai du mal à dire non, et je stresse dès que je sais que je vais devoir le faire, que ce soit au téléphone ou en réunion.

C'est là que la technique du « non positif » intervient. Quand on a du mal à refuser de s'engager dans des activités de moindre importance, apprendre à dire non de manière positive revient presque à se découvrir un nouveau super-pouvoir : celui de permettre à tous (y compris à soi-même) d'être plus en accord avec les choix que l'on fait.

Cette technique théorisée pour la première fois par William Ury, le cofondateur du programme de négociation de Harvard, s'accorde parfaitement avec ce que les neurosciences nous apprennent au sujet de l'axe découverte-défense. Rappelez-vous : notre cerveau est constamment à la recherche de menaces ou de récompenses potentielles. Quand nous détectons une menace, notre activité cérébrale passe d'une pensée sophistiquée à une réaction directe et rapide, un peu comme si nous nous apercevions que notre immeuble est en feu.

Maintenant, regardons comment on refuse généralement d'accéder à une requête. On annonce : « Je suis vraiment désolé, je ne pourrai pas participer à la réunion/m'occuper de ce projet/peindre le portrait que vous avez commandé... » Ça paraît poli. Pourtant, malgré nos bonnes intentions, commencer par « Je suis désolé » envoie à notre interlocuteur un signal négatif qui le met immédiatement en état d'alerte. Son cerveau passe alors en mode défensif : « Tu te désengages ! C'est une menace ! » Or, une fois dans ce mode, les gens n'arrivent plus à avoir la pensée ouverte et généreuse qui les caractérise quand ils sont au mieux de leur forme. Et la probabilité qu'ils fassent preuve de l'empathie espérée et comprennent nos priorités se réduit considérablement.

Si vous voulez accroître vos chances d'avoir un interlocuteur avec un cerveau en mode découverte, il est préférable de commencer par du positif. Par exemple :

➢ **Un début accueillant.** Avant tout, montrez que vous avez bien entendu sa requête et que vous la comprenez.

➢ **Votre oui.** Puis, au lieu de commencer par « Je suis désolé... », parlez avec enthousiasme de votre priorité du moment, en insistant sur ce qui la rend intéressante, importante, ou riche de sens à vos yeux. Essayez de trouver une raison qui fera écho chez la personne.

➢ **Votre non.** Expliquez que cela signifie, à votre grand regret, que vous ne pourrez pas faire ce qu'elle vous demande.

➢ **Une conclusion chaleureuse.** Peut-être pouvez-vous faire une suggestion ou une proposition sans pour autant renier vos vraies priorités. Vous pourriez par exemple présenter votre interlocuteur à quelqu'un d'autre susceptible de l'aider. Terminez en lui souhaitant avec chaleur de réussir dans son projet. C'est une phase importante que le malaise qu'on éprouve à dire non nous fait souvent oublier.

Anthony a fait récemment l'expérience d'un « non positif » qui lui a permis de gérer la charge de travail qui l'attendait. Les voyages à l'étranger font partie des activités les plus chronophages de son poste, et il lui arrive souvent de refuser des déplacements intéressants qui ne lui paraissent pas indispensables. Il y a peu, il a néanmoins accepté de se rendre à Kuala Lumpur, avant de s'apercevoir qu'il aurait beaucoup de mal à intégrer un tel déplacement dans son agenda. Bien que cela lui paraisse difficile de revenir sur son engagement, il s'est rendu compte que ne pas le faire aurait des conséquences encore plus graves en l'obligeant à bâcler un travail important pour l'avenir de la société. Pour récupérer du temps, il n'a donc pas eu d'autre choix que d'annoncer à son interlocutrice qu'il ne l'accompagnerait pas lors de cette visite.

En temps normal, Anthony aurait écrit quelque chose du genre :

« Je suis désolé, mais il me sera finalement impossible de vous accompagner à Kuala Lumpur. Nous avons récemment accepté trois gros projets, et cela implique une grosse charge de travail supplémentaire. Par conséquent, malgré toute ma bonne volonté, il m'est impossible de libérer suffisamment de temps pour ce déplacement. Encore merci de bien vouloir accepter mes excuses. »

Mais son « non positif » ressemblait plutôt à ça :

« Je suis très honoré de votre invitation à vous accompagner à K. L. Vous faites un travail remarquable et très impressionnant [chaleur]. Comme vous le savez probablement, nos affaires ont également connu un développement considérable au cours de ces derniers mois. Nous venons de lancer trois nouveaux projets très excitants qui transformeront la vision qu'ont nos clients du marketing. On m'a chargé de les mettre en place durant le mois prochain, et il est de ma responsabilité d'en faire un succès à la hauteur de leur potentiel [son oui]. Cependant, si je veux faire un travail de qualité, il me faut renoncer à beaucoup d'autres choses, dont, malheureusement, notre déplacement à K. L. Je le regrette d'autant plus que je me réjouissais de cette occasion [son non]. Surtout, n'hésitez pas à me dire si vous estimez utile que je vous mette en relation avec une personne susceptible de me remplacer et d'apporter un plus au groupe – j'ai déjà quelques idées. En attendant, je vous souhaite un séjour agréable et très fructueux [chaleur]. »

Ces deux réponses ne produiront pas le même effet, n'est-ce pas ? Le contenu de son « non positif » est essentiellement le même que celui de son non conventionnel : une décision, une explication, une excuse. Et il est probable qu'en lisant le début de la version plus positive, l'organisatrice de la visite à Kuala Lumpur ait tout de suite deviné la raison du mail d'Anthony. Mais la différence de ton entre les deux messages saute immédiatement aux yeux. Face à la version positive, son cerveau friand de récompenses se sera senti un peu revigoré par les commentaires enthousiastes d'Anthony sur ses nouveaux projets, et il y a de fortes chances pour que son interlocutrice ait compris la situation et ne lui garde pas rigueur de son refus malgré sa déception. C'est d'ailleurs ce qu'Anthony a déjà eu l'occasion de vérifier à plusieurs reprises. Autrefois, il craignait de fragiliser la relation en disant « non, merci », mais cela ne s'est plus jamais produit depuis qu'il utilise le « non positif ». Il a aussi fait le constat d'un réel bénéfice en termes de travail :

— C'est bien mieux de faire comprendre clairement et sincèrement que je ne suis pas en mesure de me donner à fond plutôt que de bâcler une tâche par manque de temps.

Définissez vos limites

Il y a des jours où les demandes semblent nous assaillir de toutes parts. C'est certainement ce qu'a ressenti Kristen au début de sa carrière. Mère de quatre enfants, Kristen est responsable RH d'un laboratoire pharmaceutique international. Son travail est très prenant, et elle doit chaque jour effectuer un long trajet pour s'y rendre. Au début, elle s'est battue pour conserver un équilibre malgré la famille qui s'agrandissait.

— Le jour où je reprends après mon troisième congé maternité, se souvient-elle (passant sans s'en rendre compte au présent), j'ai l'impression que je n'ai pas fermé l'œil depuis quatre ans. Personne ne m'ayant remplacée pendant mon absence, j'ai trois mois de retard dans mes dossiers et je me sens complètement débordée. Je suis assise à mon bureau, folle de rage, avec l'envie de trouver un responsable contre lequel diriger ma colère. Au départ, ça a été ma société. J'étais furieuse parce qu'ils me faisaient venir super tôt pour des réunions et rester vraiment très tard. Puis j'ai réfléchi : « la société », c'est qui ? À ce moment-là, poursuit-elle, j'ai eu une révélation en prenant conscience que c'était surtout après moi et mon absence de limites que j'en avais. J'avais laissé les choses m'échapper et j'étais en train de chercher quelqu'un à accuser. Sauf que, si je ne mettais pas moi-même les limites, qui le ferait à ma place ?

Elle rit et secoue la tête avant de reprendre :

— Est-ce que j'allais attendre que la boîte me dise : « Oh, Kristen, tu es encore une fois maman. Ma pauvre, n'arrive pas avant 8 heures au travail et ne reste pas après 18 heures » ? Non, c'était à moi de le faire. Peut-être que les choses auraient dû se dérouler différemment, mais finalement ça se passe toujours comme ça.

Elle a donc décidé de prendre les choses en main.

— J'ai écrit mes limites sur mon bloc-notes : « Je n'accepte pas de réunions avant 8 heures. Je ne reste pas après 18 heures. Entre midi et 13 heures, je reste à mon bureau et je déjeune. Quand je suis à la maison, je suis à la maison ; quand je suis au travail, je suis au travail. »

La liste était très courte.

— Si ça devait avoir des conséquences négatives pour ma carrière, tant pis, ai-je décidé. Je ne pouvais pas continuer ainsi. L'ironie de l'histoire, c'est qu'une fois que j'ai établi mes limites, ma carrière a décollé.

Que s'était-il passé, selon elle ?

— Je suis devenue plus calme et plus efficace. Je n'étais pas encore cadre dirigeante à l'époque, mais je crois que ça a montré que j'en avais les capacités, que je savais me gérer moi-même.

L'une des actions mises en place par Kristen consistait simplement à indiquer à quels moments elle était disponible et à quels moments elle ne l'était pas, sans en faire toute une histoire.

— J'ai été très claire dans mes propos : « Je m'arrête impérativement à 18 heures », par exemple. Je n'ai jamais rien dit de plus.

Elle ne s'est pas pris la tête pour essayer d'expliquer pourquoi elle devait quitter une réunion à l'heure dite.

— Quoi qu'il arrive, je partais à cette heure-là.

Cette façon d'indiquer calmement ses limites est extrêmement efficace, car notre cerveau considère l'ambiguïté et l'incertitude comme des menaces. À l'inverse, la clarté a un énorme effet apaisant, même si le message ne correspond pas exactement à ce que les gens aimeraient entendre.

— Je me suis dit que je ne pouvais pas passer ma vie à ruminer ma colère contre tout le monde, ajoute Kristen. Il fallait que je sois consciente de ce que je pouvais et ne pouvais pas faire, et que je le formule et le mette en place.

Aujourd'hui, elle continue à grimper au sein de sa société.

Automatisez les tâches secondaires

Quelle que soit la taille de l'enjeu, important ou minime, prendre des décisions fatigue le système délibéré, on l'a vu. Sans qu'on s'en rende compte, les choix mineurs que l'on effectue tout au long de la journée – que va-t-on manger, comment s'habiller, à quel moment faire de l'exercice, à quelle heure se coucher, répondre ou non au téléphone, quelle tâche prioriser par rapport à une autre, etc. – peuvent nous faire perdre une large part de notre énergie mentale. C'est une bonne raison pour « automatiser » certaines décisions quotidiennes de moindre importance grâce à quelques règles simples n'exigeant pas de réflexion. Nous pouvons ainsi libérer de l'espace pour des pensées plus importantes.

Cela explique pourquoi certains leaders internationaux ont pris le parti de réduire au minimum le temps passé à choisir leurs vêtements. Lors d'une interview, le président Barack Obama a d'ailleurs confié : « Je ne porte que des costumes bleus ou gris. Je ne veux pas réfléchir à ce que je mange ou à la façon dont je m'habille. Il est indispensable de concentrer son énergie décisionnelle. Il faut se créer des habitudes[5]. » Dans la même veine, la chancelière allemande Angela Merkel est connue pour toujours porter le même modèle de veste, décliné en différents tissus et couleurs.

Aliceson travaille dans une agence de recrutement de cadres, et sa garde-robe est loin de se limiter à un seul type de veste. Cependant, comme Obama et Merkel, elle a découvert l'intérêt d'automatiser certains choix.

— J'ai essayé de transformer un maximum de choses en habitudes quotidiennes, explique-t-elle.

Prenant comme exemple ses efforts pour faire de l'exercice et apprendre le français, elle ajoute :

— Au lieu de me prendre la tête pour savoir si ce serait mieux de s'y mettre aujourd'hui ou demain, je réserve quelques minutes par jour à l'un et l'autre. Je le fais, c'est tout. Je trouve plus libérateur mentalement de faire quelque chose un petit peu tous les jours plutôt que de programmer plusieurs séances par semaine et de se demander quand les planifier ou si c'est vraiment le bon moment.

L'autre avantage, précise-t-elle, c'est qu'elle fait de l'exercice presque quotidiennement depuis l'âge de seize ans, même si cela l'oblige à se rendre à pied d'un rendez-vous à un autre, quitte à téléphoner en marchant quand elle manque de temps.

Par conséquent, si vous vous sentez fatigué mentalement ou si vous traversez une période particulièrement stressante au travail, voyez s'il ne serait pas possible d'imiter Merkel. Posez-vous les questions suivantes :

➢ Y a-t-il une chose que vous pourriez décider de faire à la même heure ou de la même façon chaque jour ?

➢ Pourriez-vous établir une règle simple pour cesser de perdre du temps en hésitations face à certaines situations banales et de peu d'importance ?

Par exemple, j'avais l'habitude de me demander s'il fallait répondre ou non à chaque fois que je recevais un appel inconnu. Systématiquement, je perdais au moins trois secondes à me poser la question, ce qui me sortait inévitablement de ma concentration. Or, une grande majorité de ces appels étaient des spams, et quand ce n'était pas le cas, la personne me laissait toujours un message. Par conséquent, mon hésitation était une pure perte de temps. J'ai donc mis en place la règle : « Ne jamais répondre au téléphone si je ne connais pas le numéro appelant. » Résultat : une petite mais très utile victoire dans la bataille pour tirer le meilleur parti de chaque instant de la journée.

HALTE AU TROP-PLEIN

La prochaine fois que vous vous sentirez débordé, mettez en pratique ces stratégies. Au fait, pourquoi ne pas les essayer dès maintenant ?

- **Cinq minutes de pleine conscience.** Donnez la possibilité à votre système délibéré de s'engager pleinement en prenant cinq minutes pour vous concentrer sur votre respiration (ou scanner votre corps, ou décompter de 100 à 0).

- **Se vider la tête.** Écrivez tout ce qui tourne dans votre esprit, même les choses les plus insignifiantes dont vous devez vous occuper.

- **Le plus important.** Quelle est la chose primordiale maintenant, soit parce qu'elle doit absolument être faite aujourd'hui, soit à cause de son impact ?

- **Le tout premier pas.** Quel est le tout premier pas que vous pouvez effectuer vers ce que vous avez défini comme la chose la plus importante (un pas suffisamment modeste pour être fait aujourd'hui même) ?

- **L'avantage comparatif.** Qu'est-ce que vous êtes le seul à vraiment pouvoir faire – et qu'est-ce que les autres peuvent faire, même s'ils ne le font pas aussi bien que vous ? Concentrez-vous sur les activités où l'écart entre vos compétences et celles des autres est le plus grand.

- **Le « non positif ».** Si vous devez annuler ou déléguer une chose que vous vous étiez engagé à faire, commencez par vous montrer chaleureux avec votre interlocuteur ; rappelez ce à quoi vous avez dit oui ; exprimez votre non ; concluez avec chaleur.

- **Mettez des limites.** Si vous deviez instaurer une seule limite dans l'organisation de votre emploi du temps, quelle serait-elle ? Comment pourriez-vous faire part de cette décision aux autres, de la manière la plus claire et la plus acceptable possible ?

- **Automatisez les petites décisions quotidiennes.** Voyez s'il vous est possible de faire certaines choses toujours au même moment ou de la même manière chaque jour, afin de garder un maximum d'énergie mentale pour ce qui compte vraiment.

- Enfin, rappelez-vous que vous vous sentirez moins débordé si vous suivez les conseils des chapitres 4 et 5 et que vous veillez à ne faire qu'une chose à la fois et à prendre des pauses – deux pratiques qui boosteront vos performances mentales et votre productivité.

7

Vaincre la procrastination

N'est-ce pas merveilleux, en fin de journée, de regarder avec satisfaction tout ce qu'on a accompli depuis le matin ? L'impression d'avoir réalisé tout ce qui devait l'être nous met de bonne humeur ; en réalité, c'est notre circuit cérébral de la récompense que cela rend heureux.

Pourtant, la majorité d'entre nous avons toujours toute une liste de choses que nous ne nous décidons pas à faire : des mails à envoyer, des projets à entamer, des tâches que nous repoussons même si nous savons pertinemment qu'il ne sera pas plus facile de nous y mettre le lendemain (ni le surlendemain). Même un Prix Nobel d'économie comme George Akerlof procrastine. Il y a plusieurs années de cela, alors qu'il vivait en Inde, Akerlof constata avec effarement qu'il avait mis huit mois à poster le tissu qu'il avait promis d'envoyer à un ami aux États-Unis. Comme nous dans la même situation, pendant ces huit mois, Akerlof s'est régulièrement reproché de repousser sans cesse cette tâche – ce qui ne l'a pas aidé à s'en débarrasser plus tôt.

Cette incapacité à se rendre à la poste pour envoyer son paquet l'a tellement impressionné qu'il a publié un très long article sur la procrastination dans lequel il examine les raisons de son emprise sur la plupart d'entre nous[1]. Je m'appuie sur ses idées et celles d'autres experts en sciences du comportement pour vous proposer plusieurs stratégies destinées à lutter contre l'habitude de remettre les choses *à demain*.

Elta, une Texane à la voix douce et posée, s'est longuement penchée sur les moyens de vaincre la procrastination. Cadre dirigeante dans une agence de recherche et développement, elle s'occupe des questions de politique alimentaire (pas pour choisir ce qu'on mangera à midi, mais plutôt pour que les gouvernements prennent des mesures afin de protéger la chaîne alimentaire). Bien qu'elle soit très compétente, il y a un aspect important de son travail qu'elle n'aime pas : faire des présentations publiques. Elle s'est souvent vue en repousser la préparation jusqu'à la dernière minute.

— J'ai du mal à accepter de parler en public, explique-t-elle. Aussi, quand je me retrouve coincée, je passe un temps fou à éviter de penser à ce que je vais dire.

Aujourd'hui, cependant, elle connaît plusieurs techniques qui lui permettent de ne pas rester sans voix devant une salle comble. Toutes ces astuces sont issues d'une même idée générale, à savoir : changer la façon dont le cerveau compare les coûts immédiats et les bénéfices futurs. Voyons en quoi cette idée est si importante pour vaincre la procrastination.

Planter aujourd'hui, récolter demain

La plupart des tâches que l'on repousse sont celles qui promettent des bénéfices dans le futur (l'amélioration d'une relation, un succès professionnel, une satisfaction personnelle) tout en réclamant des efforts immédiats. Dans le cas d'Elta, le fait de présenter ses travaux devant un public lui permet d'asseoir sa réputation et de se créer un réseau au fil du temps, et elle commence à recueillir les fruits de sa préparation à l'instant où elle se lève pour prendre la parole. Sauf que le travail qu'il lui faut fournir pour rédiger une bonne présentation constitue un problème immédiat.

Ces tractations entre les bénéfices à long terme et à court terme sont à la racine de notre tendance à procrastiner. Le cerveau trouve plus facile d'évaluer le présent, qui est connu, que d'envisager le futur, qui est inconnu. C'est la raison pour laquelle notre système automatique cherche toujours des raccourcis pour donner plus de poids à ce qui se passe maintenant qu'à ce qui se produira peut-être plus tard. On préfère se régaler d'un bon gâteau aujourd'hui plutôt que demain ou la semaine suivante – après tout, comment être sûr que la délicieuse friandise sera bien au rendez-vous ? En d'autres termes, nous sommes tous victimes de ce que les économistes appellent le *biais du présent*.

Le biais du présent a été très utile aux débuts de notre évolution, quand l'espérance de vie était réduite et le danger omniprésent. Les humains employaient alors l'essentiel de leur énergie mentale, par nature limitée, à se protéger de périls réels et immédiats, comme réagir à l'irruption d'un tigre à dents de sabre dans le campement ou déterminer si une baie est toxique.

Aujourd'hui, bien que la plupart d'entre nous n'aient plus à affronter de tels dangers pour survivre, nous avons toujours du mal à sacrifier quelque chose *tout de suite* en vue d'un bénéfice *plus tard*. Nous sommes capables de le faire, bien sûr, mais uniquement au prix d'un effort significatif : ce genre de choix met à l'épreuve les réseaux neuronaux de notre système délibéré associés à l'autorégulation et à la planification. En même temps, nous sommes attirés par tout un tas de gratifications immédiates, comme discuter avec des collègues, naviguer sur le net, ou rayer de sa liste les tâches les plus simples à effectuer. D'où la tendance du système automatique, toujours prêt à dépenser le moins d'énergie mentale possible, à se tourner de préférence vers ces plaisirs.

Comment, dans ce cas, être un peu moins myope face aux activités les plus rebutantes de notre liste ? La solution consiste à rééquilibrer les enjeux. Comme on a tendance à surestimer l'inconvénient immédiat de faire des efforts et à sous-estimer l'avantage futur d'avoir achevé un travail, la clé est de grossir les bénéfices nets et de réduire les coûts de l'action à entreprendre.

Visualisez les bénéfices

Le psychologue Hal Ersner-Hershfield, de l'UCLA, a longuement étudié ce qu'il faut mettre en œuvre pour s'inciter à réaliser des choses dont on ne récolte pas les fruits sur-le-champ, comme, par exemple, mettre de l'argent de côté pour ses vieux jours. Lui et son équipe ont découvert que notre attitude face à l'épargne change considérablement à partir du moment où l'on nous montre des photos donnant plus de réalité à notre avenir. Dans une série de quatre expérimentations, ils ont constaté que lorsqu'on leur présentait leur portrait vieilli par ordinateur, les personnes interrogées doublaient le montant qu'elles étaient prêtes à affecter à la prévoyance (172 dollars contre 80 dollars) sur une somme de 1 000 dollars[2]. « Pour les personnes étrangères à leur futur moi, la question de l'épargne revient à choisir entre dépenser son argent aujourd'hui ou le donner dans plusieurs années à un inconnu », résume Ersner-Hershfield. Regarder une image d'elles-mêmes plus âgées semble aider leur cerveau à réaliser ce qu'elles deviendront plus tard.

Adapter cette technique pour effectuer ce que nous ne nous décidons pas à faire est assez simple. Si nous parvenons à nous représenter clairement les avantages que nous tirerons de cette action, il sera plus facile de nous lancer dedans. Elta, pour sa part, trouve très motivant d'imaginer ce qu'elle ressentira une fois sa présentation couronnée de succès.

— Ça aide de penser que les personnes présentes se souviendront de moi si je m'en sors bien, explique-t-elle. Par la suite, ces gens tiendront plus facilement compte de mon avis quand on se rencontrera parce qu'ils sauront que j'ai des choses intelligentes à dire. Je me sentirai plus crédible, et c'est important pour moi.

Le fait d'imaginer ces bénéfices lui fait du bien, affirme-t-elle, ce qui augmente immédiatement son envie de s'atteler à la tâche.

Elta note aussi très soigneusement tous les retours positifs qu'elle reçoit, car elle sait qu'ils lui permettront de mieux visualiser les bénéfices futurs lorsqu'elle préparera sa prochaine présentation publique.

— Lorsqu'une personne de l'assistance me dit qu'elle a apprécié mon intervention, je ne me contente pas de la remercier en souriant. Je suis très attentive et, si je peux, je lui demande ce qui lui a plu. Un jour, par exemple, quelqu'un m'a dit avoir aimé le fait que j'aie encadré le message principal sur chacune de mes diapositives. La fois suivante, je n'ai pas eu à me poser de questions en les préparant : le souvenir de ce commentaire m'a été très utile.

Cette technique de « visualisation des bénéfices » marche également pour les procrastinations moins importantes. Quand on rechigne à donner un coup de fil ou à répondre à un mail, imaginer la satisfaction qui sera la nôtre après l'avoir fait (ou l'expression de soulagement sur les traits de celui qui recevra ce qu'il attend) donne un coup de pouce à notre cerveau.

Prévoyez des récompenses à court terme

Pour ces tâches difficiles dont on ne récoltera les fruits qu'après de longs jours ou semaines d'efforts – pour lesquelles les bénéfices à venir paraissent bien trop lointains pour nous séduire –, il peut être intéressant de se promettre des petits cadeaux à plus court terme à la fin de chaque étape.

J'ai eu ainsi une collègue sportive qui se récompensait par un tour de vélo à chaque fois qu'elle se lançait dans une activité qu'elle aurait préféré éviter. Une autre de mes connaissances, plutôt intellectuelle de nature, s'autorisait à suivre une émission nulle à la télé après s'être plongée dans un travail particulièrement ardu au bureau. J'ai également rencontré quelqu'un qui avait installé sur son smartphone une application comptabilisant toutes les fois où il faisait du sport afin de s'offrir une bière en guise de récompense.

Bien sûr, tous ces gens auraient de toute façon fini par s'attaquer à ces besognes désagréables mais, en prévoyant ces récompenses, ils ont réussi à fausser l'analyse du rapport coûts-bénéfices de manière à vaincre leur procrastination. Employée avec modération, cette méthode constitue une façon maligne et plaisante d'être productif (à condition de ne pas faire de vélo ivre mort).

Reliez le premier pas à un plaisir

Dans le chapitre 6 sur les diverses façons de ne plus se sentir débordé par sa charge de travail, j'ai montré comment le fait de repérer le tout premier pas à effectuer nous aide à recouvrer notre calme face à l'ampleur de la tâche qui nous attend.

Cette technique du « tout premier pas » peut également s'appliquer en cas de procrastination. Elle nous donnera l'impression que l'effort à fournir à court terme est moins important qu'il n'y paraît. D'autant qu'il est possible de lui ajouter une astuce qui réduit encore le risque de procrastiner, à savoir : relier ce premier pas à quelque chose qui nous plaît. Autrement dit, associer la tâche que l'on aimerait éviter à une autre qu'on *ne cherche pas à éviter*.

L'utilisation de cette approche a complètement modifié l'attitude d'Elta par rapport à la préparation de ses interventions.

— J'ai vraiment envie que ceux qui m'écoutent repartent avec le sentiment d'avoir appris quelque chose. C'est pourquoi mon tout premier pas consiste toujours à prendre une dizaine de minutes pour déterminer quel message important je souhaite faire passer.

Et elle place ces dix minutes dans le moment de la journée qu'elle préfère.

— Je cherche à rapprocher les choses que je prends plaisir à faire et celles qui me paraissent pénibles. Pour me rendre au travail, je traverse un parc, et c'est un moment que j'aime bien. Du coup, j'en profite pour réfléchir à ce que je n'arrive pas à faire, comme décider quel sera mon message principal lors de ma prochaine présentation. Comme je suis de bonne humeur, j'ai l'impression de mieux réfléchir.

Elta a trouvé un moyen très efficace d'introduire du plaisir dans la difficulté, avec la formule « Si... alors » présentée au chapitre 2. Elle dit : « Si je traverse un parc verdoyant qui me remplit de bonne humeur, alors je prends un peu de temps pour penser à une tâche que j'évite, quelle qu'elle soit. » Pour des raisons similaires, ça peut être une bonne idée de lire des magazines ou des livres sans prétention en s'activant sur les machines du club de gym puisque l'introduction d'un plaisir coupable aide à diluer la perception qu'a notre cerveau du coût immédiat de l'exercice physique. De la même façon, on peut trouver l'autodiscipline suffisante pour réaliser une tâche délicate en choisissant de s'y mettre dans un café sympathique, un bon verre à portée de main. En rendant la tâche plus agréable, il s'agit de réduire la quantité de travail que doit fournir le cerveau pour mettre l'effort à court terme en adéquation avec les bénéfices éventuels.

Réfléchissez aux désavantages de l'inaction

Parfois, nous pesons le pour et le contre pour savoir s'il est judicieux de *faire* une chose précise. Mais que se passera-t-il si on *ne la fait pas* ? Quelles sont les conséquences d'un *statu quo* qui s'éternise ? C'est typiquement le genre de situation qu'on oublie d'évaluer. Parce qu'il rend souvent la solution de l'inaction plus attrayante qu'elle ne l'est en réalité, ce phénomène dit *biais d'omission* représente une autre source de procrastination.

J'ai demandé à Elta quels avantages et désavantages elle trouvait au fait d'attendre la dernière minute pour préparer ses interventions publiques. Concernant les avantages de son évitement, la seule chose qui lui est venue à l'esprit, c'est qu'elle se sentait moins stressée. C'est un peu léger, et surtout faux : certes, elle était soulagée le jour même, mais cela ne réduisait sûrement pas son anxiété dans les heures précédant sa présentation. Puis, soudain, alors qu'elle cherchait toujours quel intérêt potentiel elle pouvait avoir à procrastiner, Elta a eu une illumination. En jouant la scène dans sa tête, elle s'est rendu compte qu'il s'agissait de son pire cauchemar : elle prenait la parole en tremblant, ratait son exposé et ruinait sa réputation. Contre toute attente, cette brève réflexion sur les inconvénients de l'inaction a eu un effet stimulant.

Engagez-vous

Au cas où le fait d'envisager le coût de l'inaction ne suffirait pas, les recherches pointent un autre moyen efficace de rendre cette inaction encore moins séduisante : s'engager publiquement à faire quelque chose.

La neuroscientifique Molly Crockett, de l'université d'Oxford, a montré qu'un engagement, même s'il n'est pas exprimé publiquement, est plus efficace que la simple volonté, pour ne pas céder à la tentation. En d'autres termes, vous résisterez plus facilement à l'envie de regarder une vidéo de chats si vous avez préalablement bloqué l'accès à vos sites préférés de vidéos de chats[3].

Mais les chances d'arriver à effectuer ce que l'on veut faire sont encore plus grandes quand on s'y engage publiquement, en raison de l'impact puissant de notre statut social sur le système cérébral chargé de la détection des menaces et sur le circuit de la récompense. Parce que le respect que l'on inspire (ou non) aux autres est très important pour nous, faire part de nos projets à autrui ajoute un coût social à l'inaction : personne n'a envie de passer pour stupide ou paresseux. C'est pour cette raison que les gens qui s'inscrivent à un marathon l'annoncent à tous leurs amis – et que je rappelle à mon mari que je vais à la chorale les jours où je sens ma motivation en berne. C'est encore mieux si vous pouvez impliquer directement d'autres personnes dans votre projet, car alors vous prenez le risque de contrarier *réellement* vos amis et vos collègues en renonçant.

Elta confirme qu'elle recourt à de tels engagements pour se motiver.

— Tout d'abord, je m'oblige à m'engager formellement à faire une présentation, même si je n'en ai pas envie.

Pourquoi ? Elle ne veut pas laisser un public sans orateur ou donner l'impression de ne pas être fiable. Puis, pour se donner de l'élan, elle implique un ami ou un collègue.

— Je leur dis : « Je vais tester ma présentation avec toi. » Par exemple, à l'époque où je travaillais à Berkeley, j'avais une très bonne amie qui connaissait mon problème par rapport aux présentations orales. Alors, on avait conclu de se retrouver au café pour que je répète devant elle. On ne travaillait pas ensemble – en vérité, on n'était même pas dans le même secteur –, mais en m'engageant vis-à-vis d'elle, j'étais obligée de me préparer avant de la voir.

Bonne opération puisque Elta pouvait non seulement se sentir satisfaite de son efficacité et de son implication à la fin de la journée, mais elle avait également le plaisir de retrouver une amie, offrant ainsi une récompense à court terme à son cerveau social.

Testez les « cinq pourquoi »

Parfois, il nous arrive de décider de mettre quelque chose en place dans notre vie sans pour autant effectuer le moindre pas dans ce sens. On peut, par exemple, vouloir déterminer ses intentions profondes pour la journée chaque matin et ne jamais trouver le temps de le faire. Ou se promettre d'arrêter de faire systématiquement plusieurs choses à la fois et ne pas tenir plus de quelques minutes. Une petite voix dans notre tête nous dit : « Oui, bonne idée, mais... non. » Difficile de progresser dans ce cas, à moins de découvrir ce qui se cache derrière ce « mais ».

Comment procéder ? La première chose à faire est de reconnaître l'existence d'un « mais » au lieu de le balayer négligemment. Notre système automatique dirige une part extrêmement importante de notre attitude au jour le jour. Des besoins et des peurs profondément ancrés orientent nos choix d'une manière qui échappe largement à notre conscient. Le fait de se retrouver coincé dans une boucle comportementale qui nous déplaît – comme, par exemple, ne pas arriver à faire quelque chose que l'on aimerait sincèrement faire – est un bon signal d'alerte : il est temps de se poser pour réfléchir. Par définition, nous n'avons pas accès aux processus à l'œuvre au sein de notre système automatique, sans quoi il ne serait pas automatique. Néanmoins, cela ne nous empêche pas de nous interroger sans nous juger pour essayer de trouver la nature véritable du blocage.

Personnellement, j'aime bien utiliser la technique des « cinq pourquoi », qui consiste à se poser une série de questions commençant par « pourquoi » pour mettre au jour les racines de sa réticence. Cet exercice doit son nom au fait que la vraie raison du problème apparaît généralement au cinquième « pourquoi » (d'après ma propre expérience, on découvre plutôt le pot aux roses au troisième ou au quatrième « pourquoi »). Cette technique vient du monde de la construction automobile, où elle est utilisée pour déterminer les raisons de l'échec d'un processus de production. Bien entendu, il n'est pas question de la substituer à une psychothérapie, cependant, je suis toujours étonnée de constater la rapidité avec laquelle les « cinq pourquoi » permettent d'identifier les causes profondes de nombre de nos difficultés récurrentes.

Cette approche a fonctionné pour Elta quand elle avait encore du mal à s'atteler à la préparation de ses présentations publiques.

— Je m'arrêtais un instant et me posais quelques questions, se souvient-elle. Je commençais par : « *Pourquoi* ai-je autant de réticence à faire ça ? » Puis : « *Pourquoi* est-ce que je dis ça ? » et « *Pourquoi* est-ce un problème pour moi ? », etc.

À la première de ces questions, une petite voix a répondu dans sa tête : « Je ne m'y mets pas parce que, de toute façon, je vais rater ma présentation, alors pourquoi s'embêter ? »

Elle s'est demandé d'où pouvait bien lui venir une telle idée.

— Je me suis obligée à exprimer *pourquoi* je pensais que j'allais me planter. Finalement, je me suis rendu compte que c'était parce que j'avais peur de ne rien avoir à dire, peur de ne pas être aussi bonne dans mon domaine que je prétendais l'être.

Mais d'où lui venait ce sentiment d'insuffisance ? Après un autre « pourquoi », elle a compris que c'était une conséquence de son parcours professionnel hors norme.

— J'avais toujours eu l'impression de ne rentrer dans aucune catégorie professionnelle courante. Je n'étais pas analyste quantitatif ; je n'avais pas d'expérience en consulting ; j'étais juste une universitaire qui s'était tournée vers les politiques publiques. Et j'étais intéressée par le domaine de l'alimentation, qui représentait un secteur périphérique par rapport au reste de l'activité de ma société. Résultat, je ne savais pas où me situer. C'est de là que venait mon anxiété.

Une fois discerné le véritable motif de sa répugnance à préparer ses interventions, Elta a su dans quelle direction avancer. Elle pouvait désormais regarder en face le problème identifié et, si nécessaire, agir pour l'affronter.

— Je me suis demandé : « Est-ce que, réellement, on pourrait me croire incompétente ? » La réponse est non, pas vraiment. Je serais capable de vous parler de politique alimentaire toute la journée. Je me suis rappelé que j'avais gagné des projets pour ma société et que des collègues me demandaient régulièrement de participer aux leurs. Des tas de choses prouvent que je connais mon métier.

Afin de ne pas l'oublier, elle a décidé de discuter avec ses supérieurs de sa contribution au succès de la société. Après quoi, Elta a été nettement moins souvent confrontée à son problème de procrastination.

Les blocages révélés par la technique des « cinq pourquoi » ne sont pas toujours aussi existentiels que ceux d'Elta ; ils peuvent être d'ordre pratique, liés à un conflit entre différents engagements ou à certaines habitudes. Supposons, par exemple, que vous ayez du mal à prendre le temps de déterminer vos intentions profondes pour la journée chaque matin. Quelques questions commençant par « pourquoi » pourraient vous faire découvrir que le problème vient de ce que vous vous êtes aussi engagé à prendre le petit déjeuner avec votre famille. Une fois que vous aurez rendu ce conflit explicite, il sera probablement plus facile de trouver une solution pour le résoudre – peut-être en essayant de réfléchir à vos intentions la veille au soir ou sur le trajet du travail. Comme le résume Elta :

— Tant qu'on n'a pas découvert le véritable blocage, on risque de tourner en rond et d'avoir une mauvaise image de soi. Alors qu'une fois que les choses sont claires, on peut s'attaquer au problème et faire ce qu'on avait prévu.

Et quand on a fait ce qu'on avait prévu, on est généralement très content de sa journée.

VAINCRE LA PROCRASTINATION

Pensez à une tâche de votre To-Do list que vous évitez depuis un moment. (Si vous n'en avez pas, bravo ! Passez directement au chapitre suivant.)

- **Visualisez les bénéfices.** Quels seront les avantages, pour vous-même et pour les autres, si vous réalisez cette tâche ? Repensez à la dernière fois que vous avez effectué quelque chose de similaire. Quels ont été les bons côtés ?

- **Prévoyez une récompense à court terme.** De quelle manière pourriez-vous vous récompenser pour vos progrès d'aujourd'hui si l'objectif final est encore loin ?

- **Reliez votre tout premier pas à quelque chose d'agréable.** Identifiez le tout premier pas à effectuer. Puis trouvez un moyen de l'associer à quelque chose que vous ferez forcément aujourd'hui et qui vous procure du plaisir.

- **Exagérez les désavantages de l'inaction.** Comment pouvez-vous augmenter le prix qu'il vous faudra payer pour ne pas avoir effectué cette tâche ? Quels engagements pouvez-vous prendre – idéalement, en impliquant d'autres personnes ?

- **Répondez aux « cinq pourquoi ».** Si vous continuez à rechigner à passer à l'action, posez-vous cinq questions commençant par « pourquoi ». Quel blocage réel se révèle ? Comment pouvez-vous y faire face ?

PARTIE III

Les relations

Tirer le meilleur parti de chaque échange

« La plupart des grandes victoires et des grandes tragédies
de l'histoire ne sont pas dues à la bonté
ou à la méchanceté intrinsèque de l'homme,
mais à la nature humaine elle-même. »

Terry PRATCHETT et Neil GAIMAN

TOUTES LES ÉTUDES EMPIRIQUES sur le bien-être psychologique s'accordent à le reconnaître : un élément fondamental du bonheur est d'avoir des relations de qualité[1]. Et comme nous passons un tiers de notre vie au travail ou à penser au travail, il ne s'agit pas uniquement des relations familiales et amicales. Les contacts avec les collègues ou les clients ont, eux aussi, une importance considérable. Une conversation constructive au bureau peut nous soutenir, nous amuser, ou même nous rendre fiers de nous et donner du sens à ce que nous faisons. Elle peut changer du tout au tout la manière dont nous vivons nos journées.

C'est que notre cerveau social est câblé pour évaluer instant après instant notre degré d'affinité avec les autres et la force de notre identité au sein du groupe[2]. Nos ruminations à propos des autres – ce qu'ils ont fait, ce qu'ils pensent de nous, s'ils sont mieux ou moins bien que nous, etc. – occupent une place énorme dans nos monologues intérieurs. Et pendant ce temps, tous ceux que nous rencontrons effectuent le même genre d'évaluation à *notre* sujet. Non seulement le feuilleton qui se déroule dans notre cerveau social ne s'arrête jamais, mais il joue un rôle central dans la perception que nous avons de notre vie professionnelle.

Et, comme dans tout feuilleton, même entouré de gens talentueux et agréables, on n'est jamais à l'abri d'une incompréhension. Parfois, fréquenter ses collègues est un vrai plaisir, parfois, c'est un cauchemar ; certains sont charmants, d'autres nous rendent fous. C'est comme ça, pense-t-on généralement, il faut faire avec.

Mais, en réalité, nos actions et notre attitude ont une influence très importante sur le comportement de ceux qui nous entourent, et nous sommes beaucoup moins à la merci de leur humeur que nous avons tendance à le croire. C'est ce que je vous montrerai dans cette troisième partie, où je vous apprendrai comment fonder vos échanges sur des bases solides en créant des relations de qualité dès le départ. Je vous aiderai à reconnaître les motivations le plus souvent à l'œuvre dans l'esprit des gens afin que vous compreniez mieux ce qui se passe dans leur tête et comment accéder à ce qu'ils ont de meilleur en eux. Et si des tensions surviennent, je vous indiquerai également quelques moyens infaillibles pour appréhender avec intelligence et assurance les discussions délicates. Grâce à ce bagage, chaque épisode de votre feuilleton devrait avoir une fin heureuse – ou, du moins, fructueuse.

8

Instaurer de bonnes relations

Nous connaissons tous le profond sentiment de bien-être que procure un contact vrai et profond avec l'autre, si bref soit-il. Il y a un déclic, le sentiment de se comprendre mutuellement et d'être sur la même longueur d'onde. Alors, il devient facile de rire ensemble et de se faire confiance. Cela peut arriver n'importe où : avec un vendeur dans un magasin, avec un collègue, ou bien avec notre conjoint (ce que nous espérons tous). Ce sentiment d'affinité et d'ouverture rend tout plus simple, même quand il faut parler de choses sérieuses.

Est-ce une histoire de chimie ? En partie. Mais les recherches pointent également plusieurs facteurs humains susceptibles d'accroître rapidement le degré de chaleur et de confiance entre deux individus. Parmi eux, la qualité de notre intention, notre niveau de curiosité, notre capacité à nous trouver des points communs, et l'envie de nous ouvrir à l'autre.

Arrivez avec l'intention de collaborer

Tout d'abord, revenons sur l'importance de nos intentions profondes dans le cadre de nos échanges avec les autres. Nous avons vu dans la partie I combien notre vécu quotidien peut être subjectif, et à quel point nos priorités, nos attitudes et nos certitudes jouent sur les perceptions de notre cerveau. Par conséquent, quand nous imaginons qu'une rencontre se déroulera d'une certaine manière, notre cerveau se met à l'affût des éléments en accord avec ces prévisions et tend à ignorer tous ceux qui ne vont pas ce sens. Donc, si l'on cherche des signes de collaboration, on a de bonnes chances d'en trouver. Mais si, à l'inverse, on s'attend à un affrontement, on sera surtout à l'écoute des marques d'irrespect et de rupture. Et comme ce filtrage se déroule dans l'inconscient, on ne doutera pas de notre objectivité. Malheureusement, les effets de cette distorsion sont bien réels.

Peter en était exactement à ce stade quand ont débuté ses problèmes interpersonnels. Directeur d'un cabinet-conseil spécialisé en informatique pour les entreprises, Peter se retrouve souvent parachuté dans des contextes tendus, au moment où un projet crucial commence à partir en vrille et où l'on ne peut même plus dire simplement : « Arrêtez tout et repartez de zéro. » Peter est très compétent et d'un naturel avenant. Ce qui ne l'empêche pas de constater que ses rapports avec ses clients ou ses collègues sont souvent difficiles. Il est fréquemment déçu par les gens qui l'entourent et leur trouve peu de qualités. De leur côté, ces derniers n'ont pas l'air d'avoir très envie de le côtoyer. Peu de temps avant de recourir à mon aide, un contrat de Peter a été annulé à cause de ce qu'il appelle des « histoires de bureau ».

— Je suis un chic type, m'a-t-il pourtant assuré. Je ne suis pas un connard. J'ai besoin de comprendre ce qui se passe.

En discutant, nous nous sommes aperçus que depuis longtemps Peter estimait que sa valeur était de faire preuve d'intelligence, d'identifier les problèmes et de trouver rapidement des solutions. Au fil des années, il avait pris l'habitude d'aborder tous ses échanges avec une intention claire (bien que non exprimée) : prouver qu'il avait raison afin de démontrer son utilité. Or, prouver qu'il avait raison revenait, dans son esprit, à montrer aux autres qu'ils se trompaient.

Cette intention finissait par fausser considérablement ses échanges, Peter ne ratant jamais une occasion de défendre son point de vue avec force données et graphiques témoignant de sa haute compréhension de la situation. Frustré par les froncements de sourcils de ses interlocuteurs manifestement perdus, il ne voyait pas les signes qui lui auraient permis de se rendre compte que ses clients avaient des questions ou des idées intéressantes à lui soumettre. Peu à peu, chacune de ses rencontres se transformait en une sorte de bataille d'intellects.

Pourtant, derrière son ardeur à combattre, Peter cachait des intentions plus généreuses. Au fond de lui, il avait le vif désir d'être utile, et la certitude de l'être, en général, quand on lui en donnait la possibilité. Mais il a commencé à se rendre compte que, s'il voulait arriver à ses fins, il lui fallait exprimer ce désir de manière plus collaborative. Gardant cette idée à l'esprit, il a modifié les intentions avec lesquelles il rencontrait ses clients en fonction des indications suivantes :

➢ **Objectif** : Premièrement, déterminez ce que vous aimeriez qu'il ressorte de cette rencontre en termes collaboratifs. Veillez à ce que le résultat convienne à l'un et l'autre et soit en accord avec ce qu'il y a de plus important pour la relation.

➢ **Supposition** : Deuxièmement, identifiez vos suppositions négatives sur votre interlocuteur, car ce sont elles qui orienteront vos perceptions. Puis décidez de rechercher du positif ou de vous intéresser à cette personne.

Dès que Peter s'est arrêté pour y réfléchir, la réponse à la première question (« Qu'attendez-vous réellement de cet échange ? ») s'est imposée à lui : il avait besoin d'établir une relation de confiance avec ses clients afin de pouvoir parler ouvertement avec eux de la tâche difficile qu'ils effectuaient ensemble. Il avait envie qu'ils apprécient de travailler avec lui et se réjouissent de leurs réunions au lieu de les redouter. Quant au second point, Peter s'est rendu compte qu'il devait cesser de penser que ses clients ne « pigeaient rien ».

La première occasion importante d'appliquer ces consignes a été un dîner avec le P-DG d'une société où il s'était déjà fait des ennemis en travaillant pour le responsable informatique. Le P-DG avait pris son poste depuis peu, et, selon son habitude, Peter fut tenté de le juger rapidement incapable d'appréhender la situation. Autrefois, il aurait saisi toutes les occasions de lui montrer qu'il en savait beaucoup plus que lui pour qu'il se rende compte à quel point il avait besoin de ses services. Au lieu de cela, Peter est arrivé au dîner avec une intention claire et collaborative, à savoir : mieux cerner ce que le P-DG attendait de son nouveau poste et les aspects qui lui semblaient les plus prometteurs ou les plus problématiques.

— J'ai vraiment dû prendre sur moi pour ne pas étaler toute ma science et lui démontrer à quel point son business allait mal, mais je me suis retenu, se souvient-il. Et ça en valait la peine. On a eu une super conversation, bien meilleure que ce à quoi je m'attendais.

Peter a également découvert que lorsqu'il arrivait avec l'intention d'entrer vraiment en relation avec l'autre, il obtenait au final le droit de se mettre un peu en avant.

— Vers la fin du dîner, le P-DG m'a demandé mon point de vue, me donnant ainsi l'occasion d'exhiber fièrement mes données. Et, apparemment, ça lui a plu.

À tel point que cette soirée a marqué le départ d'une bien meilleure relation entre Peter et l'ensemble de l'entreprise.

Posez des questions prouvant votre intérêt

Ça ne vous agace pas quand les gens ne vous écoutent qu'à moitié ? Ces « Mmm... mmm » marmonnés indiquant que votre interlocuteur pense à autre chose, quand il ne jette pas régulièrement des coups d'œil à son smartphone ? Et je ne parle pas des fois où l'autre n'en finit pas de discourir, transformant la conversation en un long monologue. Sans oublier les adeptes du « Je vois exactement ce que tu veux dire » qui veulent à tout prix nous persuader que rien de ce que l'on vit n'est unique. Et, bien sûr, toutes ces conversations fréquentes où chacun reste en surface, échangeant d'aimables banalités.

Malheureusement, nous participons tous plus ou moins à cet état de fait. La majorité du temps, nous avons la tête encombrée par nos propres problèmes, ce qui nous laisse peu de disponibilité pour les préoccupations d'autrui. En réalité, le système automatique du cerveau s'épargne beaucoup d'effort mental quand il emprunte le raccourci consistant à se dire que les autres sont plus ou moins comme nous. Sans être totalement semblables, de toute évidence. Mais nous avons souvent tendance à partir du principe qu'ils partagent nos préférences et nos points de vue, et que tout le monde appréhende les choses de la même manière que nous et possède les mêmes valeurs. Ce *biais de projection*, comme le nomment les scientifiques, est la preuve que nous n'écoutons pas toujours aussi attentivement que nous le croyons. Et le fait de penser à ce que nous allons dire une fois que nous aurons la parole détourne encore un peu plus notre attention, déjà occupée à préparer notre prochaine salve de commentaires et d'idées.

Autant de choses qui ne favorisent guère la relation. Si vous vous rappelez la dernière fois où vous vous êtes vraiment senti en connexion pendant un échange, vous constaterez sans doute que votre interlocuteur faisait preuve d'un intérêt sincère pour votre vécu ou vos idées. Il vous a probablement laissé le temps de vous exprimer et vous a donné la sensation d'être écouté. Être invité à partager ses réflexions et son expérience procure le sentiment d'être digne d'intérêt ; c'est un merveilleux cadeau pour notre cerveau social.

C'est d'ailleurs ce que démontrent les études sur le sujet. Diana Tamir et Jason Mitchell, deux psychologues de Harvard, ont proposé à plusieurs participants de leur donner de petites sommes d'argent s'ils répondaient à trois types de questions : des questions factuelles (par exemple, « Léonard de Vinci a peint *La Joconde*, vrai ou faux ? ») ; des suppositions sur les goûts ou les actions d'autrui (« Le président des États-Unis aime-t-il un peu, beaucoup, ou pas du tout les sports d'hiver ? ») ; et des questions leur permettant d'exprimer leur propres idées sur le sujet (« Aimez-vous les sports d'hiver ? »). La majorité des personnes ont préféré parler de leurs propres goûts, quitte à gagner moins puisque la récompense reçue pour parler de soi était inférieure de 17 % à celle versée pour les deux autres options. Des scanners cérébraux ont confirmé que le fait d'évoquer ce qu'elles aimaient ou n'aimaient pas activait leur circuit neuronal de la récompense, ce qui n'était pas le cas quand elles devaient émettre des suppositions sur les préférences de quelqu'un d'autre[1].

Par conséquent, si nous faisons preuve d'une vraie curiosité pour les autres, ils trouveront gratifiant de parler avec nous

– un bon point de départ pour une conversation agréable. Mais que signifie exactement « faire preuve d'une vraie curiosité » ? Cela se résume-t-il à poser des questions ? Disons que c'est un début. Mais cela ne suffit pas, car la plupart des questions ne témoignent pas d'un réel intérêt pour l'autre. Si vous prêtez attention à votre prochain échange en groupe au bureau, vous remarquerez que la majorité des questions posées appartiennent à l'un des trois types précédents : elles permettent d'huiler superficiellement les rouages (« Tu as passé un bon week-end ? – Oui, et toi ? ») ; concernent des choses factuelles (« Combien de temps reste-t-il avant la date prévue pour le lancement ? ») ; ou servent à exprimer de façon implicite ce que l'on pense (« Tu as réfléchi à XYZ ? », « Ça n'irait pas mieux si tu déléguais plus ? », « Tu ne crois pas que c'est parce que tout est nouveau pour toi que ça te semble aussi difficile ? »). On s'imagine aider l'autre en lui posant de telles questions, mais en réalité on a plus envie de lui donner notre avis que de comprendre ce qui se passe dans sa tête.

Les questions qui témoignent d'une curiosité sincère sont d'un genre très différent. Tout d'abord, il s'agit de questions ouvertes, c'est-à-dire auxquelles il est impossible de répondre par oui ou non. Ensuite, elles invitent l'interlocuteur à partager ses pensées, ses motivations ou ses sentiments plutôt que de simples faits. Enfin, elles supposent l'intention d'écouter sa réponse et d'y réfléchir. Je parle de « questions de qualité » parce qu'elles modifient instantanément la qualité d'une conversation. Voici quelques exemples de transformation d'une question fermée en « question de qualité » :

➢ Remplacez : « Tu as réfléchi à XYZ ? » par : « Qu'est-ce que ça t'inspire ? »

➢ Remplacez : « Tu ne crois pas que c'est parce que tout est nouveau pour toi que ça te semble aussi difficile ? » par : « Pour quelles raisons trouves-tu ça difficile ? »

➢ Remplacez : « Ça n'irait pas mieux si tu déléguais plus ? » par : « Quelle serait la solution idéale pour toi ? »

➢ Et si vous voulez interroger les gens sur leur vie personnelle, allez plus loin que le banal « Comment s'est passé ton week-end ? », en demandant quelque chose comme : « Qu'est-ce que tu fais en dehors du travail ? », ou : « Qu'est-ce qui t'a poussé à t'intéresser à ça ? »

Ces phrases peuvent être suivies par une invitation à en dire plus, avant de passer à vos propres commentaires sur le sujet. Avec un simple « Dis-m'en plus là-dessus », vous vous ferez une place parmi les rares personnes sachant écouter que l'on croise dans la journée[2].

Peter s'est donné pour mission de remplacer toutes ses questions « voilà-mon-hypothèse-intelligente » par des questions de qualité montrant un intérêt réel pour ses clients. Cela n'a pas marché du jour au lendemain. Il n'y a pas si longtemps, lors d'un rendez-vous avec un client, il a commencé par poser quelques questions dans le but de mieux le connaître.

— Sauf que je n'obtenais aucune réponse intéressante ! se rappelle-t-il. Ça m'a énervé, et je suis rapidement retombé dans mon ancien travers en le noyant sous un déluge d'idées.

Le résultat n'a pas été brillant.

— Il a eu l'air effaré et submergé et, d'une certaine manière, la rencontre est partie à vau-l'eau.

Avec le recul, Peter s'est rendu compte que ses questions étaient toujours restées relativement superficielles :

— C'était des questions « oui ou non » ou qui portaient sur des détails factuels de sa carrière. En plus, je n'écoutais pas vraiment ses réponses. J'attendais juste de pouvoir lui dire ce que je savais.

J'ai demandé à Peter à quel moment il lui est devenu plus facile de faire preuve d'une curiosité sincère pour l'autre dans ses derniers échanges. Il s'est souvenu d'un rendez-vous avec un client italien qui avait été si souvent repoussé que lorsqu'ils s'étaient enfin rencontrés il n'y avait plus de problèmes urgents à régler. Sans ordre du jour précis, Peter s'est aperçu qu'il lui était facile de poser de vraies questions sur les affaires et la vie personnelle de son client et de s'intéresser à ses réponses. De fait, quelques jours plus tard, ce dernier lui a envoyé un message dans lequel il lui confiait que c'était là le rendez-vous professionnel le plus agréable qu'il avait eu depuis longtemps.

Peter a donc décidé de recréer les conditions de cette rencontre avec d'autres. À cet effet, il a écrit les choses à faire et ne pas faire :

➢ Ne pas trop s'accrocher à son ordre du jour personnel (rester confiant dans le fait qu'une occasion d'exposer ses idées se présentera).

➢ Décider de trouver l'autre intéressant sous un aspect ou un autre.

➢ Poser de vraies questions ouvertes au lieu de donner des conseils déguisés en questions.

➢ Écouter attentivement la réponse. Identifier ce qui compte le plus pour l'autre et l'encourager à poursuivre en posant des questions.

En gardant tout cela à l'esprit, Peter a repris contact avec le client qu'il avait noyé sous ses conseils.

— Je me suis excusé d'avoir parlé sans l'écouter la fois précédente, et lui ai dit que j'avais envie de mieux comprendre comment il voyait les choses. Puis, lors de l'entretien, j'ai commencé totalement différemment en lui posant de vraies questions. J'ai été surpris de constater qu'il était possible de repartir d'un bon pied après ce départ raté. Une fois que j'ai changé d'approche, tout s'est bien passé.

Le sentiment d'« endogroupe »

Dès que nous rencontrons quelqu'un, notre cerveau s'active à toute allure pour décider comment réagir. Reconnaît-on son visage ? Représente-t-il une menace ? Quelle est sa caractéristique la plus visible ? Est-il comme nous ou différent ?

Cette dernière question est primordiale. En l'absence de toute autre information, nous avons plutôt tendance à considérer un inconnu comme une menace potentielle. « Mieux vaut prévenir que guérir », affirme le circuit cérébral qui veille à notre survie. En revanche, dès que l'autre nous ressemble d'une manière ou d'une autre (choix politiques, antécédents, intérêts), nous commençons à nous détendre et, inconsciemment, à voir en lui un allié éventuel. Pour les scientifiques, ce phénomène s'explique par le fait de considérer l'autre comme un membre de notre « endogroupe », ou groupe d'appartenance. Or, ce petit basculement dans nos considérations sociales a des effets majeurs sur nos interactions. Tout d'abord, il nous sort du mode défensif, ce qui nous rend d'une compagnie nettement plus agréable. Les recherches ont également montré que voir l'autre comme un membre de son endogroupe aide à se sentir plus facilement en empathie avec lui, que ce soit pour compatir à ses souffrances ou pour se réjouir de ses succès[3]. Pas étonnant dans ce cas que nous soyons si généreux et attentionnés avec ceux qui nous donnent l'impression d'appartenir à notre tribu ; nous les traitons un peu comme des extensions de nous-mêmes.

Ce phénomène a un réel impact sur le plan professionnel. Tout d'abord, au niveau de l'embauche, où l'on tend à privilégier les individus qui ont des points communs avec soi. Après avoir interrogé des responsables du recrutement de grands groupes, Lauren Rivera[4], sociologue à l'université de Northwestern, a établi que 74 % d'entre eux répondaient que la dernière personne qu'ils avaient engagée avait « une personnalité similaire à la [leur] ». Sur quoi se basait cette impression de « similitude » ? À vrai dire, sur peu de chose, puisque l'un des facteurs les plus importants concernait les activités de loisirs, par exemple, un intérêt commun pour un sport ou une technologie particulière.

Le bon côté de tout ça, c'est que la science confirme qu'il en faut très peu pour que naisse un sentiment tribal d'appartenance. Ainsi, des expériences ont prouvé que ce sentiment se créait instantanément quand on regroupait dans une même équipe des individus choisis au hasard[5]. Les chercheurs ont également constaté qu'une personne était plus encline à venir en aide à un inconnu si on avait préalablement demandé à chacun des deux de battre le rythme sur un air identique[6].

Je ne suis pas en train de vous dire qu'il faut marcher dans le couloir et sélectionner des gens au petit bonheur la chance pour former votre équipe ni tapoter sur la table en fredonnant votre air préféré pendant votre prochaine réunion. Néanmoins, vous profiterez rapidement de toute la puissance du sentiment d'appartenance au même endogroupe en posant suffisamment de questions pour trouver de petits points communs entre les autres et vous (que ce soit un intérêt, un goût, un objectif ou une bête noire) et en en discutant quelques instants avec eux.

Il peut être tentant de ne pas perdre de temps à s'investir dans la construction d'un sentiment d'endogroupe quand tout le monde est pressé et sous tension. Cela peut alors apparaître comme un échange inutile de banalités. Pourtant, la recherche montre que c'est, au contraire, primordial de le faire dans ce type de situation où le stress diminue les capacités d'empathie de chacun[7]. Sous pression, les autres vont avoir davantage tendance à nous considérer comme une menace potentielle, et moins se préoccuper de ce que nous pensons ; ils résistent plus facilement à nos idées ou à nos appels à l'aide. C'est pourquoi il est d'autant plus important, quand on se bat contre le temps ou des circonstances difficiles, de trouver des moyens d'entrer en connexion avec son interlocuteur.

Francesco est comptable. Il a longtemps eu l'habitude d'aller droit au but lors des réunions, en abordant dès le départ les questions de business. Un jour, pourtant, après nos échanges sur les recherches concernant l'endogroupe, il a décidé d'essayer quelque chose de totalement nouveau. Il devait négocier les termes d'un contrat et s'attendait à une rencontre tendue.

— J'ai commencé par traiter l'autre type comme une personne normale et pas comme un ennemi, se souvient-il.

Francesco l'a interrogé sur son travail et sa carrière, et ils se sont vite aperçus qu'ils avaient été employés par le même cabinet plusieurs années auparavant. Ils ont discuté de ça un petit moment. Quand ils se sont mis à négocier quelques minutes plus tard, se rappelle Francesco, son homologue lui a déclaré : « Ne vous inquiétez pas, j'ai confiance en vous : votre proposition a l'air correcte. »

— J'avais essayé cette approche dans d'autres réunions et ça avait bien marché, assure Francesco. Mais je ne m'attendais pas à ce que cela me soit d'un quelconque secours dans une situation avec de tels enjeux. Je pense qu'il avait juste besoin d'être sûr que je ne cherchais pas à le piéger. Apprendre qu'on avait un terrain commun lui a suffi pour se dire que je ne chercherai pas à saper sa position.

Voici quelques suggestions pour créer rapidement un sentiment d'endogroupe entre votre interlocuteur et vous :

➢ **Découvrez-vous un point commun.** Soyez à l'écoute de tout ce qui peut dénoter des centres d'intérêt ou des goûts en accord avec les vôtres, si insignifiant cela soit-il. Musique, gadgets, vêtements, passe-temps, etc., tout est bienvenu. N'hésitez pas à faire des commentaires ou à poser des questions à ce sujet et à partager votre expérience.

➢ **Mettez l'accent sur un objectif commun.** Cela crée un lien plus profond en révélant généralement des valeurs proches. Pour cela, demandez : « Qu'est-ce qui compte le plus pour vous dans tout ça ? » et : « À quoi espérons-nous arriver l'un et l'autre ? »

➢ **Plaignez-vous de la même chose**. Attention à l'utilisation que vous ferez de ce conseil, car la négativité risque de nous faire sortir du mode découverte. Mais parler du mauvais temps ou de la circulation permet d'amorcer facilement la conversation. Un peu de « nous contre le reste du monde » (ou les concurrents, le siège de la société, etc.) peut donner l'impression de faire partie de la même équipe.

➢ **Faites écho aux paroles de votre interlocuteur.** Non seulement ça lui donnera le sentiment que vous êtes sur la même longueur d'onde mais, en reprenant la tournure de certaines de ses phrases, vous lui prouverez également que vous l'écoutez. Le résultat est parfois stupéfiant, même si l'on se contente de répéter des phrases factuelles ; une étude a montré que les serveurs qui répètent la commande de leurs clients reçoivent de plus gros pourboires[8].

Acceptez de vous révéler (ou « donnez un peu »)

Il existe une branche de l'économie appelée « théorie des jeux », qui vise à comprendre la manière dont nous prenons nos décisions dans les situations impliquant d'autres personnes : comment nous anticipons les motivations d'autrui, et comment nous effectuons nos choix en conséquence. Cela ressemble un peu aux échecs ou à un premier rendez-vous : « Si je fais ça, alors il va peut-être faire ça, ce qui veut dire que... Oh, je ferais peut-être mieux de m'abstenir. » Une théorie des jeux avancée prouve ce que les psychologues soupçonnaient depuis des années, à savoir que la réciprocité est une notion fondamentale chez les êtres humains.

Afin de le démontrer, les économistes se servent d'un jeu connu sous le nom du « Dilemme du prisonnier », dans lequel deux complices sont emprisonnés dans des cellules distinctes. Chacun des deux « joueurs » doit opter pour la collaboration ou la trahison sans qu'il lui soit possible de communiquer avec l'autre. « Collaborer » revient à s'en tenir au récit qu'ils ont mis au point ensemble avant d'être arrêtés, ce qui permettra aux deux de s'en tirer avec une sentence légère. « Trahir » signifie dénoncer son complice, qui sera lourdement condamné, et sortir complètement libre. Le jeu est conçu pour encourager les joueurs à se trahir mutuellement et créer un dilemme intéressant. Depuis des années, des chercheurs ont fait jouer des milliers de personnes à ce jeu, inventant toutes sortes d'histoires pour expliquer les mêmes ensembles de tractations de base. Et les résultats qu'ils ont obtenus montrent que la solution « trahison » classique ne séduit les participants que la première fois où ils y jouent. Dès que le Dilemme du prisonnier se rapproche de conditions plus réalistes – quand les joueurs ont le droit de se rencontrer plus d'une fois et que l'occasion est donnée à chacun d'adapter son comportement à celui de l'autre, comme dans une véritable relation –, une stratégie très différente apparaît, fondée sur le principe de la réciprocité ou, pour reprendre l'expression employée par les économistes, du « donnant-donnant ». En résumé : « Si tu me dénonces, je te dénoncerai la prochaine fois ; si tu collabores, je collaborerai la prochaine fois. » Pas vraiment mère Teresa, mais pas Gordon Gekko non plus[9].

En examinant les scanners cérébraux de sujets jouant au Dilemme du prisonnier (et d'autres jeux similaires), les neuroscientifiques ont également constaté notre préférence pour la réciprocité. Ils ont découvert qu'un joueur qui choisit la trahison plutôt que la coopération crée une tension chez son partenaire et fait entrer en activité la région cérébrale impliquée dans la résolution de conflits et le contrôle de soi. Si, au contraire, il coopère, sa décision active le circuit de la récompense dans le cerveau de son compagnon. Et quand les deux coopèrent, un bourdonnement joyeux apparaît dans les cerveaux des deux joueurs. En d'autres termes, la réciprocité nous fait du bien[10].

Cela explique pourquoi les organismes de bienfaisance distribuent des badges et des stylos pour récolter des fonds. Et pourquoi une personne qui nous raconte des commérages croustillants (« On m'a dit que... ») a des chances de recevoir à son tour des informations de notre part (« Eh bien, moi, on m'a raconté que... »). C'est également l'une des raisons pour lesquelles on se sent si mal quand, après avoir dit « Je t'aime », on ne reçoit en réponse qu'un sourire au lieu du « Moi aussi, je t'aime » tant espéré. La réciprocité est un puissant élément d'harmonie sociale.

Mais comment cela affecte-t-il notre capacité à établir de bonnes relations ? Il y a plusieurs années de cela, j'ai eu l'occasion de discuter de l'importance de la réciprocité avec un groupe de partenaires d'une société d'investissement de capitaux privés. Leur activité consistait à racheter des entreprises peu performantes pour les remonter et les revendre plus cher quelques années plus tard. Ils plaçaient à la tête de leurs sociétés des dirigeants expérimentés, auxquels ils demandaient de les tenir informés de tous les problèmes qu'ils rencontraient. Ce qui exigeait, ils en avaient conscience, d'établir une relation de confiance avec eux. Mais ce ne fut pas si simple. Dans les faits, les dirigeants se révélèrent peu enclins à ouvrir leur cœur aux propriétaires qui les avaient désignés, sans que ces derniers comprennent vraiment pourquoi.

Après avoir échangé avec plusieurs dirigeants, j'ai trouvé où se situait le problème : les dirigeants avaient du mal à se représenter les détenteurs de la société de placement comme des personnes véritables. À leurs yeux, les actionnaires étaient juste des grands patrons d'entreprise qu'il était préférable d'éviter au maximum et auxquels il ne fallait surtout pas se confier. En apprenant cela, les partenaires de la société de placement se sont montrés choqués et déçus. Mais quand je leur ai demandé si, de leur côté, ils avaient partagé leurs *propres* pensées et préoccupations sur la vie et le monde professionnel, ils m'ont regardée avec consternation. Ils étaient tout à fait prêts à donner des conseils ou des idées, mais de là à parler de leurs soucis personnels avec leurs directeurs ! « Pourquoi diable ferait-on une chose pareille ? » se sont-ils étonnés. Parce que c'était exactement ce qu'ils attendaient des autres, leur ai-je répondu. Et que ce n'est pas équitable de vouloir une chose d'une personne sans avoir soi-même l'intention de la lui donner.

Alors, petit à petit, les actionnaires de la société d'investissement ont accepté l'idée de se dévoiler un peu pour encourager les dirigeants à faire preuve d'une plus grande ouverture. C'était quelque chose de nouveau pour eux, mais les résultats ont été aussi rapides que saisissants. L'un d'entre eux, Johan, était un grand gaillard peu habitué à parler de ses sentiments. La perspective de partager ses soucis professionnels était loin de le réjouir. Malgré tout, il décida de s'autoriser à confier ses inquiétudes à propos du projet de construction d'une de ses propriétés en bord de mer. Cela n'allait pas très loin, mais c'était un premier pas dans la bonne direction. Quand je l'ai revu peu de temps après, Johan exultait.

— Je rentrais en voiture avec un directeur après une réunion, m'a-t-il expliqué, et j'ai commencé à lui parler de la maison sur la plage. L'effet a été incroyable. Il s'est mis à me raconter toutes sortes de trucs. Finalement, on a discuté de la façon dont les choses se passaient au sein de l'entreprise. Ça a été la meilleure conversation qu'on ait jamais eue.

Évidemment, l'origine de ce changement n'est pas la maison en bord de mer, mais le fait que Johan ait bien voulu parler d'une situation qui le préoccupait.

Arthur Aron, professeur de psychologie à l'université de Stony Brook, ne serait pas surpris par l'histoire de Johan. Ses recherches ont montré qu'il suffit de moins d'une heure de conversation entre deux inconnus s'ouvrant réciproquement l'un à l'autre pour que se crée une forte proximité entre eux. Sur une échelle de 1 à 7, des centaines de sujets ont situé leur relation « la plus profonde » à 4,65. Après avoir parlé quarante-cinq minutes de leurs réponses à des questions personnelles, des binômes formés au hasard ont évalué leur niveau de proximité à 3,82 – c'est-à-dire pas tellement plus bas[11]. Conclusion : si vous voulez établir de bonnes relations, acceptez de révéler un peu de vous.

Rangez ce téléphone !

Il me faut signaler une dernière chose : la technologie nous connecte les uns aux autres, mais elle peut aussi miner nos relations si on la laisse insidieusement capter notre attention, même si on veille à poser des questions de qualité, à créer un sentiment d'endogroupe et à se révéler mutuellement une partie de soi. Lors d'une étude menée par des psychologues britanniques, la simple présence d'un téléphone sur la table a suffi pour diminuer le sentiment de lien entre des sujets qui ne se connaissaient pas et auxquels les chercheurs avaient proposé de discuter ensemble[12]. Ceux-ci ont globalement répondu moins souvent positivement à l'affirmation : « Mon partenaire et moi deviendrions probablement amis si nous nous rencontrions souvent. » Donc, si vous avez envie que les esprits se rencontrent, éloignez votre téléphone et soyez totalement présent pendant la conversation.

ÉTABLIR DE BONNES RELATIONS

La prochaine fois que vous aurez besoin de créer une bonne relation avec votre interlocuteur :

- **Arrivez avec des intentions collaboratives.** Il s'agit de favoriser la qualité de la relation plutôt que votre ordre du jour.

- **Posez des questions de qualité.** Soyez vraiment curieux de votre interlocuteur. Transformez certaines de vos questions habituelles factuelles et fermées en questions ouvertes (auxquelles il n'est pas possible de répondre par oui ou non). Invitez-le à partager ses pensées et ses sentiments sur un sujet. Montrez que vous l'écoutez en lui demandant de vous en dire plus sur une question qu'il vient d'aborder.

- **Créez un sentiment d'endogroupe.** Cherchez des points communs ou permettant de créer un lien (objectifs, sujets de plaintes, ou centres d'intérêt partagés) pour générer le sentiment de faire partie d'un même groupe, permettant ainsi au cerveau de votre interlocuteur de vous voir comme un ami plutôt qu'un ennemi.

- **Instaurez une ouverture réciproque.** Si vous avez envie que l'autre soit plus ouvert avec vous, réfléchissez à ce que vous-même êtes prêt à montrer et révéler de vous.

- **Rangez ce téléphone.** Si vous avez besoin de rester joignable pendant une discussion importante, réglez le volume de votre sonnerie de façon à l'entendre depuis votre poche ou votre sac.

9

Résoudre les tensions

Côtoyer le reste de la race humaine n'est pas toujours facile. Chacun a sa vie, avec ses propres objectifs et ses propres besoins. Et comme tout le monde tire dans une direction différente, le quotidien se tisse souvent de contrariétés. Parfois, il s'agit de désagréments mineurs, comme un congénère qui en bouscule un autre à l'heure de pointe ou une remarque un peu sèche lancée dans un couloir. Mais il arrive qu'ils soient plus importants, par exemple lorsqu'une dispute dégénère, que l'on se retrouve exclu d'une discussion importante, ou obligé de travailler avec une personne à laquelle on ne peut pas se fier.

Quand ce genre de dissensions apparaît, il y a peu de chances que l'on parvienne à contrôler totalement la situation. Pour autant, cela ne nous empêche pas de décider de notre manière de réagir. Dans ce chapitre, je vous montrerai comment ce choix peut changer la donne. En se concentrant sur ce que l'on peut faire *soi-même* pour améliorer les choses, il est généralement possible de résoudre les tensions, ou du moins d'en réduire l'impact, y compris quand elles viennent de quelqu'un d'autre.

Trouvez un terrain d'entente

Penchons-nous d'abord sur les situations où l'on est ouvertement en désaccord avec l'autre. D'un certain côté, il est étonnant que de tels différends ne se produisent pas plus souvent vu la version extrêmement personnelle que les filtres de notre système automatique (dont la cécité d'inattention et le biais de confirmation) nous donnent de la réalité. Il suffit qu'un collègue ait eu une matinée difficile pour qu'il appréhende les choses autrement que nous au cours d'une même réunion (comme cela m'est arrivé avec Lucas dans la partie I). Et comme personne n'a accès à l'ensemble de la situation, on peut très bien avoir tous les deux raison et tort sur certains aspects du sujet. Nous remarquons tous des « gorilles » différents.

Il est peu probable que l'un des deux camps ait tort à 100 %. Pour Anatol Rapoport, spécialiste en psychologie mathématique, reconnaître cette vérité fondamentale est la clé pour résoudre les conflits. Dans son livre *Combats, débats et jeux*, aujourd'hui devenu un classique, il démontre l'énorme intérêt de développer ce qu'il nomme une « compréhension empathique » réciproque du point de vue de l'autre, ou plus simplement un « terrain d'entente ». Cela veut dire montrer que l'on a compris ce qui anime son interlocuteur, et souligner tout ce qui nous rapproche. En s'appuyant sur ce terrain d'entente, il est beaucoup plus simple de trouver des solutions acceptables pour chacun dans la mesure où ce processus aide notre cerveau à sortir du mode défensif, nous permettant d'avoir une réflexion plus créative et d'être ouvert au compromis[1].

Voici le processus en cinq étapes que j'ai développé sur la base de cette recherche :

➢ **Étape 1 : Exprimez le point de vue de l'autre comme si vous le partagiez.** Soyez le plus convaincant et le plus généreux possible. Pour reprendre les mots du philosophe Daniel Dennett : « Vous devez essayer de reformuler la position de votre interlocuteur d'une façon si claire, si saisissante et si honnête que celui-ci déclare : "Merci, c'est comme ça que j'aurais aimé le dire." »

➢ **Étape 2 : Identifiez tous vos points d'accord.** Définir tous les éléments sur lesquels vous êtes en accord, même s'il y en a peu, permettra de créer un sentiment d'endogroupe.

Commencez par ce que vous avez vous-même remarqué, puis rendez cet effort collaboratif en demandant : « Quelles autres choses voyons-nous de la même manière ? »

➢ **Étape 3 : Déterminez et comprenez où se trouve le *vrai* désaccord.** Cernez avec exactitude votre point de dissension. Puis allez plus loin en demandant : « Pourquoi avons-nous chacun une idée ou un sentiment différent sur cette question précise ? » Identifier l'expérience ou l'a priori à l'origine de vos points de vue vous permettra de comprendre la nature de vos « gorilles » respectifs. Peut-être même apprendrez-vous l'un de l'autre.

➢ **Étape 4 : Cherchez comment vous pourriez avoir tous les deux raison.** À présent, vous voilà peut-être « d'accord sur le fait de ne pas être d'accord » – un résultat plus simple à obtenir après avoir identifié les points sur lesquels vous vous rejoignez et compris pourquoi vous voyez les choses différemment. Mais vous pouvez également vous demander : « Serait-il possible que, d'une certaine façon, nos deux manières de voir soient correctes ? » Il arrive souvent que chacun ait partiellement raison, mais peut-être dans une situation ou un contexte différent.

➢ **Étape 5 : Maintenant, comment progresser à partir de votre terrain d'entente ?** Il y a toujours quelque chose de possible. La perspective d'avancer vous aidera tous les deux à vous sentir bien et à solutionner le problème ou à accepter plus facilement ce qui est sur la table.

Imaginons, par exemple, que vous soyez en désaccord avec un collègue sur la manière d'obtenir des retours pertinents de la clientèle. Vous pensez que votre société devrait inviter ses clients à laisser des commentaires anonymes pour qu'ils s'expriment plus librement. Votre collègue, lui, préférerait qu'ils indiquent leur nom. Tout d'abord, commencez par lui montrer que vous comprenez son point de vue en pointant les avantages de son approche : les clients auront plus de scrupules à laisser des messages insultants, ils n'exprimeront leur mécontentement que s'ils ont une véritable raison de se plaindre, et avoir leur nom permettra à la société de se mettre en lien avec eux si besoin.

Ensuite, sur quoi êtes-vous tous les deux d'accord ? Vous voulez l'un et l'autre : avoir plus de feed-back de la part des clients ; demander ces retours en ligne ; et mettre ce processus en route dans le courant du mois. Votre seul point de divergence concerne l'anonymat des commentaires. Après quelques « pourquoi », il est clair que cela vient de l'idée que vous vous faites de la manière dont les clients s'exprimeront. Vous avez peur qu'ils se brident s'ils doivent s'identifier, alors que votre collègue craint au contraire qu'ils se lâchent un peu trop sous le couvert de l'anonymat. Pourquoi ? Votre collègue a eu une très mauvaise expérience avec une campagne publicitaire qui a mal tourné.

Se peut-il que vous ayez tous les deux raison ? Oui, dans la mesure où tous les clients ne se ressemblent pas. Vous considérez probablement l'un et l'autre deux types de personnes différents. Ce moment de la discussion génère de nouvelles idées. Il devrait être possible de concevoir une enquête offrant les deux options. Peut-être en forçant les gens à se montrer proactifs s'ils choisissent l'anonymat, qui, dans ce cas, ne serait plus l'option par défaut. Pourquoi ne pas tester les deux approches sur une semaine et voir ce qu'il en ressort ?

Une fois ce terrain d'entente trouvé, plus rien ne vous empêche d'avancer en mettant au point l'essentiel du processus. La question de l'anonymat pourra être examinée plus tard ; inutile de tout bloquer à cause de ça. C'est très clair maintenant. Mais tant que les cerveaux sont en mode défensif, ce qui semble évident est beaucoup plus difficile à discerner. Des désaccords mineurs peuvent empêcher toute progression sans raison valable. À l'inverse, se concentrer sur ce qui rassemble permet à chacun d'accéder plus aisément à la part la plus raisonnable de lui-même, et, au final, de faire progresser les choses.

La contagion positive

L'autre action que vous pouvez mettre en place pour créer une atmosphère constructive lors d'une interaction délicate s'appuie sur un phénomène connu sous le nom de *contagion émotionnelle*. Ce terme désigne la faculté qu'a notre cerveau hautement social de percevoir l'état émotionnel des gens qui nous entourent et de se synchroniser avec lui[2].

Des psychologues tels que Ron Friedman ont découvert qu'il suffisait d'avoir dans son environnement une personne de bonne humeur pour se sentir plus motivé (et par conséquent devenir plus performant), et de côtoyer quelqu'un de grognon pour obtenir le résultat inverse. Friedman et ses collègues de l'université de Rochester ont constaté ce phénomène même chez des sujets occupés à des tâches totalement différentes – cela en moins de cinq minutes, et sans qu'un seul mot soit échangé[3]. Le stress aussi se communique. D'autres chercheurs se sont aperçus que le fait de demander à quelqu'un de parler en public de manière inopinée ne rend pas seulement l'orateur nerveux, mais provoque également une hausse du taux de cortisol chez ceux qui l'écoutent[4]. Or, il en faut peu pour entraîner la contagion. Dans une expérience, des scientifiques allemands ont déclenché des sentiments de joie et de tristesse mesurables chez des sujets juste en leur montrant des photos de visages souriants ou grimaçants pendant une demi-seconde[5].

Par conséquent, lorsque l'ambiance est tendue au travail, l'humeur avec laquelle on aborde une conversation peut aussi bien jeter de l'huile sur le feu que faire redescendre la pression.

Je me rappelle m'être un jour trouvée face à ce genre de choix durant une séance de coaching avec quatre impitoyables avocats d'affaires. Comme on m'avait prévenue qu'une de ces personnes serait en retard, nous avions commencé sans elle. Nos échanges avaient rapidement pris une bonne dynamique, dans une atmosphère de soutien mutuel et de partage d'expériences.

Au bout de deux heures, la retardataire a finalement débarqué. Visiblement sur les nerfs, elle s'est assise en annonçant d'un ton vindicatif qu'elle avait un agenda surchargé. Sur ce, elle s'est enquise des prochaines dates du programme de coaching. Je lui ai calmement répondu qu'en accord avec ce qui était convenu depuis longtemps, il ne restait qu'une seule séance, prévue deux mois plus tard. « Mais je ne peux pas, a-t-elle aboyé, ce n'est pas dans mon agenda. Il m'est impossible de... » Stupéfaite, j'ai vu les trois autres participants, qui s'étaient montrés jusqu'alors contents et pleins d'énergie, changer totalement d'attitude. Un peu plus tôt, ils étaient sûrs d'être présents à la prochaine séance, mais tout à coup la salle résonnait de plaintes et de récriminations : « Où est mon téléphone ? », « Ce n'est pas dans mon agenda non plus », « Je ne pense pas que ce sera possible pour moi », « Quelle poisse ! ». Le virus de la grogne était à l'œuvre.

J'avais le choix : je pouvais projeter l'inquiétude et l'irritation qui commençaient à me gagner ou essayer d'être plus positive. J'ai pensé à mon intention profonde concernant cette rencontre. Qu'est-ce qui comptait le plus ici ? La réponse était claire : je voulais restaurer une dynamique de soutien mutuel au sein du groupe. Dans ce cas, quel sentiment avais-je envie de montrer ? Tout cela s'était passé en quelques secondes, je n'avais donc pas d'autre possibilité que de faire avec la première émotion qui me viendrait à l'esprit, laquelle fut « l'amour ». Essayer de ne pas me fâcher. C'était simple et puissant, même si je n'aurais jamais osé lâcher le mot devant eux.

Je savais que je ne pouvais pas me contenter de serrer les dents en me répétant : « Ressens de l'amour, bon sang ! » Il fallait que je trouve en moi-même une affection réelle pour la projeter dans la pièce. Alors, je me suis remémoré tout ce qui m'avait plu dans mon travail avec eux jusque-là. Avec ça en tête, je n'ai pas eu trop de mal à leur sourire avec bienveillance et à répondre calmement à leurs questions. Quelques minutes plus tard, j'ai senti l'atmosphère se détendre, s'apaiser. Nous étions remis sur les rails, aptes à profiter au mieux du temps restant.

Alors, quand vous avez un échange délicat ou que vous sentez le climat se tendre, n'oubliez pas que vous pouvez diffuser de manière subliminale du positif autour de vous. Il n'est pas toujours possible de changer le cours d'une conversation, mais vous avez les moyens d'influencer le ton qui lui est donné. Pour cela :

➢ Souvenez-vous de votre intention collaborative de départ, et demandez-vous quel sentiment vous aimeriez projeter autour de vous.

➢ Remémorez-vous les moments où vous avez éprouvé ce sentiment dans le passé ou pensez à des personnes qui vous mettent naturellement dans cet état d'esprit. Visualisez ces situations ou ces gens, histoire de profiter un peu des exercices de visualisation présentés au chapitre 3.

Et si vous arrivez à faire cette préparation mentale *avant* la rencontre afin d'arriver rempli d'une énergie contagieuse, ce sera encore mieux.

« Une bonne personne, de mauvaises circonstances »

Nous savons à présent que nos a priori sur les autres peuvent avoir une énorme influence sur nos échanges avec eux. L'existence du biais de confirmation signifie que si nous arrivons avec l'idée que notre interlocuteur sera idiot ou agaçant, nous porterons une attention disproportionnée à tout ce qu'il dira ou fera d'idiot ou d'agaçant, allant même parfois jusqu'à déformer nos observations pour confirmer notre hypothèse de départ (souvenez-vous des bananes grises/jaunes du chapitre 1). Mais cela ne s'arrête pas là, car si nous réagissons négativement à ce que nous percevons comme des provocations, en exprimant de la frustration ou de l'irritation, le cerveau de l'autre passera automatiquement en mode défensif, ce qui *diminuera* ses chances de se monter brillant et charmant et le poussera *plus facilement* vers un comportement dysfonctionnel. Lorsqu'elles concernent les autres, nos attentes négatives deviennent rapidement des prophéties autoréalisatrices.

Or, les psychologues ont découvert que nos suppositions sont loin d'être bienveillantes lorsqu'elles concernent autrui. Quand il s'agit de soi, on sait que les aléas de la vie déterminent certains aspects du comportement. Par exemple, s'il nous arrive un jour de ne pas être très efficace au travail, c'est peut-être parce qu'on a mal dormi, qu'on ne se sent pas bien, ou que l'on attend d'un collègue un feed-back indispensable pour avancer. Mais si l'on voit quelqu'un d'autre en faire moins que ce qu'il devrait, on pense facilement que cela révèle quelque chose de fondamental sur ses capacités ou son caractère : qu'il est incompétent ou paresseux plutôt que fatigué ou bloqué. En général, on ne s'attarde pas sur les raisons susceptibles d'expliquer son attitude, surtout si on le connaît mal. Les psychologues ont donné à cette tendance à attribuer les manquements d'autrui à son caractère plutôt qu'à des circonstances extérieures le nom d'*erreur fondamentale d'attribution*[6].

Pourquoi jugeons-nous les autres si sévèrement ? Tout simplement parce que le système automatique de notre cerveau trouve ça plus simple. Cela demande moins d'énergie mentale de se faire un avis sur quelqu'un et le catégoriser une fois pour toutes (« Ah, ce type n'est pas très malin ») que de chercher à comprendre ce qui pourrait se passer pour cette personne X à chaque fois qu'on la croise. En outre, les chercheurs se sont rendu compte qu'en période de stress intense, quand on a des soucis plein la tête, cette tendance à utiliser ce genre de raccourci généralisateur s'accentue encore[7].

Au début de sa carrière à Harvard, Teresa Amabile a conduit une expérimentation montrant que des personnes effectuant une tâche demandant de la réflexion peuvent être victimes de cette erreur d'attribution fondamentale[8]. Ils ont réparti 120 participants en trois groupes : les « questionneurs », chargés de rédiger une série de questions de connaissance générale difficiles à partir de leurs propres connaissances ; les « répondeurs », qui devaient faire de leur mieux pour y répondre ; et les

« observateurs » qui suivaient les échanges entre les membres des deux groupes. Puis ils ont demandé à chacun d'évaluer le niveau de culture de celle ou celui qu'il avait observé ou avec qui il avait interagi. Le résultat a été étonnant : alors que, de toute évidence, les « questionneurs » avaient posé des questions en fonction de centres d'intérêt personnels très pointus, impliquant pour les « répondeurs » de se creuser la tête pour répondre correctement à certaines d'entre elles, les trois groupes ont estimé les « répondeurs » moins cultivés que les « questionneurs ». Pire, les « répondeurs » se sont même montrés plus durs avec eux-mêmes que les « questionneurs ». Personne ne semblait se rendre compte que la raison pour laquelle les premiers savaient apparemment moins de choses que les seconds était due au hasard qui les avait placés là, et non à leur niveau de culture.

Nous nous formons donc une image de la personnalité et des capacités d'autrui à partir d'un nombre d'observations très limité – d'où la nécessité de redoubler de vigilance dès que l'on se surprend à traiter mentalement quelqu'un d'idiot, de paresseux ou d'insupportable. Cette attitude est-elle due à sa personnalité ou à des circonstances extérieures ? Dans quelle mesure ? Se poser ces questions ne signifie pas que l'autre n'est pas bel et bien insupportable *dans le présent*, mais le fait de le considérer comme une bonne personne victime de mauvaises circonstances peut aider à réduire considérablement la tension.

Voici ce que je vous suggère si vous vous sentez déçu par quelqu'un ou furieux contre lui :

➢ **Étape 1 : Revenez aux « faits réels ».** Tous les faits sont réels, on est d'accord. Mais par « faits réels », j'entends ce dont vous êtes absolument certain. Souvenez-vous combien nos perceptions, même factuelles, deviennent subjectives une fois passées par le filtre de notre système automatique. La première chose à faire consiste donc à éliminer le maximum de subjectivité en se concentrant sur ce qui s'est vraiment passé, sans interprétation ni émotion. Par exemple, si, en réunion, vous avez eu l'impression d'être ignoré par votre supérieure, affirmer : « Elle m'ignore » sous-entend que son action était délibérée – ce dont vous n'êtes pas certain. Que pouvez-vous dire dont vous êtes sûr à 100 % ? « Elle ne m'a pas parlé quand je l'ai croisée cet après-midi, ou du moins je ne me souviens pas qu'elle m'ait dit quoi que ce soit. » Voilà. Maintenant, vous avez votre fait réel.

➢ **Étape 2. Partez du principe « Une bonne personne, de mauvaises circonstances », et cherchez des explications possibles à son comportement.** Considérez dès le départ que cette personne est essentiellement quelqu'un de bien, et au lieu de penser : « C'est quoi, ça ? », demandez-vous : « Qu'est-ce qui lui arrive ? », « Qu'est-ce qui a pu la mettre sur la défensive ? », « Que peut-elle ressentir ou de quoi a-t-elle peur ? » (pour vous aider, reportez-vous au tableau « Les déclencheurs les plus courants du mode défensif », page 191). Trouvez deux ou trois raisons susceptibles d'expliquer son comportement. Vous n'êtes pas obligé d'y croire ; le seul fait d'envisager que des circonstances extérieures puissent être à l'origine de son attitude vous aidera à renverser la situation et à voir en elle une victime *éventuelle* plutôt qu'un agresseur. Alors, votre cerveau se sentira moins menacé, et il vous sera plus facile de faire face à la situation avec le meilleur de vous-même.

Grâce à ces explications alternatives, vous pourrez avancer dans un état d'esprit plus tolérant, voire découvrir ce qui se passe vraiment pour votre interlocuteur en lui posant des questions prouvant votre intérêt pour lui, ou simplement partir du principe que c'est quelqu'un de valable et agir en conséquence.

Russel, le brand manager d'une grande chaîne hôtelière que nous avons rencontré dans la partie I, est un fervent adepte de cette approche « Une bonne personne, de mauvaises circonstances ». Veiller à ce que les clients mécontents n'aient plus de raisons de se plaindre fait partie de ses attributions, ce qui implique de nombreuses discussions délicates avec ses collaborateurs.

— Les gens se conduisent parfois comme des idiots, mais souvent ils ont une raison de le faire qu'on ignore, affirme-t-il.

J'ai compris ça il y a plusieurs années alors que je marchais avec ma valise au milieu de la chaussée pour éviter d'énormes bosses sur le trottoir. Une voiture est arrivée derrière moi, et, de toute évidence, le chauffeur m'a pris pour un crétin. Qu'est-ce que je foutais en plein milieu de la route ? Soudain, ça a été comme une révélation. Je me suis rendu compte que, depuis sa voiture, il ne pouvait pas voir que les trottoirs étaient impraticables. Depuis ce jour, j'utilise cette anecdote pour illustrer le fait que personne ne perçoit jamais l'ensemble du tableau. Si quelqu'un n'a pas l'air de saisir ce que j'ai en tête, je me dis : « Il est juste dans sa voiture. » Mais souvent, c'est moi qui suis « dans ma voiture » et qui dois me rappeler qu'il existe sans doute une bonne raison pour que la personne fasse quelque chose qui, de mon point de vue, est agaçant.

C'est pourquoi, quand il prévoit une conversation difficile, Russel arrive toujours avec de bons a priori sur ses interlocuteurs.

— Je pars du principe que les gens essaient de faire du bon boulot. Je crois qu'arriver avec l'a priori que la personne veut bien faire est une façon de contrôler la situation. En abordant les individus qui paraissent difficiles comme des gens animés de bonnes intentions, il est plus simple de voir ce qu'ils font de bien. Et ils le sentent, ce qui veut dire qu'il y a plus de chances qu'ils réagissent bien et répondent à nos attentes.

En guise d'exemple, Russel poursuit :

— J'ai eu un collègue qui me donnait l'impression de vouloir prendre ma place. Un jour, il s'est invité à une réunion de stratégie de marque que je présidais, et il a remis son intérêt en question au beau milieu : pourquoi avait-elle lieu ? Quel rapport avait-elle avec les autres aspects du processus stratégique de l'entreprise ? Instinctivement, j'ai interprété son intervention comme un jeu de pouvoir. J'ai pensé qu'il cherchait à me discréditer. Puis je me suis rendu compte que j'étais « dans ma voiture » et que je partais du principe que son attitude cachait de mauvaises intentions. Alors, j'ai décidé de voir derrière ses questions des interrogations sincères. J'ai fait un schéma pour lui montrer comment cette réunion allait nourrir un processus stratégique plus global. Ça lui a plu, et il m'a confié par la suite qu'il avait vraiment apprécié cette réunion. Les choses auraient pu suivre un cours très différent si j'étais resté sur la certitude que ses intentions étaient bel et bien négatives.

Valable en toutes circonstances

Une fois qu'on a pris l'habitude d'aborder les choses ainsi, il est possible d'utiliser l'outil « Une bonne personne, de mauvaises circonstances » dès qu'on se sent déconcerté par l'attitude d'autrui. Imaginez par exemple que vous ayez envoyé une demande par mail depuis plusieurs jours à quelqu'un qui ne vous répond pas. Il est tentant de penser qu'il y a un problème : que votre destinataire a décidé d'ignorer le message parce que votre demande l'ennuie ou qu'il ne vous aime pas. Or, quels sont les « faits réels » ? Vous avez envoyé ce mail il y a soixante-douze heures et vous n'avez pas reçu de réponse. Donc, si vous partez du principe « Une bonne personne, de mauvaises circonstances », les explications possibles deviennent : il vous a répondu, mais son mail est passé en « indésirables » ; il est en congé et n'a pas rédigé de message d'absence automatique ; il réfléchit à votre demande, mais n'est pas encore certain de la suite à y donner ; il est totalement désorganisé et croule sous les mails. Même avec une seule de ces explications à l'esprit, il est probable que vous renverrez un mail agréable, voire donnerez un coup de fil, ou simplement arrêterez de vous prendre la tête un moment. (Et si c'est vous qui ne répondez pas aux mails, jetez un coup d'œil sur l'Appendice B à la fin de cet ouvrage.)

Les déclencheurs les plus courants du mode défensif

Si quelqu'un autour de vous fait preuve d'un comportement dysfonctionnel (soit parce qu'il lance une pique, se montre particulièrement entêté, empiète sur votre territoire, ou affiche un manque de réactivité global), il est fort probable qu'il soit passé en mode défensif pour une raison ou une autre. Mais laquelle ? En fait, il existe une liste assez précise de « menaces » susceptibles de faire réagir l'individu moyen, généralement en lien avec la peur de ne pas pouvoir satisfaire un besoin humain essentiel. Plusieurs besoins fondamentaux sont de nature sociale : l'inclusion, l'équité, le sentiment d'être respecté. D'autres concernent plus l'estime de soi : l'autonomie, la compétence, le sens, la sécurité. Quant aux autres besoins plus basiques, comme se reposer et se nourrir, ils se reflètent dans notre sensibilité exacerbée à *tous* ces éléments déclencheurs potentiels dès qu'on se sent physiquement ou psychiquement fatigué. En gardant à l'esprit cette liste des besoins et des peurs les plus communs, vous développerez votre aptitude à cerner les raisons qui peuvent avoir mis votre interlocuteur dans cet état – et à voir si, par inadvertance, vous n'en faites pas partie.

Besoins sociaux	**Déclencheurs les plus courants (à surveiller)**	**Solutions possibles (à explorer)**
Inclusion	Cette personne s'est-elle retrouvée exclue de quelque chose, par exemple d'une réunion, d'un processus, ou d'une liste de destinataires dans un échange de mails (que ce soit par inadvertance ou délibérément) ?	• Reconnaissez la réalité de l'exclusion et expliquez-en les raisons (si c'était intentionnel). • Pointez les autres activités importantes auxquelles la personne a participé. • Demandez-vous s'il serait possible de lui confier un rôle particulier lui donnant l'impression de faire partie de l'équipe.
	Est-il possible qu'elle se sente isolée à cause d'un parcours différent ou parce qu'elle n'a pas les mêmes points de vue, les mêmes valeurs ou le même vécu que les autres ?	• Mettez en valeur vos points communs plutôt que vos différences. (Reportez-vous aux indications sur la création d'un sentiment d'endogroupe, chapitre 8).

		• Encouragez les connexions entre la personne et d'autres membres du groupe. • Demandez-vous si son point de vue ne pourrait pas apporter quelque chose au groupe.
Équité	Vos actions (ou celles d'autres collègues) peuvent-elles paraître injustes de son point de vue ?	• Soyez transparent avec elle sur les raisons de la situation. • Si vous devez faire des choix difficiles, parlez du dilemme face auquel vous vous trouvez (voir la section « Soyez fair-play », du chapitre 10).
	Peut-elle avoir l'impression de donner beaucoup sans rien recevoir en retour, ce qui serait contraire au principe de réciprocité ?	• Assurez-vous que sa contribution à l'effort de l'équipe ou du groupe soit reconnue. • Cherchez ce que vous pouvez lui offrir en retour ou pour l'aider. Demandez-lui ce dont elle a besoin pour être le plus performante. • Si elle n'a pas connaissance ou n'est pas consciente du soutien dont elle bénéficie déjà, aidez-la à le voir.
Respect	Cette personne pourrait-elle s'être sentie discréditée publiquement, par exemple en étant critiquée devant autrui ou parce que d'autres ne partagent pas sa vision des choses ?	• Restaurez concrètement son statut au sein du groupe, par exemple en disant publiquement quelque chose de positif à son sujet, en lui donnant de nouvelles responsabilités valorisantes, ou en lui demandant son avis.

	Est-elle suffisamment reconnue et félicitée pour ses efforts ? A-t-elle reçu récemment des retours négatifs ?	• Dites-lui que, même s'il n'a pas été retenu, son point de vue est intéressant. Si c'est possible, montrez-lui de quelle manière elle a enrichi le débat.
	Se sent-elle écoutée ? Est-elle souvent interrompue ou ignorée ?	• Les gens sont beaucoup plus sensibles à la critique qu'aux éloges – une bonne raison pour exprimer avec force votre satisfaction à propos de ce qu'ils font. • Quand vous devez faire des retours à quelqu'un, utilisez toujours les outils présentés dans la section « Des feed-back sympathiques au cerveau » du chapitre 10. • Même si vous n'êtes pas d'accord avec votre interlocuteur, assurez-vous d'avoir bien compris son point de vue en répétant ce que vous pensez avoir saisi et en demandant : « C'est bien ça ? » • Si vous remarquez que quelqu'un n'arrive pas à se faire entendre, arrêtez la conversation et invitez-le à exposer ce qu'il voulait dire.
Besoins individuels	**Déclencheurs les plus courants (à surveiller)**	**Solutions possibles (à explorer)**
Autonomie	A-t-on présenté quelque chose à cette personne comme un fait accompli ? Lui a-t-on dit de faire quelque chose sans vraiment lui demander son avis ?	• Cherchez de quoi vous pourriez laisser la personne décider, même s'il s'agit de détails mineurs, comme une date butoir ou un lieu de réunion.

		• Veillez à ce qu'elle se sente correctement consultée lors des étapes suivantes.
	Peut-elle avoir l'impression d'être trop managée ?	• Soyez clair sur ce qui nécessite vraiment votre intervention, et donnez-lui plus de liberté d'action sur d'autres sujets, même si elle ne fait pas les choses exactement comme vous le souhaiteriez. • Essayez les outils « Écoute extrême » et « Coachez, ne donnez pas de solutions » du chapitre 10.
Compétence	Est-il possible qu'elle se sente dépassée ?	• Vérifiez ce que la personne se sent de taille à réaliser, et les domaines où elle est moins en confiance. • Quand c'est possible, soulignez tout ce qu'elle fait avec aisance. • Aidez-la à accepter de l'aide là où elle se sent moins sûre d'elle.
	Y a-t-il un risque réel (reconnu ou non) qu'elle échoue dans sa mission ?	• Demandez-lui quel est le plus grand risque encouru, et aidez-la à trouver des moyens de le réduire. • Montrez-lui qu'il est toujours possible de tirer des leçons d'un échec – et que si cela devait se produire, vous l'aideriez dans ce sens.
Sens	S'est-il produit quelque chose qui, de son point de vue, pourrait sembler en contradiction avec ses valeurs (par exemple : l'égalité, l'honnêteté, la confiance) ?	• Parlez ouvertement de ses valeurs avec elle. • Examinez l'éventualité qu'une même valeur soit interprétée différemment en fonction de chacun.

		• Réfléchissez à ce qui pourrait être fait pour être plus pleinement en accord avec ces valeurs.
	Est-il possible qu'elle considère sa tâche actuelle comme vaine, ingrate ou dénuée d'intérêt ?	• Montrez-lui comment son travail contribue à quelque chose de plus grand ou de plus significatif. Aidez-la à voir tous ceux qui bénéficient de son travail. • Aidez-la à découvrir comment utiliser ses atouts et ses centres d'intérêt, y compris pour une tâche peu passionnante.
Sécurité	De prochains changements vont-ils la priver d'un quelconque avantage ? Par exemple une ressource ou une habitude ?	• Pointez ce qu'elle gagnera en échange. Rendez cet avantage aussi réel et personnel que possible. • Si elle n'en tire aucun profit, soyez au moins transparent sur les raisons de ces changements.
	Cette personne fait-elle face à de nombreuses incertitudes dans son poste ? Ses responsabilités sont-elles floues ?	• Aidez-la à trouver des éléments stables ou familiers au cœur de l'incertitude. Mettez en avant les processus qui permettront de mettre fin à l'incertitude (même si le résultat reste un point d'interrogation). • Si vous avez tardé à répondre à une requête de sa part et n'êtes toujours pas en mesure de vous engager, envoyez au moins un message montrant que vous examinez la question.

		• Aidez-la à clarifier ce qui est de son ressort et les limites entre sa mission et celle des autres.
	Avez-vous promis quelque chose que vous n'avez pas fait ? (Ou les choses pourraient-elles être perçues ainsi ?)	• Expliquez précisément pourquoi les choses ont pris une tournure différente. Excusez-vous de l'impact que cela a eu sur elle (même si ce n'est pas votre faute). Dites-lui ce que vous pouvez désormais vous engager à faire de façon certaine.
Repos	Est-il possible qu'elle soit épuisée physiquement ou en proie à des problèmes familiaux ou de santé ?	• Faites-lui comprendre que vous êtes tout à fait ouvert pour parler de ses problèmes. • Aidez-la à trouver des moyens de recharger ses batteries ou d'adapter sa charge de travail à la situation.

Néanmoins, si après avoir lu cette liste vous continuez à vous dire : « Je n'ai *aucune* idée de ce qu'elle a », ne perdez pas espoir. Il existe une solution miracle : lui montrer que vous l'appréciez. Reconnaître verbalement les efforts des gens ou leur exprimer toutes sortes de compliments répond à un grand nombre de leurs besoins fondamentaux en leur permettant de se sentir plus compétents, plus valorisés, et traités avec équité. C'est une clé pour mettre rapidement fin aux tensions. Il n'est même pas nécessaire de s'étendre longuement pour que ça fonctionne. Dans une étude, des chercheurs japonais ont déclaré à des sujets allongés dans un scanner que de parfaits inconnus avaient vu en eux des personnes « sincères » ou « fiables ». Bien que ces compliments n'aient reposé sur aucun fondement, ils ont eu le même effet sur les circuits de la récompense des sujets qu'une incitation financière[9]. Aussi, dans le doute, cherchez quelque chose d'élogieux à dire à votre interlocuteur et continuez à partir de là.

Remarquer-reconnaître-proposer

Lorsqu'une personne a basculé en mode défensif, il est souvent possible d'améliorer la situation en cherchant l'élément à l'origine de son comportement. Un peu d'empathie nuance nos réactions et suffit parfois à empêcher que la tension monte. Mais si vous pensez qu'il existe un vrai problème, mieux vaut parler directement des raisons de son attitude avec la personne.

Pourquoi ? Tout d'abord, parce que le cerveau d'un individu dont on reconnaît les émotions cesse de tenter à tout prix de transmettre ses besoins et ses peurs. Ensuite, parce qu'on peut se tromper sur la véritable cause de son passage en mode défensif et s'évertuer à résoudre un problème qui n'est pas le bon. Par exemple, vous pourriez penser qu'un collègue est irritable parce qu'il n'a pas été mis en copie de mails importants, alors qu'en réalité c'est la candidature d'un membre très apprécié de son équipe à un poste au sein de votre service qui l'a contrarié. Sa mauvaise humeur pourrait même n'avoir aucun rapport avec vous. Le mettre en copie de chaque mail que vous envoyez ne le rendra donc pas plus aimable à votre égard.

Si vous sentez que quelqu'un est contrarié ou agacé (que ce soit à cause de vous ou d'un autre), trouvez l'occasion de lui parler directement, et essayez cette technique simple en trois temps : « Remarquer-reconnaître-proposer » :

➢ **Étape 1 : Remarquer.** Dites à votre interlocuteur ce que vous avez noté et demandez-lui son avis sur la question. Restez sur des observations factuelles et utilisez une formulation neutre. Par exemple : « J'ai remarqué que la direction avait choisi l'option X finalement. Qu'en pensez-vous ? », ou : « J'ai noté que tu avais froncé les sourcils quand j'ai émis cette suggestion. Je peux te demander pourquoi ? »

➢ **Étape 2 : Reconnaître.** Une fois que votre interlocuteur vous a donné son sentiment, montrez-lui que vous avez compris en déclarant : « Je suis désolé, ça doit être frustrant/inquiétant/contrariant » (choisissez un mot sympathique approprié). Cette étape permet de lui faire comprendre que vous êtes conscient de ce qui le dérange. Peu importe que *vous* pensiez qu'il ne devrait pas être frustré, inquiet ou contrarié. Si *lui* le pense, son cerveau sera sur la défensive. Se sentir entendu aidera à réduire le niveau d'alerte de ses neurones. Et même si vous n'êtes pour rien dans ce qui lui arrive, l'emploi du mot « désolé » permettra de montrer que vous compatissez (de la même manière que l'on dit à une personne en deuil qu'on est « désolé » pour elle).

➢ **Étape 3 : Proposer.** Demandez : « Est-ce que je peux faire quelque chose ? » Souvent, la réponse est non. Mais si c'est oui, c'est bien de le savoir. Même si vous n'êtes pas à la source du problème, il est important de poser la question. Vous pourriez trouver un moyen d'arranger les choses. Et si vous avez envie que l'attitude dysfonctionnelle de la personne s'arrête, cela en vaut la peine.

Directrice des opérations dans un organisme privé chargé de la gestion de la rémunération salariale et des retraites, Lucy a découvert au fil des ans combien il est primordial de savoir se montrer encourageante et d'aborder franchement les contrariétés qui surgissent au bureau.

— J'ai eu trois boulots où il m'a fallu résoudre un problème relationnel majeur qui avait un impact direct sur le travail. Des tensions se créent, et je suis étonnée de voir que très peu de gens cherchent réellement à améliorer les choses en discutant franchement du problème.

Pour ce genre de conversation, Lucy est une fervente adepte de la technique « Remarquer-reconnaître-proposer ».

— À une époque, j'ai dû chapeauter une alliance entre ma société et une autre. Il y avait quatre régions différentes, dont l'une était dirigée par un responsable que tout le monde savait hostile à ce rapprochement. Les raisons de cette hostilité n'étaient pas très claires. C'était un homme très efficace qui atteignait toujours ses objectifs, mais avec la réputation d'être souvent dans l'obstruction.

Par conséquent, Lucy a décidé d'aller le voir.

— Je lui ai déclaré : « Voilà ce qu'on cherche à obtenir », puis je me suis un peu ouverte à lui en ajoutant : « J'ai remarqué que vous n'étiez pas présent au comité de direction, ce qui m'inquiète franchement. Dites-moi : qu'est-ce qui va, et qu'est-ce qui ne va pas ? » Il m'a tout de suite répondu la chose suivante : « Vous avez déjà fait la moitié du chemin puisque vous avez pris la peine de venir jusqu'ici pour me demander mon avis ! »

Il s'est avéré qu'il n'était pas opposé à cette alliance. En revanche, il avait le sentiment d'avoir été contraint d'assister aux réunions, sans que personne ait vérifié ses disponibilités avant de définir les dates. Et Lucy s'est rendu compte qu'il ne s'agissait là que d'un aspect du problème. Plus globalement, il avait l'impression qu'on lui avait *dit* ce qu'il devait faire au lieu de l'inviter à participer à la discussion sur la manière dont les choses devraient se passer.

— À l'inverse, je lui demandais maintenant comment il voyait les choses. Je l'incluais et l'impliquais, et lui donnais le sentiment d'être respecté. Après cet épisode, on s'est rencontrés une fois par mois et j'ai veillé à ce qu'il participe à toutes les discussions opérationnelles.

Finalement, il n'y a plus eu de tentative d'obstruction de sa part.

Jusqu'ici, nous avons surtout parlé du mode défensif de « l'autre » et des moyens d'entrer plus intelligemment en contact avec lui en découvrant les raisons de sa réaction. Mais j'espère qu'à ce stade vous envisagez également d'avoir une part de responsabilité dans cette équation. Par définition, la tension signifie que ça tire des deux côtés. Elle *n'existerait pas* si vous n'étiez pas, vous aussi, un minimum contrarié – que ce soit par votre interlocuteur ou par un élément en rapport avec lui. Or, il est parfois difficile de trouver l'origine de la tension, en particulier parce que (comme l'atteste la contagion émotionnelle) le stress se diffuse et circule très rapidement entre deux personnes. La « cause » de la situation n'est pas toujours évidente. D'où l'importance d'examiner les valises que l'on apporte avec soi dans l'échange, et de les manier avec délicatesse.

Voici trois choses (parmi d'autres) que l'on peut faire pour élargir sa conscience. Premièrement, connaître ses propres « déclencheurs », c'est-à-dire ce qui risque le plus facilement de nous mettre sur la défensive. Deuxièmement, repérer les signes avant-coureurs indiquant qu'on est en train de passer en mode défensif. Troisièmement, établir un rituel simple pour « prendre du recul et revenir au point de départ ». Ensemble, ces trois actions permettent de s'autogérer avec finesse dans les moments de pression.

Identifier ses déclencheurs

Bien que nous réagissions tous d'une façon ou d'une autre aux déclencheurs les plus courants décrits pages 191-196, beaucoup d'entre nous ont une sensibilité particulière à certains comportements qui les font démarrer au quart de tour. Par exemple, vous ne supportez peut-être pas qu'on vous coupe la parole (ce qui va à l'encontre de votre besoin de respect, voire de réciprocité). À moins que vous ne détestiez devoir travailler avec des gens qui s'éparpillent dans tous les sens (parce que ça vous met dans un état d'incertitude, et que leur manque de sérieux peut rejaillir sur vos propres engagements et jouer sur votre efficacité). Quelqu'un d'autre appréciera peut-être la vivacité et la spontanéité de ce collègue qui, selon vous, est juste bavard et peu fiable. Ce qui nous énerve est différent pour chacun, car souvent lié à des blessures et des désagréments issus du passé et imprimés dans notre mémoire à long terme. Le circuit cérébral qui veille à notre survie s'adresse à ces souvenirs anciens pour estimer le danger, et il réagit fortement dès qu'il décèle une similitude entre la situation présente et un incident négatif antérieur.

Mais si l'on découvre un schéma commun dans tout ce qui nous hérisse, il devient possible de repérer ces réactions défensives dès qu'elles émergent, et par conséquent de lancer un processus de « prise de recul et retour au point de départ » avant que l'échange ne dégénère. Cette connaissance de soi nous permet également d'anticiper une discussion susceptible de nous faire sortir de nos gonds, et de nous y préparer.

Pour avoir une idée plus claire de vos déclencheurs, prenez quelques instants pour répondre aux questions suivantes :

➢ Rappelez-vous une situation où vous vous êtes senti agacé ou contrarié par quelqu'un (que vous l'ayez ou non exprimé).

- Qu'est-ce que l'autre a fait ou dit de dérangeant ?
- Quelles pensées et émotions cela a-t-il fait naître en vous ?
- Qu'est-ce qui était réellement en jeu pour vous ? Que risquiez-vous de perdre ?

➢ Recommencez le même exercice avec deux autres situations.

➢ Relisez vos exemples. Quels sont les éléments qui reviennent au moins deux fois dans vos réponses ? Quelles indications cela vous donne-t-il sur ce qui pourrait constituer un déclencheur particulier pour vous ? (Si vous avez du mal à mettre un terme exact sur ce qui vous fait réagir, reportez-vous à la liste des déclencheurs les plus courants.)

➢ *Question bonus* : Quel événement passé vous a rendu particulièrement sensible à ce déclencheur ? Si vous pouvez répondre à cette question, il vous sera plus facile de voir la différence entre ce que vous vivez actuellement et la situation initiale, et par conséquent de tempérer votre réaction.

➢ Réfléchissez à tous les échanges professionnels que vous aurez dans la semaine ou les quinze jours à venir. Certains d'entre eux risquent-ils d'activer votre déclencheur ? Si oui, quelles intentions collaboratives pouvez-vous définir avant ces rencontres afin de rester sur les rails jusqu'au bout ?

Repérer ses signaux d'alarme

Décider préalablement du comportement que l'on adoptera est utile. Cependant, notre cerveau automatique est extrêmement prompt à nous mettre sur la défensive. Si rapide, en fait, que nous réagissons parfois avant même d'avoir pris conscience de ce qui se passait. D'où l'utilité de reconnaître les premiers signes nous avertissant que notre système délibéré va être mis hors circuit de façon imminente. Par exemple, je sais que si cela fait un moment que je n'ai pas souri et que je sens mon visage fermé et tendu, il y a de bonnes chances que j'aie basculé en mode lutte-fuite-inhibition. Pour vous, le signal d'alarme physique le plus évident sera peut-être un changement de ton dans votre voix, une tension dans la poitrine, des paumes moites, ou une accélération de votre rythme cardiaque. Il se peut aussi qu'en mode défensif vous prononciez un type de phrases particulier. Réfléchissez à ces situations passées où vous vous êtes énervé, puis notez :

➢ Les changements qui affectent votre corps et votre voix quand vous commencez à être agacé.

➢ Toutes les phrases acerbes que vous vous surprenez à dire quand vous êtes contrarié ou irrité – intérieurement ou à voix haute.

➢ Ce que les autres pourraient remarquer dans votre ton de voix ou votre attitude s'ils vous observaient.

Apprendre à « prendre du recul et revenir au point de départ »

Au moment où vous sentez que vous vous échauffez – parce que vous avez repéré votre déclencheur favori ou l'un de vos signes avant-coureurs –, vous avez besoin d'une technique simple et immédiatement disponible pour prendre du recul et revenir à votre point de départ. L'idée est d'offrir un peu de temps au système délibéré pour qu'il rattrape le système automatique qui, beaucoup plus rapide, vous a mis en alerte. C'est très efficace – à condition de le faire dès que vous prenez conscience de ce qui se passe. Il faut donc que ce soit un moyen simple et facile à mettre en œuvre rapidement, presque sans y penser, en pleine conversation. (Dans la partie IV sur la résilience, je détaillerai d'autres techniques destinées à faire face aux situations délicates, mais « prendre du recul et revenir au point de départ » constitue l'essence de ce dont vous avez besoin dans un échange difficile.)

Réfléchissez maintenant à une technique efficace à laquelle vous pourriez recourir dans le feu de l'action.

➢ **Prendre du recul.** Définissez un rituel personnel qui vous aidera à vous poser et à prendre une respiration profonde. Si vous trouvez que ça ressemble à la « pause pleine conscience » du chapitre 6, vous avez raison. Ce qui marche quand vous vous sentez débordé peut également fonctionner au cours d'une conversation tendue. Anthony utilise ce qu'il nomme sa technique de « respiration triangulaire » (trois temps d'inspiration, trois temps d'expiration et trois temps de pause) dans les deux cas. Mon signal d'alarme étant un visage fermé, ma « prise de recul » consiste généralement à me forcer à sourire. L'une de mes clientes préfère saisir son stylo et se concentrer sur son mouvement en le faisant rouler entre ses doigts.

➢ **Revenir au point de départ.** Pour réengager votre système cérébral délibéré et recontacter la curiosité et le désir d'exploration caractéristiques du mode découverte, posez-vous une question. Là encore, il est utile d'avoir une question toute prête qui vous reviendra instantanément à l'esprit en cas de stress. En voici quelques-unes que j'aime particulièrement :

- « Quelle était/est mon intention profonde pour cet entretien ? »
- « Que se passe-t-il réellement ? Qu'est-ce qui a fait monter la tension chez moi ? Chez elle/lui ? »

- « Lorsque j'examine la situation, qu'est-ce que je suis content d'avoir fait ? »

Quand Peter (le directeur de la société de conseil en informatique du chapitre précédent) repense à ses rendez-vous qui se sont le plus mal passés, il n'a aucun mal à identifier plusieurs déclencheurs répétitifs.

— Un déclencheur très clair pour moi est une situation dans laquelle j'ai l'impression de ne pas arriver à faire valoir mon point de vue. J'ai pris le temps de bien exposer les choses, et l'autre refuse toujours de comprendre mes arguments. Ça m'énerve à tous les coups.

Dans ces moments-là, Peter n'arrive plus à se sentir valorisé. Il a également souvent le sentiment de « vouloir régler quelque chose et ne pas y parvenir ». Comme s'il fallait qu'il sorte « l'artillerie lourde ». Quels signes avant-coureurs pourraient lui permettre de se rendre compte qu'il est sur le point de retomber dans son travers ?

— Il y a un truc en rapport avec mes épaules qui se contractent. Ma voix aussi devient plus forte.

Par ailleurs, il a remarqué qu'il avait tendance à employer certaines phrases juste avant de basculer.

— Je m'entends me dire à moi-même : « Je sais que j'ai raison », et juste après : « Pourquoi tu ne comprends pas ça ? »

Grâce à cette conscience de soi, Peter perçoit beaucoup plus facilement le moment où il va passer en mode « artillerie lourde ». Alors, dès qu'il se rend compte que son niveau de tension monte, il se sert d'une formule spécifique pour prendre du recul.

— C'est un truc qu'un de mes amis particulièrement cool dit en période de stress : « Vas-y tranquillos. » Dès que je me dis ça, je pense à lui, et ça me rappelle que je dois me détendre.

Concernant l'étape suivante – réengager son système délibéré –, Peter trouve que la question « Qu'est-ce qui est vraiment important ? » l'aide à revenir au point de départ :

— Elle m'arrête dans mon désir d'imposer à tout prix mon point de vue en me rappelant que là n'est pas mon objectif. Mon but véritable, c'est d'améliorer la relation.

Correction de trajectoire

Si vous trouvez trop difficile de « prendre du recul et de revenir au point de départ » au milieu d'une conversation tendue, ne perdez pas espoir. Il vous reste au moins deux autres solutions. L'une consiste simplement à vous absenter quelques instants. Tout le monde a besoin d'aller aux toilettes de temps en temps, alors servez-vous de cette bonne excuse pour reprendre vos esprits.

L'autre possibilité, c'est de « prendre du recul et revenir au point de départ » en le disant ouvertement. De temps à autre, il arrive encore à Peter de réaliser tout à coup : « Oh non ! Vu mon attitude, je *sais* que le mécanisme est amorcé, mais je ne sais pas quoi faire ! Je dois m'extraire de là. » Dans ces cas-là, il a constaté qu'il pouvait tout à fait déclarer : « Je suis désolé. Je me rends compte que je suis sous le coup de quelque chose dont nous venons de discuter. Peut-on faire une pause un moment ? » Non seulement ce genre d'aveu lui permet de réinitialiser son approche, mais il peut également (comme nous l'avons vu dans le chapitre 8 sur comment établir de bonnes relations) accroître le degré de confiance et d'ouverture de chacun.

Comment aborder habilement des questions délicates

Dans certains cas, toute l'intelligence sociale et la conscience de soi du monde ne changent rien à la contrariété que provoque en nous un comportement particulier. On a beau essayer de passer outre, un nuage plane sur tous les échanges que l'on peut avoir avec la personne qui l'arbore. Comment réagir ? Continuer à essayer de faire comme si de rien n'était ou s'attaquer au problème ?

Vous avez sûrement deviné où va ma préférence. Il est souhaitable d'assainir l'atmosphère pour plusieurs raisons. Premièrement, tant que l'on est crispé, notre système délibéré a peu de chances d'utiliser ses meilleures compétences sociales, même si notre désir est d'aplanir les choses. Deuxièmement, les études montrent qu'en essayant de supprimer une émotion négative on amplifie encore la réaction de défense du cerveau[10]. Troisièmement, l'existence du biais de confirmation fait que, loin de pouvoir passer à autre chose, on va au fil du temps trouver toujours *plus* de sources d'agacement chez ladite personne à la suite de nos attentes négatives. Enfin, quatrièmement, quels que soient nos espoirs d'éviter le conflit en prétendant que tout va bien, la contagion émotionnelle nous poussera à exprimer ce qui bouillonne en nous par des moyens inconscients. Ainsi, en pensant préserver la relation par notre silence, on ne fait souvent qu'aggraver les choses.

Le problème, c'est que peu de gens aiment le conflit, et « assainir l'atmosphère » n'est pas si simple. Voici donc une technique qui vous permettra de sortir ce que vous avez sur le cœur tout en faisant repartir la relation sur de bonnes bases. Je l'ai enseignée à des P-DG qui devaient aborder des questions difficiles avec leur conseil d'administration, mais elle fonctionne aussi pour des enjeux moins importants.

Comme toujours, le point de départ est l'intention avec laquelle on aborde l'entretien. Même si l'on est profondément contrarié par quelqu'un, arriver en pensant : « Il va voir de quel bois je me chauffe ! » ne va pas arranger les choses. C'est l'état d'esprit dans lequel était Simon la première fois que je l'ai rencontré. Conseiller en immobilier, Simon avait une cliente potentielle qui, après l'avoir informé qu'elle avait de grandes chances de gagner un projet, ne lui avait pas confié le travail une fois l'offre remportée – et cela pour au moins la deuxième fois. Quand je l'ai interrogé sur son intention profonde pour sa prochaine rencontre avec elle, le premier mot qui lui est venu à l'esprit a été « vengeance ». Il l'a dit en riant, mais ce n'était pas vraiment de l'humour, car, de toute évidence, il n'était pas loin de la vérité. Alors, je lui ai demandé ce qu'il voulait *vraiment* obtenir de cet échange.

— Ce serait bien si elle pouvait me voir un peu plus comme une personne et moins comme une chose toujours à disposition. Par ailleurs, j'aimerais comprendre ce qu'elle a en tête quand elle décide de confier du travail à un prestataire plutôt qu'à un autre.

Une fois vos intentions collaboratives bien établies, je peux vous assurer que votre entretien se déroulera sans encombre si vous suivez les étapes ci-dessous. Il peut être utile de prendre cinq ou dix minutes pour écrire ce que vous comptez dire, en particulier lors des étapes 2 et 3, afin d'arriver avec les idées claires.

➢ **Étape 1 : Demandez l'autorisation.** N'abordez pas le sujet bille en tête. Expliquez : « Notre relation est importante pour moi, et il y a quelque chose qui me tracasse – je peux vous en parler ? » Soit ce n'est pas le bon moment, et vous discuterez de ça plus tard ; soit c'est le bon, et vous avez annoncé votre intention d'avancer en collaboration.

➢ **Étape 2 : Décrivez ce que vous avez observé.** Ce qui compte ici, c'est de s'en tenir à la réalité des faits, encore une fois sans émotions, interprétations ou généralisations. Évitez les formules du genre : « Vous m'avez laissé tomber », ou : « Vous n'êtes pas doué pour… » ; de telles remarques sont discutables dans la mesure où l'autre peut répondre : « Ce n'est pas vrai. » Au lieu de quoi, dites quelque chose comme : « J'ai noté que [fait, fait, fait]. » Par exemple, Simon a déclaré : « Je me rappelle que, lorsque nous nous sommes vus il y a deux semaines pour parler des grandes lignes de votre offre, vous avez déclaré : "Vous faites partie des finalistes", mais finalement notre nom n'est même pas apparu dans la short list. » (Simon n'a pas dit : « Vous nous avez donné de faux espoirs. »)

• **Étape 3 : Exprimez votre ressenti par rapport aux faits.** Ensuite, décrivez ce que vous éprouvez du fait du comportement de la personne. La force de cette étape, c'est, là encore, qu'elle ne peut être discutée, mais aussi qu'elle humanise le problème soulevé. Par exemple, Simon a confié : « Ça m'a troublé, car j'avais eu un retour positif de votre part, et apparemment nous n'avons même pas fait assez bien pour passer au stade suivant.

Du coup, j'ai peur de ne pas bien comprendre vos besoins ou ce que vous attendez de nous. »

Attention à ne pas dramatiser les choses. Ainsi, Simon a été tenté de dire qu'il s'était senti « fou de rage ». Mais avant le rendez-vous, il s'était demandé à quel élément déclencheur courant il réagissait, et avait pris conscience que sa colère venait de sa peur de décevoir son équipe. Là, c'était une affaire de compétence. Un point qu'il pouvait aborder sans danger.

Quand c'est possible, il est également utile d'expliquer pourquoi vous tenez à avoir une conversation sur ce sujet ; cela montre que votre but n'est pas de vous plaindre : vous en parlez parce que vous sentez que c'est suffisamment important pour mériter une discussion. Ainsi, Simon aurait pu ajouter : « C'est important pour moi parce que ça fait partie de mon travail de m'assurer qu'on vous offre le meilleur service possible. Si ce n'est pas le cas, j'ai vraiment besoin de comprendre pourquoi. »

➢ **Étape 4 : Demandez son point de vue à l'autre.** Bien sûr, nous savons désormais qu'en raison de l'*attention sélective* du cerveau nous n'appréhendons jamais la totalité d'une situation. Aussi, n'oubliez pas de demander : « Comment voyez-vous les choses ? » Puis écoutez attentivement la réponse sans argumenter ni chercher à donner des solutions. Pour Simon, il s'est avéré que sa cliente n'avait pas pensé que ses paroles encourageantes pourraient être perçues comme un accord de principe. Son objectif était de rassembler un maximum de propositions intéressantes. Il est possible que Simon ait mal interprété ce qu'elle lui a dit, ou qu'elle ait, sans le vouloir, exagéré les choses. Quoi qu'il en soit, maintenant, il connaît ses motivations. Sans heurt, la colère qui bouillonnait en lui s'est dissipée.

➢ **Étape 5 : Cherchez une solution commune.** Le dernier stade consiste à trouver ensemble comment arranger les choses. Lorsqu'on fait des retours à quelqu'un de plus jeune ou de moins expérimenté que soi, il peut être tentant d'en profiter pour lui dire ce qu'il devrait faire pour s'améliorer. Résistez à la tentation. Commencez par lui demander son opinion, et seulement ensuite émettez des suggestions. (Souvenez-vous de l'importance de l'autonomie en tant que facteur de motivation.) La cliente de Simon a proposé qu'ils aient une discussion approfondie sur ce que sa société attendait d'un fournisseur afin qu'il comprenne mieux leurs besoins. Elle s'est montrée impressionnée par la manière posée et réfléchie avec laquelle il avait abordé le problème. À ce moment-là, il avait totalement oublié son idée de vengeance.

Comment gérer les personnalités particulièrement difficiles

Nous avons vu que le comportement désagréable d'un individu est souvent le signe d'une réaction défensive au sein de son cerveau. En s'intéressant à ce qui peut représenter une menace pour lui, il est souvent possible de l'aider à revenir à de meilleurs sentiments. Mais certaines personnes sont si pénibles qu'elles nous poussent à renoncer à tout effort pour découvrir ce qu'il y a de bon en elles (mots-clés : psychopathe, narcissique, con fini). Dans ce cas, on peut se fixer un objectif plus modeste : rendre ses échanges avec elles vivables à défaut d'être merveilleux.

Voici comment les principes détaillés dans ce livre peuvent vous y aider :

➢ **Répétez ce que dit l'autre.** Quand c'est possible, répétez ce que vous pensez avoir entendu votre interlocuteur déclarer ou demander, puis vérifiez : « Est-ce que j'ai bien compris ? » Cela lui donnera le sentiment d'être entendu et l'apaisera. Sans compter que réentendre ses paroles telles quelles pourra l'aider à voir le caractère déraisonnable de ses propos.

➢ **Ne faites allusion qu'à des actions observables, pas à son attitude.** Vous pouvez avoir des discussions factuelles sur des actes (par exemple, une chose qui a été faite ou, au contraire, ne l'a pas été : par qui ? à quelle heure ?). Il est toujours possible de nier une mauvaise attitude. Contester des faits qui se sont réellement passés est plus compliqué.

➢ **Soyez très précis dans vos propos.** Souvenez-vous que votre interlocuteur et vous ne possédez pas les mêmes filtres cognitifs. Ce que vous dites n'est peut-être pas ce qu'il entend. Alors, utilisez un langage simple, définissez précisément à quoi doit ressembler le résultat attendu, et fixez des délais clairs. Veillez si possible à tout noter par écrit.

➢ **Concentrez-vous sur les solutions.** Il sera plus facile pour vous deux de rester en mode découverte si vous vous concentrez sur le résultat final idéal du travail. Cela peut impliquer de lâcher sur certains points de discorde ou certaines contrariétés afin de vous focaliser sur le sujet le plus important.

➢ **Offrez-lui des signes de reconnaissance.** Si vous y arrivez, nourrissez son besoin de reconnaissance. Trouvez quelque chose d'appréciable chez votre interlocuteur et dites-le-lui.

Et pour vous aider à exprimer le meilleur de vous-même dans vos contacts avec cette personne :

➢ **Prenez de la distance.** L'activité de notre système défensif cérébral diminue quand on regarde la situation de plus loin (vous trouverez plus de détails sur ce sujet au chapitre 17). Alors, imaginez ce que vous conseilleriez à quelqu'un devant entrer en contact avec cet individu. Demandez-vous ce qui, dans plusieurs années, pourrait vous faire dire : « Je m'en suis sorti, et j'ai plutôt bien géré les choses. »

➢ **Racontez-vous une histoire expliquant son attitude.** Une enfance malheureuse ? Un drame marital ? Peut-être, peut-être pas. Mais le simple fait d'imaginer la personne victime des circonstances peut aider à réduire la menace qu'elle représente pour votre cerveau.

➢ **Confiez-vous à des gens susceptibles de vous soutenir.** N'oubliez pas : pour nos cerveaux grégaires, les liens sociaux sont de véritables cadeaux. D'où le soulagement que l'on ressent généralement en discutant de ce qui nous préoccupe avec quelqu'un de confiance.

➢ **Limitez vos pertes.** Si, après avoir essayé toutes ces techniques, il n'y a aucune amélioration, il est temps de réduire au minimum vos contacts avec cette personne (pour comprendre pourquoi, reportez-vous à : « Renoncez aux coûts irrécupérables »). Ayez des contacts brefs, professionnels et courtois, sans vous investir plus que nécessaire.

RÉSOUDRE LES TENSIONS

Si quelqu'un dans votre entourage vous stresse actuellement, profitez-en pour essayer une ou plusieurs de ces techniques :

- **Trouvez un terrain d'entente.** Si vous n'êtes pas d'accord sur un sujet, suivez ce processus : énoncez le point de vue de l'autre comme si vous le partagiez vraiment ; identifiez les éléments sur lesquels vous vous rejoignez ; isolez la véritable cause du désaccord ; cherchez comment vous pourriez avoir tous les deux raison ; et décidez de ce que vous pouvez faire sur la base de ce qui vous rassemble.

- **Répandez une contagion positive.** Votre humeur a le pouvoir de déteindre sur les autres. Choisissez le sentiment que vous voulez diffuser dans l'échange et visualisez une chose susceptible de vous mettre rapidement dans cet état d'esprit.

- **Partez du principe « Une bonne personne, de mauvaises circonstances ».** Clarifiez ce qui s'est réellement passé, les « faits réels » sur lesquels vous n'avez aucun doute. Puis décidez que l'autre avait de bonnes intentions, et imaginez quelles circonstances pourraient être à l'origine de son comportement. (Inspirez-vous si nécessaire de la liste des déclencheurs les plus courants du mode défensif.)

- **Remarquez-reconnaissez-proposez.** Si vous pouvez discuter avec la personne, servez-vous de l'approche « Remarquer-reconnaître-proposer » pour vérifier que vous comprenez le problème et pour faire avancer les choses. Invitez-la à s'exprimer (« J'ai remarqué que… »), montrez de l'empathie (« Je suis désolé, ça doit être difficile… ») et proposez votre aide (« Est-ce que je peux faire quelque chose ? »).

- **Soyez attentif à vos propres valises.** Identifiez vos schémas déclencheurs – ce qui vous fait réagir au quart de tour – et vos signaux d'alarme. Définissez un rituel rapide de « prise de recul et retour au point de départ » avec une question engageant pleinement votre système délibéré (par exemple : « Qu'est-ce qui compte vraiment ici ? »).

- **Abordez les questions délicates avec finesse.** Arrivez avec une intention collaborative. Puis, pendant la discussion, demandez la permission de vous exprimer, énoncez les faits que vous avez observés, faites part de vos sentiments (et de la raison pour laquelle ce problème vous touche), sollicitez le point de vue de l'autre et cherchez ensemble une solution.

Note : Si vous vous rendez compte que vous repoussez sans cesse une conversation délicate, retournez au chapitre 7 sur la **procrastination** pour des techniques qui vous aideront à passer à l'acte.

10

Révéler le meilleur de chacun

Que vous managiez plusieurs centaines de personnes, que vous soyez une sorte d'homme-orchestre entrepreneurial ou simple membre d'une équipe, il est utile de savoir comment aider les autres à révéler le meilleur d'eux-mêmes. La vie est généralement beaucoup plus amusante quand on est entouré de gens bien dans leur peau. Pensez à la satisfaction que l'on éprouve à voir quelqu'un monter en puissance et assumer ses responsabilités professionnelles. Quel plaisir quand un collaborateur sur qui l'on compte arrive avec des idées brillantes ! Et comme c'est bon de constater qu'une personne accueille nos remarques sans douter de l'esprit constructif dans lequel on les lui fait !

On pourrait croire que ce genre de saine collaboration dépend totalement du caractère et des compétences de notre entourage. Or, comme toujours, notre propre attitude joue un rôle majeur. Nous pouvons faire un tas de choses pour inciter les autres à incarner pleinement leur personnalité la plus sage, la plus riche et la plus souple. Évidemment, les indications données dans les deux précédents chapitres vous permettront d'établir de bonnes relations et de gérer les tensions. Mais celui-ci propose quatre autres techniques pour révéler le meilleur des gens avec lesquels vous travaillez, que vous soyez leur patron ou non. En réalité, ces outils peuvent également vous donner accès au côté le plus lumineux de votre famille et vos amis – alors, prévoir des vacances ensemble ne sera plus jamais un problème.

L'écoute extrême

Dans le chapitre 8, je vous ai montré comment renforcer ses relations avec les autres en leur posant des questions de qualité et en écoutant attentivement leurs réponses. Mais il existe une autre forme d'écoute qui peut se révéler très utile au bureau, dans la mesure où elle encourage l'autre à clarifier ses idées et à faire preuve d'initiative.

Cela implique de réfléchir à ce que veut dire aider l'autre quand quelque chose le tracasse. Pour la plupart d'entre nous, la plus grande forme d'aide consiste à intervenir et faire des suggestions. Sauf que se précipiter et donner des conseils dès que quelqu'un nous parle d'un problème aboutit à un paradoxe : au lieu d'être apaisée, notre interlocuteur peut se sentir assailli par nos questions : « Avez-vous fait ça ? Et si vous faisiez ça ? » Nous pouvons même, sans le vouloir, lui donner l'impression d'être jugé, ou qu'il aurait dû trouver la solution lui-même. Dans ce cas, il est probable que son cerveau percevra notre soutien bien intentionné comme une menace, ce qui le rendra encore moins créatif dans son appréhension des choses. Au lieu de s'exclamer à la fin de l'échange : « Ah, maintenant, je me sens motivé et à la hauteur », il murmurera quelque chose comme : « Bon, eh bien, je crois que je vais y aller et faire tout ça. »

Alors, quelle est l'alternative ? Au lieu de se torturer l'esprit à chercher des solutions et des idées, on crée un maximum d'espace pour que l'autre réfléchisse efficacement au problème. La pédagogue Nancy Kline nomme cette approche « l'écoute extrême[1] ». Cette forme d'écoute agit de deux façons : en renforçant les sentiments d'autonomie et de compétence de la personne, ce qui aide son cerveau à rester en mode découverte ; et en la poussant à prendre du recul et à réfléchir. Comme nous l'avons vu précédemment, le mode découverte et le fait de se poser créent tous deux de bonnes bases pour réfléchir correctement et être performant.

Voici comment pratiquer cette écoute extrême :

➢ **Il ne s'agit pas de vous.** Avant tout, oubliez votre besoin de vous sentir utile en faisant des commentaires et des suggestions. Vous offrez à votre interlocuteur quelque chose d'au moins aussi précieux en l'aidant à clarifier ses idées et en lui donnant le temps de réfléchir. Vous pourrez lui proposer des formes d'aide plus traditionnelles plus tard si nécessaire.

➢ **Laissez votre interlocuteur déterminer le sujet.** Si ce avec quoi il se débat n'est pas encore très clair, demandez-lui : « De quoi aimeriez-vous parler qui pourrait vous être utile ? »

➢ **Ne l'interrompez pas.** Laissez-le parler sans l'interrompre au moins cinq minutes. On a parfois du mal à ne pas rompre le silence quand l'autre se tait pour réfléchir. Mais résistez. Écoutez intensément. Encouragez-le par des murmures approbateurs, des hochements de tête. Attendez.

➢ **Gardez le contact oculaire.** Même quand la personne détourne les yeux, continuez à la regarder. Restez présent et réactif.

➢ **Invitez votre interlocuteur à continuer.** Quand votre interlocuteur commence à s'essouffler, invitez-le à aller plus loin en demandant : « Est-ce que cela vous inspire d'autres choses ? » Si la réponse est non, c'est parfait. Une fois qu'il a terminé, posez la question : « Alors, que pensez-vous faire maintenant ? » N'ayez pas l'impression qu'il faudrait proposer quelque chose de plus intelligent que ça.

• **Et une fois encore, rappelez-vous : il s'agit de l'autre, pas de vous.** Vos pensées, vos idées et vos suggestions bouillonneront dans votre tête. Si elles menacent de déborder, n'oubliez pas que vous aurez l'occasion de les exposer une autre fois, et reportez votre attention sur la personne en face de vous.

Un jour, alors que je faisais une démonstration de cette technique avec un cadre dirigeant au sein d'un groupe, un participant a regardé, fasciné, ce collègue qui était écouté avec attention sans avoir à se battre pour son temps de parole. À la fin, il a déclaré en riant : « Mais c'est comme quand on flirte ! » Il avait si peu l'habitude de voir quelqu'un prêter une attention totale à une autre personne que la seule référence qui lui est venue à l'esprit a été l'époque où il courtisait sa femme. D'une certaine manière, il avait raison : c'est précisément parce que l'intérêt soutenu que nous accorde l'autre nous procure le sentiment d'être intéressant et brillant qu'on se sent si bien quand on flirte. Pourtant, pour son collègue, cette expérience d'écoute extrême a été purement professionnelle. Quand on lui a demandé comment il s'était senti, il a répondu : « Super bien, en fait. J'avais l'impression d'avoir le temps de penser, et que ce que je disais vous intéressait vraiment, même si vous ne faisiez aucun commentaire. D'une certaine façon, c'est vraiment une expérience. »

Cadre de haut niveau dans le domaine de la santé, Ros considère aujourd'hui l'écoute extrême comme un outil de management indispensable. Dans le cadre de sa mission, elle conduit des projets complexes d'amélioration de la qualité des soins qui impliquent énormément de personnes, parmi lesquelles des médecins généralistes, des assureurs, des responsables gouvernementaux, des hôpitaux et des associations locales. Pour parvenir à ses fins, elle doit impérativement permettre à chacun de travailler au mieux de ses possibilités. Mais comment faire ? Ros a passé la majeure partie de sa vie à « essayer de résoudre les problèmes des autres », une habitude qu'elle a développée en grandissant au sein d'une famille nombreuse, explique-t-elle. Et elle a toujours pensé que c'était là la meilleure façon d'aider ses collègues qui lui demandaient de l'aide. Sauf que c'est fatigant, et qu'elle sait bien qu'on ne permet à personne de s'améliorer en effectuant le travail à sa place.

— Alors, j'ai essayé cette écoute extrême avec Alex, mon adjoint.

Il voulait lui parler d'un problème qu'il rencontrait. En temps normal, Ros aurait tenté de le résoudre pour lui.

— Au lieu de quoi, se souvient-elle, je l'ai laissé parler sans l'interrompre, et je lui ai dit explicitement la « règle » que je m'étais donnée de le laisser suivre le courant de sa pensée sans l'arrêter. J'ai hoché la tête, je l'ai encouragé à poursuivre, puis je lui ai demandé : « Y a-t-il autre chose ? » quand il a commencé à ralentir. En cinq minutes, il avait résolu le problème tout seul. On a éclaté de rire tous les deux. Ça avait indéniablement fonctionné, et je n'avais rien fait.

Alex a utilisé à son tour cette technique avec ses collaborateurs, et maintenant ils s'en servent couramment l'un et l'autre.

Comme l'exprime Ros :

— J'ai compris que l'un des plus beaux cadeaux que l'on puisse faire à quelqu'un est de lui donner le sentiment qu'il est capable de prendre lui-même les choses en main.

Coachez, ne donnez pas de solutions

Que faire si la personne ne sait toujours pas comment agir après qu'on l'a aidée à clarifier ses idées par l'écoute extrême ? Et si l'on a besoin d'être certain qu'elle saura faire face au problème avec doigté ? Dans ce genre de situation, on peut ressentir l'envie de passer à la vitesse supérieure et de prendre une part plus active dans la conduite des opérations.

À ce stade, il faut réussir un véritable numéro d'équilibriste. D'un côté, si la tâche de notre collaborateur est importante, on tient à l'aider et à s'assurer que sa mission sera bien réalisée. On peut avoir des idées sur la question et des délais à respecter, et il est tentant de jeter un coup d'œil par-dessus son épaule en veillant à ce qu'il reste sur les rails.

Cependant, les psychologues ont démontré que l'autonomie constitue l'une des motivations les plus puissantes de l'existence[2]. Un individu auquel on donne de l'espace et des responsabilités se sent compétent et respecté ; qu'on les lui retire, et son enthousiasme s'éteint. Beaucoup de managers le sentent instinctivement, et les recherches confirment que cela peut modifier du tout au tout les performances, surtout si le travail est difficile et réclame de la persévérance. Le désir d'autonomie aide même les gens qui souhaitent arrêter de fumer – une décision, comme on le sait, particulièrement difficile à mettre en œuvre. Une étude a montré que les fumeurs désireux d'arrêter qui étaient accompagnés par un médecin « favorable à l'autonomie » avaient plus de chances de voir leurs efforts couronnés de succès que ceux qui étaient suivis par un praticien « contrôlant » (selon les critères des chercheurs qui ont écouté les enregistrements de leurs échanges), sur une durée d'abord de six mois, puis de trente mois[3].

Par conséquent, si on veut que les gens donnent le meilleur d'eux-mêmes, on doit trouver un point d'équilibre entre un hyper-interventionnisme et le fait de déléguer au point de renoncer à tout contrôle sur la situation.

Manager expérimentée, Ndidi a fait beaucoup d'efforts pour trouver cet équilibre ces dernières années. Directrice exécutive des opérations régionales d'une organisation internationale pour le développement de l'éducation dans le monde, elle avait tendance à se montrer trop directive.

— À chaque fois que je faisais le point avec mon équipe, se rappelle-t-elle, je déclarais systématiquement : « Je pense que vous devriez faire ci ou ça. » Mon intention était de les aider. Mais je me suis rendu compte que cet excès de management créait une dynamique dans laquelle mes collaborateurs se disaient : « Oh, Ndidi connaît la réponse, pas besoin de m'embêter à la chercher. Je lui demanderai juste ce qu'il faut faire. » Résultat, ils n'apprenaient pas à penser stratégiquement et revenaient sans cesse me voir avec les mêmes problèmes. Pourtant, ce sont des personnes de haut niveau. Simplement, ils n'avaient pas l'impression que je leur faisais confiance pour penser par eux-mêmes.

La bonne nouvelle pour Ndidi – et pour nous tous –, c'est qu'il existe une zone idéale entre le micro-management et la délégation totale, zone où il est possible de laisser à chacun son autonomie tout en veillant à ce qu'il soit suffisamment guidé pour pouvoir faire son travail. L'un des moyens les plus sûrs d'atteindre cet équilibre consiste à poser quelques questions de coaching simples qui vont aider l'autre à trouver ses propres solutions. En agissant ainsi, on permet à la personne de garder ce sentiment d'autonomie et d'appropriation de ses propres idées que les psychologues ont identifié comme un facteur majeur de performances élevées. On continue à orienter et à stimuler la réflexion de ses collaborateurs, mais d'une façon qui leur donne foi en leur réussite future. En résumé, on prend le meilleur des deux extrêmes.

Mais à quoi ressemblent ces questions magiques ? Elles sont issues du modèle GROW, un processus de coaching conçu pour faire avancer les personnes en quatre phases : l'objectif (*goal*), la réalité (*reality*), les options (*options*), et le plan d'action (*way forward*) :

➢ **Objectif.** À quoi ressemble le résultat final idéal ?

➢ **Réalité.** Quelle est la situation actuelle – le bon et le mauvais ?

➢ **Options.** Quelles sont les options pour avancer ? (Commencez toujours par les idées de l'autre. Dites-lui que vous serez heureux de partager les vôtres, mais que vous voulez déjà entendre les siennes.)

➢ **Plan d'action.** Quel sera son premier pas ? Quand ? De quoi a-t-il besoin ?

— Maintenant, quand mon équipe vient me trouver avec des questions, je la « GROW-modélise » littéralement, explique Ndidi.

Pour être claire sur l'*objectif*, elle demande généralement : « Qu'est-ce qui nous donnera le sentiment d'avoir réussi ? » En employant le « nous », elle s'assure explicitement qu'ils sont d'accord sur le résultat à obtenir.

— Je me suis aperçue qu'à partir du moment où on était d'accord sur le résultat final idéal, je n'avais pas à me soucier autant de la manière dont ils y parvenaient.

Par conséquent, elle consacre souvent plus de temps à cette phase dédiée à l'objectif qu'aux trois autres.

Pour aider les membres de son équipe à se confronter à la *réalité*, Ndidi leur pose la question : « Quelle serait la situation idéale, et quels sont les obstacles pour y parvenir ? »

Concernant les *options*, elle utilise plusieurs moyens pour leur permettre de dérouler leur pensée. « Quel chemin pourriez-vous prendre ? » commence-t-elle par demander. Ensuite, elle les encourage à chercher d'autres idées : « Si ça ne marche pas, que pourriez-vous essayer d'autre ? » Une fois que plusieurs pistes ont été proposées, Ndidi peut faire une observation si elle a l'impression que quelque chose d'important a été oublié (par exemple : « J'ai remarqué que vous n'aviez pas mentionné X ») avant de laisser ses collaborateurs réagir. Puis elle réduit le champ des possibilités en s'enquérant : « Quelle route voulez-vous suivre ? »

Enfin, tandis qu'ils discutent du *plan d'action*, elle veille toujours à demander : « Est-ce que je peux faire quelque chose pour vous aider ? » C'est une manière habile de leur signaler qu'ils peuvent compter sur elle en cas de besoin, même si le modèle GROW implique qu'ils ont déjà leurs propres solutions au problème. À la fin, elle conclut en s'assurant que tout le monde sait parfaitement qui est en charge de quoi, et selon quel calendrier.

— Ce n'est pas parce qu'on ne leur dit pas ce qu'il faut faire qu'on doit être laxiste, conclut-elle.

Bien que le modèle GROW soit sa structure de base, Ndidi utilise également d'autres outils pour se rappeler de « coacher sans donner des solutions » pendant ses échanges.

— Je me répète toujours la même phrase : « Ne leur dis pas ce qu'il faut faire ! » Physiquement aussi, je reste en arrière. Autrefois, j'avais tendance à me pencher par-dessus la table, à m'avancer vers eux et à écrire ce qu'ils devaient faire. Rester adossée à mon fauteuil m'apparaît maintenant comme une métaphore : je l'associe dans mon esprit au mode coaching.

Ndidi se rappelle avoir utilisé le modèle GROW pour la première fois avec l'une de ses collaboratrices directes.

— Elle est venue me voir pour un problème concernant une journée de réunion qu'elle était chargée d'organiser. Plusieurs participants étaient contrariés par un sujet spécifique, et elle avait peur que leur attitude fasse tout dérailler.

Ndidi s'est assise bien au fond de son siège et a commencé son coaching par cette question centrée sur l'objectif : « Comment imaginez-vous cette réunion dans l'idéal ? »

— Au début, ma collaboratrice a été étonnée, et j'ai pris conscience que c'était malheureusement la première fois que je lui posais une vraie question sans arrière-pensée. Puis elle a fini par se détendre et, après avoir réfléchi, a trouvé des solutions auxquelles je n'aurais jamais pensé moi-même, comme commencer la réunion par une session ouverte où chacun pourrait poser ses questions. Ça a été, de loin, le meilleur entretien que j'aie jamais eu avec elle. Elle est sortie de là sur un petit nuage.

D'après Ndidi, cette approche via le coaching a transformé le comportement de ses collaborateurs.

— Aujourd'hui, les membres de mon équipe se conduisent comme des responsables. Ils n'ont pas peur de prendre la parole, ni avec moi ni avec d'autres.

Ce changement a également allégé son emploi du temps.

— En général, si vous coachez quelqu'un au lieu de lui donner la réponse, il ne revient pas sans cesse vous voir avec le même problème, car il sait comment le résoudre quand il se représente. En plus, vous n'êtes pas obligé de trouver vous-même toutes les réponses. Du coup, je suis moins fatiguée. Désormais, ça fait partie de mon arsenal de gestion du temps.

Des feed-back sympathiques au cerveau

Si efficace que soit un coaching, révéler le meilleur d'un individu exige parfois d'aller plus loin et de lui faire des retours constructifs pour améliorer ses performances ou remettre une situation sur la bonne voie.

Le problème, c'est que les critiques personnelles, même bien intentionnées, mettent naturellement le cerveau de la plupart d'entre nous en état d'alerte. Il s'agit d'un exemple parfait de menace non physique : une critique est une attaque qui pourrait miner la fierté et la position sociale de la personne, voire sa sécurité professionnelle, d'où la difficulté à empêcher son cerveau de passer en mode défensif dès qu'on lui signale une erreur. Même si elle a conscience de l'immaturité de ce genre d'attitude, son cerveau, lui, envisage une réplique cinglante (lutte), un repli timide (fuite) ou la disparition miraculeuse du problème (inhibition).

Alors, comment encourager l'autre à accepter ce qu'on lui dit sans déclencher ce type de réponse défensive ? Le secret, c'est d'exprimer son point de vue sans lui donner l'impression qu'il a *faux*, en trouvant comment il pourrait avoir (en partie) raison et en construisant ses suggestions à partir de là. En l'aidant à rester en mode découverte, cette façon de procéder permet d'avoir un échange plus ouvert et plus intelligent sur le problème que l'on souhaite aborder. Cela ne veut pas dire qu'on évite de parler de ce qui fâche, mais qu'on le fait dans l'idée d'améliorer les choses et non pas pour qu'elles empirent. Voici trois moyens de donner ce genre de feed-back sympathiques au cerveau :

Technique 1 : « Ce que j'apprécie concernant..., c'est... »

• Dites à la personne : « Ce que j'apprécie concernant..., c'est... » Donnez des exemples spécifiques, au moins deux si possible. Pensez à un maximum de situations précises avant de suggérer de changer quoi que ce soit.

• Puis enchaînez avec : « Ce qui me plairait encore plus, ce serait... »

Même si vous avez l'impression que vous connaissez déjà cette façon d'agir, ne passez pas trop vite à la suite. La plupart d'entre nous savent qu'il vaut mieux dire une ou deux choses positives à quelqu'un avant de lui adresser des critiques, mais les détails ici ont de l'importance et rendent la technique beaucoup plus efficace que l'habituel « sandwich de louanges ».

La formulation « Ce que j'apprécie concernant..., c'est... » oblige à donner des exemples précis de ce qui nous plaît. Cet aspect est très important pour deux raisons : *primo*, le cerveau humain traite et se souvient plus facilement des faits que des idées abstraites ; *secundo*, nous sommes conçus pour réagir plus intensément aux menaces qu'aux récompenses. Au cours des millénaires, cette hypersensibilité au danger a été extrêmement utile pour préserver la race humaine face aux charges des mammouths et aux attaques d'autres clans. Mais l'association de ces deux facteurs signifie que si vous vous contentez de faire à votre interlocuteur une remarque positive (« C'est super », « Vous êtes super ») suivie d'une liste d'éléments spécifiques qu'il devrait changer, son cerveau va ignorer ce léger compliment pour se concentrer uniquement sur le négatif[4]. C'est pourquoi il est indispensable de se montrer aussi concret et disert dans l'éloge que dans la critique ; ne pas simplement déclarer : « C'est super », mais préciser en quoi c'est « super ». C'est la meilleure façon d'être sûr que son interlocuteur comprenne qu'on valorise sincèrement certains aspects de ses paroles ou ses actions.

En introduisant ensuite une suggestion d'amélioration par la formule « Ce qui me plairait encore plus, ce serait... », on présente cette remarque comme une idée qui, si elle était explorée, pourrait transformer ce qu'il a fait de bien en quelque chose d'excellent, au lieu de lui donner l'impression que c'était vraiment idiot de ne pas avoir procédé ainsi. On dit ce que l'on a à dire, mais sans menacer autant le sentiment de compétence et de respect de soi qu'avec l'habituel « Vous auriez dû faire différemment ».

Ensemble, ces deux phrases augmentent considérablement les chances que l'autre garde l'esprit ouvert en mode découverte pendant qu'on lui donne un feed-back, et donc celles d'avoir une conversation fructueuse et agréable. Le style de feed-back « Ce que j'apprécie... » a également une utilité supplémentaire : il nous oblige à trouver quelque chose d'appréciable chez l'autre (même si cette minuscule pépite est parfois difficile à dénicher), révélant souvent un élément intéressant à côté duquel nous serions passés en restant cantonnés dans nos critiques.

Technique 2 : « Oui, et... »

➢ Évitez le « Oui, mais... » rabat-joie quand vous repérez un problème dans ce que l'autre suggère.

➢ Remplacez-le par un « Oui, et... » pour montrer que vous donnez votre point de vue *dans la ligne* de sa suggestion et non en désaccord avec elle.

Par exemple, si quelqu'un a envie de lancer un nouveau projet qui selon vous devrait être programmé à une autre période, ne lui dites pas : « Oui, super projet. Mais ce n'est pas le moment », mais : « Oui, super projet. Et nous avons également la réunion stratégique annuelle qui approche. » Puis proposez d'en discuter : « Que pourrait-on faire par rapport à ce timing ? »

L'approche « Oui, et... » permet d'avancer des considérations importantes sans rejeter les idées de l'autre. Elle me plaît beaucoup parce qu'elle accorde plus de place à la possibilité que l'on n'embrasse pas forcément la situation dans son ensemble. N'oubliez pas que notre système automatique travaille au niveau inconscient pour que nous ne voyions pas toutes les informations et les options qui s'offrent à nous. Ainsi, vous avez peut-être remarqué le « gorille » qui a échappé à votre collègue, mais rien ne dit que ce dernier n'en a pas aperçu un autre que *vous* n'avez pas repéré, ce qui pourrait expliquer pourquoi il dit ce qu'il est en train de dire. En vous poussant à avancer à partir des paroles de votre collègue, l'approche « Oui, et... » vous aidera à mieux repérer les possibilités de compromis s'il y en a. Cette formule « Oui, et... » est si efficace en termes de collaboration créative qu'elle fait partie des techniques de base du théâtre d'improvisation. (Si vous faites un retour à quelqu'un et que la discussion, loin de se tendre, s'achève par des rires, c'est sûrement le signe que vous vous en sortez très bien.)

Technique 3 : « Quelles sont les conditions pour que ça marche ? »

- Au lieu d'affirmer : « Ça ne marchera pas à cause de ça, ça, et ça... », dites : « Que faudrait-il pour que ça marche ? »

Grâce à l'emploi du conditionnel, le commentaire paraît plus orienté vers l'exploration que vers la critique, et sa forme interrogative pousse à vérifier la faisabilité de ce que propose la personne sans lui donner l'impression qu'elle vient de dire une bêtise ou quelque chose de faux. Chez McKinsey, mes collègues recouraient souvent à cet outil quand les gens arrivaient en réunion d'équipe avec des idées concurrentes. Elle permet, en effet, de s'assurer que chaque proposition sera entendue au même titre que les autres, y compris si elle semble sans intérêt au départ. De cette manière, tous les membres de l'équipe ont le sentiment d'avoir participé à la décision sur la marche à suivre, même si leur option n'est pas retenue.

En tant que consultant en informatique, Peter se retrouve souvent dans des situations délicates. Il tient à effectuer un travail de qualité, et ce qu'il a souvent envie de dire à ses clients, c'est : « Vous savez, ce gros projet qui coûte des millions ? La façon dont vous vous y prenez pour le réaliser est un désastre. Faites-moi confiance, j'ai vu ça des milliers de fois. » Et c'est *grosso modo* ce qu'il leur déclarait autrefois dans ses offres et en rendez-vous, avec, bien sûr, un tout petit peu plus de diplomatie. Il expliquait comment il mènerait les choses en prenant en compte les défis de ce genre de dossier et en réfléchissant aux moyens que pourrait déployer sa société pour empêcher que les choses ne partent à vau-l'eau. Pour les projets déjà entamés, il pointait clairement du doigt des erreurs que personne n'était prêt à admettre. C'est ce qu'il appelait « être franc », et certains clients appréciaient cette façon de faire.

Mais, inévitablement, Peter critiquait ce qui avait été réalisé avant son intervention, mettant, presque malgré eux, ses clients sur la défensive. Au début, il ne voulait pas renoncer à ces critiques. Pourtant, après avoir discuté avec moi de leurs conséquences, il a opté pour une nouvelle approche prenant en compte les techniques de feed-back sympathiques au cerveau. Par exemple, quand on lui demande de se pencher sur le système informatique d'une entreprise, il commence par ce qui marche. Cela requiert parfois une certaine générosité de sa part, mais il parvient toujours à trouver quelque chose.

— Même lorsque je ne suis pas d'accord avec les choix qu'ils ont effectués, j'arrive souvent à dire des choses positives sur la stratégie globale.

Ensuite, il leur fait des suggestions pour aller plus loin en s'appuyant sur ce qui a déjà été accompli.

— J'essaye d'éviter le mot « faux » quoi qu'il arrive et d'utiliser un maximum de « et ». Je dis : « Voilà ce qu'il faudrait pour que votre stratégie fonctionne... et voici une autre approche, avec tels avantages. »

Grâce à cette nouvelle approche, il a commencé à avoir, selon ses propres mots, des réunions « étonnamment efficaces ». Il a toujours la possibilité d'évoquer les risques et les différents moyens de les limiter, mais sans faire basculer le cerveau de ses clients en mode défensif. Il n'a plus de réunions catastrophiques et a commencé à remporter de nouveaux contrats. Il n'a pas oublié le jour où l'un de ses clients lui a confié : « Voilà, c'est *ça* que je veux. Là, on a une vraie conversation. »

Soyez fair-play

L'équité est une force sociale très puissante. En situation d'équité, nous sommes heureux de faire partie de la société et nous avons envie de participer et de trouver des compromis. Devant l'inégalité, nous nous battons.

Colin Camerer et Richard Thaler, spécialistes en économie comportementale à Caltech et à l'université de Chicago, ont montré l'importance que nous accordons à cette valeur via une expérimentation connue sous le nom du « Jeu de l'ultimatum ». Voilà en quoi ce jeu consiste : imaginez que l'on vous donne 10 dollars en vous invitant à en reverser une partie – au choix entre 0 et 10 dollars – à un inconnu. Si celui-ci accepte ce que vous lui offrez, vous conservez tous deux votre part. Mais s'il rejette votre offre, vous perdez tout l'un et l'autre. Sans intervention du cerveau social, vous pourriez proposer à l'autre quelques cents, qu'il accepterait parce que c'est toujours mieux que rien. Mais pour les êtres humains et leur profond besoin psychologique de justice, cette somme semble totalement dérisoire. Et, comme le prouve l'expérimentation, la plupart des gens rejettent ce marché totalement inégal, ce qui laisse les deux parties en désaccord et sans argent. Généralement, il faut offrir un minimum de 2 dollars pour que l'accord s'établisse[5].

Ces résultats concordent avec les recherches de neuroscientifiques tels que Matthew Lieberman et ses collègues de l'UCLA, qui ont scanné les cerveaux de plusieurs volontaires pendant qu'ils participaient à ce genre de jeu. Leurs travaux ont montré qu'une offre équitable activait le circuit de la récompense des sujets, tandis qu'une proposition inéquitable les obligeait à mettre en branle le système cérébral chargé du contrôle de soi pour passer au-dessus de leur mécontentement et accepter l'injustice[6].

Je sais bien que personne ne décide sciemment d'être injuste avec ses collaborateurs. J'aborde néanmoins ce sujet car les managers sont souvent obligés de prendre des décisions qui impliquent des gagnants et des perdants. Certaines personnes obtiennent une promotion, d'autres non. Certains services obtiennent plus de ressources, d'autres non. Or, pour ceux qui se retrouvent du côté perdant, de tels choix paraissent facilement injustes.

Il est inévitable que des décisions soient parfois plus avantageuses pour certains que pour d'autres. En revanche, on peut toujours démontrer la justesse du *processus* à la base de la solution retenue. Cela implique d'être aussi transparent que possible sur les raisons de ses choix quand on navigue en eaux troubles. Pour cela :

➢ Expliquez les facteurs pris en compte dans votre décision et en quoi ils constituent des critères pertinents. Montrez comment les différentes options ont été évaluées en fonction de ces critères.

➢ Exposez les dilemmes que vous pose cette décision et comment vous y faites face.

Vos collaborateurs n'apprécieront pas forcément votre choix final, mais, selon les sciences comportementales, ils devraient se montrer beaucoup plus compréhensifs s'ils constatent que le processus de décision était juste.

RÉVÉLER LE MEILLEUR DE CHACUN

Choisissez une personne qui travaille pour vous ou que vous avez envie d'aider. Essayez les techniques suivantes :

- **L'écoute extrême.** Stimulez sa réflexion en l'écoutant avec beaucoup d'attention sans l'interrompre.

- **Coachez, ne donnez pas de solutions.** Grâce aux questions GROW, permettez-lui de clarifier son objectif, la réalité actuelle, les options qui s'offrent à elle (attendez qu'elle ait donné les siennes avant d'ajouter celles qui vous viennent à l'esprit), et la marche à suivre.

- **Faites des feed-back sympathiques au cerveau.** La prochaine fois que vous voudrez ajouter quelque chose ou remettre en question une idée, utilisez une ou plusieurs de ces trois formulations :
– « Ce que j'apprécie concernant..., c'est... » et « Ce qui me plairait encore plus, ce serait... »
– « Oui, et... » (plutôt que « Oui, mais... »)
– « Quelles sont les conditions pour que ça marche ? »

- **Soyez équitable.** Montrez-vous aussi transparent que possible en expliquant les processus à la base de vos décisions difficiles. Soyez vigilant sur tous les éléments pouvant être perçus comme injustes par votre interlocuteur, même si vous-même ne les voyez pas ainsi.

PARTIE IV

La réflexion

Exprimer la part de soi la plus intelligente, la plus avisée et la plus créative

« La difficulté n'est pas de comprendre les idées nouvelles,
mais d'échapper aux anciennes. »

John Maynard Keynes

IL Y A DES JOURS OÙ TOUT NOUS RÉUSSIT : on a des idées géniales, on fait des remarques intelligentes, et notre vivacité d'esprit déclenche les rires autour de nous. Mais il y en a d'autres où notre machinerie mentale fonctionne plus lentement. On s'embourbe dans un travail qui progresse difficilement en dépit de nos efforts, on a l'esprit d'escalier, et l'on peut même commettre une erreur stupide, dont il faudra payer les conséquences sur-le-champ ou plus tard.

Bien entendu, toutes sortes de choses sont susceptibles de ternir notre éclat à certains moments. Notre travail peut se révéler plus ardu que d'habitude ou nos neurones fonctionner au ralenti après une nuit difficile. Quelle que soit la cause de votre baisse de régime, cette partie IV vous révélera plusieurs méthodes destinées à vous relancer et à retrouver ce qu'il vous faut de créativité, de sagacité et de perspicacité, ces indispensables alliées qui vous permettront de bien réussir votre journée. Et si vous vous sentez déjà l'esprit aiguisé et prêt à tout, ces techniques porteront vos réalisations vers de nouveaux sommets !

11

En quête de l'illumination

À qui n'est-il jamais arrivé de se sentir totalement englué dans un travail ? Pour le comptable perdu devant des chiffres qui refusent de tomber juste ou l'artiste à la recherche d'une muse évanouie, la sensation est la même : on tourne en rond avec des idées qui piétinent et on ne voit aucune issue. Pour sortir de ce bourbier, il faut une illumination venue tout droit de notre *intuition* : un éclair de génie qui nous frappe soudainement à l'instant où nous apparaît la solution.

Directrice artistique freelance à Chicago, Peggy a souvent besoin de ce genre d'illumination. En tant qu'indépendante, elle propose ses services à des agences de pub, et doit être capable d'impressionner rapidement ses interlocuteurs par ses idées créatives pour remporter des missions intéressantes. Voici ce qu'elle a pu remarquer :

— Un vrai bon travail n'a la plupart du temps rien à voir avec ce que j'ai déjà pu faire. Adapter ce qui a marché dans le passé ne mène pas très loin. Pour réellement avancer, il faut généralement aborder le problème d'une façon nouvelle et relier différemment les éléments entre eux.

Les découvertes scientifiques lui donnent entièrement raison sur ce point. Nos cerveaux si efficaces créent des automatismes pour tout, depuis la rédaction de mails jusqu'au brossage de dents. Et si on les laisse faire, nos circuits neuronaux choisissent la loi du moindre effort en continuant à suivre les chemins de pensée existants, proposant toutes sortes de variations autour des mêmes vieilles idées. Il en résulte un phénomène observé depuis longtemps par les psychologues : l'*effet Einstellung*, qui désigne la difficulté que l'on a, quand on est habitué à résoudre un problème d'une certaine manière, à entrevoir une solution radicalement différente, même si elle est meilleure[1]. Donc, si l'on cherche une idée novatrice, il faut aider son cerveau à sortir des chemins déjà tracés et stimuler de nouvelles connexions. Que faire pour avoir un maximum de chances d'y parvenir ? Beaucoup de choses, en réalité.

Posez une question

Nous devons donc signaler à notre cerveau notre souhait de le voir explorer quelque chose autrement que par l'habituel recyclage de vieilles idées. Étonnamment, cela peut se faire très simplement en abordant le problème par une question plutôt qu'une affirmation.

À l'université de l'Illinois, l'équipe du psychologue Ibrahim Senay a démontré l'intérêt de cette approche dans une petite étude étonnante[2]. Les chercheurs ont demandé à plusieurs sujets d'écrire quelques mots sur une feuille, officiellement pour un test de graphologie. Un groupe devait écrire : « Est-ce que je réussirai ? », et l'autre : « Je réussirai. » Après quoi, ils leur ont proposé dix anagrammes. Le groupe « Est-ce que je réussirai ? » (que la formule poussait subtilement à penser : « Est-ce que je vais réussir à trouver ces anagrammes ? ») a résolu presque deux fois plus d'anagrammes que le groupe « Je réussirai ». Les chercheurs ont établi un lien entre ce résultat et celui d'une recherche à plus grande échelle montrant que nous nous sentons plus libres, moins sur la défensive, et donc plus ouverts à de nouvelles idées, si l'on nous pose une question au lieu de nous dire ce qu'il faut faire[3]. La forme interrogative semble inciter notre cerveau à passer en mode découverte en piquant notre curiosité et en déclenchant des réactions comme : « Oh, je me demande quelle peut bien être la réponse », plutôt que : « Il faut que je résolve ce fichu truc. »

Comment appliquer cette technique devant une difficulté au travail ? Simplement en abordant le problème avec une question, en prenant un instant pour se demander : « Dans l'idéal, quelle serait la bonne façon de solutionner ça ? » Quand je me sens frustrée parce que je n'avance pas, ce questionnement suffit souvent à me faire basculer dans un état d'esprit plus ouvert à l'exploration.

J'aime également les questions rhétoriques invitant à franchir les barrières qui limitent nos pensées. Par exemple : « Si vous connaissiez la réponse, quelle serait-elle ? », ou : « Que feriez-vous si vous n'aviez pas de contraintes ? » Ce type d'interrogations aide généralement mes clients à réexaminer les choses. Ils commencent par ricaner et répondre : « Cela n'a aucun sens », ou : « Mais *j'ai* des contraintes, c'est bien là le problème. » Puis ils jouent finalement le jeu, et découvrent que se poser de telles questions libère leur réflexion. Elles semblent favoriser une pensée plus créative en permettant au cerveau de se sentir moins menacé par le défi qui se pose à lui.

Lors d'une mission récente, Peggy, notre directrice artistique freelance, devait trouver des idées marketing pour un nouveau désodorisant aux propriétés antibactériennes. Toutes ses propositions et celles de ses collègues (qui vantaient, par exemple, l'effet fraîcheur du produit) avait un goût de déjà-vu. Alors, Peggy a commencé à poser des questions pour s'ouvrir l'esprit.

— Une chose que j'aime bien demander, c'est : « Comment ce produit s'inscrit-il dans le quotidien des gens ? » Elle pousse l'esprit à aller plus loin, même quand le produit n'a rien de très excitant.

Peggy a également dans son sac des questions plus saugrenues :

— Je demande également à chacun : « Imaginez que le produit frappe à votre porte et que vous lui ouvrez. Que verrez-vous sur le seuil ? »

Elle avoue avoir eu des réponses assez bizarres, comme : « C'est gros, vert, et ça parle allemand. » Absurde, bien sûr. Mais, précise-t-elle :

— Poser une question de ce genre, à l'évidence totalement inoffensive, modifie quelque chose dans notre façon de penser.

Cette approche a fait basculer Peggy et ses collaborateurs du mode « il faut y arriver » vers un état d'esprit plus créatif, dans lequel de meilleures idées ont commencé à émerger.

Alors, quand vous sentez que vous vous cognez contre un mur, ne vous exhortez pas à frapper plus fort. Essayez plutôt d'inviter votre cerveau à explorer autre chose grâce à une question large, comme :

➢ « Quelle approche totalement différente pourrait-on adopter ? »

➢ « De quelle façon ingénieuse pourrait-on procéder pour résoudre ça ? »

➢ « Si je connaissais la réponse, quelle serait-elle ? »

➢ (Et, bien sûr : « Si la solution frappait à ma porte, à quoi ressemblerait-elle ? »)

Aérez-vous l'esprit et redémarrez

— Je trouve souvent qu'on résout mieux les problèmes quand on arrête d'y penser un moment, affirme Peggy. Après être restée longtemps concentrée sur quelque chose de complexe, je choisis délibérément de m'en éloigner et de travailler sur autre chose pendant un certain temps. Quand je m'y remets, je l'aborde différemment, et c'est souvent là que j'ai un éclair de génie. Je pense qu'il y a vraiment un intérêt à se dire qu'il existe une meilleure solution, qu'on ne la connaît pas encore, mais qu'elle est là quelque part, et qu'il suffit de se donner un peu d'espace pour la trouver.

Tout ce que nous savons aujourd'hui sur le cerveau confirme les observations de Peggy. Dans le chapitre 5 sur l'intérêt de planifier des temps de pause, j'ai insisté sur le fait qu'une large part des processus cognitifs se déroule au moment où l'on cesse de penser consciemment à un sujet. Notre inconscient relie les informations que l'on vient d'absorber à des souvenirs plus anciens conservés dans le cerveau, et ces nouvelles connexions sont exactement ce dont nous avons besoin pour voir les choses autrement. Cela explique pourquoi nous réussissons souvent à trouver d'autres manières d'approcher un problème quand nous revenons vers lui après avoir porté notre attention sur autre chose.

Mais comment faire quand on est en pleine réunion ou en charrette et qu'il semble totalement irréaliste d'envisager une pause ? D'après les recherches, le seul fait de déplacer brièvement son attention sur une autre tâche sérieuse peut suffire à s'aérer l'esprit. C'est également l'expérience de Peggy :

— Quand les gens sont bloqués, parfois même un peu négatifs, et que chacun s'agrippe à son idée, je suggère de passer à autre chose et de brainstormer quelques minutes sur un autre aspect du projet. Cela nous aide toujours à voir un aspect qui nous avait échappé quand on revient au sujet de départ.

De nombreux spécialistes des sciences cognitives ont démontré que ce processus inconscient pouvait porter ses fruits en peu de temps. En effet, selon les recherches, il suffit de transférer son attention d'un problème complexe à un autre pendant deux, trois ou quatre minutes pour prendre de meilleures décisions en revenant au premier[4].

Il semblerait cependant que deux facteurs soient nécessaires pour profiter pleinement des avantages de ce changement cognitif. Tout d'abord, il faut avoir l'intention de revenir à la tâche d'origine[5]. Autrement, le cerveau estime inutile de continuer à traiter les informations au niveau inconscient et se contente de penser à autre chose, comme, par exemple, ce qu'il y aura au menu ce midi. Ensuite, les chercheurs ont remarqué qu'il était préférable de s'attaquer à un autre type de tâches quand on se détournait du problème[6]. Si on travaille sur une feuille de calcul couverte de chiffres de vente d'un produit, s'intéresser à une autre série de chiffres ne sera pas aussi revitalisant pour le mental que de discuter, par exemple, de la nouvelle campagne de marketing dudit produit.

Aussi, si vous êtes aux prises avec une tâche complexe pour laquelle le chemin à suivre n'est pas évident :

➢ Arrêtez-vous quelques instants et intéressez-vous à un autre aspect de la question pour donner le temps à votre cerveau de traiter les informations en arrière-plan avant de revenir au problème.

➢ Si c'est possible, prévoyez de travailler sur le sujet en deux fois plutôt que d'essayer de tout terminer en une seule session.

Note importante : Au cas où vous seriez tenté de voir dans cette approche une permission d'effectuer plusieurs choses à la fois, résistez ! Ce que suggère la science, c'est qu'il est possible de redonner un coup de fouet à sa créativité en se détournant *volontairement* d'une partie particulièrement difficile d'un travail, avant de se replonger dedans en profondeur un moment plus tard. Il est question de transférer avec prudence son attention d'un sujet à un autre, pas de parcourir frénétiquement l'interminable liste de tout ce que vous avez à faire en espérant trouver l'inspiration. (Éparpiller son attention ne fait qu'alourdir la charge qui pèse sur le cerveau, rendant toute pensée créative encore plus difficile.) Il est donc toujours salutaire de ne faire qu'une chose à la fois, même quand vous passez de l'une à l'autre.

Changez de perspective

Il existe une autre technique pour augmenter ses chances de trouver de nouvelles solutions : se représenter la difficulté autrement, de façon à impliquer des zones cérébrales qui n'ont pas encore été invitées à la fête. Par exemple, si vous avez abordé la question en termes de chiffres, cherchez à la décrire visuellement, ou *vice versa*.

J'ai constaté l'efficacité de cette approche lors d'une formation au leadership que j'animais en Norvège auprès d'un groupe de cadres dirigeants. En montant dans la hiérarchie, les responsables se plaignent souvent d'un sentiment de solitude lié au fait d'avoir de moins en moins de gens vers qui se tourner pour un avis ou un appui. C'était aussi le cas de ce groupe de

Norvégiens, et nous nous sommes demandé comment ils pourraient créer un réseau de relations leur permettant de se sentir plus soutenus dans les moments difficiles. La plupart avaient déjà des avis relativement arrêtés sur le sujet. Ils associaient cette idée avec des conférences barbantes et des obligations sociales. Ils avaient dressé la liste des personnes avec lesquelles ils pensaient pouvoir prendre contact, puis s'étaient sentis coupables de ne pas l'avoir fait. Ils avaient du mal à envisager le « réseautage » professionnel autrement que par le biais de ces associations négatives.

Pour les aider à voir les choses différemment, un de mes collègues de McKinsey leur a proposé d'effectuer une carte heuristique de leurs réseaux professionnels existants en se plaçant au centre et en se reliant aux autres par différents tracés. Les responsables ont haussé un sourcil devant sa suggestion, mais ils ont accepté de jouer le jeu. Ils se sont donc installés devant de grandes feuilles de papier, et ont écrit et dessiné pendant un quart d'heure, décrivant leurs relations en termes de qualité et de proximité à l'aide de crayons de couleur. Ils signalaient les relations les plus fortes par des traits épais, les moins importantes par des pointillés, et indiquaient par des flèches qui était un soutien pour l'autre dans chaque relation.

Tout le monde a dessiné un type de carte relativement différent reflétant sa réalité professionnelle. Une femme s'est représentée entourée de beaucoup de gens très proches, mais il n'y avait presque personne sur les bords de la feuille, ce qui l'a conduite à reconnaître qu'elle se sentait plus étouffée qu'aidée par les autres. Un autre a divisé sa feuille en deux, avec les « collègues » à gauche et les gens « extérieurs à l'entreprise » à droite. Le côté droit était pratiquement vide, ce qui a déclenché une discussion sur le fait que toute son équipe se trouvait dans une impasse, sans aucune idée novatrice. Tout à coup, il n'était plus question d'invitations sur LinkedIn, mais de ce qui posait vraiment problème dans leurs relations. Au final, chacun est reparti avec un plan d'action et l'enthousiasme pour le mettre en œuvre.

Il m'arrive régulièrement d'être témoin de ce genre de révélations. Les gens trouvent, de façon très utile, de nouvelles façons d'appréhender une question particulière. Schématiser les choses sous forme de carte heuristique, avec des lignes et des bulles, contribue à nous donner une meilleure vision d'ensemble. On peut alors découvrir de nouvelles connexions au sein d'une situation, et révéler des conséquences ou des raccourcis qui n'étaient pas évidents jusqu'alors. Développer par écrit une solution potentielle (ce que nous prenons rarement le temps de faire de nos jours) est une autre manière de faciliter l'éclosion d'idées de génie ou une meilleure compréhension. Des chercheurs de Princeton et de l'UCLA se sont aperçus que, lorsqu'on posait des questions conceptuelles à des étudiants qui avaient assisté à une conférence, ceux qui avaient pris des notes manuellement avaient de meilleurs résultats que ceux qui s'étaient servis d'un ordinateur (en notant souvent les phrases mot pour mot). En écrivant ce qui leur semblait important, ils filtraient et interprétaient déjà les idées du conférencier, établissant des liens avec ce qu'ils savaient déjà et développant une vision plus subtile[7].

À partir de ces constats, que pouvez-vous faire pour regarder votre problème sous un angle totalement différent ? Voici quelques pistes spécifiques :

➢ **Écrivez à la main.** Prenez un cahier et un stylo, et commencez par noter tout ce qui vous vient à l'esprit sur le sujet. Parce que nous en avons pour la plupart perdu l'habitude, le fait d'écrire nous met rapidement dans une autre disposition d'esprit et facilite l'apparition de nouvelles connexions. Mettez un minuteur en route et écrivez pendant dix minutes. Si vous manquez d'inspiration, ce n'est pas grave : demandez-vous juste ce que vous avez d'autre à dire sur le sujet, et attendez qu'une idée arrive. Il se présente toujours quelque chose.

➢ **Expliquez votre problème à quelqu'un.** Si cela fait un moment que vous vous débattez sans succès avec un problème, essayez de l'expliquer à quelqu'un. En génie logiciel, on appelle parfois ce processus *rubber ducking* (ou « Parler au canard en caoutchouc »), car même le fait d'en parler à un objet inanimé constitue un moyen efficace de développer une nouvelle compréhension des choses. En effet, mettre sa pensée en mots dans un échange active des réseaux neuronaux différents de ceux qui sont mis en jeu par la seule pensée. D'autre part, expliquer ce que l'on fait à un non-spécialiste du domaine pousse à employer des métaphores ou des exemples, ce qui fait apparaître de nouvelles idées.

➢ **Faites une carte heuristique.** Réalisez une carte des aspects clés du projet ou du problème. Procédez comme suit :

1. Écrivez en quelques mots sur un Post-it votre sujet central, de préférence sous forme de question (par exemple : « Comment pouvons-nous lancer ce nouveau produit dans les délais ? »).

2. Cherchez tous les facteurs importants ayant un impact sur la question (par exemple : « erreurs du logiciel », « fabrication du produit », « résultats du bêta-test », « avoir suffisamment de programmeurs »). Écrivez-les sur des Post-it, que vous disposerez autour de votre sujet central.

3. Rassemblez tous les facteurs proches (par exemple, vous pourriez créer des groupements différents pour ce qui concerne : le hardware, le software et les questions marketing).

4. Maintenant, enrichissez votre carte. Par exemple :

a. Cherchez des liens de causalité entre vos différentes idées, et représentez-les par des flèches (par exemple, « erreurs du logiciel » joue sur « résultats du focus groupe clients » ; « avoir suffisamment de programmeurs » peut avoir une influence sur « erreurs du logiciel »).

b. Utilisez des codes couleur. Par exemple, un point vert devant les choses qui vous aident à avancer pour le moment, et un rouge devant ce qui vous freine.

c. Déplacez tout ce qui ne semble pas au bon endroit. Si vous repérez des zones vides, remplissez-les.

5. Reculez pour avoir une vue d'ensemble de votre carte, et notez ce qui ressort du schéma global. Qu'est-ce qui paraît prioritaire ou le plus digne d'intérêt dans l'immédiat ? (Dans l'exemple que j'ai pris, je ne serais pas surprise que le versement d'une prime pour motiver les meilleurs programmeurs soit devenu une priorité plus évidente qu'au début de l'exercice.)

Astuce : Vous pouvez réaliser cet exercice sur un paperboard ou une grande feuille, mais vous élargirez encore votre vision et votre pensée si vous vous donnez vraiment de l'espace pour déplacer vos notes en utilisant un mur nu ou un grand tableau blanc.

Cherchez une analogie

Une autre manière de faire émerger de nouvelles idées sur un sujet consiste à rechercher des analogies stimulantes en utilisant des éléments intéressants croisés en dehors du cadre de référence ordinaire – que ce soit en observant un lieu de travail inhabituel ou en se promenant dans une rue inconnue. Une fois qu'on a pris l'habitude de se les poser, des questions très simples suffisent à nous aider à tirer des idées des endroits les plus incongrus. Dès que vous tomberez sur quelque chose qui donne à penser, demandez-vous :

- Quelle ressemblance peut-il y avoir entre ce que vous avez remarqué et le sujet qui vous préoccupe ?

- Qu'est-ce qui diffère ? Qu'est-ce qui vous frappe le plus dans cette différence ?

- Quelle idée cela pourrait-il vous donner qui vaille la peine d'être explorée ?

Par exemple, imaginez que votre problème soit la trop forte charge de travail qui pèse actuellement sur votre équipe. Tout le monde est au bout du rouleau. Au dîner, alors que vous attendez dans un restaurant très animé que le serveur apporte votre commande, vous profitez de votre vue sur la cuisine pour observer ce qui s'y passe tout en réfléchissant à ces questions sur les analogies. Tout d'abord, vous remarquez que, comme vos collaborateurs, le personnel en cuisine est débordé par les commandes incessantes. Ce qui *diffère*, c'est que l'équipe a l'air plutôt calme malgré la pression. Et alors que, dans votre équipe, les tâches sont confiées à celui qui n'est pas complètement saturé, chacun dans la cuisine a la responsabilité d'un travail précis : certains préparent les salades, d'autres les plats chauds, d'autres encore, les desserts. Qu'est-ce que cela vous évoque ? Vous vous dites que vous devriez peut-être vous débrouiller pour attribuer des tâches plus spécifiques à chaque membre de votre équipe, ce qui éviterait à tout le monde de passer continuellement d'une chose à une autre. En vous rappelant le conseil du chapitre 4 sur l'intérêt de « regrouper » les tâches, vous vous rendez compte que cela pourrait diminuer le stress de tous. Une idée prend forme dans votre esprit.

Peggy, notre directrice artistique freelance, trouve souvent des sites qui l'inspirent quand elle surfe sur le web avec ces questions en tête.

— Je trouve intéressant parfois de me promener sur certains blogs : Getty Images, GigPosters, ce genre de choses. J'aime voir quelles idées ils font naître en moi.

Un jour où elle cherchait une dernière inspiration pour sa campagne de pub sur le désodorisant, elle est tombée sur une ancienne illustration botanique de rose. Il y avait bien un lien entre la rose et l'idée traditionnelle d'un désodorisant parfumé, mais au premier abord il semblait difficile d'en établir un entre cette illustration très technique et sa campagne de pub. Pourtant, quelque chose a attiré son attention. Elle a noté que les feuilles ressemblaient à des gants de boxe. Cela lui a aussitôt rappelé la dernière fois où elle avait taillé ses rosiers dansant et ondulant dans le vent. Et soudain, elle a eu une bien meilleure idée pour sa publicité de désodorisant : une rose avec des gants de boxe, ce qui associait à la fois la puissance antibactérienne et le parfum.

— Je savais que je la tenais, mon idée. Parfois, il suffit de regarder le problème sous une lumière totalement différente et de rester ouvert à tout ce qui surgit.

Finalement, comment s'est terminée cette campagne ? Peggy sourit à ce souvenir.

— Le responsable Grands Comptes m'a dit que j'avais fait un travail « exceptionnel » avec cette rose et ses gants de boxe. Et quand on est en freelance, ce genre de remarque, ça signifie « boulot garanti ».

EN QUÊTE DE L'ILLUMINATION

Quand vous avez besoin d'un éclair de génie pour un sujet épineux, essayez ce qui suit :

• **Posez-vous une question.** Si vous avez l'impression d'être bloqué, demandez-vous : « Quelle approche totalement différente pourrait-on adopter ? De quelle façon ingénieuse pourrait-on procéder pour résoudre ça ? Si je connaissais la réponse, quelle serait-elle ? »

• **Aérez-vous la tête et redémarrez.** Focalisez-vous un moment sur une tâche totalement différente, puis revenez au problème d'origine.

• **Changez de perspective.** Essayez de décrire ou de regarder la question autrement, et notez quels schémas ou idées surgissent en vous.
• Écrivez à la main tout ce qui vous vient sur le sujet pendant dix minutes.
• « Parlez au canard en caoutchouc » : expliquez le problème à une personne peu familière du domaine.
• Créez une carte heuristique du problème, par exemple avec des Post-it.

• **Cherchez une analogie.** Exposez-vous à différents types de stimulus (observez comment les gens travaillent ailleurs ; visitez des sites web ou regardez des images dans des secteurs différents du vôtre), et interrogez-vous : « En quoi cela ressemble-t-il à ce qui me préoccupe ? Qu'est-ce qui est différent ? Quelle nouvelle idée cela me donne-t-il qui vaille la peine d'être explorée ? »

12

Prendre des décisions intelligentes

Alors que le chapitre précédent s'intéressait à la créativité – au processus d'émergence d'idées et de possibilités nouvelles –, celui-ci est consacré à son complément : effectuer des choix intelligents entre les différentes options et, donc, rétrécir le champ des possibles. Même si le terme « intelligent » peut impressionner, il ne s'agit pas forcément de décisions mettant l'avenir de l'entreprise en jeu. En vérité, nous avons tous les jours de multiples occasions de prendre des décisions intelligentes (ou idiotes). Par exemple, quand vous vous attaquez à une nouvelle tâche, par où est-il le plus judicieux de commencer ? Quelle approche devez-vous adopter ? Une mauvaise décision au départ, et vous vous retrouvez avec des reproches et des accidents de parcours qui vous empoisonnent la journée. Un choix avisé, et à l'inverse les problèmes tendent à s'écarter de votre chemin. Peut-être même que vos collègues, impressionnés, vous diront : « Mmm... c'est un bon point pour toi », ou : « Eh bien, tu as *super bien* géré ça. » Félicitations.

Que nous apprennent les sciences du comportement qui pourrait nous aider à avoir une telle sagacité au quotidien ? Fondamentalement, ceci : dès qu'on s'attelle à quelque chose d'important, il faut être attentif à bien impliquer le système délibéré. Souvenez-vous, le système délibéré est le réseau cérébral responsable de l'analyse, de l'autodiscipline et de l'anticipation – autant de facultés indispensables pour faire preuve de discernement. Si l'on n'engage pas consciemment son système délibéré, le système automatique prend tranquillement le contrôle, nous orientant sans attendre vers la réponse la plus simple, c'est-à-dire, selon les cas, la première chose qui nous vient à l'esprit au milieu d'une réunion délicate ou le fait de répéter sans réfléchir ce qui s'est toujours fait par le passé. Après tout, c'est le boulot du système automatique d'économiser au maximum notre énergie mentale. Mais, dans bien des situations, choisir la facilité n'est pas la bonne solution.

Indices d'une prise de contrôle par le système automatique

Comment effectuer des choix plus intelligents ? Un bon point de départ est de prendre l'habitude d'identifier les moments où notre système automatique s'empare des rênes. D'après ma propre expérience, quand on se retrouve à dire des phrases comme celles qui suivent, il y a de grandes chances que ce soit le cas :

- « De toute évidence, c'est vrai (ou faux). »
- « J'ai entendu récemment que XYZ..., donc... »
- « Je comprends, donc ça doit être juste. »
- « Tout le monde est d'accord. »
- « Tenons-nous-en à ce que nous savons. »
- « C'est la seule option possible. »

Toutes ces formules sont autant de variantes de ce que nous crie en secret notre système automatique : « Peu m'importe que le monde soit compliqué, je simplifie les choses pour toi. » Cependant, chaque phrase représente un type de raccourci mental légèrement différent. (Bien sûr, il en existe beaucoup d'autres ; ces formulations sont seulement celles que j'entends le plus souvent en entreprise.) Regardons-les de plus près, afin d'augmenter vos chances de les repérer avant qu'elles ne vous fassent trébucher.

« De toute évidence, c'est vrai (ou faux) »

L'un des moyens qu'emploie le système automatique pour économiser notre énergie mentale consiste à chercher des preuves confirmant nos croyances et à ignorer celles qui les infirment. Cela allège considérablement le travail du système délibéré. Ainsi nous n'avons pas à remettre en cause nos certitudes ou nos prévisions, ce qui réduit ces deux consommateurs d'énergie que sont le doute et l'ambiguïté. Le système automatique est même prêt à réinterpréter la réalité s'il ne peut pas mettre en parfaite adéquation ce qui se trouve devant nous avec la vision que nous en avons. Dans le chapitre 1, j'ai expliqué comment ce *biais de confirmation* parvient à nous faire voir des bananes jaunes à la place de bananes grises. Et, bien sûr, la prise de décision n'échappe pas à ce phénomène. Nous sommes capables de déformer inconsciemment les faits jusqu'à ce qu'ils s'adaptent à ce que nous nous attendons à voir.

Ainsi, si nous avons un avis négatif sur une situation ou une personne, nous tendrons à en remarquer tous les défauts sans en percevoir les aspects positifs – voire à inventer des points négatifs qui n'existent pas. Cela marche également dans l'autre sens quand nous nous accrochons à une idée en refusant ce qu'elle peut avoir de mauvais. Le résultat ? Une vision du monde en noir ou blanc. Des choses qui paraissent « de toute évidence bonnes » ou « de toute évidence mauvaises ».

Des psychologues de Yale ont récemment conduit une étude démontrant clairement l'emprise des biais de confirmation sur notre cerveau. Après avoir interrogé un groupe de sujets sur leurs préférences politiques, les chercheurs leur ont demandé d'analyser des données sur le contrôle des armes. Ceux qui s'étaient dits favorables aux conservateurs ont commis un nombre d'erreurs significativement supérieur lorsqu'ils ont examiné les données semblant démontrer l'efficacité du contrôle des armes à feu. Quant aux libéraux, ils n'ont pas eu l'air de mieux savoir compter qu'eux quand ils se sont trouvés face aux chiffres démontrant l'inefficacité de ce même contrôle[1]. Notre cerveau a juste un peu plus de mal à réfléchir clairement face à un fait qui contredit notre vision des choses. Or, le système automatique n'aime pas les tâches ardues.

Précisons qu'il n'est aucunement question d'intelligence : nous sommes tous concernés. Admirant la détermination avec laquelle Charles Darwin a toujours lutté contre ce biais de confirmation, l'investisseur Warren Buffett a déclaré : « Voilà un homme intelligent, qui faisait l'une des choses les plus difficiles au monde. Charles Darwin expliquait qu'à chaque fois qu'il tombait sur un élément allant à l'encontre d'un résultat qui lui tenait à cœur, il s'obligeait à écrire ce qu'il avait découvert pendant trente minutes. Autrement, son esprit aurait cherché à rejeter cette information discordante comme le corps rejette une transplantation. L'homme est naturellement enclin à s'accrocher à ses croyances, surtout si elles ont été renforcées par une expérience récente[2]. »

« J'ai entendu récemment que XYZ, donc... »

Ce qui nous conduit à notre raccourci suivant : nous sommes souvent influencés de façon disproportionnée par les dernières informations qui nous parviennent, même si elles n'ont aucun rapport avec le choix que nous devons effectuer.

Mettez-vous dans la peau de ces visiteurs de l'Exploratorium de San Francisco auxquels on a demandé d'estimer la hauteur du plus grand séquoia du monde. À certains d'entre eux, on a posé la question : « Mesure-t-il plus ou moins de 26 mètres de haut ? », à d'autres : « Mesure-t-il plus ou moins de 300 mètres de haut ? » Il s'agissait juste d'un échauffement. Ensuite, tous ont été invités à estimer la hauteur véritable de l'arbre. Les personnes auxquelles on avait proposé la plus petite taille (26 mètres) ont répondu que le plus grand séquoia du monde mesurait en moyenne 118 mètres. Quant aux autres (300 mètres), ils ont fait une estimation en moyenne sept fois supérieure[3]. Tous pensaient qu'ils étaient objectifs, mais leurs cerveaux avaient pris la première mesure comme référence. Ce phénomène s'appelle l'*ancrage*. Il se produit quand le cerveau automatique ne prend pas le risque de trop s'éloigner de la suggestion initiale, tel un bateau accroché à son ancre.

Nous subissons ce genre d'influence même quand l'information initiale est manifestement hors de propos. Dans une expérience célèbre, Dan Ariely, professeur d'économie comportementale à Duke, a invité des sujets à mémoriser les deux derniers chiffres de leur numéro de sécurité sociale. Puis il leur a demandé d'enchérir sur plusieurs produits qu'il mettait en vente : un livre, des chocolats, du matériel informatique et du vin. À chaque nouvelle vente, il a observé une corrélation significative entre le montant de l'enchère proposée et les deux derniers chiffres de sécurité sociale de la personne : ceux qui avaient des chiffres plus élevés ont fait des enchères plus fortes[4]. Cela n'a aucun sens. Mais, même s'ils n'avaient aucun rapport avec la situation, ces deux derniers chiffres étaient encore suffisamment frais dans l'esprit des gens pour que leur système automatique s'en empare et les utilise.

Ce phénomène ne se limite pas aux nombres. L'*effet de récence* désigne notre tendance à nous laisser exagérément influencer par l'événement le plus récent, ce qui épargne au système délibéré la dure tâche de regarder en arrière et d'élaborer un schéma prenant en compte ce qui s'est passé sur un plus long terme. Cela explique pourquoi les chercheurs ont découvert que les jours où la température augmente de 7 °C, les ventes de décapotables progressent de 8,5 %[5]. « Il fait beau depuis plusieurs heures, donc ça vaut la peine d'investir dans une décapotable », telle est la logique du système automatique à la vue courte.

« Je comprends, donc ça doit être juste »

Un autre de nos raccourcis consiste à penser que si une chose est facile à comprendre et à mémoriser, cela signifie probablement qu'elle est juste. (Les scientifiques parlent de préférence pour l'*aisance cognitive*.) Résultat, nous sommes facilement attirés par les idées claires et simples, et soumettons à des critiques et à un examen plus approfondis celles qui s'appréhendent avec difficulté.

Ainsi, une étude de l'université du Michigan conduite par les psychologues Hyunjin Song et Norbert Schwarz a établi que les gens tombent plus souvent dans le panneau d'une question piège si celle-ci est facile à lire. Essayez avec : « Combien d'animaux de chaque espèce Moïse a-t-il fait monter dans son arche ? » (Réponse : aucun. Il s'agissait de l'arche de Noé, pas de Moïse.) Quand la question était imprimée en police large et bien contrastée, les lecteurs se faisaient souvent avoir. En revanche, si les lettres étaient très petites et difficiles à déchiffrer, les obligeant à prendre leur temps, ils repéraient plus facilement la ruse[6]. C'est comme si le simple fait de se demander « *Qu'est-ce que* ça dit ? » suffisait à réveiller le système délibéré cérébral.

« Tout le monde est d'accord »

Quand on est entouré de gens qui se sont déjà forgé une opinion sur ce qu'il convient de faire, le système automatique a tendance à se dire qu'il est inutile de réfléchir plus avant – un raccourci connu sous le nom de *pensée de groupe*. Ce phénomène a sûrement eu un avantage au cours de l'évolution : l'appartenance à une tribu nous a aidés à survivre pendant des millénaires, et être d'accord avec le reste du groupe permettait d'en faire partie – tout comme le fait de s'intégrer au travail aide à croire qu'on va garder son emploi.

Le psychologue Solomon Asch a prouvé l'existence de ce phénomène dès les années 1950 grâce à une expérience phare montrant que, si on présente à des gens une première carte avec une ligne verticale et une seconde avec trois autres lignes en leur demandant quelle ligne de la seconde carte est de même longueur que celle de la première, la plupart d'entre eux sont prêts à donner une réponse erronée. Pourquoi ? Simplement parce qu'ils ont entendu toutes les autres personnes présentes dans la salle donner cette réponse avant eux[7].

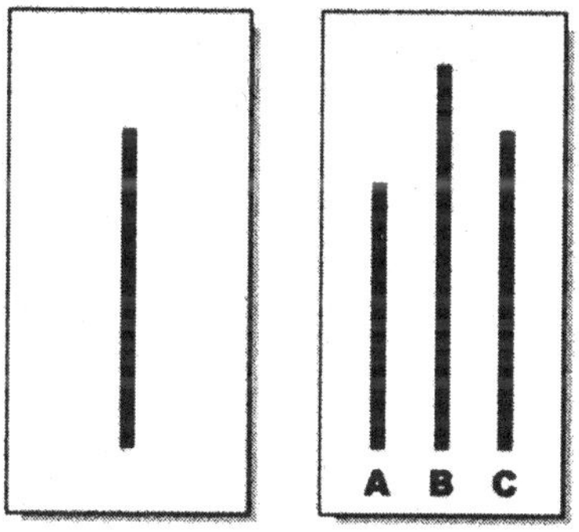

Asch a demandé quelle ligne (A, B ou C) sur la carte de droite avait la même longueur que celle de la carte de gauche. Un tiers des réponses obtenues s'est révélé faux, et les trois quarts des participants ont donné une réponse erronée au moins une fois.

Au travail, nous abordons des sujets autrement plus subtils que la longueur d'une ligne, d'où une plus grande difficulté à repérer l'influence de la pensée de groupe. Résultat, on peut avoir rapidement l'impression de faire partie d'une équipe harmonieuse où tout le monde est sur la même longueur d'onde. Dans son livre *Changer d'état d'esprit*, Carol Dweck, professeur à Stanford, raconte comment Alfred P. Sloan, ancien directeur général de General Motors et fin connaisseur en matière de pensée de groupe, réagissait quand il se trouvait face à une équipe ravie d'être totalement en accord sur la marche à suivre. Voilà ce qu'il leur disait : « Je constate que nous sommes tous complètement d'accord sur cette décision... Dans ce cas, je propose de repousser toute nouvelle discussion sur le sujet jusqu'à notre prochaine réunion afin de nous donner le temps de trouver des points de désaccord, et de peut-être mieux comprendre les enjeux de ce choix[8]. »

« Tenons-nous-en à ce que nous savons »

Le biais suivant est l'*effet de dotation*, ou la tendance à surestimer la valeur des objets que l'on possède, même en dehors de tout attachement sentimental. Dans une expérience célèbre (conduite par plusieurs pontes de l'économie comportementale, dont Richard Thaler et Daniel Kahneman), on a proposé aux participants de choisir entre deux cadeaux de même valeur : une tasse ou une boîte de chocolats. Quand les individus pouvaient faire leur choix dès le départ, ils se répartissaient à peu près équitablement sur les deux cadeaux. Mais quand on leur donnait la tasse ou les chocolats *avant* de leur demander s'ils voulaient échanger, la majorité d'entre eux refusait : 86 % des détenteurs de tasse gardaient leur tasse, et 90 % des détenteurs de chocolats conservaient leurs chocolats[9].

Pourquoi avons-nous tant de mal à nous séparer de ce que nous avons ? La raison semble liée à notre *aversion pour la dépossession* – nous sommes plus sensibles aux pertes qu'aux gains d'une valeur similaire. Ainsi, même si l'on est très heureux de se voir attribuer un beau bureau, cette joie sera toujours moins intense que la déception qui sera la nôtre si on nous le retire[10]. Il est donc important de savoir que, lorsque nous prenons une décision, nous avons automatiquement tendance à surévaluer ce qui existe déjà par rapport aux nouvelles options, à prendre moins de temps pour réfléchir correctement aux merveilles que peuvent receler ces dernières.

« C'est la seule option possible »

Quand nous avons sous la main une solution qui paraît convenir, nous avons tendance à la trouver idéale sans vraiment la remettre en cause. « Quelqu'un a fait une suggestion ? Ça a l'air pas mal ? C'est parfait pour moi, dans ce cas », déclare notre système automatique. « Pourquoi diable gaspiller de l'énergie mentale à examiner ça plus en profondeur ou à chercher d'autres possibilités ? » Il s'agit là d'une *option par défaut*, peut-être le biais le plus simple à identifier dans la mesure où il intervient à chaque fois qu'on ne voit qu'une seule option. Ça peut être un moyen de gagner du temps quand la décision est sans conséquences (« On se retrouve à quelle heure pour déjeuner ? — Midi et demi ? — D'accord »). Mais si la question est importante, et que l'on opte pour cette réponse-là uniquement parce que rien d'autre ne nous vient à l'esprit, c'est plus ennuyeux.

Adoptez une routine de contre-vérification

En résumé, le système automatique s'efforce presque toujours de nous empêcher d'avoir une vue d'ensemble dans le but de soulager notre cerveau. Ce qui est très bien lorsqu'on a besoin de faire les choses rapidement et simplement. Mais dès que la situation exige un minimum d'appréciation, il est indispensable d'élargir notre champ de vision. Il faut rechercher des éléments contradictoires, voir au-delà des événements récents, et réexaminer les choix apparemment évidents. Et, bien entendu, mieux vaut envisager plus d'une possibilité, même si, au final, on revient à l'idée de départ.

Malheureusement, nos raccourcis sont rapides et instinctifs. Alors, comment faire pour savoir ce qui nous échappe ? Certains comportementalistes doutent de notre capacité à nous montrer plus futés que le système automatique, et je comprends leur sentiment. Néanmoins, j'ai rencontré une méthode qui, dans le cadre professionnel, parvient généralement à accroître notre niveau moyen de discernement : adopter une routine de contre-vérification suffisamment simple pour s'intégrer dans notre méthodologie de travail habituelle lorsque nous réalisons une tâche importante. Vous trouverez ci-dessous cinq mesures de ce type dont j'ai pu observer les effets : « Pas d'option par défaut », « L'avocat du diable », « L'invitation à la dissidence », « Ne jamais dire jamais », et « L'approche *pre-mortem* ».

Pas d'option par défaut

À chaque fois que vous devez prendre une décision importante, soyez prêt à tout arrêter si vous ne voyez qu'une seule possibilité. Pour cela :

- Appuyez sur la touche « pause » et prenez un moment pour réfléchir à d'autres options. Demandez à vous-même et aux autres : « Si nous étions *obligés* d'envisager d'autres options, quelles seraient-elles ? »

- Examinez en profondeur les avantages des autres options, et servez-vous de ce que vous avez découvert pour mettre à l'épreuve ou affiner la première proposition. Il se peut que celle-ci soit toujours la meilleure, mais en vous forçant à considérer d'autres solutions vous devriez trouver des moyens de l'améliorer.

Nayan est sans aucun doute un homme dont Charles Darwin admirerait les efforts pour éviter les raccourcis cognitifs. Directeur financier d'une grande banque internationale, Nayan passe ses journées à prendre des décisions complexes sur la bonne manière de gérer les finances de son établissement. Chez lui, il colorie des mandalas hindous. Ses collègues l'ont surnommé « Yoda », en référence à sa sagesse et son calme.

Comme la plupart des dirigeants, les décisions qu'il doit prendre concernent davantage des problèmes humains que financiers.

— À mon arrivée à la banque, on m'a annoncé que mon premier travail serait de licencier quelqu'un. La décision avait été prise avant mon entrée en fonction, et comme j'étais le nouveau responsable, c'était à moi de l'appliquer.

Il aurait été facile pour Nayan de se contenter d'exécuter cette instruction. Après tout, il venait d'arriver et n'avait aucune envie de faire des vagues. Pourtant, malgré tout ce qu'on lui avait raconté sur la personne en question, qu'on disait « arrogante », il ne trouva pas vraiment d'élément allant dans le sens de ces accusations. Alors, il décida de se comporter comme il le faisait à chaque fois qu'il devait prendre une décision importante : il se mit à poser des questions. Beaucoup de questions.

Tout d'abord, il partit du principe que l'option par défaut, licencier cet employé, était peut-être la bonne.

— Mais je voulais envisager toutes les options.

Celles-ci se réduisaient à « licencier » et « ne pas licencier », de toute évidence. Mais sous « ne pas licencier », Nayan inscrivit plusieurs autres possibilités.

— Je pense que les gens voyaient ça comme l'option « rien de spécial à faire ». Pourtant, il y avait beaucoup de façons d'améliorer la situation sans qu'il perde son emploi, comme le coacher ou le changer de poste.

Nayan commença donc à rassembler un maximum d'informations.

— J'ai discuté avec une grande partie de ses collègues en leur demandant quels étaient, d'après eux, ses bons et ses mauvais points.

Et qu'a découvert Nayan ?

— Ce type était brillant et déterminé. Parfois trop déterminé. Mais son équipe l'appréciait et il faisait office de mentor auprès d'elle.

Finalement, Nayan estima que ça valait la peine de le garder s'il était prêt à établir des contacts et à se montrer plus collaboratif dans le travail.

— La décision que l'on m'avait chargé d'appliquer était plus fondée sur des perceptions que sur des faits. Certains collègues n'aimaient tout simplement pas son style, explique Nayan.

Quand Nayan eut une discussion avec lui, l'homme fut à la fois peiné d'apprendre ce que les autres pensaient de lui et reconnaissant d'avoir une chance de rectifier la situation – ce qu'il fit au cours des trois mois suivants.

L'avocat du diable

Il n'est pas toujours facile de contrer nos propres certitudes. Nous sommes tous conscients d'avoir des angles morts, mais par définition nous ne voyons pas ce qui se trouve à l'intérieur. C'est pourquoi, si l'on a une décision importante à prendre, il est utile de demander à quelqu'un de mettre notre raisonnement à l'épreuve en jouant l'avocat du diable.

➢ Pensez à quelqu'un que vous appréciez et qui a tendance à voir les choses autrement que vous, peut-être à cause de sa personnalité ou de son expérience différentes.

➢ Demandez à votre avocat du diable son avis sur la situation :

- Que voit-il autrement que vous ? Qu'est-ce qui, selon lui, vous échappe ?
- Quels a priori remettrait-il en cause dans votre raisonnement ?
- Quel conseil vous donnerait-il ?

Note : S'il n'est pas possible de parler directement avec la personne, vous pouvez toujours imaginer ses réponses ; il est incroyablement plus facile de repérer les failles de sa propre argumentation quand on se place du point de vue de quelqu'un d'autre. Prenez juste cinq minutes pour écrire ce que, d'après vous, votre avocat du diable aurait à dire sur la question.

➢ Maintenant, supposez qu'il y ait de grandes chances qu'il ait raison. Quelles informations supplémentaires pourraient vous permettre de prendre une décision plus avisée ?

Les participants à l'assemblée annuelle de 2013 de Berkshire Hathaway, la société de Warren Buffett, ont pu assister en direct à une démonstration de la technique de l'avocat du diable. Buffett, qui a de solides connaissances en sciences comportementales et en raccourcis cognitifs, est toujours à la recherche de nouveaux moyens d'avoir ce qu'il appelle « des informations discordantes ». Il aime que l'on mette à l'épreuve ses hypothèses. Il avait donc invité Doug Kass, un détracteur virulent de la stratégie de son groupe d'investissement, pour que celui-ci lui pose des questions devant l'assemblée. Et c'est avec la plus grande amabilité qu'il a répondu aux attaques de Kass sur les perspectives d'investissement, la gouvernance et le plan de redressement de Berkshire Hathaway.

Heureusement, il n'est pas nécessaire de faire un show pour mettre en œuvre cette technique. Il suffit, comme dans le cas de Nayan, de solliciter le point de vue de l'avocat du diable lors d'un échange informel avec ses subordonnés.

L'invitation à la dissidence

Dans le cadre d'un groupe, il ne devrait pas y avoir besoin de chercher des avocats du diable puisqu'on est suffisamment nombreux pour qu'il y ait a priori une variété de points de vue. Mais, comme je l'ai déjà dit, la pensée de groupe est un travers caché dans la plupart des échanges à plusieurs : ainsi, une ou deux personnes qui iraient spontanément dans une autre direction vont se rallier au consensus général (consciemment ou non). Et même si la vision de la minorité s'exprime, le biais de confirmation poussera la majorité à la sous-évaluer. Nul ne veut délibérément effectuer un mauvais choix ; c'est simplement notre manière à nous, humains, de créer de l'harmonie et de la simplicité dans nos esprits.

C'est pourquoi il est important dans un groupe d'inviter *tout le monde* à jouer l'avocat du diable. La recherche montre que votre groupe prendra de meilleures décisions si vous offrez la possibilité, voire si vous demandez, à tous d'exprimer des avis contraires[11].

Comment cela se passe-t-il en pratique ? Eric Schmidt, le président exécutif de Google, explique : « En réunion, je repère les personnes qui n'ont pas encore pris la parole. Ce sont souvent celles qui ont peur de parler mais ont une opinion différente des autres. Je les invite à dire ce qu'elles pensent vraiment, et ça favorise la discussion, et [alors] la bonne idée émerge[12]. »

Pour ma part, quand je suis dans un groupe qui discute d'un sujet important, j'aime aller encore plus loin. Que ce soit moi ou non qui préside la réunion, je propose à tout le monde – même à ceux qui se sont déjà exprimés – de répondre à une question qui suscite la réflexion, telle que :

➢ « Si quelque chose était en train de nous échapper, qu'est-ce que ça serait ? »

➢ « S'il existait une manière totalement différente de voir les choses, quelle serait-elle ? »

➢ « Si un élément vous gênait dans tout ça, quel serait-il ? »

Commencer la question par « si » est important, car le conditionnel permet à chacun de ne pas avoir peur de dire « n'importe quoi », et ainsi d'aller plus loin dans la réflexion. En outre, en demandant à tout le monde de trouver au moins un point qui le dérange, on rend tout à fait acceptable le fait d'exposer ses doutes et ses questionnements : de cette façon, personne ne peut être étiqueté « pénible » parce qu'il ose exprimer son désaccord. Et une fois tous les problèmes sur la table, le groupe peut avoir une vraie discussion sur les moyens de les résoudre. On peut toujours se tromper, mais le risque d'erreur est considérablement réduit.

Pour ses missions les plus importantes, Peggy, notre directrice artistique du précédent chapitre, prend toujours soin de rassembler un échantillon de gens différents pour alimenter sa réflexion. Elle accueille leurs points de vue avec intérêt, même s'ils ne s'accordent pas au sien.

— Nous avons tous nos biais. Du coup, c'est très utile d'aborder une question avec des gens d'horizons différents : une planificatrice, un gestionnaire de compte, une responsable de la création ou un auteur. Ce n'est pas toujours facile d'accepter leurs remarques, mais j'ai appris à poser des questions au lieu de dire : « Je ne suis pas d'accord. » Il arrive fréquemment que quelqu'un fasse une suggestion qui ne me parle pas sur le moment, comme ajouter du texte dans cette pub très visuelle que j'ai conçue pour le désodorisant. Personnellement, les mots me semblaient superflus. Puis j'ai appris que le client avait dit qu'il craignait que l'aspect antibactérien du produit ne soit pas clair pour le consommateur. Et franchement, je n'avais pas réalisé que ça pouvait être un souci pour lui.

Son travail est toujours meilleur après qu'elle a entendu et compris le point de vue de ses contradicteurs, explique Peggy.

Ne jamais dire jamais

Dans les situations complexes, il est rare que la bonne chose à dire, à faire, ou la bonne voie à suivre nous apparaisse d'emblée. Dès qu'il faut prendre une décision importante, que ce soit pour la conduite d'une réunion ou pour un gros investissement, chaque option présente généralement des avantages et des inconvénients. Alors, attention, si vous constatez que vous êtes particulièrement attaché ou, au contraire, très opposé à une idée, il est fort probable que vous soyez victime du biais de confirmation.

Dans le chapitre 1, je vous ai suggéré d'être attentif aux moments où vous employez un « langage absolu » et à considérer toute formule extrême comme un indice de l'influence du biais de confirmation sur vos intentions. Cette vigilance est également très utile pour évaluer les options qui s'offrent à vous ou l'intérêt d'une idée. Soyez à l'affût des affirmations du genre : « C'est ça qu'il *faut* faire ! », « Ça ne marchera *jamais* », « Je ne comprends *absolument* pas pourquoi personne ne veut faire ça. » Prenez du recul, et interrogez-vous :

➢ « Que sommes-nous en train de présupposer ou d'affirmer ? »

➢ « Et si ce n'était pas vrai à 100 % ? Est-ce toujours/absolument/définitivement vrai ? »

➢ « Que nous disent les exceptions ? »

Lorsque Peggy s'entend déclarer que l'ajout de mots supplémentaires dans une publicité n'est « jamais » une bonne idée, elle y voit un indice pour s'interroger sur la réalité de cette affirmation (notamment quand les mots permettent d'expliquer des avantages moins évidents du produit). Dans le cas de Nayan, l'affirmation de ses collègues selon laquelle il fallait « absolument » licencier une personne l'a incité à vérifier si cet « absolument » était vraiment la seule option possible. L'hyperbole est un drapeau rouge très utile sur la route de la vraie sagesse.

L'approche *pre-mortem*

Voici un dernier outil pour faire preuve du maximum de sagacité et réduire les angles morts avant de mettre une décision en œuvre. À partir du moment où l'on accepte qu'il est impossible d'avoir une vision totale des choses, on peut se contraindre à creuser une hypothèse que l'on n'aurait jamais envisagée autrement, à savoir : que notre façon d'appréhender la situation soit complètement et dramatiquement erronée. Le psychologue Gary Klein, directeur de recherche dans l'entreprise de consulting MacroCognition, nomme cette technique « l'approche *pre-mortem* », par référence à l'examen *post mortem* auquel on procède parfois après l'échec d'un projet[13]. Cet examen n'est pas très agréable, sans doute, mais il est libérateur – et nettement plus plaisant qu'un vrai *post mortem* en fin de course, quand tout est raté. Voilà comment procéder :

• Pensez à l'objectif final qui motive votre décision.

• Projetez-vous dans la situation où ce que vous avez décidé échoue. C'est un désastre.

• Maintenant, imaginez-vous ramassant les morceaux. Demandez-vous pourquoi ça a mal tourné. Qu'est-ce qui vous a échappé le jour où vous avez pris cette décision ?

Je me rappelle avoir posé ces questions alors que je travaillais pour une grande firme renommée qui envisageait le rachat d'une petite entreprise avec une culture plus jeune et plus dynamique. J'avais passé la journée avec l'équipe chargée de cette acquisition. On planchait sur la planification préliminaire. Les échanges, qui portaient sur le calendrier et les « livrables », étaient plutôt productifs. Mais le souci avec les projets de fusion, c'est qu'une large part du processus est secret, se fait derrière des portes closes, avant l'annonce officielle. Cela rend le repérage des angles morts encore plus délicat : il est si simple de croire que sa version du monde est exacte quand on n'est pas exposé à la pensée d'autrui.

Alors, j'ai proposé un exercice commençant par : « Dix ans se sont écoulés, et la fusion est présentée comme un échec par toute la presse professionnelle. Pourquoi cela n'a-t-il pas marché ? » Ils ont commencé par rire gentiment, mais se sont néanmoins mis au travail. Leur principale réponse a été : « Nous n'avons pas su préserver leur culture de petite entreprise, alors que c'était l'élément qui l'avait rendue attractive à nos yeux. Sans cette culture, ils n'ont pas pu rester aussi créatifs. » Je les ai poussés à se montrer plus précis. « Eh bien, on est partis du principe qu'ils devraient adopter notre processus opérationnel, c'est ça ? » C'était en effet ce qu'ils venaient de faire pendant plus d'une heure en travaillant avec ardeur à la planification. Je leur ai demandé comment ils auraient pu appréhender les choses plus judicieusement. « On aurait pu se montrer plus nuancés sur les process que nous avions impérativement besoin qu'ils suivent. On aurait dû identifier les domaines où ils pouvaient conserver leur différence. Et on aurait dû leur demander de nous dire quelle liberté d'action et quel soutien il leur fallait pour rester souples et innovants. » Une fois ce *pre-mortem* terminé, qu'envisageaient-ils de faire autrement ? « On ne va pas leur imposer tous nos process. On va cerner tout ce que, selon nous, il est absolument nécessaire d'avoir en commun, puis on en discutera avec eux. » C'était une décision beaucoup plus sage.

Attention à la fatigue du système

Quand nous sommes fatigués, que ce soit physiquement ou mentalement, notre système délibéré a beaucoup plus de mal à intervenir sur les choix du système automatique. Ce qui explique pourquoi nous commettrons sans doute des erreurs si nous n'avons pas assez dormi, après avoir pris de nombreuses décisions, ou après une longue période de concentration. En résumé, à chaque fois qu'on travaille intensément. Il est donc important de rester attentif aux signes d'épuisement du système délibéré si l'on veut conserver toute sa sagacité et sa sagesse.

Vivek est un entrepreneur dont le travail exige énormément de son système délibéré. Son agence intervient dans le monde entier auprès d'entreprises souhaitant connaître le sentiment des consommateurs sur leurs produits.

— C'est une tâche complexe, explique-t-il. Beaucoup de mes clients sont des compagnies de biotechnologies qui fabriquent des médicaments et du matériel de pointe. Il me faut donc connaître les caractéristiques techniques de ces produits pour pouvoir mener une discussion intelligente. Je dois élaborer les bonnes questions pour l'interview et créer des exercices interactifs de manière à ce que les consommateurs répondent sincèrement. Puis, quand je les rencontre individuellement, je dois faire en sorte que la conversation soit fluide tout en restant très attentif au sous-texte de leur discours afin de pouvoir approfondir si nécessaire.

Il a développé un véritable talent pour repérer les moments où son système délibéré est épuisé.

— Quand c'est trop, même les tâches les plus simples deviennent difficiles, comme répondre au mail d'un client ou réduire le temps que je passe sur Facebook.

Dans ces moments-là, il sait qu'il y a de grands risques que son système automatique prenne la main. Dans cet état d'épuisement, il lui est déjà arrivé de faire des remarques peu diplomates ou de prendre le métro jusqu'à l'ancienne adresse de son bureau après avoir déménagé.

Alors, comment Vivek régénère-t-il son système délibéré quand il s'aperçoit qu'il faiblit ?

— Je prends de la distance. Je fais des exercices de respiration et de pleine conscience. Je reste simplement assis, les yeux fermés. Même dix ou quinze minutes suffisent pour retrouver les idées claires. Si c'est possible, je sors aussi courir. Et quand je ne peux rien faire de tout ça, j'essaie de me concentrer sur des tâches qui n'exigent pas trop de mon cerveau, par exemple regarder un tutoriel en ligne. Je continue à bien employer mon temps, mais comme c'est relativement passif, mon système délibéré peut redémarrer.

S'il doit effectuer quelque chose d'important, Vivek utilise plusieurs des techniques de contre-vérification du chapitre précédent pour s'assurer qu'il n'est pas passé en pilote automatique.

— Mais j'ai également deux ou trois astuces qui m'aident à vérifier que mon système délibéré est bien engagé à un moment majeur, précise-t-il. Par exemple, à chaque fois que je rédige un mail crucial, je veille à bien débuter et terminer par des formules de politesse. Commencer par « Cher Monsieur » ou « Chère Madame » me rappelle que je dois faire attention à ce que j'écris. C'est un signal pour ralentir, engager mon cerveau correctement, et contrôler ce que je fais.

Pour être aussi sensible que Vivek aux moments où votre système délibéré a besoin de se régénérer, restez à l'affût des signes vous indiquant qu'il n'est pas au meilleur de sa forme. Par exemple :

➢ Vous vous sentez impatient ou irritable.

➢ Vous n'arrivez plus à vous concentrer ou à réfléchir.

➢ Vous commencez à commettre de petites erreurs ou à avoir des paroles malheureuses.

Puis réagissez d'une des manières qui suivent :

➢ Accordez-vous une vraie pause, dans l'idéal en bougeant. Si ce n'est pas possible, prenez une « pause pleine conscience » telle que je vous l'ai présentée au chapitre 6 : concentrez-vous quelques minutes sur votre respiration (ou tout autre point de focalisation simple).

➢ Détournez votre attention vers une tâche routinière exigeant moins de votre cerveau.

➢ Soyez encore plus vigilant en contrôlant ce que vous faites grâce à une ou plus des cinq techniques de contre-vérification indiquées au début de ce chapitre.

Résoudre (plus) facilement un dilemme

Pour clore ce chapitre, voici un dernier conseil pour les situations dans lesquelles il est particulièrement difficile de déterminer la solution la plus judicieuse : quand il faut choisir entre deux actions si différentes que toute comparaison est presque impossible. Les anciens Grecs parlaient de *dilemme*, ou « double proposition », dans la mesure où l'on fait face à deux possibilités très dissemblables et que chacune semble être la meilleure voie à suivre. Supposez par exemple qu'on vous offre un billet pour une conférence dans votre secteur d'activité. Vous avez très envie d'y assister, car cela vous permettrait de parler autour de vous d'un projet qui vous tient à cœur. Sauf qu'un collègue que vous aimez bien vous a confié qu'il essayait d'élargir son réseau en se rendant à un plus grand nombre de conférences. Que faire ? Lui donner le billet ou pas ? Une option est bonne pour votre projet, l'autre pour votre collègue. Les deux ont de l'importance. Bon sang, que choisir ?

À Harvard, l'économiste Ting Zhang et ses collègues ont constaté lors de diverses expériences qu'avec un subtil changement de positionnement on pouvait résoudre de tels dilemmes. Pour cela :

➢ Ne vous demandez pas : « Qu'est-ce que je *devrais* faire ? »

➢ Mais demandez-vous : « Qu'est-ce que je *pourrais* faire ? »

Pourquoi l'emploi de « pourrais » s'est-il révélé plus efficace que celui de « devrais » pour résoudre la quadrature du cercle lors des expérimentations de Zhang[14] ? Les résultats obtenus par Zhang prennent tout leur sens si on garde à l'esprit l'axe découverte-défense. Le simple fait de penser en termes de « devoir » peut suffire à nous contrarier en nous donnant le sentiment d'être contraint et forcé. La coloration négative qui en ressort nous fait passer en mode défensif, altérant notre capacité à réfléchir avec créativité et ouverture aux options qui s'offrent à nous. À l'inverse, le verbe « pouvoir » nous donne un sentiment d'autonomie et l'impression qu'il existe des possibilités et que nous avons le choix. En nous permettant de rester en mode découverte, « pouvoir » nous incite à faire appel à ce qu'il y a de plus avisé et de plus clairvoyant en nous.

Aussi, au lieu de vous tourmenter en vous demandant : « Est-ce que je *devrais* lui donner le billet ? », vous vous direz peut-être : « Est-ce que je *pourrais* demander un deuxième billet ? » À moins que vous ne vous rendiez compte que vous n'allez de toute façon pas réussir à passer toute la journée à la conférence. Vous pourriez vous renseigner pour savoir s'il est possible de partager le billet entre votre collègue et vous – deux options qui ont moins de chances de vous venir à l'esprit si vous êtes occupé à batailler avec votre culpabilité. Alors, la prochaine fois que vous vous sentirez coincé face à un dilemme moral, oubliez le « devrais » et essayez un « pourrais ».

PRENDRE DES DÉCISIONS INTELLIGENTES

La prochaine fois que vous aurez un choix à faire, qu'il soit important ou mineur :

- **Repérez le moment où c'est votre système automatique qui parle :** « De toute évidence, c'est exact [ou de toute évidence, c'est faux] », « J'ai entendu récemment XYZ... donc... », « Tout le monde est d'accord », « Je comprends, donc ça doit être juste », « Tenons-nous-en à ce que nous savons », « C'est la seule option possible ».

- **Adoptez une routine de contre-vérification.** Essayez chacune des attitudes suivantes et introduisez-en au moins une dans vos habitudes :

— Ne pas retenir l'option par défaut : « Quelle autre possibilité pourrait-il y avoir, et quels en seraient les avantages ? »
— Jouer l'avocat du diable : « Comment pourrait-on voir les choses autrement ? »
— Inviter à la dissidence : « Si un élément vous gênait dans tout ça, quel serait-il ? »
— Ne jamais dire jamais : « Est-ce toujours/absolument/définitivement vrai ? »
— Mener un *pre-mortem* : « Si les choses tournaient à la catastrophe, quelle en serait la cause ? »

- **Attention à la fatigue du système.** Si vous vous sentez impatient, distrait ou maladroit :

— Accordez une « pause pleine conscience » à votre système délibéré.
— Transférez votre attention sur des tâches plus routinières.
— Prenez des mesures de contre-vérification supplémentaires pour compenser les raccourcis de votre système automatique.

- **Résoudre plus facilement les dilemmes.** Demandez-vous : « Que *pourrais*-je faire » au lieu de : « Que *devrais*-je faire ? »

13

Booster son cerveau

Dans ce chapitre, j'aimerais vous proposer un ensemble de techniques qui vous permettront d'appréhender chaque tâche – qu'elle demande une vision, de la sagacité ou toute autre prouesse intellectuelle – au sommet de vos capacités mentales. Dans un premier temps, je vous présenterai trois moyens d'aborder un travail de manière à faciliter au maximum la réflexion. Puis je vous montrerai comment déployer quelques-uns des concepts présentés dans les chapitres précédents pour booster vos performances.

Arrivez dans un état d'esprit positif

Les tâches les plus importantes ou les plus intéressantes impliquent souvent de résoudre des problèmes – et quand on y parvient, c'est vraiment très stimulant. Cependant, si la façon de s'y prendre n'est pas évidente sur le moment, on peut facilement se sentir nerveux. Or, lorsqu'on a peur de ne pas être à la hauteur ou qu'on ne voit pas par quel bout aborder une question, notre système automatique risque de considérer la situation comme une menace pour notre sentiment de compétence et notre statut social. Si l'on échoue à empêcher la réaction de lutte-fuite-inhibition qui s'ensuit, cela peut nous rendre un peu plus bêtes – moins subtils dans notre manière de penser ou plus imprudents dans nos actions –, alors qu'il faudrait au contraire faire preuve de sagesse et de réflexion. Autrement dit, notre système délibéré nous fait défaut au moment même où nous avons le plus besoin de lui.

Alors, comment faire pour améliorer la qualité de sa réflexion quand on s'attelle à une tâche importante ? L'astuce consiste à neutraliser la sensation de menace pour opérer en mode découverte et non en mode défensif. Or, il suffit de peu pour redresser la barre : juste focaliser son attention quelques instants sur quelque chose d'attractif. Dans le cadre d'une expérimentation, on a distribué à plusieurs sujets le dessin d'un labyrinthe en leur demandant d'aider une petite souris à en sortir. Les chercheurs qui dirigeaient l'expérience se sont rendu compte qu'il était possible d'augmenter les performances des participants de 50 % en dessinant près de la sortie un fromage plutôt qu'une chouette prête à l'attaque[1]. Dans notre cas, le « fromage » pourra prendre la forme d'une pensée sur les aspects positifs de la tâche à mener, tels que les progrès déjà réalisés, ou même le souvenir des meilleurs moments de la journée. Toutes ces « images » sont autant de moyens de détourner l'attention de notre cerveau de la menace pour la transférer sur la récompense, et d'accéder ainsi plus facilement à nos ressources cognitives.

Ros, notre cadre dirigeante dans le domaine de la santé du chapitre 10, commence toutes ses réunions en gardant ce fait à l'esprit.

— Nous avons actuellement un énorme projet qui se déroule bien à 95 %, mais où trois points posent problème, explique-t-elle. On s'interroge beaucoup sur ces trois aspects, et je sens mon équipe se crisper à chaque fois qu'on aborde le sujet. Alors, maintenant, je commence toujours les réunions en évoquant ce qui a été accompli récemment. C'est fou de voir à quel point ça calme les esprits et comme ça aide chacun à avoir les idées plus claires. Il n'est pas question de contourner ni d'éluder le problème, tient-elle à préciser. Mais débuter par ce qui marche bien met tout le monde dans de meilleures dispositions. On se penche ensuite sur ce qui *ne marche pas* sans être sur la défensive.

Notez que le but n'est pas de détendre les gens au point qu'ils ignorent les problèmes ou qu'ils oublient de se méfier des angles morts évoqués dans le chapitre précédent : biais de confirmation, pensée de groupe, effet de récence, aversion à la dépossession (ou effet de dotation) et aisance cognitive. Tant que nous n'avons pas vérifié nos raccourcis éventuels, nous sommes susceptibles de prendre de mauvaises décisions. Mais si nous creusons les sujets délicats sans basculer ou faire basculer les autres en mode défensif, il devient plus facile de discuter de ces éventuels points aveugles de manière constructive. Alors, nous nous retrouvons dans le meilleur des mondes, intellectuellement parlant : nous sommes suffisamment à l'aise pour laisser notre réflexion partir dans différentes directions, et assez rigoureux pour mettre nos idées à l'épreuve de la réalité.

Voici quelques conseils pratiques pour aborder les tâches les plus exigeantes et les situations de crise en mode découverte :

• Avant de vous plonger dans les détails de votre tâche, faites le bilan des derniers événements positifs. Vous pouvez le faire seul ou avec d'autres en début de réunion. Par exemple :

• Prenez un moment pour vous remémorer une ou deux choses positives qui se sont passées aujourd'hui ou dans la semaine. (Même s'il s'agit de petites victoires ou de détails sans rapport avec votre travail actuel. Peut-être quelqu'un vous a-t-il apporté un café ce matin quand vous ne vous y attendiez pas. Ce qui compte, littéralement, c'est la pensée.)

• Si vous avez déjà travaillé sur cette tâche, passez en revue vos dernières avancées et identifiez ce qui vous a permis de réaliser ces progrès.

— Je veille toujours à entamer chacune de mes activités de bonne humeur, affirme Peggy, notre directrice artistique. C'est extrêmement difficile d'arriver à quelque chose de génial quand on est énervé, en colère ou fatigué. On ne peut pas travailler si on se sent menacé.

L'une de ses méthodes préférées avant de se plonger dans un brief consiste à prendre un moment pour penser à un aspect plaisant de son métier.

— Par exemple, je me dis qu'il me donne la chance de faire des choses différentes tous les jours. J'aime apprendre des trucs nouveaux, et j'ai eu l'occasion de travailler sur des projets concernant des médicaments, des boissons sans alcool ou encore de la bière, pour n'en citer que quelques-uns.

En l'aidant à se mettre dans un bon état d'esprit et en mode découverte, ce moment d'appréciation lui donne la force nécessaire pour relever les défis de la journée.

Schématisez le problème

Vous êtes fatigué. La tâche est difficile. Vous vous efforcez de garder les idées claires, mais votre esprit est embrumé et vous avez l'impression d'aller droit dans le mur. Ça vous rend irritable ou anxieux, voire les deux. On se sent souvent dans cet état quand le système délibéré est surchargé. Mais il est possible de donner un coup de main à notre cerveau débordé en structurant notre tâche de manière à ne nous occuper que d'une partie du problème à la fois au lieu de chercher à tout résoudre en même temps.

Laissez-moi vous donner un exemple. Imaginez que vous soyez jardinier paysagiste et que vos bénéfices soient inférieurs à vos prévisions. Vous vous demandez comment faire pour améliorer la situation avant que votre banquier ne vous tombe dessus. Une possibilité consiste à ne plus faire appel à la personne qui vous aide ponctuellement (appelons-la Franck). Sauf qu'il y a certains travaux que vous ne pouvez pas effectuer seul. Vous devrez donc refuser les plus gros projets, c'est-à-dire ceux qui rapportent le plus. Votre cerveau est d'ores et déjà épuisé.

Alors, essayez d'envisager le problème par étapes. Tout d'abord, écrivez la question à laquelle vous voulez répondre : « Comment augmenter les bénéfices ? » Puis cherchez les différentes voies qui s'offrent à vous. Les bénéfices sont le résultat de votre chiffre d'affaires moins vos dépenses. Vous avez donc la possibilité d'augmenter les recettes ou de réduire les coûts. Ou les deux. Vous résumez cela sous la forme d'un schéma à deux embranchements à partir de votre question centrale. D'accord, vous ne gagnerez pas le prix Nobel d'économie avec ça, mais vos idées sont déjà un peu plus claires.

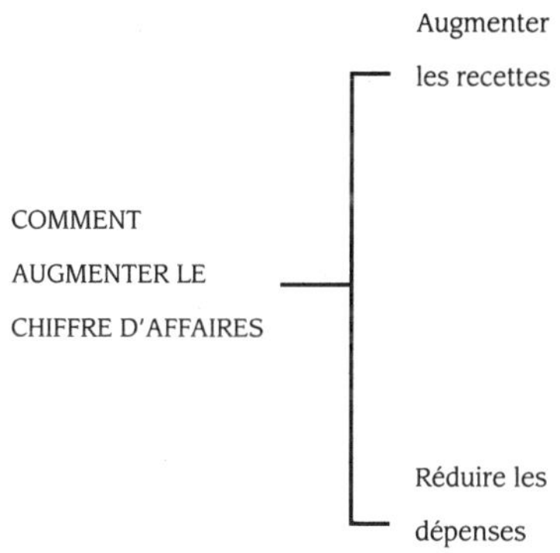

Maintenant, oubliez la branche « Réduire les dépenses » un moment pour vous concentrer sur « Augmenter les recettes ». Quels sont les moyens de faire rentrer plus d'argent ? Vous pouvez demander plus cher pour la même quantité de travail. Ou travailler plus.

Cela posé, revenez à la branche « Réduire les dépenses ». L'une de vos dépenses les plus importantes est la main-d'œuvre occasionnelle, mais il y a également d'autres éléments, comme le matériel, les transports, le marketing. Représentez-les sur votre schéma.

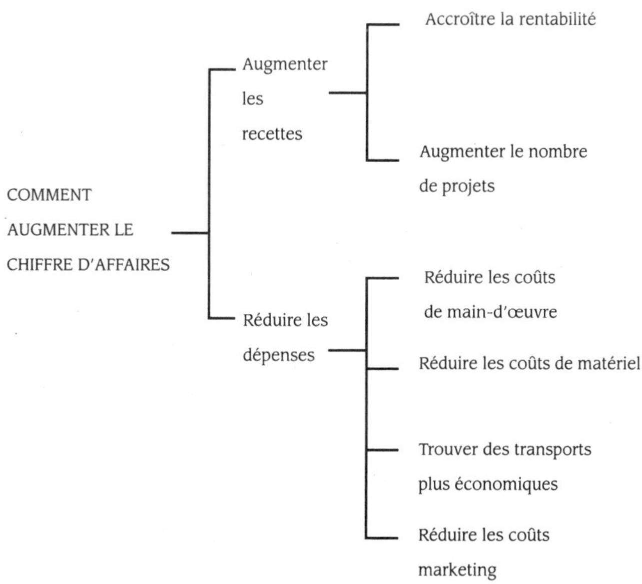

À ce point, cela donne l'impression d'avoir plusieurs axes à explorer. L'esprit désormais moins embrouillé, vous pouvez examiner successivement les différents embranchements et – pourquoi pas ? – les ramifier à leur tour.

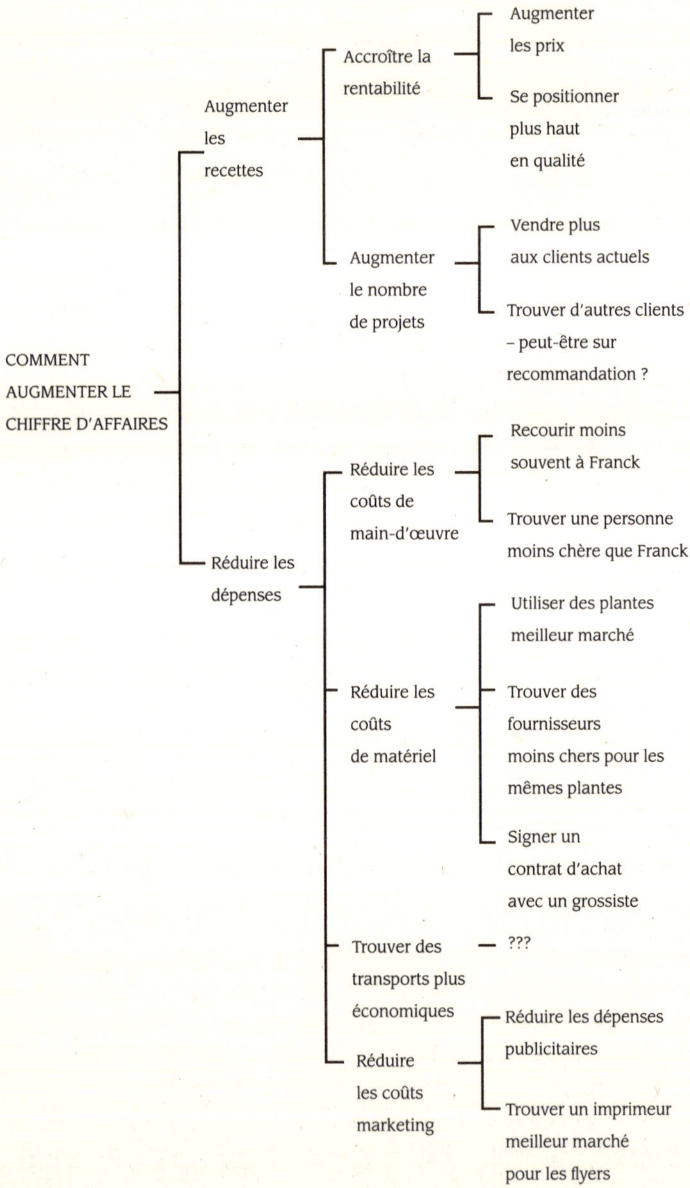

À présent, vous avez une belle liste de solutions à essayer. Toutes ne vous plaisent pas, et il y a quelques lacunes. Mais vous avez l'esprit plus clair dans la mesure où, à chaque stade, vous n'avez qu'une ou deux pistes à examiner à la fois. Résultat, vous commencez à vous rendre compte que plusieurs options intéressantes s'offrent à vous. Par exemple, acheter vos fournitures en gros, demander à vos clients actuels de vous recommander autour d'eux, et jeter un coup d'œil à la concurrence pour voir si vous n'êtes pas au-dessous des prix couramment pratiqués.

C'est là l'une des astuces du métier que mes collègues et moi-même utilisions chez McKinsey. Cette agence de consulting est connue pour sa capacité à appréhender rapidement un sujet dans sa globalité, et ce genre de schématisation était souvent l'un des premiers outils dont nous nous servions pour approcher les problèmes difficiles. Parfois, il n'est même pas nécessaire de schématiser toutes les options, une ou deux séries de ramifications suffisant à déclencher l'inspiration. Dans le chapitre précédent, j'ai décrit comment Nayan (notre directeur financier d'établissement bancaire) s'est retrouvé dans la situation de devoir prendre une décision délicate au sujet d'un employé. Dans son cas, le simple fait de tracer les deux ramifications : « Licencier/Ne pas licencier » lui a permis de se rendre compte qu'il existait de nombreuses possibilités derrière l'embranchement « Ne pas licencier ». Diviser systématiquement le problème a suffi pour que Nayan voie ces options.

Mobilisez votre cerveau social

Comme je l'ai indiqué dans la partie III, les humains sont des êtres profondément sociaux, et même le plus ombrageux d'entre nous dépense une quantité d'énergie impressionnante à s'interroger sur les motivations et les perceptions de ses congénères. Menant un monologue incessant, notre cerveau se pose constamment des questions. Nous voici dans l'ascenseur : « Est-ce que cet homme avec un bonnet fluo est un ouvrier ou s'agit-il d'une nouvelle mode ? Pourquoi le porte-t-il dans l'ascenseur ? Quel genre de personne peut-il être ? » Et l'on ne remarque pas uniquement ce que portent les gens : on observe aussi leurs attitudes, on juge le contexte, on se fait une idée sur eux, et on imagine ce qu'ils pensent de nous. Tout ça avant même d'avoir ouvert la bouche pour déclarer : « J'aime bien votre bonnet. »

Notre cerveau a donc une faculté d'évaluation sociale extrêmement développée, au point que l'on mémorise et traite mieux les informations si elles sont socialement encodées – c'est-à-dire si les faits se situent dans un contexte en rapport avec des émotions ou des comportements humains[2]. Cela explique pourquoi on se souvient facilement d'un commérage, avec tout ce qu'il a d'humain et de croustillant, alors qu'on doit faire un effort pour mémoriser des numéros de téléphone ou une longue liste d'instructions. De la même façon, nous pouvons nous aider (ou aider les autres) à comprendre plus facilement des sujets épineux en les intégrant dans une histoire humaine.

C'est ce que je constate en formation à chaque fois que je tente d'expliquer un exercice compliqué à des clients ou des collaborateurs. Si je donne des instructions abstraites, par exemple en leur demandant de « former plusieurs groupes de trois pour que deux personnes puissent chacune poser des types de questions différents à une troisième avant d'échanger les rôles au bout de quinze minutes », le déroulé est très clair dans ma tête. Mais, souvent, il ne l'est que pour moi, et je vois les regards s'embrumer. Du moins, jusqu'à ce que je dise exactement la même chose en utilisant des noms et des motivations réelles. Je commence par : « Imaginez que vous, le Mahatma Gandhi et moi-même formions un groupe et nous asseyions ensemble », et brusquement tout s'éclaire.

Des études tendraient même à prouver que l'on obtient de meilleurs résultats à des tests de logique pure si ceux-ci sont présentés dans un contexte social. Pour le démontrer, des chercheurs se sont servis d'un test appelé la « tâche de sélection de Wason[3] ». Ce casse-tête se présente comme suit : on dispose devant une personne quatre cartes ayant une lettre d'un côté et un chiffre de l'autre. Les faces visibles sont : D, F, 3, 7. On demande à la personne de vérifier que la règle suivante est bien respectée : si une carte a un D sur une face, elle a obligatoirement un 3 sur l'autre. Quelle carte lui faut-il retourner ?

D	F	3	7

Trouvé ? La solution n'est pas seulement de retourner D. Ni D et 3, car la règle ne dit pas que le 3 doit avoir un D sur l'autre face. Il s'agit de D et de 7, car si vous retournez le 7 et qu'il y a un D de l'autre côté, cela prouve que la règle n'est pas respectée. Si ce n'est pas évident pour vous, ne nous inquiétez pas : au moins 75 % des gens se trompent.

Maintenant, essayez de cette façon. Vous êtes barman. Vous devez absolument vous assurer que les buveurs de bière de votre bar ont plus de vingt et un ans, sinon vous perdrez votre licence. Les cartes contiennent des informations sur vos clients : d'un côté ce qu'ils boivent, de l'autre, leur âge (réel). Laquelle ou lesquelles devez-vous retourner pour voir si la règle des vingt et un ans est respectée ?

Bière	25	Coca	16

La réponse ? Vous devez retourner les cartes « Bière » et « 16 ». Autrement dit, si vous voyez quelqu'un boire une bière, vous vérifiez son âge ; si vous voyez quelqu'un qui semble avoir moins que l'âge autorisé, vous vérifiez ce qu'il boit. La structure logique est identique à la précédente, mais environ 75 % des gens (et vous, probablement) trouvent la solution[4]. Cela fait trois fois plus de réponses correctes simplement en se plaçant dans un contexte social.

Au travail, vous pouvez vous servir de cette découverte face à un problème analytique ou conceptuel ardu simplement en le reformulant en termes de relations sociales. Voici quelques suggestions :

➢ **Personnalisez les éléments de base du problème, et imaginez-les en interaction.** Par exemple, si vous vous interrogez sur la quantité de produits que doit fabriquer l'usine A pour répondre au calendrier de production de l'usine B, imaginez que les usines soient Anna et Bob et que ces deux personnages essaient de coordonner leurs charges de travail.

➢ **Visualisez une personne réelle dans la situation ou le processus.** Par exemple, si vous cherchez comment améliorer le service aux consommateurs, imaginez l'un de vos amis en tant que client, et suivez-le dans toutes les étapes de ses interactions avec votre société. Que trouverait-il frustrant ou compliqué ?

Cette mise en contexte social permettra peut-être à votre cerveau de gagner encore en puissance, à moins qu'elle ne vous révèle des perspectives qui ne vous apparaissaient pas jusqu'alors.

Retour à l'essentiel

Il y a quatre points que j'ai mentionnés plus haut sur lesquels j'aimerais revenir tant ils sont fondamentaux pour aiguiser son esprit quand on doit relever un défi. Il s'agit respectivement de : planifier de longues périodes de réflexion dans son emploi du temps ; organiser son environnement ; faire passer le sommeil en priorité ; et bouger régulièrement.

Réfléchir sans être dérangé

Dans le chapitre 4, j'ai parlé de l'importance de réduire les distractions, car, on le sait, faire plusieurs choses à la fois accroît les risques d'erreur. C'est pourquoi, pour être efficace, il est indispensable de réserver des moments de tranquillité pour les tâches intellectuelles plus difficiles afin d'être sûr de pouvoir réfléchir sans être dérangé.

Mais vous faites peut-être partie des gens qui pensent que s'exposer à des informations extérieures nous rend plus créatifs. D'autant qu'au chapitre 8 nous avons vu pourquoi inciter notre cerveau à explorer d'autres points de vue et à établir de nouvelles connexions nous permettait d'avoir des idées novatrices. Sauf que tout dépend de la *manière* dont on intègre ces nouvelles informations. On n'a pas de véritable idée de génie avec une attention discontinue. Teresa Amabile et son équipe de la Harvard Business School se sont intéressées aux habitudes de plus de 9 000 personnes travaillant sur des projets nécessitant de la créativité et de l'innovation. Elles ont constaté que la probabilité d'avoir une pensée créative était plus forte quand celles-ci restaient concentrées sur une seule activité pendant une bonne partie de la journée. À l'inverse, cette probabilité diminuait significativement lorsque leur temps de travail était très fragmenté[5]. Ce constat est probablement à rapprocher de ce que les neuroscientifiques appellent la *période préparatoire*, cet étonnant moment de calme au sein de l'activité neuronale juste avant que ne surgisse l'illumination[6]. Qu'une alerte mail résonne à cet instant, et notre tranquillité mentale s'évanouit – emportant avec elle l'idée géniale qui était sur le point d'émerger.

Comme beaucoup de gens, Peggy, notre directrice artistique dans la pub, doit souvent travailler en open space, où il est plus difficile de ne pas être dérangé. Comment se débrouille-t-elle ?

— Quand je peux, je m'installe dans une salle de réunion, explique-t-elle. Et si ce n'est pas possible, j'élimine bon nombre de distractions en coupant les alertes et en mettant mon téléphone en mode avion.

Peggy s'est aussi rendu compte que son agenda se remplissait très rapidement de réunions diverses.

— Ce qui ne me laisse que les débuts et les fins de journée pour réfléchir, c'est-à-dire les moments où je suis souvent fatiguée. Alors, j'ai décidé de faire de ces périodes de réflexion une vraie priorité en leur réservant des plages horaires sur mon agenda comme pour n'importe quelle autre réunion.

Si vous bloquez des créneaux pour réfléchir et réussissez à les préserver, cela mérite de prévoir une récompense – par exemple, une promenade ou un petit moment de discussion avec un collègue que vous appréciez. Grâce à ce cadeau, votre cerveau sera plus enclin à se remettre dans cette attitude d'extrême concentration la fois suivante.

Un bon environnement pour réfléchir

Dans le chapitre 3, j'ai montré comment de subtils signaux au sein de notre environnement pouvaient nous aider à rester fidèles à nos intentions grâce aux facultés associatives du cerveau, toujours prêt à remettre en route d'anciennes associations. Par exemple, s'il existe quelque part dans notre encéphale une connexion entre un bureau en ordre et des idées claires, nous réfléchirons sans doute mieux en ayant rangé notre bureau.

— La façon dont différents environnements affectent mon travail m'intéresse beaucoup, confie Peggy. Je me suis aperçue que ma réflexion s'élargit quand j'ai l'impression d'avoir de l'espace pour penser. Du coup, j'aime que l'endroit où je travaille reste sobre. J'aime les environnements lumineux ; ils me donnent le sentiment de l'être également. J'aime tenir un crayon entre mes doigts parce que cela signifie que je suis prête à noter de nouvelles idées.

Ces petits signes sur son lieu de travail créent de l'ouverture, de la réactivité et de la concentration dans son esprit, car elle les associe au type de réflexion qu'elle peut avoir quand elle se sent au mieux de sa forme.

Elle fait même attention à ce qu'elle porte.

— En tant qu'indépendante, je travaille souvent chez moi, et il serait tentant de rester en pyjama. Quelle importance, pas vrai ? Mais je tiens à me préparer tous les jours comme si j'allais au bureau. Chaussures, coiffure, la totale. Si je reste en pyjama, je me sens molle et à moitié réveillée. Alors qu'en m'asseyant à mon bureau habillée j'ai le sentiment d'être prête mentalement.

Pour Peggy, c'est un moyen supplémentaire de s'assurer une réflexion de qualité.

Par conséquent, demandez-vous quels signes sont associés dans votre esprit à une réflexion de qualité, et cherchez comment vous en entourer sur votre lieu de travail. N'oubliez pas que ce qui fait émerger le meilleur de vous-même est entièrement personnel. Il est tout à fait possible que, à l'inverse de Peggy, vous associiez peignoir et obscurité à créativité (peut-être est-ce ainsi que vous avez un jour réalisé votre travail le plus novateur). Si c'est le cas, éteignez la lumière et enfilez votre peignoir fétiche.

Dormez pour vous réveiller plus intelligent

J'ai précisé au début de ce livre que le système délibéré a besoin de repos pour fonctionner à son niveau optimal. Une bonne nuit de sommeil, et l'on met notre cerveau dans les meilleures conditions possibles pour mobiliser toute notre intelligence au moment nécessaire. Une mauvaise nuit, et nous voici avec quelques points de QI en moins. Matthew Walker, directeur du laboratoire de sommeil et neuro-imagerie de l'université de Berkeley en Californie, a conduit plusieurs études qui démontrent ce fait. L'une d'elles a établi qu'on arrive deux fois mieux à repérer des schémas complexes au sein d'une information après une bonne nuit de sommeil. Dans une autre expérience, les participants ont résolu 30 % d'anagrammes en plus après des périodes de repos comprenant des phases de sommeil paradoxal – plus nombreuses quand on dort longtemps[7].

Bien entendu, nous pouvons mobiliser notre énergie pour continuer à travailler malgré la fatigue – nous ne le savons que trop bien ! Car, tant qu'il s'agit de problèmes familiers et prévisibles, il suffit de nous mettre en pilote automatique[8]. Et si nous sommes vraiment passionnés par notre tâche et que nous souhaitions faire un effort mental supplémentaire pour rester concentrés, nous pouvons exiger de notre système délibéré un bref coup de collier. Mais quand la tâche qui nous occupe n'est ni routinière ni passionnante (c'est-à-dire la majorité du temps), nous n'avons pas la flexibilité mentale qui nous permettrait de donner notre pleine mesure en étant fatigués.

En outre, nous avons besoin de dormir suffisamment chaque nuit pour tirer profit de nos expériences diurnes. En une nuit, nous passons successivement par plusieurs cycles de sommeil – sommeil léger, sommeil profond et sommeil paradoxal – d'une durée de quatre-vingt-dix à cent vingt minutes. Chaque type de sommeil joue un rôle légèrement différent dans le traitement de nos expériences, qu'il s'agisse de revisiter les événements de la journée, de mémoriser ce qu'on a appris, de renforcer les voies neuronales autour des informations nouvelles pour s'en rappeler plus facilement dans le futur, ou de connecter ces informations à des connaissances déjà encodées[9]. Après une nuit de sommeil avec un nombre suffisant de ces cycles, nous allons certainement nous réveiller en comprenant mieux ce qui nous est arrivé la veille. À l'inverse, une nuit courte signifie que nous fabriquons moins de souvenirs à long terme et d'occasions de compréhension profonde. En résumé : nous mémorisons moins et apprenons moins.

Ce qui n'empêche pas beaucoup d'entre nous de continuer à penser qu'ils peuvent brûler la chandelle par les deux bouts. Tout le monde comprend qu'un conducteur qui n'a pas assez dormi risque d'avoir un accident, mais dès qu'il s'agit de travail intellectuel, nous avons tendance à nous croire immunisés contre les effets du manque de sommeil.

Travailler tard dans la nuit reste courant dans certaines professions où l'on estime qu'il est plus important de respecter les délais (et montrer comme on est fort) que de dormir. Sauf que personne n'échappe aux lois de la neurobiologie. Ce qui se traduit par de grosses erreurs de jugement. Andrew, spécialiste en placements financiers, m'a raconté comment ses collègues multipliaient les bourdes à chaque fois qu'on leur demandait de rester toute la nuit au bureau en période de grosses transactions :

— Ils étaient tellement épuisés qu'ils envoyaient des mails importants à la mauvaise personne et divulguaient au vendeur des informations hautement confidentielles destinées à l'acheteur. Tout ça avec des résultats désastreux.

Peggy a appris à faire passer le sommeil en priorité, y compris quand elle est charrette.

— Je travaille tard pour essayer de terminer un boulot difficile en me disant : « Il faut que je tienne pour finir ce truc. » Mais ce n'est pas comme ça qu'on fait du bon travail. Il y a toujours un moment où je me rends compte que, si je vais dormir un peu, le lendemain je bouclerai ça en dix fois moins de temps qu'en restant assise là, en retard et frustrée.

Parfois, on se couche, bien décidé à s'offrir une bonne nuit de sommeil, et pourtant rien à faire, on n'arrive pas à s'endormir. On en connaît tous les raisons : le stress des longues journées de travail avec des trajets interminables, la perspective de se lever aux aurores pour préparer les enfants, etc. Mais il existe une autre cause dont on a rarement conscience : c'est l'habitude, pour beaucoup d'entre nous, de dormir près de son téléphone ou de sa tablette. Cette proximité nous expose à des ondes lumineuses bleues qui bloquent la sécrétion de mélatonine, l'hormone signalant à notre organisme qu'il est temps de dormir. Ces ondes bleues font croire à notre cerveau qu'on est en plein jour. Naturellement, cela rend l'endormissement plus difficile. Le département de médecine du sommeil de Harvard a d'ailleurs démontré que la sécrétion de la mélatonine est retardée de quatre-vingt-dix minutes chez les personnes exposées à une lumière vive avant le coucher par rapport à celles placées dans un environnement faiblement éclairé – ce qui, évidemment, réduit d'autant le temps de sommeil[10].

Voici quelques suggestions pour un sommeil intelligent :

➢ **Lui donner la priorité.** Peu importe que vous vous sentiez à peu près en forme : vous seriez plus vif si vous ne manquiez pas de sommeil. Alors, s'il est tard et si vous hésitez à continuer à travailler : allez vous coucher. Vous serez plus rapide et plus efficace demain matin – vous maîtriserez mieux les choses et ferez plus facilement des liens.

➢ **Diminuer la luminosité de la pièce.** Exposez-vous à un minimum de lumière avant le coucher. Évitez de vous servir de votre téléphone comme réveil pour ne pas être tenté de regarder l'écran. Si vous aimez lire des e-books, utilisez un appareil à lumière diffuse.

➢ **Mettez en place un rituel.** Vous aurez plus de facilité à vous endormir si vous faites toujours les mêmes choses avant de vous coucher, car votre cerveau associera cette routine à l'injonction « Il est temps de dormir ». Idéalement, un tel rituel inclut le fait de se coucher à la même heure chaque soir, avec des activités bien définies jusqu'au moment de se mettre au lit.

Enfin, s'il vous est vraiment impossible de satisfaire totalement vos besoins de sommeil (à cause de vos horaires de travail ou de vos responsabilités familiales), sachez que des études encourageantes montrent que des courtes siestes suffisent à rendre les idées plus claires et à améliorer la réflexion. La NASA, très intéressée par les effets de ce qu'elle appelle les « siestes stratégiques », a mené une expérimentation sur ce sujet (parmi de nombreuses autres). Celle-ci a prouvé qu'une sieste de vingt-cinq minutes augmente les performances de 34 % et la réactivité de 54 %[11]. Par ailleurs, les siestes d'une heure à une heure et demie sont suffisamment longues pour améliorer la mémoire[12].

On comprend mieux pourquoi des compagnies comme Google, Huffington Post, Cisco, Nike et Procter & Gamble ont installé des salles de repos pour que leurs employés puissent faire la sieste. Malgré tout, ce genre d'installation reste très rare sur les lieux de travail. Quant à moi, j'ai toujours dans mon sac mes bouchons d'oreille et mon masque, et je suis célèbre pour mes micro-siestes, la tête dans les bras sur mon bureau. Je connais aussi des gens qui s'installent dans leur voiture ou s'enferment dans une petite salle de réunion pour dormir un peu, parfois avec des « coussins autruche » spécialement conçus pour la sieste (eh oui, ce genre de choses existe). Selon une enquête internationale de la National Sleep Foundation (Fondation nationale pour le sommeil), un tiers des personnes augmenterait régulièrement sa dose de sommeil – et ses ressources mentales – en faisant la sieste[13]. C'est d'ailleurs le cas de David Allen, le grand spécialiste de la productivité, auteur de *S'organiser pour réussir*[*]. Il m'a confié qu'il essaie de dormir de vingt-cinq à quarante-cinq minutes tous les après-midi, ce qui, m'a-t-il assuré, est « beaucoup plus efficace qu'un café[14] ».

Bouger (juste un peu)

Pour finir, j'aimerais rappeler un moyen simple de booster rapidement vos capacités mentales : sauter sur place. Une kyrielle d'études prouvent que l'exercice physique augmente les facultés de concentration et de mémorisation, accélère la vitesse de réaction, et améliore l'apprentissage et les capacités d'organisation[15]. Bouger nous rend aussi plus aptes à résoudre des problèmes complexes. Ce fait a été démontré en faisant passer à des sujets une série d'épreuves rassemblées sous le nom de « test de Stroop ». Dans l'une d'elles, ils devaient lire le mot « rouge » imprimé en bleu, et donner la bonne réponse quand on leur demandait de quelle couleur était imprimé le mot – ce qui est moins simple qu'il n'y

* Paris, Leduc, 2008. *(N.d.l.T.)*

paraît. En faisant juste un tout petit peu d'exercice avant, les sujets ont obtenu de meilleurs résultats au test. Apparemment, la seule chose que l'exercice physique n'arrive pas à faire, c'est à répondre aux mails à votre place – même si on a plus de chances de parcourir efficacement sa boîte mail après s'être dépensé.

En résumé, l'exercice affûte la lame. Mais jusqu'où doit-on l'affûter ? Faut-il courir ? Haleter et transpirer ? La bonne nouvelle, c'est que, d'après les recherches, il suffirait de vingt à trente minutes d'activité physique modérée pour profiter des bienfaits du sport sur nos capacités intellectuelles. Des chercheurs de l'Arnold School for Public Health ont même montré que l'on pouvait répartir ces moments d'activité : par exemple, en se rendant à un rendez-vous relativement éloigné et en revenant à pied. « Un peu d'activité physique est préférable à pas d'activité du tout, et beaucoup d'activité est préférable à un peu », résument-ils en conclusion de leur étude. Même une activité physique légère semble avoir des effets positifs. C'est toujours mieux que de rester assis[16]. Par conséquent, vous n'avez pas besoin de faire quelque chose de très sophistiqué pour profiter de ces bienfaits cognitifs quand vous êtes plongé dans une tâche difficile.

L'activité privilégiée de Peggy pour donner un coup de fouet à son mental, c'est le vélo.

— Un jour, après une réunion particulièrement pénible, j'ai fait deux heures et demie de vélo autour de Los Angeles. Ça m'a permis de me sentir mieux et d'y retourner. Mais, généralement, je n'ai pas besoin de rouler aussi longtemps. Quelques minutes peuvent suffire pour que je me remette au travail plus concentrée.

BOOSTER SON CERVEAU

La prochaine fois que vous aurez quelque chose d'important à faire, testez les techniques suivantes pour avoir les idées aussi claires que possible :

- **Arrivez dans un état d'esprit positif.** Pensez à quelque chose de positif avant de vous plonger dans votre tâche. Par exemple : remémorez-vous vos dernières avancées ou des événements positifs ; débutez par la situation idéale (et déroulez tous les stades précédents à partir de là).

- **Schématisez le problème sous forme d'arborescences.** Divisez chaque étape de la tâche complexe en différents éléments afin de vous concentrer sur une chose à la fois et de diminuer la charge sur votre cerveau.

- **Mobilisez votre cerveau social.** Personnifiez les éléments de base du problème ; en imagination, faites intervenir quelqu'un que vous connaissez (en tant qu'utilisateur ou client) dans la situation que vous cherchez à résoudre.

- **N'oubliez pas les fondamentaux.** Éliminez les sources de distraction ; entourez-vous d'éléments associés selon vous à une réflexion de qualité ; dormez votre content ; dépensez-vous physiquement.

PARTIE V

L'influence

Maximiser l'impact de chacune de ses paroles et de ses actions

« Inutile d'avoir peur que les gens vous volent une idée.
Si elle est originale, vous devrez la leur faire
avaler de force. »

Howard AIKEN

CHAQUE JOUR, NOUS ÉCRIVONS, nous parlons et nous tapons sur nos claviers dans l'espoir de communiquer nos pensées et nos directives au reste du monde. Les bons jours, nos mots font tout de suite mouche. Les idées nous viennent facilement, et l'on obtient ce que l'on veut – qu'il s'agisse d'un déjeuner en tête à tête, d'un soutien pour un gros projet, ou d'une augmentation. Mais il y en a d'autres où il suffit qu'on arrive au feu pour qu'il vire au rouge. On est aussi intelligent et charmant que d'habitude, mais, pour une raison ou une autre, nos messages ne passent pas.

C'est pourquoi cette cinquième partie a pour but de vous aider à communiquer encore plus efficacement vos opinions, vos besoins et vos désirs. Nous verrons comment exprimer son point de vue avec assez de vigueur pour se faire entendre, y compris auprès de gens très occupés. Je vous montrerai comment rallier des collaborateurs à vos propositions et les convaincre de changer leur manière de faire. Je présenterai également plusieurs techniques destinées à augmenter le rayonnement de votre confiance intérieure et l'impact de vos paroles et de vos actes. Enfin, je terminerai en vous expliquant comment mettre tous ces conseils en œuvre pour que votre travail soit reconnu à sa juste valeur et qu'il soit clair pour tous que c'est à vous qu'il faut s'adresser désormais si l'on veut d'excellents résultats.

14

Déjouer leurs filtres

Il existe de multiples raisons de communiquer. On peut avoir besoin de dire à un collaborateur ce qu'on attend de lui. Ou bien il nous faut donner à quelqu'un des informations qui lui permettront de prendre une décision. Ou encore on a une envie pressante d'annoncer au monde entier que l'on vient d'avancer d'un pas de géant dans un dossier. Quelle que soit notre motivation, le point crucial est toujours le même : il faut que les gens s'arrêtent pour nous écouter. Mais, s'il vous est déjà arrivé d'envoyer un mail ou de faire une remarque lors d'une réunion sans obtenir la réaction attendue, vous savez bien que, même si votre idée est excellente, il n'est pas garanti qu'on vous écoute.

Pourquoi est-ce parfois si difficile de faire passer son message ? Pour une large part, c'est la faute du système automatique de nos interlocuteurs. Rappelez-vous comment fonctionne le biais de confirmation : le cerveau a tendance à retenir en priorité les informations confirmant ce qu'il croit vrai ou probable et à rejeter tout le reste. C'est un moyen efficace de diminuer la charge qui pèse sur le système délibéré. Mais cela signifie que si l'on donne une information inhabituelle, en décalage avec ce que nos collaborateurs croient ou s'attendent à entendre, celle-ci risque d'être tout simplement bloquée par leur filtre automatique, en dehors de toute considération pour son importance ou sa véracité.

Ce n'est donc pas parce que les gens ne répondent pas à nos attentes qu'ils ont forcément l'esprit obtus. En fait, il est possible – voire probable – que leurs cerveaux soient simplement en pilote automatique. Or, il semblerait, d'après les recherches, qu'il existe certaines techniques pour traverser les filtres antispam des gens. La clé, c'est d'employer un style de communication qui prenne en compte le fonctionnement du cerveau. On va faire appel à son circuit de la récompense, en impliquant son radar social, et en réduisant la quantité d'efforts qu'il aura à fournir. Dans ce chapitre, je vous montrerai comment utiliser ces techniques pour permettre à vos idées d'obtenir tout l'intérêt qu'elles méritent.

Offrez un cadeau (surprise ! nouveauté ! anticipation !)

Pensez au dernier article de journal qui vous a marqué. Pourquoi vous en rappelez-vous ? Quelque chose dans son contenu vous aura probablement surpris ou amusé. C'est là une caractéristique intéressante du filtre antispam automatique du cerveau : bien qu'il ait tendance à bloquer les informations en désaccord avec nos idées, il peut les laisser passer si elles ont un aspect intrigant ou procurent un sentiment de nouveauté. Comme je l'ai expliqué dans les bases scientifiques, notre circuit de la récompense adore ces caractéristiques, peut-être parce qu'elles parlent à notre nature sociale. C'est agréable de raconter aux autres quelque chose de nouveau ou d'étonnant : on a l'impression d'offrir un cadeau de valeur à son clan. À l'UCLA, le neuroscientifique Matthew Lieberman a mené une série d'expérimentations montrant qu'une idée a plus de chances d'être retenue si ceux qui l'entendent peuvent s'imaginer en train d'en parler à quelqu'un. Cet aspect s'est même révélé plus important que le fait d'aimer ou non ladite idée[1]. Pour savoir si vous avez capté l'attention de vos interlocuteurs, vous pouvez vous demander : « Vont-ils avoir envie de parler de ce que je leur ai dit ? »

Créateur d'une plate-forme de crowdfunding, Greg invente de nouvelles méthodes de levée de fonds pour la recherche dans le domaine de la santé. Une large part de son travail consiste à exposer ses idées à des scientifiques et des investisseurs potentiels. Il veille donc toujours à se montrer le plus enthousiasmant possible en phase d'approche.

— Pour moi, ils sont comme ces gens avec leur casque sur les oreilles : ils ne peuvent pas vraiment m'entendre, sauf si je fais quelque chose qui les intéresse suffisamment, explique-t-il. Aussi, que ce soit en tête à tête ou lors d'une grande présentation, je veux qu'ils comprennent dès les deux premières minutes que ce qu'ils vont entendre sera différent et cassera leurs schémas habituels. Par exemple, quand je donne une conférence, je commence souvent en disant quelque chose comme : « Je comprends parfaitement que vous ne m'écoutiez pas et que les mots qui tournent en boucle dans votre tête soient : "C'est qui, ce type ? Pourquoi est-ce que je devrais le soutenir, *lui* ?" » Ils ont subi des dizaines de présentations Power Point et ne s'attendent pas à ça, du coup ça les fait rire. Et *là*, ils m'écoutent vraiment.

Greg se rappelle une introduction particulièrement astucieuse grâce à laquelle il a pu établir un contact avec une grande banque pour son projet de financement participatif.

— Plutôt que de me montrer insistant en voulant les persuader de nous donner de l'argent, je leur ai déclaré : « Évidemment, vous devriez éviter de faire quelque chose avec nous. Nous bouleversons le fonctionnement du secteur financier, alors que vous avez besoin qu'il reste tel qu'il est. » C'était vrai, mais aux antipodes de ce qu'ils s'attendaient à m'entendre dire, et ça les a suffisamment surpris pour que je capte leur attention. Après, on a eu une conversation très constructive.

C'était assez osé de la part de Greg de déclarer ça à une banque. Mais vous n'êtes pas obligé de prendre autant de risques pour traverser les filtres de vos interlocuteurs. Il suffit d'introduire une pointe de curiosité ou de nouveauté dans vos paroles ou vos écrits. Voici quelques pistes :

➢ **Annoncez une « révélation » intéressante.** De nos jours, cette technique a été poussée jusqu'au grand (ou petit) art par les sites web, spécialistes des gros titres du genre « Incroyable mais vrai ». Et c'est vrai qu'on a du mal à y résister. On a beau faire la grimace devant ces hameçons parfois criards, ils ont tendance à marcher, pour la simple et bonne raison qu'on aime ce qui titille notre intérêt. C'est une technique que nous employons sans y penser quand nous disons à un ami : « Tu ne devineras jamais ce qui m'est arrivé hier... » (au lieu de : « J'ai trois points clés à te raconter sur ma journée »). Mais nous nous en servons assez peu dans le monde professionnel. Dommage, car elle peut être très utile pour susciter l'intérêt. Essayez ce qui suit :

• En introduction, suggérez un élément intrigant. Par exemple : « J'ai remarqué quelque chose d'étonnant/de remarquable/d'effrayant... » Ce sera encore mieux si vous avez une anecdote qui donne envie de connaître la fin de l'histoire, de manière à générer une attente.

• Si vous voulez attirer l'attention, employez une formulation qui crée un instant de suspense en annonçant l'imminence d'une révélation. Par exemple : « Maintenant, ce qui est vraiment intéressant, c'est... »

➢ **Essayez un nouveau médium pour transmettre vos informations.** Même dans les contextes les plus sérieux, j'ai remarqué que les personnes qui ont tout le temps le nez plongé dans leurs dossiers réagissent mieux quand on leur propose les informations sous une forme originale. Personnellement, j'aime imprimer mes présentations sur de grandes affiches que je placarde sur les murs. J'invite les gens à déambuler dans la pièce pour prendre des notes, et ensuite on en discute. Peter, le consultant en technologies de l'information que nous avons rencontré dans la partie III, a conquis un client potentiel du secteur financier en lui montrant une vidéo filmée avec son téléphone dans laquelle il interrogeait des passants sur la manière dont ils géraient leur argent. Par ailleurs, une expérimentation (qui n'a pas fait l'objet d'une publication) menée à Stanford a établi que, pour un contenu identique, on a 9 % de chances supplémentaires de mémoriser des informations devant un diagramme dessiné sous nos yeux qu'en regardant des diapositives statiques[2].

➢ **Choisissez un point de vue original.** Une autre méthode consiste à mettre vos interlocuteurs dans la peau d'une personne dont la vision offre un intérêt par rapport au sujet abordé. Grâce à ses vidéos de « M. Tout-le-monde », Peter a permis à son client de partager le point de vue de l'individu lambda sur ses finances. Greg, quant à lui, invite parfois son public à envisager le soutien financier à l'élaboration de nouveaux médicaments anticancéreux du point de vue de la cellule malade.

— C'est pour le public une manière très différente de considérer la question. Je fais parler la cellule cancéreuse : « Je veux avoir un maximum de temps pour me développer avant qu'on me repère. Quand il faut des mois pour trouver des volontaires pour un test clinique, je jubile. Et quand il faut des années pour que les résultats de ce test se propagent, c'est absolument génial ! » Ce n'est pas difficile de montrer que le temps infini que prennent les procédures actuelles des tests cliniques profite à cette petite cellule cancéreuse. Et ça les accroche vraiment.

Au moment où Greg enchaîne en expliquant pourquoi ses interlocuteurs devraient être plus réactifs quand il s'agit de financer la recherche médicale, ils sont tout ouïe.

Mettez l'accent sur l'humain

Emma est professeur d'anglais. Pleine de vie et malicieuse, elle se révèle néanmoins très posée dès qu'il s'agit de réfléchir à la meilleure façon de faire passer ses idées, en particulier auprès de ses collègues. Le proviseur de son lycée ne l'a pas embauchée uniquement pour enseigner l'anglais aux élèves, mais également pour changer le style d'enseignement au sein de l'établissement et passer de la méthode traditionnelle « devoirs et tableau noir », dans laquelle les élèves écoutent et « régurgitent », à une approche aidant chacun à devenir autonome dans son apprentissage et capable de trouver ses solutions par lui-même.

— Quand j'ai commencé à parler de cette nouvelle approche à mes collègues, se souvient Emma, je n'ai eu aucun mal à deviner ce qu'ils pensaient : « Elle est jeune et enthousiaste, mais le temps lui rabattra son caquet. » Ils n'étaient pas hostiles. Juste pas intéressés par ce que j'avais à leur dire.

Elle savait que ce n'était pas en leur promettant des résultats immédiats qu'elle capterait leur attention.

— Dans l'éducation, on se focalise principalement sur ce qui peut mesurer les résultats à court terme, comme les notes. C'est vrai que les anciennes méthodes d'enseignement marchent très bien quand il s'agit de faire lire *Jane Eyre* aux élèves et de les préparer à un examen d'anglais. Les vrais bienfaits d'une approche plus moderne, eux, se voient sur le long terme parce qu'ils donnent aux élèves les moyens de mieux appréhender un monde en changement constant.

C'était de *ça* qu'Emma devait parler pour avoir une chance de rallier ses collègues à ses vues.

— Alors, je leur ai proposé de se mettre dans la peau d'un des gamins de l'école et d'imaginer ce qu'ils seraient capables de faire différemment dans une trentaine d'années en ayant appris à réfléchir autrement à quinze ans. Puis je leur ai demandé : « A-t-on choisi de faire ce métier pour que les gamins aient de bonnes notes ou pour les aider à trouver leur place dans la société ? » Je les ai vus sourire et hocher la tête. Plus tard, l'un d'eux m'a dit que je les avais convaincus en leur rappelant le véritable but de l'enseignement.

Cette approche a été un coup de maître en matière de communication pour plusieurs raisons : tout d'abord, parce qu'un message a plus d'impact s'il déclenche une émotion chez celui qui le lit ou l'entend[3]. Notre cerveau forme des associations plus fortes autour d'une information nouvelle quand elle véhicule une émotion en plus des faits ; pour ainsi dire, il en a plus à se mettre sous la dent.

Est-ce important que l'information soit positive ou négative ? Oui, sans le moindre doute. Bien sûr, les émotions négatives captent notre attention très rapidement. (Hurlez simplement : « Au feu ! », et vous êtes certain d'attirer les regards, au minimum.) Mais l'utilisation d'émotions négatives pour communiquer dans le monde professionnel a des inconvénients. D'abord, rappelez-vous que nous essayons d'éviter les menaces.

Nous avons donc tendance à préférer les phrases formulées positivement. Une étude a ainsi établi qu'une opération chirurgicale est acceptée plus facilement si l'on annonce un taux de survie de 90 % que si l'on parle de 10 % de risques de mourir au cours de l'intervention[4]. Les spécialistes ont aussi découvert que l'on retient moins bien les détails d'un message transmis avec une émotion négative[5]. À partir de là, vous ne serez pas surpris d'apprendre que les chercheurs ont constaté à maintes reprises que l'on partage plus souvent des contenus positifs que négatifs sur Internet[6].

C'est pourquoi Emma s'est montrée très astucieuse en reconnectant ses collègues à la raison profonde qui leur avait fait choisir leur métier ; elle a fait surgir en eux une émotion positive puissante grâce à laquelle son message a pu être entendu et mémorisé. Au lieu de demander : « Comment pouvons-nous empêcher que les élèves se comportent comme des consommateurs face à ce que nous leur enseignons ? », elle a posé la question : « Comment pouvons-nous former des personnes qui continueront d'apprendre tout au long de leur existence et seront aptes à faire face aux aléas de la vie ? » L'idée est essentiellement la même, mais la formulation a attiré l'attention de ces enseignants vers un enjeu positif important pour eux.

Emma a également évoqué l'effet probable de ces nouvelles méthodes d'enseignement sur les enfants de leur lycée. Elle a invité ses collègues à s'imaginer à leur place quinze ans plus tard. C'était, là aussi, très malin, car on mémorise mieux une information « encodée socialement », c'est-à-dire reliée à un récit en rapport avec les motivations et les sentiments de personnes réelles[7]. Comme je l'ai indiqué dans le chapitre 13, chacun d'entre nous se souviendra plus facilement d'une histoire croustillante que d'une liste de 20 éléments, même si ladite histoire contient bien plus que 20 informations. D'ailleurs, les recherches sur le sujet montrent clairement que les organismes caritatifs reçoivent plus de dons s'ils basent leur communication sur une personne réelle dont la vie sera transformée grâce à la générosité des donateurs. Par exemple, une campagne de collecte de fonds dans laquelle il était question d'une petite fille de 7 ans nommée Rokia touchée par la famine a eu plus de succès qu'une autre présentant des données statistiques sur son pays où l'on mourait de faim[8].

L'humain, c'est-à-dire les gens, et l'émotion (positive), voilà donc deux ingrédients qui permettent de toucher ceux qui nous écoutent. C'est pourquoi les professionnels de la communication commencent souvent leurs discours par une anecdote, et c'est toujours pour cette même raison que les titres des articles de journaux privilégient l'angle humain. C'est une recette pour que les gens cliquent, lisent, suivent, et partagent les articles en ligne. Et je ne parle pas uniquement ici des sites people. Une analyse du site de communication interne de McKinsey, mon ancienne entreprise, a montré que les employés cliquaient plus fréquemment sur les contenus à caractère personnel, en particulier si ceux-ci étaient surprenants et faisaient sourire – exactement les facteurs dont je parle dans ce chapitre[9].

Et pourtant, utilisons-nous vraiment ces connaissances tous les jours pour communiquer au travail ? Vous voulez rire ! (Touche d'émotion judicieusement placée à cet endroit.) Nous ne voudrions à aucun prix manquer de professionnalisme. Alors, nous nous accrochons à nos rapports, à nos présentations et à nos graphiques sans âme. Or, il est possible, tout en restant totalement professionnel, de présenter des personnes avant des concepts, exactement comme l'a fait Emma. Commencez par l'humain, et vous aurez plus de chances d'amener les gens à s'intéresser aux éléments logiques que vous présenterez par la suite (arguments, données, grand A, grand B, en veux-tu en voilà).

Voici quelques suggestions :

➢ **Donnez un exemple humain.**

• Débutez par une anecdote ou un exemple montrant l'impact de votre idée sur une personne réelle – qu'elle fasse partie des gens qui vous écoutent ou qu'elle soit en lien d'une façon ou d'une autre avec eux. (Tout comme Emma a évoqué les effets des nouvelles méthodes d'enseignement sur les élèves.)

• Cherchez quelqu'un pouvant servir d'exemple pour ce que vous voulez démontrer, et racontez son histoire.

• Si le sujet que vous abordez est très aride (par exemple, un processus opérationnel), vous pouvez toujours évoquer comment sa mise en œuvre, si elle réussit, facilitera la vie d'une personne en particulier.

➢ **Mettez l'accent sur l'aspect émotionnel.** Voici deux manières de le faire sans devenir mièvre :

• Soulignez la raison pour laquelle le sujet que vous abordez est important pour vous et/ou ceux qui vous écoutent. (Rappelez-vous comment Emma a touché le désir des enseignants d'apporter quelque chose d'important dans la vie de leurs élèves.) N'ayez pas peur du verbe « sentir ». Vous pouvez inciter quelqu'un à se redresser dans son siège pour vous écouter avec des phrases aussi simples que : « Je me suis senti fier quand... », ou : « Nous devrions tous sentir la joie que procure... »

• Invitez ceux qui vous écoutent à se mettre dans votre peau ou celle de quelqu'un d'autre. Dites, par exemple : « Vous pouvez imaginer comment je me sentais, j'étais vraiment inquiet. C'est à ce moment-là que j'ai eu l'idée de... » (À la façon d'Emma : « Imaginez simplement leur sentiment à l'idée d'avoir fait partie de nos élèves... »)

➢ **Évoquez une issue positive.** Donnez de l'inspiration à votre public en lui dépeignant les effets positifs qui résulteront de vos propositions. Même si vous parlez d'une situation très négative, rien ne vous empêche de décrire à quoi celle-ci pourrait ressembler une fois les problèmes résolus, de manière à ce que les gens repartent dynamisés plutôt que déprimés : « Imaginez que ce problème soit réglé... »

Apportez de la fluidité

Si vous voulez qu'on vous écoute, il est préférable d'aider au maximum le cerveau de ceux auxquels vous vous adressez à traiter ce que vous dites. Car plus ils devront faire d'efforts pour comprendre votre discours, moins il leur restera d'énergie mentale pour adhérer en profondeur à son contenu. Or, une règle de base de notre système automatique est (comme je l'ai indiqué au chapitre 12 sur la prise de décision) de penser que ce qui se comprend et se mémorise rapidement a toutes les chances d'être exact.

Ce goût pour l'aisance cognitive s'exprime de multiples manières[10]. Par exemple, les psychologues Adam Alter et Daniel Oppenheimer, de l'université de Princeton, ont constaté que les entreprises portant un nom facile à prononcer étaient plus performantes sur le marché boursier que celles avec une appellation « non fluide[11] ». Une autre étude montre que les gens croient plus facilement à un aphorisme quand il rime (« Les soucis réconcilient les ennemis » : tout à fait d'accord. « Les soucis réconcilient les adversaires » : vous croyez ?)[12]. D'autres recherches suggèrent également qu'on croit davantage les affirmations les plus simples à retenir, qu'elles soient vraies ou fausses[13]. Les phrases qui se lisent sans difficulté, que ce soit à cause du vocabulaire employé ou de la présentation, sont jugées plus convaincantes et plus intéressantes que d'autres, similaires mais rédigées de façon moins accessible[14]. Nous traitons et mémorisons plus aisément les mots que nous arrivons à nous représenter (comme « animal », « chaise » ou « café ») que les concepts abstraits (comme « ancienneté », « justice » ou « patience »)[15].

L'aisance cognitive devrait être notre premier objectif quand nous cherchons à communiquer, que ce soit par écrit ou oralement. Voici cinq manières de rendre vos messages plus faciles à traiter par le cerveau de vos interlocuteurs :

1. **Soyez le plus bref possible.** Prenez en compte les capacités de traitement limitées de la mémoire de travail. Employez un langage aussi simple que possible. Évitez les détails inutiles et le verbiage.

2. **Introduisez des points de repère.** Si vous devez transmettre de nombreuses informations, aidez les gens à s'y retrouver grâce à des balises claires. Utilisez des phrases comme : « Je voudrais vous présenter trois choses... » et : « Passons maintenant au troisième point... » Ainsi ils dépenseront moins d'énergie à se demander si vous avez encore beaucoup de choses à dire.

3. Utilisez des formules qui accrochent. Pour décrire son objectif, Emma a parlé de remplacer « devoirs et tableau noir » par un « apprentissage qui rend autonome », et elle a évoqué son désir d'aider les élèves à devenir capables de « réfléchir, pas régurgiter ». Je me suis moi-même surprise à repenser à ces expressions plusieurs mois après ma rencontre avec Emma. Un langage percutant peut même permettre d'obtenir du boulot. Greg a été contacté pour sa mission actuelle parce que son client s'est souvenu d'une conférence que Greg avait donnée sur le « capital passion », cinq ans plus tôt. La formule était restée dans l'esprit de l'entrepreneur comme un symbole des valeurs défendues par Greg.

4. Donnez des exemples concrets. Plus vous éviterez les généralités et donnerez des exemples spécifiques, plus il sera facile pour vos auditeurs de comprendre ce dont vous parlez. Même si les gens approuvent en hochant la tête quand vous déclarez : « Nous devons tous être plus attentifs à ne pas faire perdre leur temps aux autres », leur niveau d'engagement sera très différent si vous ajoutez : « Par exemple, je suggère que nous commencions nos réunions à l'heure au lieu d'attendre que tout le monde soit arrivé. »

5. Illustrez votre propos par une photo. En 2012, l'Observatoire des comportements (Behavioural Insights Team) de Grande-Bretagne – dont la mission est de mettre en application la science comportementale dans le domaine des politiques publiques – a voulu réduire le nombre d'automobilistes qui ne payaient pas la taxe annuelle sur leur voiture. Cela représentait chaque année plusieurs millions de rentrées en moins dans les caisses de l'État. Sa première mesure a consisté à réécrire la lettre standard envoyée aux mauvais payeurs dans un anglais plus simple, avec un en-tête très clair : « Payez votre taxe ou dites adieu à votre voiture. » Cela a suffi pour multiplier par deux le nombre de paiements. Mais quand le texte a été accompagné d'une photo de la voiture en question (prise par radar), ce nombre a triplé[16].

UNCLASSIFIED

Driver and Vehicle Licensing Agency

{SH1}
{SH2}
{SH3}
{SH4}
{SH5}
{SH6}
{SH7}

Area Enforcement Centre
{VROADDRLINE1}
{VROADDRLINE2}
{VROADDRLINE3}
{VROPOSTTOWN}
{VPCODE}

Office Hours Mon - Fri 9 to 5
Our reference: {V} {VRM}
Date: {REQDATE}

PAY YOUR VEHICLE TAX OR LOSE YOUR [MAKE OF CAR]

DVLA EXCISE OFFENCE REPORT
Vehicle Excise and Registration Act 1994
Road Traffic Offenders Order

VIOLATION REPORT

YB05 WXL

Date/Time of offence	24/11/2011 22:01:45
VRN	YB05WXL
Location of offence	A647 Stanningley Road Leeds
GPS Code	Static Site
Live/Test	LIVE

Report Generated: 28/11/2011 12:07:56
Report Generated at: Swansea
Report Generated by: sraydon

Source : Behavioural Insights Team.

Pourquoi une photo vaut-elle mille mots ? Parce qu'une grande part du cerveau est spécialisée dans le traitement visuel. Ceux qui nous écoutent et qui regardent l'illustration ou la photo que nous leur proposons vont donc utiliser plus de facultés cérébrales pour digérer notre message.

Échappez à la malédiction du savoir

Pour faire passer un message, nous pensons généralement à ce que nous allons dire. Mais, emportés par notre zèle, nous oublions souvent de nous mettre à la place de l'autre. Or, si l'on ne s'arrête pas pour réfléchir à ce que son interlocuteur sait ou ressent, le système automatique emprunte le raccourci du *biais de projection*. Ce biais nous pousse à croire que les autres voient le monde comme nous. Malencontreux raccourci qui peut alors entraîner ce que les spécialistes nomment la *malédiction du savoir* : la tendance à présumer que les autres savent la même chose que nous. Au final, nous allons surestimer la qualité de notre communication avec eux[17].

C'est ainsi que des déclarations qui nous paraissent parfaitement claires peuvent être interprétées totalement différemment par d'autres. Par exemple, si quelqu'un vous dit : « Jo a frappé le type avec le classeur », que comprenez-vous ? Jo a pris un classeur et l'a utilisé pour donner un coup sur la tête d'un collègue ? Ou a-t-elle frappé un type qui tenait un classeur dans ses mains ? Les deux interprétations sont possibles. (La seule chose certaine, c'est que vous vous arrangerez pour garder vos distances avec Jo pour le reste de la journée...) Pourtant, lorsque dans une expérimentation on demande à des participants de répéter ce genre de phrases ambiguës à quelqu'un (après avoir vérifié quelle interprétation leur semblait correcte), quatre sur cinq surestiment leurs chances d'être compris. La signification de ce qu'ils veulent transmettre leur paraît si évidente qu'ils pensent que leur interlocuteur comprendra les choses comme eux[18].

La malédiction du savoir multiplie les risques de quiproquos au travail. Parfois, le problème de compréhension saute aux yeux : « Je suis sûr de t'avoir dit que c'était pour vendredi. Ce n'était pas évident de *quel* vendredi je parlais ? » Mais, dans de nombreux cas, on continue à ignorer que le message n'a pas été reçu comme nous le voulions. Simplement les choses ne se passent pas comme on l'avait prévu sans qu'on comprenne vraiment pourquoi. Ainsi que le conseille Greg :

— Il faut accepter de partir de là où en est l'autre. J'évalue ce qu'il ressent et ce qu'il sait, et je démarre à partir de ce point.

En pratique, cela signifie :

➢ Avant d'ouvrir la bouche ou de taper sur votre clavier, prenez toujours un moment pour vous mettre à la place de la personne qui va vous écouter ou vous lire. Demandez-vous ce que, a priori, elle sait ou ressent à propos du sujet abordé.

➢ Si vous parlez directement à quelqu'un, évaluez son point de départ : « Avant que je me lance, dites-moi ce que vous savez déjà sur XYZ. » Vérifiez de temps à autre que tous les éléments de votre message passent bien : « Permettez-moi de m'arrêter un instant pour être sûr que nous nous comprenons bien : est-ce que ça a du sens pour vous ? Est-ce que quelque chose m'échappe ? » Ne parlez pas plus de cinq minutes d'affilée sans vérifier. Voyez ce que la personne aimerait savoir ensuite, et poursuivez en fonction de ça.

DÉJOUER LEURS FILTRES

La prochaine fois que vous voudrez faire passer un message :

- **Offrez un cadeau : de la surprise, de la nouveauté ou du suspense.** Faites que votre public ait envie de répéter à d'autres ce que vous avez dit. Signalez clairement les points les plus importants de votre discours pour faciliter la compréhension, et annoncez une « révélation ». N'hésitez pas à essayer différents médiums (affiches, vidéos, dessins à main levée). Adoptez un angle de vue original.

- **Insistez sur l'humain** en gardant en tête la formule « Des gens et des émotions positives ». Montrez que vos idées concernent des personnes réelles et invitez votre public à se mettre dans leur peau. Expliquez pourquoi votre message est si important pour vous ou pour ceux qui vous écoutent. Inspirez-les en dépeignant une issue positive potentielle pour toutes les personnes concernées.

- **Mettez de la « fluidité ».** Plus votre message sera facile à comprendre et à mémoriser, plus il aura d'impact. Par conséquent : soyez simple et bref ; introduisez des points de repère ; utilisez des formules percutantes ; donnez des exemples concrets ; et, si possible, illustrez votre propos par une image.

- **Échappez à la malédiction du savoir.** Ne partez pas du principe que l'autre sait ce que vous savez. Demandez-vous ce qu'il comprend et ce qu'il ressent à propos du sujet abordé, et partez de là. Faites des pauses pour vérifier comment il voit les choses.

15

Initier le mouvement

La plupart du temps, veiller à ce que les gens nous entendent et soient sensibles à ce que nous disons ne suffit pas. Nous avons également besoin que nos paroles les poussent à agir : nous avons besoin qu'ils nous donnent un coup de main, qu'ils nous accordent un peu de temps, ou qu'ils modifient leur façon de travailler.

Et ce n'est pas une mince affaire. Nous avons tous dans le cerveau des chemins profondément tracés par nos habitudes. Et ce sont eux qu'emprunte inlassablement notre système automatique, toujours soucieux d'économiser un maximum d'énergie. Résultat : cette fâcheuse tendance à répéter nos comportements passés qui est la nôtre. S'y ajoute le fait que tout changement de façon de faire implique une certaine incertitude quant au résultat. Or, l'incertitude puise dans les ressources cérébrales, et notre cerveau préfère l'éviter.

Voilà pourquoi changer s'avère parfois très difficile. Et si leurs vieux schémas résistent trop, des collaborateurs peuvent sincèrement répondre oui à notre demande, sans jamais passer à l'acte. Comme l'exprime Ella, notre professeur iconoclaste :

— Dans mon école, tout le monde enseigne de la même manière depuis des années. Et chacun fait du bon travail. Alors, pourquoi essayer autre chose ? Ça ne saute pas aux yeux...

Comment faire pour que les gens puissent tenter quelque chose de nouveau tout en se sentant bien ? Si nous arrivions à intéresser leurs cerveaux sans éveiller leur méfiance face à nos demandes, nous obtiendrions plus facilement ce que nous attendons d'eux. Les techniques présentées dans les chapitres précédents avaient pour but de vous aider à capter l'attention grâce à la formulation de vos requêtes ; celles que j'aborde ici visent à transformer cette attention en actes.

Précisez le contexte

Dans une célèbre étude, Ellen Langer, psychologue à Harvard, a testé trois manières différentes de convaincre un individu de laisser quelqu'un prendre sa place alors qu'il s'apprête à utiliser une photocopieuse[1]. La personne qui voulait passer devant l'autre devait utiliser une des trois formulations suivantes :

➢ « Excusez-moi, j'ai cinq pages. Je peux utiliser la machine ? » Face à cette demande, 60 % des gens étaient assez aimables pour céder leur place.

➢ « Excusez-moi, j'ai cinq pages. Je peux utiliser la machine ? Parce que je suis pressé… » Cette fois, 94 % des gens acceptaient. En ajoutant une raison, presque tout le monde disait oui – une augmentation de taille. Cela ne veut pas dire que certains n'ont pas levé les yeux au ciel, mais ils ont sans doute ressenti une certaine empathie pour cette personne pressée. On est tous passés par là.

➢ Le plus étonnant est ce qui s'est passé avec la troisième phrase : « Excusez-moi, j'ai cinq pages. Je peux utiliser la machine ? Parce que je dois faire des photocopies… » Dans cette situation, la raison donnée était une tautologie qui n'avait aucun sens, et pourtant 93 % des gens, c'est-à-dire presque autant que précédemment, ont accepté. Signaler que l'on a une raison, même pas très bonne, pour demander quelque chose suffit pour que notre requête ait l'air acceptable.

Quelle conclusion pouvez-vous en tirer pour vous-même ? Eh bien, si vous devez demander un service, vous aurez plus de chances que la personne accepte en lui fournissant une raison, même minime, qu'en lui disant simplement ce que vous attendez d'elle.

Cela peut sembler évident. Pourtant, j'ai observé au travail que les gens demandent souvent des choses (comme réserver une salle de réunion) sans fournir de raison. Après tout, si cela fait partie du profil de poste de la personne, pourquoi lui apporter une explication ? Sauf que le fait de prendre quelques secondes pour préciser : « Parce que cette réunion est très importante pour nous à ce stade du projet » donne tout de suite le sentiment de participer à l'effort d'une équipe et ressemble moins à un ordre, d'où une plus grande implication. En effet, en traitant ses collaborateurs avec le respect tant recherché par nos cerveaux sociaux, on leur permet de rester en mode découverte. Par conséquent, dès que vous avez une demande à faire, n'oubliez pas de prendre quelques instants pour préciser le contexte au lieu d'aboyer un ordre comme si vous passiez une commande dans un fast-food.

Simplifiez-leur le choix (ou « donnez un coup de pouce »)

Nous savons désormais que notre cerveau aime les raccourcis. Si l'on peut répondre sans avoir à réfléchir, on évitera généralement de le faire. Et lorsque se présente une option facile à comprendre et relativement raisonnable, on va plutôt la saisir. Comme on l'a vu au chapitre 12, les comportementalistes appellent ce phénomène l'*option par défaut*. Si c'est vous qui prenez les décisions, vous devrez donc rester vigilant et ne pas simplement opter pour une solution sous prétexte qu'elle est simple. Maintenant imaginons la situation inverse : vous êtes certain d'avoir une bonne idée et souhaitez la proposer à vos collaborateurs. Dans ce cas, pour qu'ils aient envie de vous suivre, vous devrez faire en sorte qu'elle leur demande le moins d'efforts possible.

Ce concept doit sa popularité à l'ouvrage de Richard Thaler et Cass Sunstein, *Nudge, la méthode douce pour inspirer la bonne décision*, dans lequel ils expliquent comment on peut inciter les gens à adopter des comportements plus sains et raisonnables en leur rendant ces choix plus faciles[2]. Ils citent un exemple célèbre dans le domaine du don d'organes. Dans les pays où l'option par défaut est de donner ses organes après sa mort – et où il faut donc prendre une décision consciente si on ne veut pas le faire –, le pourcentage de dons dépasse 90 %. Dans ceux où c'est l'inverse, ce pourcentage est généralement très inférieur à 30 %[3].

Comme le précisent Thaler et Sunstein, donner un coup de pouce de cette manière ne prive pas les gens de leur droit de choisir. Dans certaines situations, il est important que les personnes puissent prendre leur décision sans aucune influence, notamment si l'on a envie qu'elles se sentent très impliquées dans un projet complexe (vous trouverez plus de détails à ce sujet un peu plus loin). Mais quand nous savons que notre suggestion va permettre aux autres de gagner du temps, ou que c'est, de toute évidence, une meilleure solution, il est possible d'augmenter considérablement son pouvoir de persuasion. Pour cela, il faut rendre la voie que l'on aimerait voir les autres suivre plus simple à emprunter.

Je vous propose trois moyens d'appliquer ce conseil quand vous avez besoin d'influencer quelqu'un : éliminer les obstacles, être le premier à faire une proposition concrète (peut-être en offrant plusieurs possibilités), et fournir des indices visuels.

Coup de pouce n° 1 : Faites tomber les barrières

Si vous savez vraiment ce que vous voulez que les autres fassent, posez-vous les questions suivantes :

➢ Qu'est-ce qui pourrait les empêcher de faire ce que vous souhaitez ? Comment serait-il possible de résoudre ce problème à leur place ou de les aider à le résoudre ?

➢ Y a-t-il un moyen pour que le résultat que vous recherchez devienne l'option « rien de spécial à faire » pour eux ?

Commercial chevronné, Mo est responsable du secteur Moyen-Orient et Afrique du Nord pour une société de stockage de données.

— La première chose que m'ont apprise les sciences comportementales a été de poser des questions ouvertes plutôt que fermées, explique-t-il. Mais une fois qu'on a eu un bon échange avec un client et qu'il est clair qu'il est intéressé, il existe une technique pour conclure qui consiste à poser une question fermée en demandant : « Préférez-vous payer par prélèvement ou par carte ? » plutôt que : « Que souhaitez-vous faire maintenant ? »

En proposant à son client deux options dans lesquelles il achète le produit, Mo rend l'option « achat réalisé » plus simple que le fait de continuer à tergiverser sur la décision finale. D'après Mo, les commerciaux qui se servent de cette approche finalisent leur vente dans 75 % des cas, contre un peu plus de 25 % quand ils ne le font pas.

Même si vous n'avez rien à vendre, rien ne vous empêche d'appliquer cette méthode dans le cadre professionnel. La clé, c'est de s'interroger sur ce qui risque d'empêcher les autres de faire ce que vous aimeriez qu'ils fassent, puis d'éliminer ces obstacles à leur place. En résumé, de réduire l'effort qui leur est demandé. Dans sa forme la plus simple, ça peut consister à joindre une enveloppe préaffranchie à un document que vous souhaitez voir revenir rempli. Ou, si vous estimez que vos collaborateurs réfléchissent mieux quand ils sont bien hydratés, de les inciter à boire en mettant des bouteilles d'eau sur la table de réunion pour qu'ils n'aient pas à aller chercher un verre à chaque fois qu'ils ont soif[4]. Rendez les choses plus faciles, et vous aurez déjà parcouru la moitié du chemin vers le comportement que vous souhaitez obtenir.

Dans certains cas, il est même possible de prendre l'option « rien de spécial à faire » comme objectif. Imaginez, par exemple, que vous ayez besoin de recevoir les retours de vos collègues sur l'un de vos rapports dans un temps donné. Vous préférez éviter les commentaires de dernière minute, mais vous voulez également offrir à chacun une dernière chance de s'exprimer. L'approche courante serait de faire circuler le document en déclarant : « Dites-moi si cela vous convient. » Mais si vous avez envie que votre option préférée, « ne pas recevoir de commentaires de dernière minute », se réalise, mieux vaut préciser : « Si je n'ai pas de retour de votre part avant la fin de la journée, j'en conclurai que ça vous va. » Vous ne les empêchez pas de s'exprimer sur la question à la dernière minute ; simplement, vous rendez plus simple le fait de ne pas le faire.

Coup de pouce n° 2 : Faites une proposition

Si, avant tout le monde, vous suggérez quelque chose de pragmatique et concret, vous avez de grandes chances d'influencer significativement le résultat de la discussion qui va suivre. Même si, au final, votre idée n'est pas retenue comme une option par défaut facile à mettre en œuvre, votre première proposition créera un point d'ancrage simple dans l'esprit de vos interlocuteurs. Comme je l'ai expliqué dans le chapitre 12, une fois que l'on a été exposé à une suggestion faisant office d'ancre, celle-ci exerce une attraction subliminale sur nos choix – même si ce point de référence est faux ou non pertinent.

C'est ce que montre une expérience où l'on demandait à un premier groupe de sujets si le Mahatma Gandhi était mort « avant ou après 9 ans », et à un second s'il était mort « avant ou après 140 ans ». Cette question a suffi à faire de 9 ans et 140 ans les points de référence respectifs de chaque groupe. Puis on les a invités à deviner l'âge réel du décès de Gandhi. Les réponses ont été en moyenne de 50 ans pour le premier groupe, et de 67 ans pour le deuxième. L'ancre du 9 avait tiré les gens vers une estimation basse, celle du 140 vers une estimation haute[5].

La première suggestion a un attrait puissant. En avoir conscience est utile pour les négociations importantes (à propos de budget de salaire, ou de partage des tâches domestiques, par exemple), mais aussi pour celles, mineures, que l'on mène tous les jours, que ce soit pour se mettre d'accord sur un délai ou sur une date de rendez-vous.

Par exemple, quand vous voulez inviter un collaborateur ou un client à déjeuner, la manière de faire habituelle consiste à proposer : « Est-ce qu'on pourrait déjeuner ensemble ? » Mais en ayant à l'esprit l'option par défaut et l'effet d'ancrage, vous pourriez être plus précis et suggérer : « Est-ce qu'on pourrait déjeuner ensemble, disons, mercredi prochain ? Que diriez-vous d'essayer la nouvelle pizzeria qui vient d'ouvrir en face du bureau ? » Votre interlocuteur n'acceptera pas forcément tout ce que vous lui proposez, mais vous aurez ancré en lui une date proche et un endroit pratique qui influenceront ses contre-propositions. (Je me suis aperçue que des propositions concrètes permettaient également de diminuer considérablement les échanges de mails – sans compter que les gens sont souvent ravis de ne pas avoir à se creuser la tête pour trouver eux-mêmes quelque chose.)

Si votre négociation concerne une somme d'argent, comme un salaire ou un prix, pensez à donner un éventail de montants de façon à créer *deux* ancres. Lors d'une récente étude sur ce type d'*ancrage tandem*, des professeurs de la Columbia Business School ont constaté que des gens qui avaient prévu de vendre leur voiture 7 200 dollars en tiraient un meilleur prix en annonçant à l'acheteur : « J'en veux entre 7 200 dollars et 7 600 dollars », plutôt que : « J'en veux 7 200 dollars. » Ce type de proposition avec un éventail de prix incluant une marge supérieure (réaliste) donne également de meilleurs résultats qu'une proposition de départ irraisonnable. Il est intéressant de noter que les vendeurs qui ont donné une fourchette de prix, loin de paraître arrogants, ont été perçus comme faisant preuve d'une certaine souplesse[6].

Les organisations caritatives se servent d'une forme d'ancrage tandem quand elles suggèrent des montants pour les dons. Elles savent qu'en offrant différentes options, telles que 100 dollars, 50 dollars, 30 dollars et « Autre », elles auront des versements plus importants que si elles proposaient 50 dollars, 30 dollars, 10 dollars et « Autre ». Bien que le montant de 30 dollars soit contenu dans les deux, la fourchette 30-100 dollars a plus de chances d'aboutir à un don de 30 dollars que la fourchette 10-50 dollars.

Donc, quand c'est possible :

- Faites le plus tôt possible une proposition précise dans tous les échanges impliquant une décision en commun. Si vous avez peur de paraître trop directif, introduisez un « peut-être » dans votre phrase, ou signalez votre ouverture à d'autres suggestions : « Si ça ne vous convient pas, dites-moi ce que vous souhaitez. » Vous influencerez malgré tout le résultat.

- Si vous parlez chiffres, donnez une limite inférieure et une limite supérieure de montants incluant celui que vous désirez obtenir et un autre plus élevé (mais néanmoins raisonnable).

Coup de pouce n° 3 : Suggérez visuellement le résultat attendu

On peut également influencer les autres plus subtilement en donnant un aperçu visuel de ce que l'on aimerait qu'ils fassent. Par exemple, dans beaucoup de grandes villes du monde, il existe une convention pour les escalators selon laquelle les gens qui se laissent porter se tiennent sur la droite, et ceux qui sont pressés sur la gauche (dans certaines villes, c'est l'inverse, mais l'idée de séparation file lente/file rapide reste la même). Seulement, les touristes ne connaissent pas forcément cette règle, d'où leur étonnement face à l'agacement des usagers habituels. Récemment, j'ai remarqué que certains escalators de la station proche de chez moi avaient deux grandes empreintes de pas dessinées à droite de chaque marche suggérant subtilement aux touristes ce qu'on attendait d'eux. Et ça fonctionne très bien, réduisant la tension des deux côtés.

Voici quelques conseils pour appliquer cette technique dans vos échanges :

➢ Utilisez des signaux visuels (flèches, schémas, photos) pour attirer les regards là où vous souhaitez qu'ils se fixent.

➢ Choisissez une représentation visuelle suggérant l'action attendue.

Imaginez que vous vouliez demander à vos collaborateurs de vous proposer des idées d'aménagement pour l'espace de travail de votre société. Si vous leur posez la question oralement, il est fort probable que vous ne recevrez qu'une seule réponse par personne, voire aucune. En revanche, si vous leur donnez une feuille avec trois cases à remplir, vous aurez plus de chances d'obtenir trois idées (ou au moins une ou deux) à chaque fois. Attention cependant à ne pas exagérer. Comme le montrent plusieurs études, pour que ça marche, la demande doit rester raisonnable. Par conséquent, ne dessinez 40 cases sur votre feuille que si vous êtes certain que la perspective de trouver 40 idées excitera au plus haut point les gens[7] (au lieu de les faire fuir en courant).

Rendez les bénéfices tangibles

Inconsciemment, la plupart d'entre nous ont du mal à aller vers l'inconnu. Comme le traitement de l'ambiguïté demande de gros efforts au cerveau, le système automatique tend à donner plus de poids à ce qui lui semble familier et certain, plutôt qu'à d'éventuels bénéfices à venir. Comme nous l'avons vu dans le chapitre 7, ce *biais de préférence pour le présent* est l'une des raisons pour lesquelles nous repoussons souvent au lendemain les tâches exigeant des efforts immédiats pour des résultats éloignés dans le temps (par exemple, économiser pour la retraite ou rédiger un mail délicat). Mais c'est également à cause de ce biais que nos collaborateurs renâclent parfois à passer à quelque chose de nouveau ou à modifier leur façon de faire, même si le changement en question se résume à envoyer un rapport hebdomadaire. En général, nos cerveaux sont câblés de manière à s'en tenir à ce que nous connaissons, car nous avons du mal à voir clairement les bénéfices personnels qui résulteront de ce qu'on nous demande et jusqu'à quel point la tâche sera désagréable ou difficile.

Il suffit de retourner le problème pour que la marche à suivre devienne évidente : si vous voulez inciter vos collaborateurs à coopérer, il faut leur décrire d'une manière précise et vivante quels avantages ils tireront du changement. Dès qu'ils sentiront que ce que vous suggérez leur est vraiment profitable, leur cerveau passera en mode découverte et ils se montreront plus réceptifs à vos idées. Or, le meilleur moyen de décrire ces bénéfices consiste à en donner un exemple concret.

Les nouvelles orientations pédagogiques qu'Emma proposait semblaient assez abstraites aux autres professeurs. La formule accrocheuse « Réfléchir, pas régurgiter » a traversé leurs filtres. Pour autant, qu'est-ce que cela signifiait dans la réalité ? Ce n'était pas totalement clair. Emma a donc fait plusieurs choses pour rendre les avantages de sa proposition plus réels dans leur esprit.

Tout d'abord, elle a demandé aux plus coopératifs d'entre eux de lui décrire les moments où leurs élèves avaient pu mener des projets en autonomie et comment cela avait amélioré leur concentration et leur implication en classe. Puis elle les a invités à assister à une démonstration de ces nouvelles techniques d'enseignement dans une classe. Il lui a fallu un certain courage pour oser se mettre ainsi en scène, mais elle savait que c'était le meilleur moyen de leur montrer ce que cela voulait dire en pratique. Par exemple, les professeurs l'ont regardée poser plus de questions et parler moins, et ils ont constaté l'effet galvanisant de cette façon de faire sur les enfants.

Emma a aidé ses collègues à prendre conscience des avantages que pouvait leur apporter cette nouvelle approche. Elle a aussi essayé de rendre moins coûteux leur effort pour adopter cette méthode. Elle s'est rapidement rendu compte qu'un de leurs blocages venait de la crainte d'être évalués au moment où ils passeraient à l'application de la nouvelle façon de faire, et c'est vrai qu'ils allaient avoir besoin d'un minimum de retours. La perspective de l'évaluation menaçait leur sentiment de compétence (un des déclencheurs les plus courants abordés au chapitre 9). Aussi, après sa démonstration, Emma les a invités à échanger sur ce qu'ils avaient observé. Avec cette discussion, elle leur a prouvé que décortiquer les choses pouvait être une expérience intéressante, voire agréable, ce qui a calmé leurs peurs, leur permettant de se concentrer de nouveau sur les bénéfices.

Donc, si vous avez besoin que vos collaborateurs se lancent dans quelque chose de nouveau :

➢ **Faites-leur sentir en quoi votre demande est géniale – pour eux.** Éveillez leur circuit de la récompense avec un exemple concret des avantages que cette requête leur (et vous) apportera. Si la situation le permet, trouvez un moyen d'en faire la démonstration pour qu'ils ressentent au maximum la réalité de ces bénéfices.

➢ **Apaisez d'avance leurs peurs face aux « menaces » potentielles.** Mettez-vous à leur place, ou interrogez-les directement, et demandez-vous ce qui pourrait les effrayer. Votre requête contient-elle une menace potentielle (par exemple, pour leur sentiment d'autonomie ou de compétence) susceptible de les faire basculer en mode défensif ? Que pouvez-vous faire concrètement pour dissiper ces craintes ?

Recourez à « la preuve sociale »

— Pour que les choses changent vraiment dans mon école, ce n'est pas juste une personne qu'il faut bouger ; c'est tout le poids de l'institution, m'a confié Emma.

Sauf que si elle avait dû persuader tous les professeurs un par un, il lui aurait fallu une éternité. D'ailleurs, il n'était pas possible de proposer à *tous* d'observer un de ses cours. Les élèves, des adolescents, n'auraient probablement pas été ravis de se retrouver avec une foule de profs au fond de la classe.

Emma a donc pris la décision de concentrer ses efforts de départ sur un petit groupe de professeurs respectés couvrant toutes les matières enseignées : mathématiques, sciences, histoire, etc. Ce sont eux qu'elle a invités à sa démonstration afin qu'ils deviennent ses premiers porte-parole. Emma était réaliste : elle savait bien que, aussi brillante soit-elle dans son domaine, elle ne serait pas le défenseur le plus crédible de sa cause pour les enseignants des autres départements. En emmenant avec elle un ambassadeur de chaque matière, elle était sûre que chaque professeur de l'école aurait un collègue proche enthousiasmé par ses nouvelles méthodes.

Emma a donc utilisé le pouvoir de ce que les économistes appellent la *preuve sociale*. Comme nous le savons déjà, notre cerveau se sert de raccourcis pour décider si une idée est bonne ou non, et l'un de ces raccourcis vient des signes sociaux en provenance de notre groupe d'appartenance. Autrement dit, si des gens qui nous ressemblent soutiennent manifestement une chose, nous aurons tendance à la soutenir nous aussi. Ainsi des chercheurs australiens ont-ils établi que les spectateurs d'une comédie télé rient plus s'ils pensent que les rires enregistrés appartiennent à des gens « comme eux[8] ». Par ailleurs, des chercheurs de Harvard et de Yale ont discuté des arguments pour ou contre la vaccination contre les infections à papillomavirus avec 1 500 personnes. Ils ont constaté qu'il leur était plus facile de tomber d'accord avec les médecins qui leur signalaient subtilement qu'ils étaient du même bord politique qu'elles[9]. Conclusion : si l'on veut convaincre quelqu'un, il peut être utile de préciser que d'autres personnes de « son clan » trouvent déjà notre idée fabuleuse.

Pour profiter de la preuve sociale quand vous demandez quelque chose, essayez ce qui suit :

➢ **« Quelqu'un comme vous a déjà dit oui. »** Dites à vos collaborateurs qu'un ou plusieurs de leurs collègues ont déjà répondu positivement à votre demande (à condition, bien sûr, que ce soit vrai).

➢ **Recrutez des gens influents.** Si vous voulez toucher un groupe de personnes, commencez par convaincre des individus qui ont de l'influence, de manière à pouvoir dire aux autres que « des gens *comme eux* font déjà partie du projet ». Je ne parle pas uniquement d'influence liée à la position hiérarchique. Trouvez :

• des « experts » : des personnalités dont les connaissances et les capacités sont largement reconnues ;

• des « plaques tournantes » : les gens sociables qu'on aime rencontrer autour de la machine à café ;

• des « gardiens » : ceux qui contrôlent des ressources ou des process importants.

Greg, notre entrepreneur à la tête d'une plate-forme de crowdfunding, est toujours prêt à mettre en avant (avec leur autorisation) les investisseurs qui l'ont suivi, car il sait que ça l'aidera à en entraîner d'autres.

— Ça valorise les gens, explique-t-il. Du coup, je fais un maximum d'efforts pour convaincre les leaders d'opinion et les personnes avec un gros réseau. Si j'arrive à les persuader, eux, de soutenir la recherche, ils en parleront à leurs amis, et leurs amis voudront en faire autant.

Impliquez-les pour qu'ils montent dans le train

Nous sommes très attachés aux projets que nous avons participé à créer. Une étude de la psychologue Ellen Langer (que nous avons déjà rencontrée devant la photocopieuse) illustre ce phénomène de manière éclatante. Dans le cadre d'une expérimentation désormais célèbre, on a vendu à des employés de bureau des billets de loterie à 1 dollar[10]. La moitié de ces employés ont reçu les billets au hasard, l'autre moitié les ont choisis eux-mêmes. Deux jours plus tard, juste avant le tirage, on leur a proposé de racheter leurs billets au prix de leur choix. C'est à ce moment qu'est entrée en jeu l'aversion à la dépossession (abordée au chapitre 12), qui nous pousse à surévaluer ce qu'on possède même sans y être attaché sentimentalement. Ceux qui avaient reçu les billets au hasard en ont demandé 2 dollars en moyenne, mais – et c'est là l'effet le plus frappant – ceux qui avaient choisi leurs billets ont exigé beaucoup plus : un montant incroyable de 8 dollars.

D'autres études ont trouvé des effets similaires dans la vie réelle. Par exemple, après que des secrétaires de deux cabinets médicaux ont invité les patients à écrire eux-mêmes la date et l'heure de leur prochaine visite sur le carton de rendez-vous, le nombre de rendez-vous manqués a chuté de 18 %[11].

Pourquoi accorde-t-on plus de valeur aux choses auxquelles on participe ou contribue, même si notre apport est modeste ? La réponse est en partie liée à l'importance de l'autonomie comme force de motivation. S'impliquer nous procure un sentiment de contrôle, ce qui est extrêmement gratifiant pour notre cerveau.

Ce phénomène a d'énormes répercussions sur notre façon de communiquer. On peut avoir l'impression que se contenter de dire aux autres ce qu'on attend d'eux ou ce dont on a besoin fonctionne bien, et en effet cela peut suffire si l'enjeu est mineur ou la négociation simple. Dans ce cas, il convient d'appliquer mon conseil précédent : être le premier à faire une proposition.

Mais si notre idée, pour porter ses fruits, exige une adhésion totale de la part de nos collaborateurs, le conseil à suivre est tout autre : il est important de ne rien leur imposer. Si on le fait, il y a de grandes chances qu'ils se montrent moins positifs et nous soutiennent moins que si on leur avait donné suffisamment d'espace pour aboutir à leurs propres conclusions sur le bien-fondé de notre demande. Il faut laisser les gens choisir leurs billets de loterie.

Emma a pris ce conseil en compte le jour où elle a réuni un nombre plus conséquent de collègues pour discuter de ses nouvelles méthodes d'enseignement.

— En général, les journées de formation sont très austères. On a juste envie qu'elles se terminent, précise-t-elle.

Alors, elle a décidé d'organiser une réunion d'un style totalement différent. Elle voulait laisser aux participants le sentiment d'avoir joué un rôle dans la construction du projet.

— Je me suis débrouillée pour que les gens proposent leurs propres idées au lieu de leur faire un cours. J'ai organisé ce que j'ai appelé une « foire au village », où dix professeurs qui avaient d'excellentes suggestions pour de nouvelles stratégies d'enseignement pouvaient exposer leurs idées aux autres, qui déambulaient d'une table à l'autre pour les écouter.

Elle a laissé ses collègues découvrir par eux-mêmes ce qu'ils trouvaient intéressant à chaque table. Ils allaient là où ils en avaient envie, prenaient des notes sur ce qui leur plaisait le plus. Ils pouvaient aussi discuter entre eux par petits groupes et choisir ce qu'ils désiraient retenir de tout ça. Elle a donc mis en place un cadre d'échange et fourni des informations pour les guider, mais en les laissant diriger les choses au maximum.

— Après ça, tout a avancé très rapidement, se souvient-elle.

Alors, comment pouvez-vous faire, vous aussi, pour que les gens s'approprient ce que vous souhaitez faire ou vos idées de changement et qu'ils s'investissent plus ? Voici quelques suggestions pour trois situations différentes :

➢ **Situation 1.** Si vous voulez proposer quelque chose à des personnes, mettez votre idée en lien avec leur vision et les questions qui les intéressent. Pour cela :

• Décrivez les faits en rapport avec la situation (sans exprimer vos propres sentiments sur le sujet à ce stade)
• Demandez-leur *leur* avis sur ce que vous êtes en train d'exposer.
• Puis trouvez un lien entre leur vision des choses et votre idée : « Ce que vous avez dit sur XYZ est en relation avec une chose à laquelle je pense... »

Greg, notre créateur de plate-forme de crowdfunding, affirme :
— Même si on meurt d'envie de faire passer son message, il est toujours préférable de commencer par demander aux gens comment ils voient le sujet qui nous occupe – dans notre cas, l'insuffisance des dons pour la recherche médicale. Ça permet de les faire entrer dans la discussion. Ainsi, j'ai plus l'impression de chercher un moyen d'aboutir ensemble à une solution que de simplement demander une participation financière.

➢ **Situation 2.** Si vous avez besoin d'aide, commencez par prendre conseil.
• Posez la question : « Si vous étiez à ma place, que feriez-vous pour que ça marche ? »
• Et, seulement après, ajoutez : « Y a-t-il une chose que vous puissiez faire pour aller dans ce sens ? »

Si vous sollicitez quelqu'un au dernier moment, vous risquez de le stresser en lui donnant le sentiment de ne pas avoir suffisamment de temps pour répondre. Or, les gens sont moins généreux en mode défensif. Essayez plutôt de commencer par exposer votre problème, puis demandez à votre interlocuteur un conseil (que vous écouterez attentivement, bien entendu). En montrant que vous accordez de l'importance à sa vision des choses, vous lui offrirez une petite récompense sociale qui facilitera son passage en mode découverte, dans lequel il sera plus enclin à vous aider. Comme l'a affirmé si malicieusement Arthur Helps, conseiller politique au XIXe siècle : « On admire toujours la sagesse de ceux qui viennent nous demander conseil[12]. » Et, de façon décisive, la discussion permet à votre interlocuteur d'arriver à ses propres conclusions sur l'aide qu'il peut proposer.

➢ **Situation 3.** Si vous souhaitez que les gens coopèrent à un projet déjà établi, offrez-leur plusieurs options.

- Demandez-leur de vous aider à trouver des façons d'agir ou de progresser.
- Si ce n'est pas possible, donnez-leur au moins plusieurs possibilités entre lesquelles choisir afin qu'ils puissent s'approprier la décision.

Peut-être que la décision a déjà été prise (par vous-même ou par d'autres) et que c'est à vous d'en faire part aux autres collaborateurs. « Il va y avoir une réorganisation, et nous allons devoir changer notre système de communication interne », annoncez-vous, conscient qu'il s'agit de la troisième restructuration en trois ans et que tout le monde s'inquiète. Mais en leur proposant plusieurs options, vous pourrez malgré tout leur laisser une part d'autonomie, et répondre ainsi au besoin profond de leur cerveau, ce qui empêchera qu'ils se coupent complètement de la discussion.

Bien sûr, il n'est pas nécessaire d'avoir un message délicat à faire passer pour recourir à cette technique. Elle est généralement très utile à partir du moment où l'on a envie que les gens se sentent impliqués dans ce qu'on propose.

Personnellement, je m'en sers à chaque fois que j'ai des formations avec des groupes conséquents, où je dois enseigner un certain nombre de choses précises, avec des objectifs de session bien déterminés. Pour que ces stages aient un réel impact, il est indispensable que les participants apprécient suffisamment les idées que j'apporte pour les mettre en pratique dans leur quotidien – ce qui signifie qu'ils doivent s'approprier ce que je leur enseigne. Mais comme je ne peux pas bouleverser tout le programme, comment faire pour les impliquer ? En fait, je leur propose des choix, nombreux. Si j'ai procédé à différentes analyses pour animer la session, je leur montre mes résultats en leur demandant ce qui, selon eux, est fondamental, et je réorganise l'ordre du déroulé de la session en fonction de leurs réponses. Si une discussion s'enflamme, je leur donne deux possibilités : désirent-ils continuer le débat ou « se mettre d'accord sur le fait de ne pas être d'accord » et passer à la suite ? Si l'on a pris du retard, je leur demande s'ils préfèrent laisser certains points de côté, prendre moins de temps pour déjeuner, ou finir plus tard. Etc. Cela m'oblige à me débrouiller avec ce qu'ils décident, mais ça en vaut la peine. Je sais que ce que j'enseigne aura plus de valeur à leurs yeux s'ils ont le sentiment que c'est *leur* stage, pas le mien.

Recevoir et donner

Lorsqu'on est focalisé sur ce qu'on attend de l'autre, il est important de ne pas oublier que notre position nous permet autant de donner que de prendre. Comme je l'ai expliqué précédemment, pour nos cerveaux sociaux, la réciprocité est gratifiante, et son absence frustre nos sentiments d'inclusion et d'équité (la plupart d'entre nous sont contrariés quand ils laissent passer une voiture à un croisement et que le conducteur ne les remercie pas, ou quand on ne les appelle jamais autrement que pour leur demander un service). Par conséquent, les autres vous aideront plus facilement s'ils ont l'impression que vous n'êtes pas juste un profiteur ou – pour employer le terme par lequel le psychologue Adam Grant, de l'université de Pennsylvanie, désigne ceux qui prennent systématiquement plus qu'ils ne donnent – un « preneur ». Donc, quand vous requérez un service ou la coopération d'une personne :

- Ne vous posez pas uniquement la question : « Quel est mon besoin ? », mais également : « Que puis-je offrir ? »

Mais comment faire si la personne en question est un supérieur hiérarchique ou si vous ne la connaissez pas très bien ? Qu'avez-vous à lui offrir ? Beaucoup de choses, en fait. Au minimum, vous pouvez lui montrer que vous appréciez son travail – dans l'idéal, en donnant des exemples de ce qui vous a particulièrement plu. Cela arrive suffisamment rarement pour que la plupart des gens le reçoivent comme un cadeau. Cependant, vous pouvez certainement trouver quelque chose de plus substantiel pour contribuer à rétablir un certain équilibre avec le plus haut placé de vos supérieurs hiérarchiques. Peut-être en mettant en avant ses actions auprès de vos collègues. Ou en lui proposant de prendre du temps pour l'aider sur un projet. Greg, notre créateur de plate-forme de crowdfunding, explique :

— Une chose que je propose souvent, c'est de présenter la personne à quelqu'un de mon réseau, même si ce n'est pas directement en rapport avec mon travail.

Soyez attentif aux différentes façons dont vous pouvez vous montrer généreux et vous aurez beaucoup plus de chances qu'on le soit avec vous en retour.

Combiner le tout : mettre en œuvre des capacités de persuasion sans pareil

Marcella est immunologiste, c'est-à-dire spécialiste du fonctionnement du système immunitaire humain. Son travail est au centre d'une recherche plus globale pour mettre au point un vaccin contre le VIH. Étant donné son niveau, elle aurait pu choisir de se concentrer sur ses propres recherches, mais elle a préféré relever un défi autrement plus grand : persuader tous les laboratoires travaillant sur le VIH dans le monde de suivre les mêmes procédés et d'utiliser les mêmes standards de façon à pouvoir comparer et associer leurs résultats, cela dans le but d'accélérer la mise au point de ce vaccin primordial.

Chaque laboratoire ayant sa propre culture et sa propre façon de faire, la tâche était gigantesque. Marcella a obtenu un mandat et le financement de plusieurs sponsors pour mettre en place cette « démarche qualité globale ». Sauf qu'il en fallait beaucoup plus pour parvenir à convaincre les labos, que cette idée laissait sceptiques, de modifier leurs habitudes de travail. Et comme elle n'avait d'autorité directe sur aucun d'entre eux, elle devait trouver une approche sophistiquée, respectueuse de la particularité de chacun.

Elle savait que si quelques labos réputés basculaient de son côté, les autres suivraient beaucoup plus facilement : un exemple de l'efficacité de la preuve sociale. Elle a donc commencé par trois labos de son propre réseau universitaire.

— Ils faisaient tous des choses différentes avec leurs anticorps et leurs cellules. Ils n'avaient jamais coordonné leurs travaux avec d'autres, c'est tout.

Si elle arrivait à ce que ces trois laboratoires s'accordent sur une standardisation, cela enverrait un signal fort aux autres, montrant que c'était possible. Or, pour parvenir à ce résultat, elle devait appliquer le même principe dans les trois cas : convaincre les personnalités clés.

— Nous avions besoin de l'adhésion du groupe leader de chaque labo avant de pouvoir changer quoi que ce soit au niveau de leurs collègues, explique Marcella. Alors, j'ai mis sur pied un comité composé de deux responsables de chaque labo pour tout diriger.

Malgré tout, au sein de ce cercle, tous n'ont pas été sensibles aux arguments du projet. Même ceux qui le soutenaient intellectuellement avaient besoin d'encouragements pour franchir le pas et adopter de nouvelles méthodes de travail.

— Force nous était de reconnaître qu'à court terme cette standardisation pouvait donner l'impression de les ralentir, mais nous leur avons montré qu'au final ils en tireraient un énorme bénéfice.

Marcella leur a dépeint un tableau très vivant de ces futurs bénéfices, mettant l'accent sur tout ce qui les aiderait à faire du bon travail. Par exemple, en renforçant leur réputation, ce projet de standardisation leur permettrait d'attirer des chercheurs de talent et des fonds. Marcella a également pris soin de souligner les avantages qu'ils en tireraient personnellement. Elle leur a dit qu'ils seraient perçus comme des pionniers et pourraient ajouter cette mission prestigieuse à leur CV.

— Pour beaucoup, c'était très important.

Et, bien entendu, elle a insisté sur la cause qui, fondamentalement, les intéressait tous.

— On a souligné le fait qu'en collaborant ils allaient améliorer le paysage de la recherche contre le VIH pour tout le monde.

Marcella a également veillé à ce que tous les labos se sentent partie prenante du processus, même si cela compliquait les choses.

— J'ai demandé à chaque labo de lister ses propres procédures standards actuelles, et j'ai impliqué tout le monde dans la mise au point de modèles opérationnels standards. Évidemment, ça impliquait des monceaux de documents !

Mais elle savait que c'était préférable à l'intrusion d'une équipe externe qui aurait fait un audit impersonnel et imposé des idées reflétant mal les pratiques habituelles du laboratoire. Marcella s'est montrée également très claire sur les points où une certaine flexibilité était envisageable.

— Je leur ai déclaré que, même une fois les modèles en place, des déviations par rapport aux processus standards n'étaient pas forcément mauvaises. Il arrive que les erreurs nous apprennent des choses. Il faut juste les enregistrer et les documenter pour pouvoir les repérer.

Présenter ainsi les erreurs constituait un excellent moyen de permettre à chacun de rester en mode découverte, y compris si certaines choses se passaient mal.

Cela n'a pas été une partie de plaisir tous les jours.

— Ça a été difficile pour moi au début. C'était très intense, et j'ai senti plusieurs fois, à tort ou à raison, qu'on ne m'appréciait pas. Mais mon mari m'a dit : « Tu as exactement l'esprit qu'il faut pour ça. Fonce. »

Et ça en valait la peine.

— Depuis le moment où j'ai commencé seule dans un vieux bâtiment, puis où on s'est retrouvés à travailler à deux, et pour finir avec toute une équipe, il y a eu un long chemin de parcouru. Les trois laboratoires d'origine sont entrés en contact avec beaucoup d'autres à travers le monde, répandant les nouvelles méthodes aux États-Unis, en Chine, en Thaïlande, en Inde, en Afrique du Sud, en Ouganda, au Royaume-Uni et en Allemagne. Au total, nous avons mis au point presque 500 procédures de bonnes pratiques. Nous avons unifié le système de contrôle qualité pour les prélèvements d'échantillons. Et nos nouveaux sponsors veulent réitérer l'expérience VIH avec d'autres maladies infectieuses.

Cela a été, et continue d'être, un exemple inspirant de collaboration internationale.

INITIER LE MOUVEMENT

La prochaine fois que vous aurez besoin d'aide, de soutien ou d'implication de la part d'une personne :

• **Précisez-lui le contexte.** Donnez-lui au moins une raison, même brève, expliquant en quoi c'est important.

• **Facilitez-lui la tâche.**
• Cherchez ce qui risque de l'empêcher de faire ce que vous attendez d'elle, et éliminez cet obstacle. (Et comme l'effort est généralement un frein à l'action, arrangez-vous quand c'est possible pour que votre option préférée soit l'option « rien de spécial à faire ».)
• Faites une proposition concrète qui servira d'ancrage à la discussion et réduira la réflexion nécessaire. (Pour les négociations chiffrées, suggérez une marge entre le résultat – réaliste – que vous voulez obtenir et un autre encore meilleur.)
• Servez-vous d'éléments visuels pour attirer son attention sur le résultat que vous désirez.

• **Rendez les avantages tangibles.** Ne partez pas du principe que les bénéfices de ce que vous proposez sont évidents pour votre interlocuteur. Décrivez-lui en détail l'intérêt que ça aura pour lui personnellement (ou comment ça servira la cause qu'il soutient). Répondez par avance à tout ce qui risque d'être considéré comme négatif.

• **Recourez à la preuve sociale.** Montrez que des gens qui lui ressemblent ont déjà répondu positivement à votre demande. Si vous prévoyez de rallier un nombre important de personnes, concentrez-vous d'abord sur celles qui ont de l'influence (parfois même de façon discrète) : des « spécialistes », des « plaques tournantes » et des « gardiens ».

• **Impliquez-le.** Quand la réussite de votre projet dépend d'une adhésion totale de la part de l'autre, laissez-le y contribuer d'une manière ou d'une autre. Demandez-lui conseil, puis reliez votre idée ou votre requête à sa vision du sujet. Sollicitez un avis avant de demander de l'aide. Laissez-lui suffisamment d'espace pour qu'il puisse proposer plusieurs options ou faire lui-même son choix.

• **Recevez *et* donnez.** Respectez le principe de réciprocité. Demandez-vous ce que vous pouvez offrir à la personne dont vous sollicitez l'aide ou le soutien.

16

Avoir confiance en soi

Les deux chapitres précédents visaient à vous aider à rendre vos messages plus forts et plus persuasifs. À présent, j'aimerais parler de plusieurs moyens qui permettent d'être encore plus percutant (et de vous faire plaisir par la même occasion) en vous rendant plus assuré dans toutes vos actions.

Exposer ses idées à des gens qui ne vous considèrent pas d'emblée comme une personne extraordinaire peut être assez éprouvant pour les nerfs. Le « test social de Trier », une épreuve conçue pour générer du stress à des fins de recherche, cible exactement ce genre de situations. Dans le cadre de ce test, le sujet doit expliquer brièvement à un jury pourquoi il est la personne idéale pour un emploi de rêve. Il est mis sur la sellette de multiples manières, et les membres du jury n'ont pas le droit de lui sourire. Cette expérience entraîne presque systématiquement une augmentation du rythme cardiaque et du taux d'hormones chez le sujet. Son cerveau et son organisme passent en état d'alerte intense. C'est assez pénible, mais la vie réelle nous place souvent dans des situations bien plus éprouvantes que le test de Trier. Là, au moins, les membres du jury restent assis et écoutent. Mais nombre d'entre nous ont déjà fait l'expérience d'une salle remplie de gens extrêmement critiques ou à l'opinion bien arrêtée, devant lesquels il est encore plus malaisé de faire passer ses idées. Il y a aussi, bien entendu, ces problèmes techniques de dernière minute qui font monter la pression et paralysent.

Comment les sciences du comportement peuvent-elles nous aider à avoir l'air sûr de nous dans ce genre de situation ? C'est important de dégager de l'assurance car les recherches suggèrent que les gens tendent à suivre et à faire confiance à ceux qui savent rester calmes face aux défis de l'existence[1]. En l'absence d'informations contraires, le système automatique du cerveau emprunte un autre de ses trop célèbres raccourcis, qui est : « Si une personne a l'air de croire à ce qu'elle dit, elle a probablement raison. » Les scientifiques appellent ce raccourci l'*illusion de validité*. Et des études toujours plus nombreuses prouvent qu'au sein des organisations les gens accordent un plus grand crédit aux individus qui dégagent de l'assurance et valorisent tout ce qu'ils disent ou font[2].

Mais qu'est-ce que la confiance en soi ? Selon les recherches sur le sujet, l'un des éléments fréquemment associés à la confiance en soi est une attitude proactive. Qu'un individu commence à parler ou prenne l'initiative, on tendra à voir en lui une personnalité forte, capable d'avoir un impact par son pouvoir ou son expertise. Il en va de même quand on rencontre quelqu'un qui paraît certain de ce qu'il affirme – ou du moins, qui semble avoir une vision claire des choses dans les moments d'incertitude.

Au-delà de ça, la confiance en soi revêt de multiples aspects. Elle peut donner une impression très différente d'un individu à l'autre en fonction de la personnalité de chacun. Nous connaissons tous des gens qui dégagent un sentiment de confiance en soi en étant très tranquilles. Ils ne prennent peut-être pas la parole tout le temps, mais quand ils parlent, les autres écoutent. Voici ce qu'en pense Greg, le créateur de plate-forme de crowdfunding, qui a des dizaines d'années d'expérience au niveau le plus élevé du monde des affaires et de la politique :

— La vraie confiance en soi n'a absolument aucun rapport avec le fait de se mettre en avant. Il ne s'agit pas non plus d'avoir toujours une réponse prête. Au contraire, cela consiste parfois à montrer que l'on est suffisamment sûr de soi intérieurement pour s'arrêter, réfléchir aux paroles de l'autre, et dire : « C'est très intéressant. »

D'après une étude, il semblerait même que l'on ait plus de chances d'être promu au sein d'une structure qui possède une culture collaborative si l'on parle avec des hésitations plutôt que dans un style dur et incisif[3].

La vraie confiance en soi n'a donc rien à voir avec le fait de parler fort. Il s'agit d'être celle ou celui que nous sommes au mieux de notre forme plutôt que d'essayer de ressembler à l'image que l'on se fait d'une personne sûre d'elle ; de rester en mode découverte devant les situations stressantes, c'est-à-dire d'être curieux de ce qui se passe et non d'en avoir peur. Ainsi, notre cerveau peut se concentrer sur une réflexion intelligente au lieu de chercher à se protéger. Dans ce chapitre, je détaillerai plusieurs façons de révéler notre côté le plus audacieux.

Transformez votre nervosité en enthousiasme

Commençons par une circonstance de la vie professionnelle où l'on a besoin de confiance en soi. C'est ce moment qui se situe juste avant d'entrer dans l'arène pour exposer un argumentaire, faire une présentation, ou solliciter quelque chose.

Dès qu'il comprend que nous sommes face à une situation excitante ou difficile, notre cerveau nous prépare à passer à l'action. Il injecte un cocktail de neurotransmetteurs dans nos circuits neuronaux, mélangeant des substances chimiques qui augmentent nos niveaux de motivation et d'attention. Les scientifiques parlent alors d'*excitation*. Oui, vous pouvez ricaner : c'est ce qui se passe quand on en pince pour quelqu'un. Sauf que ce terme s'applique également à cette disponibilité mentale nécessaire dans le travail quand, par exemple, on se prépare psychiquement à faire un discours ou à réclamer une augmentation. Tandis que nous nous apprêtons à relever le défi, notre cerveau veille à ce que nous soyons alertes et pleins de vie. On peut se sentir nerveux par ailleurs, et deux neurotransmetteurs, l'adrénaline et la noradrénaline, feront probablement battre notre cœur un peu plus vite. Mais tant que des émotions positives sont présentes, nous sommes toujours en mode découverte et nous ne paniquons pas.

C'est seulement quand nous interprétons la situation négativement – peut-être comme un danger pour notre sentiment de compétence ou notre faculté à garder le contrôle – que notre niveau d'excitation nous fait basculer en mode défensif. Comme nous l'avons vu, c'est à ce moment-là que notre système cérébral en charge de la survie déclenche une réaction de lutte-fuite-inhibition qui fait grimper nos taux d'adrénaline et de noradrénaline à des hauteurs vertigineuses. En quantités plus modestes, ces deux neurotransmetteurs sont très efficaces pour motiver et aiguiser l'attention, mais quand les doses augmentent, ils nous rendent nerveux et nous mettent des œillères. Malgré tout, à ce stade, nous n'avons pas encore sorti l'artillerie lourde face à la menace. Il s'écoule vingt à trente secondes supplémentaires avant que nos glandes surrénales entrent en jeu, sécrétant encore plus d'adrénaline et de noradrénaline dans notre organisme, ainsi qu'une puissante hormone à action plus lente, le cortisol.

Et c'est dans cette étroite fenêtre de temps que nous pouvons changer le cours des choses. Durant cette demi-minute entre l'alerte de départ et la réaction de nos surrénales, il est encore possible d'étouffer rapidement et facilement notre réaction face au danger. Dans ces quelques secondes qui suivent le moment où l'on note que notre cœur s'emballe, on a le choix : soit l'on interprète cette accélération comme le signe qu'une menace plane sur nous et on laisse la réaction de défense se développer sans contrôle, soit l'on décide que notre nervosité signifie que notre cerveau et notre corps sont prêts à relever un défi excitant. Est-ce que ce sera une « fin de partie » ou un « début de partie » ? À nous de choisir. Et les recherches tendent à prouver que la seconde option peut faire toute la différence quand il s'agit de travailler sous pression. Wendy Berry Mendes et Jeremy Jamieson, respectivement psychologues à l'université de Californie de San Francisco et à celle de Rochester, ont mené plusieurs études sur le sujet. Ils ont démontré que les gens sont plus performants quand ils décident d'interpréter l'accélération de leur souffle et de leur cœur comme « une ressource permettant d'être efficaces ». « Que ce soit sur le plan sémantique ou psychologique, l'excitation est indéterminée. Notre réaction dépend complètement de la façon dont nous interprétons la situation et les réactions de notre organisme[4]. »

Aussi, la prochaine fois que vous sentirez la nervosité vous gagner :

➢ Rappelez-vous que ce sont votre organisme et votre cerveau qui vous préparent pour la suite des événements.

➢ Dites-vous quelque chose du genre : « C'est mon cerveau et mon organisme qui me préparent à relever le défi. Allons-y ! »

Revenir en mode découverte avant même d'ouvrir la bouche pour parler devrait vous aider.

Reliez-vous à vos valeurs

Maintenant, revenons avant la poussée d'adrénaline. Que pouvez-vous faire pour booster votre confiance en vous ? Un bon moyen de profiter de soi en mode découverte consiste à prendre du recul par rapport au défi qui nous attend et à se pencher quelques instants sur des choses plus fondamentales, comme ses valeurs ou ce qui donne du sens à sa vie.

Quelque chose d'aussi simple que ça peut-il vraiment tout changer ? Oui, et de façon mesurable. Dans le cadre d'une étude de l'UCLA, le psychologue David Creswell et son équipe ont proposé à plusieurs volontaires de faire le test de Trier générateur de stress décrit plus haut. Auparavant, ils ont demandé à certains d'entre eux de classer les valeurs et les sujets qui avaient de l'importance à leurs yeux, et leur ont posé des questions sur ce qu'évoquait pour eux la valeur personnelle qu'ils avaient placée en tête de liste. Puis ils leur ont fait passer le test de Trier. Ils ont ensuite pu observer que ces volontaires avaient vécu les moments les plus stressants du test différemment des autres. Ils ont déclaré s'être sentis plus solides et moins anxieux dans leur prise de parole. Le taux de cortisol dans leur salive était aussi nettement moins élevé que celui de l'autre groupe, confirmant leur impression[5].

Comment pouvez-vous utiliser vos valeurs personnelles pour avoir davantage confiance en vous dans les moments de pression, par exemple avant de faire une requête importante ou un commentaire audacieux ? Voici trois choses à tenter :

➢ **Écrivez une ou deux phrases sur vos aspirations profondes personnelles ou professionnelles.** Une étude de Gavin Kilduff et Adam Galinsky (respectivement psychologues à l'université de New York et Columbia) a établi que les gens qui faisaient cet exercice étaient par la suite considérés par leurs collègues comme plus proactifs et aptes à prendre la direction des choses. Leur tâche n'avait pourtant aucun rapport avec les objectifs personnels qu'ils avaient mentionnés[6].

➢ **Rappelez-vous quelles motivations généreuses sous-tendent ce que vous vous apprêtez à faire ou à défendre.** Qui (hormis vous-même) en tirera profit ? Cela aidera-t-il votre organisation, votre entreprise, ou vos interlocuteurs ? Se poser ces questions est important : en effet, si nous avons l'impression d'être égoïstes ou craignons d'être *perçus* comme tels, cela peut nous empêcher d'agir. C'est pourquoi Greg se rappelle régulièrement qu'il ne se contente pas de « demander de l'argent », mais qu'il « transforme l'avenir des soins de santé ». Il sait qu'il est plus confiant et détendu quand il adopte cette perspective.

➢ **Concentrez-vous sur ce qui vous touche vraiment.** C'est essentiel pour garder votre assurance et votre confiance quand l'enjeu est de taille et que vous avez un message à faire passer.

Communiquant expérimenté, Patrick, P-DG d'une société de médias, s'est fait coacher en vue d'une importante conférence de presse. En tant que leader chevronné, il a l'habitude d'être sur scène. Pourtant, à chaque fois qu'il répétait son discours, il se mettait à bégayer dès qu'il atteignait un passage précis, ce qui l'étonnait d'autant plus qu'il n'avait jamais bégayé de sa vie. Mais il n'y avait rien à faire : dès qu'il parlait de son « enthousiasme » pour certains nouveaux projets de la société, ça recommençait. Sa coach lui a demandé quel était le problème avec ce passage.

— La vérité, a avoué Patrick, c'est que je ne suis pas sûr de croire à 100 % à cette partie du discours.

Sa coach lui a conseillé de réécrire les phrases qui le gênaient et de se recentrer sur des points pour lesquels il ressentait un réel enthousiasme. Résultat ? Plus de bégaiement, et une présentation largement appréciée.

Occupez tout votre espace

Toujours dans l'idée de booster sa confiance face à un défi, j'aime bien mentionner une technique moins connue, que l'on peut utiliser aussi en pleine action.

Dans les bases scientifiques au début de ce livre, j'ai souligné la force du lien corps-esprit. Cette relation à double sens est utilisée dans un exercice un peu étrange et très utile pour gagner en assurance. À Harvard, l'équipe d'Amy Cuddy s'est demandé pourquoi, quand on est à l'aise et plein de courage, on prend l'attitude d'un gorille essayant de se montrer plus imposant qu'il n'est. On se tient très droit, et on se déploie en croisant les mains derrière la tête ou en mettant les mains sur les hanches. À l'inverse, si on renâcle ou se sent nerveux à l'idée de faire quelque chose, on rentre les épaules, on croise les bras, ou on baisse la tête – voire les trois à la fois.

L'équipe de Cuddy et un groupe de recherche suisse ont découvert que ce mécanisme fonctionne également dans l'autre sens, ce qui nous intéresse beaucoup. Le fait de se montrer physiquement plus grand et plus imposant – posture bien droite, jambes légèrement écartées, épaules et bras détendus et ouverts – donne rapidement le sentiment d'être plus sûr de soi[7]. C'est comme si cette position décontractée signalait au cerveau qu'il n'y a pas de danger aux environs et qu'il peut sortir du mode défensif. Cuddy a constaté par ailleurs les bienfaits de deux ou trois minutes d'étirements pour augmenter sa présence physique. Des témoins ont ainsi jugé la performance des orateurs qui s'étaient étirés juste avant de prendre la parole supérieure à celle de ceux qui étaient restés assis[8].

Maintenant, j'aimerais vous présenter Gemma. Chargée des opérations roumaines pour le compte d'une société internationale de produits agricoles, Gemma supervisait tout, depuis la fabrication locale jusqu'à la commercialisation et les relations publiques. Après avoir occupé ce poste pendant plusieurs années, elle s'est sentie prête à affronter un défi encore plus grand. Mais quand elle a commencé à parler de promotion à son supérieur, celui-ci lui a répondu qu'elle n'avait pas « l'étoffe d'une grande dirigeante ». Elle l'a interrogé plus avant, et s'est aperçue que ce sentiment n'avait aucun rapport avec ses résultats ; simplement, elle dégageait moins de sérieux et d'assurance que ses pairs. Gemma avait confiance en ses capacités, mais cela ne se reflétait pas dans son attitude.

— J'étais en lice dans une compétition dont je ne connaissais même pas les règles, explique-t-elle. Je me suis dit : « OK, maintenant, j'ai compris. Je dois monter d'un cran. C'est aussi une question d'attitude. »

Peu de temps après, elle devait assister à une réunion clé, où il lui faudrait convaincre le conseil d'administration de lui accorder un budget supplémentaire pour les opérations de son pays. Consciente que c'était l'occasion de montrer sa véritable personnalité, elle a décidé de s'y préparer en travaillant sur l'attitude de pouvoir.

— J'avais cette phrase en tête : « Prends tout ton espace. » Je me visualisais totalement décontractée pendant l'échange, maîtrisant parfaitement mon domaine.

Et durant la réunion, elle a mis son conseil en application.

— J'ai totalement incarné cette image. J'étais bien calée sur mon siège, le dos droit, la tête redressée, les épaules larges, et les mains à plat sur la table. J'ai argumenté. J'ai regardé chacun droit dans les yeux. Avec tout le temps en tête ma phrase : « Prends tout ton espace. »

Est-ce que ça a marché ?

— L'effet a été détonant. Après ça, le président m'a prise à part. Il m'a poussée à postuler à un plus gros poste, et m'a assuré qu'il me soutiendrait. Maintenant, je me sers tout le temps de ce « Prends tout ton espace ».

Pour tester cette technique avant votre prochaine conversation importante :

➢ Trouvez-vous un endroit où vous pourrez vous déployer : une pièce vide, un couloir ou une salle de repos feront l'affaire. Placez-vous debout, les jambes largement écartées. Étirez vos bras et balancez-les d'un côté à l'autre. Baissez les épaules et ouvrez la poitrine. Posez vos mains paumes à plat sur une table ou croisez les doigts derrière la tête.

➢ Pendant que vous parlez, utilisez une version réduite de ce déploiement. Si vous sentez que vous vous recroquevillez, installez-vous confortablement sur votre siège et respirez profondément en ouvrant les poumons. Décroisez les bras et les jambes. Mettez un bras sur le dossier de votre siège ou placez vos mains à plat sur la table.

Récoltez plus de reconnaissance personnelle

Soyons lucides : dans la vie professionnelle, nos efforts ne sont pas toujours reconnus. Pourtant, nous avons tous envie de nous sentir utiles et valorisés – et, comme nous l'avons vu au chapitre 9, la satisfaction de ce besoin essentiel permet à notre cerveau de rester en mode découverte, et donc performant. C'est pourquoi je vous propose de découvrir plusieurs « astuces » pour être certain que votre nom sera bien sur le trophée.

Après un début de carrière en tant que commerciale dans des start-up technologiques installées au Brésil, Cristine travaille depuis plusieurs années pour un gros groupe qui emploie des dizaines de milliers de personnes à travers le monde. Sa mission consiste à trouver et à suivre de nouveaux clients pour la division « Services aux entreprises », et elle s'en acquitte avec brio. Mais ce n'est pas facile de briller dans une aussi grosse structure. Comme elle le résume :

— Je ne parlais pas vraiment de mes succès à mes supérieurs. J'avais tendance à penser : « Ils savent ce que je fais, pas besoin de le leur dire. » Mais en fait, c'était nécessaire. Même si les gens vous apprécient, ils n'ont pas le temps d'entrer dans les détails pour voir exactement à quel point vous êtes efficace. Finalement, ils ne savent pas ce qu'on a à offrir tant qu'on ne leur dit pas quelque chose de positif et de marquant sur soi. Je suis dans la vente, j'aurais dû savoir ça !

Une nouvelle responsable lui a donné un conseil.

— Elle m'a dit que lorsque je rencontrais un supérieur, je devais lui parler d'un truc qui avait bien marché pour moi peu de temps auparavant. Alors, c'est ce que j'ai fait. Au début, c'était un peu bizarre, très forcé. Puis ça m'est rapidement devenu naturel de faire des déclarations du genre : « Au fait, vous serez peut-être intéressé d'apprendre qu'une magnifique opportunité s'est présentée après ma conversation avec untel et untel la semaine dernière. » C'est plus intéressant que les banalités qu'on échange habituellement, et finalement, ça ne donne pas l'impression de « se vendre ».

Cristine a fait une ou deux adaptations pour se sentir plus à l'aise dans cette situation au fil du temps.

— Tout d'abord, j'ai découvert que le secret, c'était de parler d'une chose qui présentait un intérêt particulier pour mon interlocuteur. Aussi, maintenant, je cherche dans ce que j'ai fait récemment ce qui pourrait lui être utile dans son propre travail et, si possible, je mentionne un truc en rapport avec ça. Bien sûr, ça capte l'attention. Tout le monde est intéressé par ce qui le concerne d'une façon ou d'une autre. Il faut satisfaire son public.

Elle a également mis au point un procédé simple mais efficace pour être sûre d'avoir toujours une bonne nouvelle à annoncer.

— Chaque vendredi après-midi, entre 17 heures et 17 h 30 – ce qui correspond, de toute façon, à un moment creux –, je me réserve un temps pour noter mes plus grandes réussites de la semaine. Je bloque une demi-heure, mais en réalité ça ne me prend que cinq minutes. Et tout en le faisant, je me demande, pour chaque chose, qui ça pourrait intéresser. En plus, ça me permet d'avoir tout ce qu'il me faut pour mon évaluation annuelle. Toutes les données sont là.

Cristine poursuit en me donnant un exemple :

— Un jour, un client a eu un problème suite à une information confidentielle qui s'était éventée, et j'ai fait de mon mieux pour l'aider à arranger les choses. Il m'en a été très reconnaissant, et j'ai reçu un message très agréable de quelqu'un qui se situe à cinq niveaux au-dessus de moi. Franchement, au bout de six mois, j'aurais complètement oublié cette histoire. Sauf qu'en l'écrivant je l'ai bien gardée en tête.

Le résultat ?

— J'ai gagné le respect de gens qui n'auraient jamais entendu parler de moi avant. J'ai l'impression de construire ma propre marque de fabrique, la marque de celle qui a de bons résultats. Aujourd'hui, c'est devenu une seconde nature. Et mes supérieurs ont même adopté ma technique du vendredi après-midi.

La prochaine fois que vous serez en relation avec une personne dont vous espérez une plus grande reconnaissance professionnelle, faites comme Cristine, et appliquez les conseils donnés tout au long du chapitre 5 comme suit :

➢ **Partez de ce qui l'intéresse.** Trouvez ce qui préoccupe ou enthousiasme le plus votre interlocuteur sur le plan professionnel. Montrez-lui le lien avec votre propre travail.

➢ **Parlez de l'aspect humain.** Donnez un exemple spécifique de l'impact positif qu'aura votre action sur des personnes existantes (clients ou collaborateurs). Ne parlez pas uniquement de chiffres ou d'idées abstraites.

➢ **Soyez sobre.** Les gens se souviendront plus facilement de vos succès importants que d'une longue liste énumérant tous vos exploits. (Il sera toujours temps de fournir cette liste plus tard si le besoin s'en fait sentir.)

➢ **Précisez le contexte.** Expliquez pourquoi vous avez fait ce que vous avez fait, montrant ainsi vos capacités de discernement. Un résumé rapide de ce qui a précédé aidera votre interlocuteur à se souvenir de vos réalisations.

➢ **Recourez à la preuve sociale.** Mettez l'accent sur le soutien ou les retours chaleureux que vous avez obtenus de la part de personnes qui lui ressemblent ou qu'il admire.

➢ **Impliquez-le.** Demandez-lui conseil pour l'étape suivante, puis dites-lui de quelle manière vous intégrerez ses avis.

➢ **Recevez *et* donnez.** Si vous voulez qu'on reconnaisse vos efforts, reconnaissez ceux des autres. Les émotions sont contagieuses, et la manière dont nous sommes conçus fait que nous apprécions la réciprocité. Même les plus hauts responsables aiment savoir que leurs efforts en valent la peine.

AVOIR CONFIANCE EN SOI

Pensez à la prochaine occasion où vous aurez besoin d'avoir un maximum de confiance en vous et d'assurance. Suivez les indications suivantes :

- **Transformez votre nervosité en enthousiasme.** Dès que vous remarquez des signes physiques de nervosité, comme votre cœur ou votre souffle qui s'accélère, considérez-les comme l'indice que vous êtes prêt à relever le défi. Pensez « début de partie » plutôt que « fin de partie ».

- **Reliez-vous à vos valeurs.** Qu'est-ce qui est vraiment important pour vous, personnellement et professionnellement ? Qu'est-ce qui compte le plus dans ce que vous demandez ou ce que vous défendez ? Ne perdez pas ça de vue, quitte à le noter quelque part avant le moment crucial. Centrez votre message sur les choses qui vous tiennent le plus à cœur.

- **Occupez tout votre espace.** Prévoyez cinq minutes avant votre prestation pour vous tenir droit, étirer les bras et ouvrir les épaules. Une fois dans l'action, assurez-vous de continuer à « prendre tout votre espace » en restant bien redressé sur votre siège plutôt que penché en avant, bras croisés.

- **Récoltez plus de reconnaissance personnelle.** Appliquez tous les conseils donnés dans le chapitre 5 pour parler de vos réalisations. Notez chaque petit succès de la journée afin que ni vous ni votre patron n'ayez besoin de vous creuser la tête pour vous souvenir de tous vos accomplissements.

- **Révisez également les conseils du chapitre 3 : le contraste mental, l'effet d'amorce et la répétition mentale.** Toutes ces techniques peuvent vous aider à booster votre confiance en vous quand vous relevez un défi.

PARTIE VI

La résilience

Surfer sur les revers et les contrariétés

« Rien en soi n'est bon ou mauvais,
seule la pensée le rend tel. »

William SHAKESPEARE, *Hamlet*

JUSQU'ICI, J'AI MIS L'ACCENT sur ce que l'on est en mesure de maîtriser. Mais, bien sûr, il ne se passe pas un jour sans que quelque chose d'inattendu arrive : un délai modifié, une décision qui ne va pas dans le sens voulu, ou une ambiance de crise. Ou alors : on a défini nos intentions profondes pour la journée, on a décidé de se concentrer sur le positif, et soudain on se rend compte qu'on a commis une énorme erreur quelque part. À moins que ce ne soit quelqu'un qui ne tienne pas ses engagements ou qui tarde à nous donner une réponse. Même si ce genre d'incertitudes et de mauvaises surprises nous stressent, il n'y a aucun moyen de les éviter. Elles font partie de la vie.

Ce qu'il y a de bien, c'est que nous sommes incroyablement résilients sur le long terme. Comme le montrent les recherches que Dan Gilbert, psychologue à Harvard, mène depuis des décennies sur la *prédiction affective*, nous avons tendance à surestimer l'impact personnel de chaque événement de la vie, qu'il soit positif ou négatif. Même confrontés au pire, nous avons une incroyable faculté d'adaptation, et nous arrivons à revenir à notre niveau de bonheur antérieur[1]. Cependant, savoir que nous finirons par surmonter notre déception ou notre contrariété n'est pas d'un grand réconfort au moment où elle survient.

C'est pourquoi j'aimerais étoffer votre répertoire « bonne journée » en vous présentant plusieurs techniques fiables, fondées sur la science, qui vous aideront à vous remettre en selle rapidement si vous avez trébuché sur l'obstacle. Tout d'abord, nous verrons comment garder son équilibre devant un événement désagréable. Puis je vous montrerai différents moyens de rebondir et de tourner la page après une expérience déprimante. Je vous expliquerai comment faire face à l'incertitude et à l'ambiguïté avec grâce et habileté. Enfin, je vous donnerai quelques conseils sur la meilleure façon de gérer les choses quand quelqu'un vous abandonne en rase campagne. Vous pourrez ainsi reprendre joyeusement le cours de votre vie.

17

Garder la tête froide

Jeune homme, Bartek savait déjà qu'il voulait travailler dans l'alimentaire. Mais quand il est arrivé à Londres après avoir quitté la Pologne, il lui a fallu prendre le premier boulot qui s'est présenté : laver les sols d'un hôtel aux « couloirs si longs qu'on pouvait voir la courbure de la Terre ». Le virage a eu lieu le jour où il a réussi à persuader le chef cuisinier de le prendre à l'essai au restaurant de l'hôtel. À partir de là, il a fait carrière dans l'industrie alimentaire, jusqu'à occuper un poste de haut responsable dans une entreprise florissante de soupes et plats mijotés. Chargé des affaires courantes, Bartek aidait également les propriétaires de la société à développer leur business. Mais en 2012, ce fut la catastrophe. Il avait persuadé ses patrons d'augmenter la capacité de production de l'usine pour répondre à la demande qui, selon lui, ne manquerait pas de s'envoler avec le nombre important de visiteurs attendus à Londres pour les Jeux olympiques. Sauf que les choses ne se sont pas passées comme prévu.

— Tout le monde pensait que les Jeux olympiques seraient une manne pour le commerce à Londres, se souvient Bartek. On aurait du mal à satisfaire toutes les commandes à cause de la demande, et à livrer à cause des routes encombrées. J'ai passé énormément de temps à m'assurer qu'on serait fin prêts le moment venu. On a embauché de nouveaux livreurs et loué des camionnettes supplémentaires. On était parfaitement au point ! J'ai cru que non seulement on protégerait notre business tel qu'il était, mais qu'en plus on développerait notre clientèle, avec les restaurants dont les fournisseurs habituels auraient été moins prévoyants que nous. Puis le premier jour des Jeux est arrivé. On s'était tous levés tôt pour être au bureau à l'heure en pensant qu'il y aurait des embouteillages partout. Mais les rues étaient complètement dégagées. Moins de trois heures plus tard, toutes nos camionnettes avaient terminé leur tour de livraison et étaient rentrées au dépôt.

Ce fut la première d'une longue série de journées désastreuses. Au lieu de grimper, les commandes chutaient, et la société perdait de l'argent.

— C'était vraiment dur. Et personnellement, j'avais l'impression que les gens remettaient en question tout ce que je faisais.

Bartek était si mal par rapport à la situation qu'il n'arrivait plus à réfléchir correctement. Il sentait ses muscles crispés, et il a compris que son cerveau était passé en mode défensif – un phénomène dont il avait appris à reconnaître les signes grâce à sa pratique des arts martiaux. Il devait trouver un moyen de maîtriser sa réaction, se détendre suffisamment pour remettre en route son système délibéré et revenir sur les rails. Par chance, il savait comment faire (ce qui veut dire, je vous rassure, que l'histoire se termine bien). Laissez-moi vous décrire les techniques qu'il a utilisées.

Mettez des mots sur vos émotions

Une façon très efficace de faire rapidement baisser notre niveau d'inquiétude, de colère ou de frustration consiste à recourir à ce que les comportementalistes appellent l'*étiquetage des émotions*. Des années de recherches sur le sujet montrent qu'en nommant l'émotion que l'on ressent et en décrivant brièvement ce qui l'a causée, on peut réduire son emprise sur nous[1].

Pour les besoins d'une étude, des chercheurs de l'UCLA ont demandé à quatre groupes d'arachnophobes de s'approcher au maximum d'une tarentule et même, si possible, de la toucher[2]. Le premier groupe devait nommer, ou « étiqueter » ses émotions pendant l'épreuve avec des phrases du genre : « Je suis angoissé et effrayé par cette araignée horrible et terrifiante » (une réaction tout à fait compréhensible pour la plupart d'entre nous). Le second groupe luttait verbalement, en disant, par exemple : « Cette petite araignée ne peut pas me faire de mal. Je n'en ai pas peur. » Le troisième détournait son esprit en parlant d'autre chose, tandis que le groupe de contrôle ne disait rien. Les résultats ont été surprenants : même au bout d'une semaine, les sujets du groupe « étiquetage » se sont montrés beaucoup moins effrayés que les autres en se trouvant de nouveau confrontés à une araignée. Leurs paumes étaient moins moites et ils sont parvenus à s'en approcher plus près.

Cette diminution de l'émotion négative via la technique de l'étiquetage s'observe également au niveau de l'activité cérébrale. D'autres chercheurs ont en effet constaté que si l'activité de notre circuit en charge de la survie s'intensifie face à une difficulté éventuelle, elle se calme, à l'inverse, à partir du moment où l'on nomme ce qui se passe[3]. Il devient alors plus facile d'engager les facultés de raisonnement élaborées du système délibéré, ce qui élargit notre vision et nous permet, si besoin, de trouver une solution pour se remettre en route. C'est presque comme si le fait de reconnaître qu'il y a un problème autorisait notre cerveau à arrêter de sonner l'alarme – l'équivalent cognitif de : « Oui, je t'ai entendu. Maintenant, qu'est-ce qu'on fait ? »

Cette technique d'étiquetage des émotions s'est révélée extrêmement utile pour Bartek durant la crise des Jeux olympiques.

— À chaque fois que je sentais la panique me gagner, j'écrivais comment je me sentais et ce qui m'inquiétait. En fait, je tenais au quotidien un journal de bord de mes problèmes. Dès que j'avais couché mes émotions sur le papier, j'avais l'impression que ça allait nettement mieux.

Même si, précise-t-il, cet étiquetage des émotions n'est pas du tout en accord avec les conseils professionnels que nous donnent les collègues. Comme il le résume :

— On nous dit tout le temps qu'il faut « aller de l'avant » ou « oublier ça et passer à autre chose ».

Il y aurait beaucoup à dire sur ce genre d'optimisme volontariste. Mais ce qui est sûr, c'est qu'en cherchant à étouffer nos inquiétudes il tendrait plutôt à dégrader la situation. Des études ont d'ailleurs prouvé que réprimer ses émotions négatives a un effet contre-productif et *augmente* les indicateurs de stress sur le plan physiologique et neurologique[4].

— Si l'on passe directement au mode « solution » sans reconnaître ce que l'on ressent, on a peu de chances d'être au mieux de sa forme pour réfléchir à la suite, affirme Bartek.

Un avis que partage Doug, notre P-DG d'une société de vente en ligne de la partie I :

— La chose qui me permet vraiment de conserver mon sang-froid dans le feu de l'action, c'est d'identifier ce qui bouillonne en moi. Quand dans une réunion quelqu'un lance une remarque acerbe ou se décharge sur d'autres de la responsabilité de ses actes, je me dis : « C'est énervant. Tu as raison d'être contrarié. Tu verras ça plus tard. » Comme ça, je reconnais ce que j'éprouve tout en le mettant de côté en attendant de pouvoir y réfléchir. En général, ça m'aide à reprendre le fil de la discussion.

Vous remarquerez que ni Bartek ni Doug n'utilisent l'étiquetage des émotions pour se complaire dans leurs sentiments négatifs. Ils restent sobres et s'en servent comme d'un tremplin pour pouvoir réfléchir calmement à des solutions. C'est cette approche que vous devez suivre. Voici quelques suggestions à cet effet :

➢ **Écrivez ce qui se passe en vous.** Notez en une ou deux phrases ce que vous ressentez et ce qui a déclenché ces émotions (« En ce moment, je me sens en colère/contrarié/mis de côté parce que... »). Vous pouvez vous référer à la liste des déclencheurs les plus courants du chapitre 9 pour voir si cela vous aide à identifier l'origine de ces émotions. Puis relisez ce que vous avez écrit sans vous juger. Enfin, posez-vous la question : « Maintenant, quelle est la chose judicieuse à faire ? »

➢ **Libérez-vous de façon structurée.** Si vous ressentez le besoin de confier votre contrariété à des collaborateurs ou à des amis, demandez-leur de ne pas vous interrompre avant que vous ayez fini d'exprimer ce que vous ressentez et pourquoi. Pour cela, demandez-leur simplement : « Est-ce que je peux juste dire ce que j'ai sur le cœur ? » Avec un ami proche, rien ne vous empêche d'être encore plus explicite. Par exemple : « Je n'ai pas besoin de résoudre ça tout de suite, juste que tu approuves en disant : "Mais c'est terrible." »

➢ **Crevez l'abcès.** La prochaine fois que vous sentirez la tension monter dans une réunion, essayez de l'exprimer à haute voix : « L'ambiance est plutôt tendue, non ? Que pourrait-on faire pour améliorer la situation ? » Le fait que vous reconnaissiez ce qui se passe aura un effet apaisant sur le cerveau de chacun, et il y a de grandes chances que vous entendiez des soupirs de soulagement. À partir de là, vous serez plus aptes à progresser.

Devant la crise qui touchait son entreprise, Bartek encouragea les gens à discuter ouvertement du problème.

— Je les ai tous rassemblés dans une salle pour évoquer la situation. Je leur ai demandé ce qui les inquiétait le plus. Au début, on a parlé de l'impact sur notre ligne de produits et ce genre de choses. Puis, finalement, quelqu'un s'est éclairci la gorge et a fait part de ce qui le tracassait vraiment en déclarant : « J'ai peur pour mon boulot. » Alors, tout le monde s'est dévoilé, moi compris.

Bartek et les autres employés n'ont pas perdu leur emploi. En fait, la manière dont il a repris en main la situation a impressionné tout le monde.

— Mais, sur le moment, simplement parler de nos peurs les plus basiques a vraiment aidé, affirme-t-il.

Prenez du recul

Avez-vous déjà remarqué comme il est plus simple de donner des conseils que de résoudre ses propres problèmes ? Personnellement, je m'en rends compte à chaque fois que je coache des clients en groupe. Souvent, les gens donnent de très bonnes idées à leurs collègues sur une question avec laquelle eux-mêmes se débattent. Ils commencent généralement leur intervention en annonçant timidement : « C'est évident pour moi que tu devrais faire X. C'est assez drôle, je sais, mais je pense que je ferais mieux de suivre mon propre avis, moi aussi. » C'est un exemple de ce que les comportementalistes appellent la *distanciation*, une attitude consistant à adopter une perspective différente de la sienne. Les recherches sur le sujet confirment qu'il s'agit là d'une autre technique très utile quand on est sous pression.

Ethan Kross est le directeur du laboratoire « Émotions et self-control » de l'université du Michigan. Lors d'une expérience[5], son équipe a fait passer le test de Trier – celui où les gens doivent expliquer à un jury pourquoi ils sont la personne idéale pour un job idéal (voir chapitre 16) – à deux groupes de sujets. Dans cette version du test de Trier, les participants préparaient préalablement leur présentation et avaient pour consigne de s'interroger pendant trois minutes sur l'anxiété qu'ils ressentaient juste avant de passer devant le jury. Les sujets du premier groupe devaient se demander : « Pourquoi est-ce que je me sens comme ça ? », et ceux du second, prendre de la distance en s'adressant à eux-mêmes comme s'ils parlaient à un autre : « Pourquoi te sens-tu comme ça, [leur prénom, par exemple Caroline] ? » Lorsque, finalement, les deux groupes se sont présentés devant le jury, les membres du groupe « distancié » ont obtenu de meilleurs résultats. Ils se sont également sentis plus à l'aise que ceux du premier. Les chercheurs ont noté qu'ils employaient moins de phrases catastrophées comme « C'est horrible/C'était affreux » avant et après leur présentation.

La distanciation est également une aide quand la menace immédiate est passée. Plusieurs études montrent que les gens peuvent revenir sur un événement désagréable récent plus calmement s'ils le décrivent comme le ferait un observateur extérieur. En outre, avoir appris à prendre de la distance semble avoir des effets durables et permet de garder plus facilement son sang-froid quand se présente un nouvel événement stressant[6].

Voici quelques techniques pour vous aider à prendre du recul la prochaine fois que vous vous retrouverez dans une situation stressante :

➢ **Dites-vous « tu ».** Ne dites pas : « Je m'inquiète pour la réunion de cet après-midi parce que... », mais : « Tu es nerveux au sujet de la réunion de cet après-midi parce que... »

➢ **Projetez-vous dans l'avenir.** Interrogez-vous : « Comment verrai-je ça dans un mois ? dans un an ? » C'est extrêmement simple, et c'est pour ça que c'est ma technique préférée.

➢ **Mettez-vous dans la peau d'un autre.** Demandez-vous ce que dirait une autre personne (par exemple un passant) si vous lui décriviez la situation d'un point de vue neutre.

➢ **Habitez « le meilleur de vous-même ».** Pensez à celle ou celui que vous êtes au mieux de votre forme, et demandez-vous comment ce « meilleur de vous-même » verrait la situation. C'est un dérivé de l'approche « la peau d'un autre » qui a l'avantage de puiser dans sa propre expérience pour affronter les situations stressantes.

➢ **Conseillez un ami.** Prenez de la distance en vous posant la question : « Si je devais donner mon avis sur une situation similaire à un ami, que lui dirais-je ? »

Cette liste n'est pas exhaustive, mais je ne parle ici que de techniques que j'ai personnellement vues fonctionner. Il peut être intéressant de tout expérimenter jusqu'à ce que vous trouviez une méthode de distanciation facile à mettre en œuvre dès que vous en aurez besoin. Par exemple, Chloë, directrice des opérations dans le secteur de la mode, se demande systématiquement : « Si "le meilleur de moi" se penchait sur la situation dans une semaine, qu'en penserait-il ? » Cette question a l'avantage d'associer deux des techniques de distanciation présentées ci-dessus : se projeter dans l'avenir et habiter la meilleure version de soi-même.

Quant à Doug, notre P-DG d'une société de vente en ligne, il aime s'appuyer sur plusieurs approches :

— Je me demande souvent : « Franchement, quelle importance aura tout ça dans un an ? » Ou je m'imagine en train d'examiner la situation d'un point de vue extérieur.

Dans tous les cas, il fait un pas de côté :

— Je pense à ce que dirait la voix de la raison à partir d'une autre perspective, précise-t-il. Une fois que je me suis laissé inspirer par cette voix, cela devient beaucoup plus simple de me poser des questions pertinentes, comme : « Quel est le pire qui puisse arriver ? » ou, si je suis en colère contre quelqu'un : « Est-ce vraiment la faute de *cette* personne ? »

Et qu'en pense Bartek ?

— Le truc dont je me sers pour me distancier est une déformation de l'idée bouddhiste « Regarder à travers les yeux d'un enfant ». En poussant cette notion un peu plus loin, je me demande : « Qu'est-ce qu'un enfant qui a faim penserait de ça ? » C'est énorme, mais ça marche pour moi. Quand je m'inquiétais pendant les Jeux en me demandant si nos avocats n'allaient pas nous tomber dessus parce qu'on ne vendait pas assez de soupes, cette question m'a rappelé que, quoi qu'il arrive, ce ne serait pas la fin du monde. Grâce à ça, j'ai pu remettre les choses à leur place, calmer mon anxiété, et réfléchir posément à ce qu'il convenait de faire.

Posez une question gratifiante

De nombreuses études prouvent qu'il est plus facile de prendre de la hauteur face à une situation désagréable en ayant un état d'esprit positif[7]. Mais comment être positif quand un problème nous préoccupe au travail ?

C'est là que les *questions gratifiantes* entrent en jeu. Il s'agit de questions qui offrent une forme de récompense à notre cerveau – pas un plaisir éphémère comme ceux que procurent le chocolat ou l'alcool, mais celui, plus profond, que l'on éprouve quand on apprend quelque chose de nouveau, qu'on se sent compétent, ou que les choses ont du sens. En nous aidant à puiser dans ces trois grandes sources de motivation, les questions gratifiantes permettent de revenir en mode découverte et de franchir plus aisément les obstacles mentaux qui se dressent sur notre chemin. Testez les stratégies détaillées ci-dessous, et voyez celle qui marche le mieux pour vous la prochaine fois que vous serez miné par un souci professionnel.

« Comme c'est intéressant ! Quelles leçons puis-je en tirer ? »

Je suis sûre que vous connaissez le plaisir de ces moments où l'on a une illumination soudaine, ou celui, plus coupable, qui consiste à écouter le dernier bruit de couloir. Comme je l'ai déjà mentionné, apprendre des choses nouvelles est gratifiant pour notre cerveau. C'est pourquoi l'une des questions les plus utiles que vous puissiez vous poser quand quelque chose va mal est :

- « Quelles leçons puis-je en tirer ? »

En fait, j'ai rencontré de très nombreux responsables qui suivent l'avis du chef d'orchestre Ben Zander. Quand ses musiciens font une erreur, Zander leur conseille de lever les bras en criant : « Comme c'est intéressant ! », puis de se demander ce que cette expérience peut leur apprendre[8]. Cette exclamation leur rappelle la joie que peut procurer la découverte, même s'ils l'accompagnent souvent d'un sourire en coin et d'un juron marmonné.

Pourquoi Bartek a-t-il choisi de trouver son fiasco des Jeux olympiques « intéressant » ?

— Ça m'a permis de comprendre que, même si je suis du genre inquiet et planificateur, je me ferai toujours surprendre par les événements. J'ai dû accepter que je ne pouvais pas tout savoir ni prévoir. C'est plutôt réconfortant.

Il en a également tiré des leçons plus spécifiques.

— J'ai réalisé que j'aurais pu contacter les traiteurs dans les autres villes où s'étaient déroulés les Jeux précédents pour leur demander comment ça s'était passé pour eux. C'est une leçon pour le futur : je peux m'inspirer de l'expérience des autres au lieu de toujours essayer de tout résoudre moi-même comme j'ai tendance à le faire.

Intéressant, sans aucun doute, et aussi très utile.

« Que me disent mes "épreuves" ? »

Au chapitre 10, j'ai expliqué comment il était possible d'augmenter les performances de ses collaborateurs en les aidant à se sentir aptes à résoudre eux-mêmes leurs problèmes. À présent, voyons comment appliquer cette technique à soi-même. Quand on se sent frustré ou incompétent, il est utile de se rappeler ses expériences passées et les capacités que l'on a développées afin de voir de quelle manière ces dernières peuvent nous aider à affronter la situation.

Dans *True North*[9], Bill George, professeur à la Harvard Business School et ancien P-DG de Medtronic, explique comment procéder. Il parle du soutien que représente le fait de revenir sur ses « épreuves », c'est-à-dire sur les grandes difficultés que l'on a surmontées et qui ont forgé notre personnalité. Elles ne concernent pas forcément la vie professionnelle ; il peut également s'agir de problèmes importants sur le plan personnel. Posez-vous ces trois questions :

- « À quels moments ai-je bien géré une situation difficile dans le passé ? »

- « Quelles qualités personnelles m'ont permis de m'en sortir ? »

- « Qu'est-ce que cela m'apprend sur les capacités que je peux mettre en œuvre dans la situation actuelle ? »

Revenir sur ses épreuves a permis à Bartek de rester optimiste sur le fait qu'il se remettrait de son fiasco.

— Le moment le plus dur de ma vie a sûrement été mon arrivée à Londres sans un sou en poche.

Il s'est souvenu qu'il était plein de ressources et adaptable, prêt à passer la serpillière dans un hôtel pour commencer à tracer sa route. Et il savait que ces forces étaient toujours en lui.

— C'est ce qui m'a permis de me dire : « OK, tu es passé par là, tu as fait ça », quand j'avais peur de perdre mon boulot. Je savais que j'étais assez solide pour faire face, si ça devait arriver. De cette façon, j'ai pu calmer mes inquiétudes et arrêter de tourner en boucle.

« Qu'est-ce qui est vraiment essentiel ? »

Les recherches sur la résilience révèlent par ailleurs que l'on se remet plus vite d'une situation difficile si on a le sentiment de poursuivre un but[10]. Parfois, l'idée de « poursuivre un but » peut sembler trop vaste pour qu'on se sente concerné - le sens de la vie n'est pas forcément évident ici et maintenant. Mais on peut toujours essayer d'élargir sa vision, réfléchir un moment à ce qui compte le plus pour soi et se demander ce que cela nous apprend sur la meilleure manière de réagir à une situation difficile. D'une certaine façon, nous sommes ramenés au début de ce livre, puisqu'un moyen simple de redonner du sens aux choses consiste à se remémorer nos intentions profondes. Bartek affirme qu'il arrive quasiment à chaque fois à remettre ses idées au clair en se posant les questions suivantes :

- « Qu'est-ce qui compte le plus en ce moment ? »
- « Qu'ai-je vraiment envie qu'il se passe, là ? »

— Parfois, il s'agit de faire au mieux pour les employés, et à d'autres moments, si j'essaie de trouver le bon équilibre entre mon travail et ma famille, d'être un bon père. C'est toujours éclairant, et je me sens rapidement moins tendu.

La respiration diaphragmatique

J'ai mentionné les effets calmants de la respiration au chapitre 6 en tant qu'élément de la « pause pleine conscience » dans les moments où l'on se sent débordé, ainsi qu'au chapitre 9 dans la section « Prendre du recul et revenir au point de départ » pour contrôler ses réactions pendant une discussion tendue. Alors pourquoi en reparler ?

Tout simplement parce que, en cas de stress, c'est généralement au niveau du souffle que s'observe la transformation la plus tangible. Il s'accélère et devient plus superficiel. Si vous remarquez ce phénomène alors que vous êtes en plein milieu d'une réunion difficile, cela signifie que vous avez basculé en mode défensif. Et la respiration est l'un des éléments de la boucle corps/esprit à double sens qui relie notre état physique et notre état mental. De multiples études semblent prouver que si nous parvenons à la calmer – en la ralentissant et en l'approfondissant de manière à inspirer une bonne quantité d'air à chaque fois –, notre organisme interprète ce changement comme le signe que la menace est passée[11]. Le taux d'hormones de stress chute, ce qui nous rend de nouveau capables de réfléchir de façon plus constructive. Quatre-vingt-dix secondes de respiration lente et profonde peuvent suffire pour commencer à sortir du mode défensif.

J'aimerais maintenant vous présenter une forme encore plus spécifique de respiration, particulièrement efficace pour apaiser le système endocrinien. Cette respiration, dite « diaphragmatique », est plus connue sous le nom de « respiration ventrale ». Elle consiste à développer au maximum la capacité pulmonaire en gonflant le ventre. En fait, cela veut dire abaisser le diaphragme, mais comme ce n'est pas une instruction facile à suivre, il est plus simple de se rappeler qu'il faut prendre une inspiration suffisamment profonde pour gonfler le ventre.

Pour Nayan, le directeur financier d'un établissement bancaire croisé au chapitre 12, c'est ce type de respiration qui l'aide dans les plus mauvais jours. Et il ne manque pas de journées difficiles ! Durant la dernière crise financière, il est intervenu auprès de plusieurs institutions pour permettre à son établissement de rester solvable.

— À un moment, chaque jour était une épreuve de tous les instants, mentalement et émotionnellement, m'explique-t-il. Les problèmes qui se posaient à nous étaient tellement complexes ! Nettement pires que tout ce que j'avais pu imaginer. Des journées à n'en plus finir, le défi intellectuel de savoir ce qu'il convenait de faire... C'était énorme.

Pour traverser cette crise, il s'est beaucoup servi des différents outils présentés dans cet ouvrage, et la respiration diaphragmatique fait partie de ceux qu'il utilisait quotidiennement.

— Mon équipe me demandait comment j'arrivais à rester aussi calme quoi qu'il arrive, se souvient-il. Alors, je leur ai montré ce que je faisais. Je leur ai dit de commencer par se mettre à l'écoute de leur souffle, puis de respirer lentement et profondément. J'ai également ajouté que s'ils arrivaient à fermer les yeux et à détendre leur corps des orteils jusqu'au sommet du crâne sans essayer de contrôler leurs pensées, ils pratiquaient grossièrement un exercice simple de pleine conscience. Et on peut effectuer la partie respiration dans un train, pendant une conférence, n'importe où.

Je rencontre rarement dans mon travail le genre de situations dramatiques auxquelles Nayan a été confronté. Pourtant, comme lui, je me sers de la respiration ventrale presque chaque jour depuis que je me suis aperçue que cette technique m'aide à rester sereine quand je suis ralentie par la foule sur le chemin d'un rendez-vous. (Et pour ceux qui ont peur de se faire remarquer en gonflant les poumons, j'ai testé pour vous : que vous soyez assis ou debout, si vous vous tenez bien droit, de manière à étirer le torse à l'inspiration, personne ne verra rien.) Cette technique neutralise si rapidement mon irritation que je ne peux m'empêcher de penser qu'on devrait coller des affiches incitant les gens à l'utiliser avant de prendre leur voiture ou dans les transports en commun. En attendant, j'espère que cela rendra vos propres trajets plus supportables.

Maîtrisez l'inconnu

Nos vies professionnelles sont pleines d'incertitudes. Réalisera-t-on suffisamment de ventes ce mois-ci pour atteindre ses objectifs ? Parviendra-t-on à obtenir cette promotion importante ou à charmer ce nouveau client ? Qu'a voulu dire le P-DG quand il a parlé de la nécessité d'« accroître le rendement » ? Même s'il n'est jamais réjouissant de voir surgir un problème, pour notre cerveau, l'incertitude est aussi stressante que le problème lui-même, d'où notre désir de l'éviter au maximum.

Par exemple, imaginez que deux options s'offrent à vous : vous pouvez recevoir directement 30 dollars en liquide ou jouer, avec 80 % de chances d'en obtenir 45 et 20 % de risques de ne rien gagner du tout. Que choisissez-vous ? La deuxième possibilité est sans conteste plus lucrative puisque le gain potentiel moyen est de 36 dollars. Mais si vous préférez la première, vous n'êtes pas le seul ; la plupart des gens sont d'accord avec vous. C'est ce que les comportementalistes appellent l'*effet de certitude*[12].

Pourquoi préférons-nous éviter les situations dans lesquelles nous manquons d'informations ? Cela s'explique en partie parce qu'elles obligent notre cerveau à travailler intensément pour évaluer les nombreux scénarios possibles – or, nous savons combien le système automatique aime épargner notre énergie mentale. Ignorer ce qui se passe nous rend également plus sensibles aux expériences négatives ; cela semble amplifier le sentiment de danger. Ainsi, lors d'une étude, les chercheurs britanniques du centre de neuro-imagerie du Wellcome Trust ont constaté que des sujets auxquels on demande de toucher une plaque chaude trouvent la sensation nettement plus douloureuse si on ne leur indique pas sa température auparavant[13].

Malgré tout, nous semblons parfois apprécier l'incertitude. Nous dévorons les émissions de télévision et les films qui créent du suspense et nous incitent à imaginer la suite. Les recherches ont montré que, quelle que soit leur culture, les enfants aiment jouer à faire coucou avec une personne qui se cache et réapparaît[14]. Mais ce qui distingue l'incertitude plaisante, c'est son caractère *cadré*. Elle ne concerne que des éléments bien spécifiques et définis de la situation. Par exemple, quand nous regardons ou lisons un bon thriller, nous ignorons beaucoup trop de choses pour pouvoir en deviner la fin ; en revanche, nous *savons* que tout sera résolu dans un nombre d'heures donné et que rien ne sera modifié dans notre vie après la révélation finale. Il en va de même pour les enfants qui jouent à faire coucou. Le jeu ne les amuse que s'ils peuvent s'appuyer sur des éléments certains : que la personne qui se cache est bien la même que celle qui réapparaît, tout comme le lieu de sa disparition et de sa réapparition. Les chercheurs se sont aperçus que si quelqu'un d'autre se montrait à sa place ou si elle ressurgissait à un endroit totalement différent, les enfants riaient beaucoup moins[15].

Ce constat nous fournit une piste pour abaisser notre niveau de stress en période d'incertitude. Plus nous limitons l'incertitude – en identifiant ce dont nous sommes sûrs à 100 % –, plus notre cerveau se sent apte à gérer l'ambiguïté restante. Par conséquent, son état d'alerte décroît, et nous pouvons prendre de meilleures décisions pour avancer.

Si tumultueuse que soit la situation, il est toujours possible de repérer quelques éléments solides sur lesquels s'appuyer. Au cœur d'une crise, on peut, par exemple, déterminer les aspects de notre travail que la confusion n'atteint pas. Et même dans les domaines touchés, on peut se rendre compte que l'on a une bonne idée de la manière dont vont tourner 80 % de la situation et, dès lors, envisager et mettre en place des scénarios possibles pour les 20 % restants, ou au minimum estimer le moment où l'incertitude sera levée. Par ailleurs, nous sommes maîtres de notre manière de réagir à ce qui nous arrive : ce que nous choisissons de dire, de faire ou de ressentir. D'après les recherches, cette approche consistant à se focaliser sur ce qu'on contrôle plutôt que sur ce qu'on subit nous rendrait même plus résilients dans des situations hautement stressantes et chaotiques, comme les combats militaires et les catastrophes naturelles[16].

C'est en tout cas ce qu'a expérimenté Jacquie, chargée de relations publiques dans un lycée de Nouvelle-Zélande, quand elle a dû faire face au terrible tremblement de terre qui a frappé sa ville en 2011. Porte-parole de son établissement, il lui a fallu gérer les journalistes venus des quatre coins du monde tandis que ses collègues s'affairaient après le désastre. Chacun cherchait comment faire sans eau ni électricité, s'inquiétait d'une possible réplique sismique et de ce qui était arrivé à ses proches.

Dans toute cette confusion, le fait de se concentrer sur quelques éléments familiers et maîtrisables a beaucoup aidé Jacquie. Tout d'abord, elle s'est appuyée sur des choses qu'elle connaissait. Par exemple, elle s'est rapidement aperçue que réussir à avancer était toujours une histoire de relationnel :

— Il me fallait aider les autres à supporter la pression, établir une relation de confiance avec les médias, insuffler de l'optimisme quand c'était possible, et me montrer aimable avec les uns et les autres.

Autant de choses qu'elle se savait capable de faire – et même de bien faire – malgré le contexte totalement différent.

Elle a donc décidé de considérer la situation sous un autre jour :

— J'ai estimé que c'était la plus grande occasion que j'avais jamais eue de me développer professionnellement. Je me suis dit : « Si j'arrive à gérer ça, je serai capable de gérer n'importe quelle crise. »

Le fait de se concentrer sur ces deux îlots de certitude : ses compétences et son attitude, a encore accru l'ingéniosité et la résilience naturelles de Jacquie au cours des jours et des mois difficiles qui ont suivi. De nombreux bâtiments ayant été détruits, le lycée a organisé la cérémonie de remise des diplômes de fin d'études dans de grandes tentes dressées sur le campus, et Jacquie a veillé à ce que le récit de cet événement joyeux et festif soit repris par tous les médias au niveau national. L'ensemble de la communauté a ressenti ce moment comme une magnifique victoire. Et quand tout a été terminé, Jacquie et ses collègues ont reçu un prix récompensant la qualité de leur action face aux conséquences du séisme.

Pour utiliser cette approche dans des situations d'incertitude et retrouver toutes vos capacités de réflexion, posez-vous les questions suivantes :

➢ « En mettant de côté tout ce qui m'échappe, quels sont les éléments dont je suis *vraiment* sûr ? »

➢ « Qu'est-ce qui m'est familier par rapport à mes expériences passées ? »

➢ « Que m'appartient-il d'influencer ou de contrôler dans cette situation ? » (Par exemple, « Quelle attitude ai-je envie d'adopter par rapport à tout ça ? », « Quelles leçons puis-je tirer de tout ça ? »)

➢ « Quels sont les scénarios possibles pour la suite ? » (y compris le meilleur, le pire, et quelques-uns entre les deux). « Que ferai-je dans chaque cas ? »

➢ « Quelles actions puis-je entreprendre que je suis certain de ne pas regretter ? »

GARDER LA TÊTE FROIDE

Il est impossible de prévoir le moment où un nouveau coup dur nous tombera dessus. Mais cela ne doit pas nous empêcher de nous y préparer afin d'avoir quelques techniques à portée de main pour rester calme le moment venu. Testez-les avec le problème qui vous préoccupe le plus en ce moment.

• **Mettez des mots dessus.** Écrivez les émotions que vous inspire la situation, et pourquoi.

• **Prenez du recul.** Essayez :
— de vous adresser à vous-même en disant « tu » ;
— de regarder la situation depuis le futur ;
— de vous mettre dans la peau d'un autre, peut-être « le meilleur de vous-même » ;
— d'imaginer que vous donnez des conseils à un ami dans votre situation.

- **Posez une question gratifiante.**
— Dites : « Comme c'est intéressant ! Quelles leçons puis-je en tirer ? »
— Repensez à une épreuve dont vous êtes sorti gagnant. Demandez-vous : « Quelles qualités m'ont permis de la surmonter ? Qu'est-ce que ça me dit sur ma capacité à gérer *cette* situation ? »
— Interrogez-vous : « Qu'est-ce que je veux vraiment obtenir ? Comment puis-je me reconcentrer là-dessus ? »

- **Pratiquez la respiration diaphragmatique.** Familiarisez-vous avec la sensation inhabituelle d'avoir les poumons vraiment pleins. Recommencez plusieurs fois et observez les effets.

- **Maîtrisez l'inconnu.** Penchez-vous sur ce qui vous crée le plus d'incertitudes en ce moment. Déterminez les éléments dont vous êtes vraiment certain ou que vous contrôlez.

18

Passer à autre chose

Il arrive que, même une fois la difficulté passée (la réunion houleuse terminée, la délicate décision prise), nous ne parvenions pas à nous arracher à notre contrariété ou à notre consternation. Nous continuons à enrager contre la personne qui nous a fait du tort ou l'injustice de la situation, allant parfois jusqu'à imaginer des scénarios de revanche ou de vengeance. À moins que nous n'arrivions pas à nous sortir de la tête une gaffe ou une erreur que nous avons faite et dont les répercussions commencent à se faire sentir.

Autant il est normal et sain de réfléchir à ce qui se passe dans nos vies, autant la rumination obsessionnelle est contre-productive. Non seulement elle nous vole de précieuses minutes tout au long de la journée, mais elle nous emprisonne dans la mauvaise humeur, nous empêchant d'être au sommet de notre forme cognitive. C'est pourquoi il est préférable de connaître les techniques qui, d'après la recherche, pourront nous aider à rebondir après un revers et passer à autre chose.

Réévaluez la situation

Tout au long de ces pages, j'ai expliqué que notre perception du monde est forcément incomplète du fait du filtrage réalisé par le système cérébral automatique qui élimine toutes les informations jugées « non pertinentes » sans même que nous en ayons conscience. Pour cette raison, il est utile de toujours déterminer ses intentions profondes *avant* d'entreprendre quelque chose de suffisamment important pour mériter toute notre attention consciente. Mais si la journée tourne mal, la bonne nouvelle, c'est que l'on peut également modifier sa perception de la réalité a posteriori grâce à la technique de la *réévaluation cognitive*.

La réévaluation cognitive consiste à trouver des explications alternatives à ce que l'on a observé en reconnaissant qu'on n'a pas forcément une vision complète de la situation. Cela paraît simple, mais de nombreux psychologues et neuroscientifiques ont montré qu'il s'agit de l'un des moyens les plus efficaces pour renforcer sa résilience émotionnelle. Non seulement cette technique diminue l'intensité de la réaction défensive du cerveau quand les choses ne vont pas dans le sens souhaité, mais en outre, les études montrent qu'elle provoque des effets durables. Réévaluez une expérience pénible au travail, et vous trouverez les coups moins difficiles à encaisser la fois suivante[1]. De fait, on s'est aperçu que les gens qui avaient appris à utiliser la réévaluation cognitive faisaient preuve d'une plus grande stabilité émotionnelle dans le temps, d'une meilleure habileté relationnelle, et d'une meilleure santé psychologique[2]. On a même établi un lien entre la réévaluation cognitive et une amélioration de la mémoire de travail et des facultés de raisonnement, probablement parce que passer d'un point de vue à un autre développe l'agilité mentale[3].

Mais comment la pratiquer ? Lors des expérimentations, on apprend souvent aux sujets à simplement relier un récit alternatif à une image positive. Par exemple, s'ils regardent la photo d'une femme en train de pleurer sur le porche d'une église, ils examineront la possibilité qu'elle participe à un mariage plutôt qu'à un enterrement, et que ses larmes sont des larmes de joie, non de tristesse[4].

Dans la vie réelle, nous avons généralement besoin d'un peu plus que ça. Il y a en effet très peu de chances que l'on regarde objectivement une situation qui a déjà déclenché une réaction négative en nous, dans la mesure où les émotions négatives tendent à brouiller des détails importants dans notre mémoire (comme indiqué au chapitre 14). C'est pourquoi, sur la base de mon expérience, je vous propose de suivre trois étapes pour profiter pleinement de l'efficacité de la réévaluation cognitive quand vous vous sentez bouleversé ou furieux :

➢ **Étape 1 : Dressez la liste des « faits réels ».** Cela ne devrait plus vous poser de problème puisqu'il s'agit également d'une étape de base de l'approche « Une bonne personne, de mauvaises circonstances » pour gérer les comportements pénibles (voir chapitre 9). Souvenez-vous, les « faits réels » correspondent à ce que vous savez de manière indubitable. Dans le présent chapitre, nous parlons d'une situation plutôt que d'une personne, mais le conseil est le même : dès que vous percevez la présence d'une émotion, cela signifie que vous avez quitté le territoire des faits pour pénétrer dans celui de l'interprétation. Imaginez, par exemple, que vous ayez eu un entretien d'évaluation moins bon que vous l'escomptiez. Il serait alors facile de penser : « Je me suis fait avoir », ou : « Ils ne reconnaissent pas tout ce que je fais. » Est-ce vrai ? Peut-être que oui, peut-être que non. Ce dont vous êtes certain ressemble plus à ça : « Je m'attendais à avoir une évaluation de 5. J'ai eu 4. » C'est froid, mais c'est l'objectif. Cela permet de dépassionner complètement la situation.

➢ **Étape 2 : Mettez en lumière toutes vos suppositions.** Voici maintenant l'occasion de réfléchir à votre vision des événements. Écrivez plusieurs phrases commençant par : « Je pense que... » Par exemple : « Je pense que mes résultats valaient 5, et ce n'est pas leur avis. » « Je pense qu'ils veulent me rabaisser. Je pense que c'est probablement parce que je ne les ai pas écoutés quand ils voulaient que j'arrête mon projet favori. » Vous avez compris l'idée. Le but, c'est de voir tout ce que vous présumez sur chaque aspect de la situation : les causes, le résultat, vous-même, et tous ceux qui y sont impliqués.

➢ **Étape 3 : Imaginez des interprétations alternatives.** Examinez attentivement vos suppositions, et attardez-vous sur les plus puissantes. Il y a de grandes chances pour que ce soit celles qui sont *personnelles*, *invasives*, ou *permanentes*. Cela veut dire que vous estimez que le problème est directement lié à votre personne, que ses conséquences seront importantes, ou que l'impact se fera sentir très longtemps (voire toujours). Pour chaque hypothèse, posez-vous ces questions :

- « Et si cette idée était fausse ? Par exemple, si ce problème n'était pas personnel, ni invasif, ni permanent ? »
- « Comment pourrait-on voir la situation autrement ? Quelles autres explications pourrait-il y avoir ? » N'ayez pas peur de vous laisser aller, même si au début vous avez du mal à croire aux idées qui vous viennent.
- « Quels éléments pourraient soutenir ces interprétations alternatives ? »

Il existe deux approches basiques pour générer les perspectives alternatives de l'étape 3. L'une consiste à minimiser l'interprétation négative : « Je pars du principe que c'est le signe qu'ils ne m'apprécient plus, mais il y a peu de chances que ce soit vrai étant donné l'entretien très positif que j'ai eu avec mon supérieur. » Cette approche peut arrêter la spirale émotionnelle négative. Mais il est également possible d'explorer des interprétations positives, ce qui, d'après quelques expérimentations, permettrait d'améliorer encore un peu plus votre humeur[5]. Dans notre exemple de l'entretien d'évaluation, à quoi pourrait ressembler une vision plus optimiste des événements ? « Ils apprécient mon travail, mais ils veulent me faire passer le message que ce n'était pas très judicieux d'ignorer l'avis d'un collègue expérimenté et que je dois me montrer plus collaboratif. Ils espèrent que je profiterai de cette occasion pour en tirer une leçon. » En disant cela, il est possible que vous vous aperceviez qu'il y a une petite part de vrai là-dedans.

Ce qui est remarquable dans la réévaluation cognitive, c'est que l'interprétation différente des faits change la façon dont on vit une situation pénible et le souvenir qu'on en a. Il ne s'agit pas de simples phrases de réconfort. Des scientifiques comme Kevin Ochsner, de Columbia, et James Gross, de Stanford, deux des théoriciens parmi les plus influents dans le domaine de la résilience émotionnelle, ont montré que l'activité du circuit de la survie diminue quand on pense à une situation désagréable en y associant un récit positif[6]. L'adoption d'un nouveau point de vue modifie la réaction neurologique à la situation pénible originelle, ce qui transforme considérablement le vécu émotionnel.

Bartek s'est beaucoup servi de cet outil pendant la traversée de la douloureuse période des Jeux olympiques.

— Je faisais des tas de suppositions négatives, voyant tout en noir et interprétant tout comme une malédiction. Puis j'ai pris conscience que j'étais dans une sorte de panique cérébrale. J'avais besoin de voir les faits tels qu'ils étaient et d'arrêter d'extrapoler. Alors, j'ai pris l'habitude de me demander : « De quoi suis-je vraiment certain ? » et : « Qu'est-ce que je fais comme suppositions ? » à chaque fois que je n'arrivais pas à stopper l'angoisse.

Ces questions lui ont révélé qu'il faisait une énorme supposition « permanente », à savoir que ses funestes décisions étaient irréversibles. Quand il s'est forcé à penser autrement, il a découvert que ce n'était absolument pas le cas.

— En fait, nous avons pu limiter les dégâts plus rapidement que je le pensais, et finalement les affaires ont repris.

Selon Bartek, ce recours aux techniques de réévaluation cognitive lui a permis d'avoir un point de vue plus résilient sur la vie :

— Aujourd'hui, je me sens plus solide face aux aléas.

Ce qui corrobore totalement les résultats d'Ochsner et de Gross : plus on apprend à réévaluer des situations difficiles, plus il devient facile de rester calme quand les choses ne vont pas dans le sens désiré. C'est là un talent particulièrement utile dans le monde du travail d'aujourd'hui.

Renoncez aux coûts irrécupérables

Bien que Bartek ait été soulagé de découvrir qu'il pouvait revenir sur sa décision et limiter les dégâts, il lui restait une dernière barrière psychologique à franchir. Il fallait dire adieu aux sommes qu'il avait déjà investies pour augmenter la capacité de production de l'entreprise. Il savait qu'il devait avancer, mais il était tentant de continuer à dépenser encore plus d'argent en espérant que le business allait finalement démarrer. Renoncer n'était pas si simple.

— Réduire l'activité a vraiment été une décision difficile à prendre vu tout ce qu'on avait investi. Tout ce que, *moi*, j'avais investi.

Et Bartek n'est pas seul dans ce cas. En général, nous avons tous beaucoup de mal à renoncer au temps, aux efforts, ou à l'argent que nous avons dépensés pour une chose dont le résultat ne s'annonce pas très fructueux. Vous en conviendrez facilement s'il vous est déjà arrivé de regarder un mauvais film jusqu'au bout au cinéma en vous disant : « J'ai acheté le billet », ou : « Ça fait déjà une demi-heure que j'y suis », alors qu'il aurait mieux valu sortir et vous épargner une heure d'ennui supplémentaire. Sur le plan professionnel, il peut s'agir d'un projet (ou d'une relation) qui marche mal malgré tous nos efforts pour essayer de le rendre viable. On sent que ça nous simplifierait la vie de tout clore avec élégance, mais on refuse de lâcher à cause de l'énergie déjà investie. Cette difficulté à renoncer à ses mauvais investissements de temps, d'énergie ou d'argent est un phénomène si universel que les économistes lui ont donné un nom : l'*illusion des coûts irrécupérables*. On se bat contre la perspective de perdre ces coûts irrécupérables alors qu'on gagnerait à changer de cap[7].

Maintenant, supposons que vous vous retrouviez dans une sale posture, peut-être suite à une mauvaise décision de votre part. Comment allez-vous décider s'il est préférable de persister sur la même voie ou s'il faut changer votre fusil d'épaule et passer à autre chose ? Les analystes financiers et les comportementalistes, eux, seraient parfaitement d'accord sur la marche à suivre. En gros, ils vous diraient :

➢ Imaginez que votre situation actuelle est votre point de départ initial, que tous les événements et les dépenses qui ont précédé n'ont pas eu lieu.

➢ Quels coûts entraînera le fait d'investir encore plus de temps, d'efforts ou d'argent dans cette situation ?

➢ Quels seraient les coûts et les bénéfices probables d'un éventuel abandon de votre part ?

➢ Comparez les deux, et posez-vous la question : « Dois-je continuer ou renoncer ? »

En comparant les avantages et les inconvénients de chaque option, vous pouvez inclure ce que vous coûterait en termes de réputation ou de relations le fait d'abandonner la voie sur laquelle vous êtes engagé. En revanche, vous devez ignorer vos investissements *passés* en temps, en énergie, ou en argent. Puisque nous vivons dans un monde où le temps avance et ne recule pas, ces coûts passés sont perdus et irrécupérables.

Si cela vous semble toujours contre-intuitif, sachez que les psychologues ont découvert qu'il est plus facile d'avoir une réflexion objective sur ces coûts irrécupérables en portant son attention sur les avantages liés au fait de passer à autre chose[8]. Nous avons naturellement tendance à nous focaliser sur notre sensation de perte – un biais connu des économistes sous le nom d'*aversion à la perte*. Et nous préférons ignorer les bénéfices que nous apporterait le lâcher-prise. Bartek, par exemple, a eu énormément de mal à ne plus penser à l'argent qu'il avait dépensé pour louer de nouvelles camionnettes et acheter plus de légumes – et aux coups portés à sa fierté. Cependant, supprimer la capacité de production supplémentaire présentait d'énormes avantages. Cela permettait d'arrêter l'hémorragie quotidienne de dizaines de milliers de livres s'échappant des caisses de la société. Cela améliorait d'un coup le moral des troupes et la productivité. C'est pourquoi, après avoir passé en revue tous ces éléments, l'idée de revenir sur sa décision lui a paru plus acceptable.

Enfin, si vous vous trouvez dans un contexte où l'avantage financier entraîné par un renoncement aux coûts irrécupérables ne saute pas aux yeux, rien ne vous empêche de considérer vos erreurs comme des expérimentations dont les dividendes s'exprimeront en termes d'expérience de vie. Cette mauvaise passe vous aura apporté un bénéfice évident pour l'avenir : savoir comment gérer des situations similaires si elles se présentent.

Quand l'autre déraille

Nous dépendons souvent de gens sur lesquels nous n'avons aucun pouvoir, que ce soit parce que notre travail nous met en contact constant avec une équipe virtuelle au sein d'un grand groupe, ou parce qu'en tant qu'entrepreneur on se retrouve avec un fournisseur incompétent. Et quand ces personnes sont défaillantes, ce n'est pas simple. Désormais, vous disposez de tout un arsenal pour garder votre calme, passer à la suite et gérer l'ambiguïté – autant d'outils qui peuvent vous aider à rester positif quand vous vous retrouvez à la merci d'un collaborateur qui ne respecte pas les délais ou l'accord convenu. Mais vous pouvez également vous servir de ces outils pendant votre discussion avec l'individu en question, afin de trouver ensemble comment sortir du pétrin dans lequel il vous a mis.

Mais pour cela, laissez-moi d'abord revenir sur quelques conseils de la partie III (« Les relations »). Généralement, une personne qui s'est montrée défaillante se sent gênée, inquiète, agressive, voire les trois à la fois. Ce qui veut dire qu'elle est entièrement en mode défensif et que son système délibéré (responsable du contrôle de soi et des capacités de raisonnement et de planification) ne fonctionne pas correctement. Vous pouvez penser qu'elle mériterait de se sentir encore plus mal, mais ça ne vous aidera en rien si vous avez besoin qu'elle coopère intelligemment à la recherche de solutions. Voici donc trois façons d'aider votre interlocuteur à sortir du mode défensif (ou du moins d'éviter de l'y enfoncer encore plus), de lui permettre de retrouver les idées claires et de récupérer au mieux la situation.

➢ **Reconnaissez ce qu'il éprouve.** Cela ne vous empêchera pas d'être contrarié ou en colère, mais votre interlocuteur se sentira moins « attaqué » si vous lui montrez que vous savez qu'il n'a pas causé ce problème intentionnellement.

➢ **Partez du principe « Une bonne personne, de mauvaises circonstances ».** Parlez de ce qu'il a fait, mais ne mettez pas en cause sa personnalité ou sa moralité. Par exemple, dites : « C'est la deuxième fois que vous livrez en retard », plutôt que : « Vous avez toujours du retard et vous êtes insupportable » (les indications du chapitre 9 sur la manière d'aborder les questions délicates peuvent également vous être utiles).

➢ **Concentrez-vous sur la recherche de solutions, pas sur les reproches.** La critique est l'un des moyens les plus sûrs de déclencher une puissante réaction de défense. Par conséquent, si vous avez besoin de résoudre une situation *sur-le-champ*, la stratégie immédiate la plus efficace consiste à se focaliser sur les solutions (des sanctions plus sérieuses pourront être prises plus tard, s'il y a lieu).

Grâce à cette attitude, vous serez en mesure de développer votre résilience pour aider chacun à avancer.

P-DG d'une grosse société de fabrication de vêtements MDD (marques de distributeurs), George ne jure que par cette approche pour gérer les fautes des autres. Un jour, il a découvert une fraude qui durait depuis plusieurs mois au niveau du restaurant d'entreprise et se montait à plusieurs dizaines de milliers de dollars. Cette révélation a été un véritable choc pour la société, où l'atmosphère était globalement confiante et amicale. L'équipe dirigeante était dans tous ses états, et une fois l'auteur du délit mis hors d'état de nuire, certains responsables s'en sont pris au service financier.

— La fraude aurait été repérée plus tôt si le service financier avait effectué des contrôles comme il aurait dû, explique George. L'un de mes collègues, qui était à fond en mode accusation, leur demandait : « Pourquoi n'avez-vous pas fait ceci ou cela ? » Ses questions ne manquaient pas de bon sens. Mais les gars du financier se sentaient déjà assez mal, leur crier dessus n'arrangeait rien.

En fait, tout le monde étant en mode défensif, il y avait peu de chances que les gens réfléchissent clairement à la situation.

— C'était un va-et-vient d'accusations, se souvient-il, et ça ne nous faisait pas avancer d'un pas vers ce qu'il convenait de faire pour la suite. La seule solution proposée a été de fermer définitivement la cafétéria.

C'est l'exemple typique d'une réaction instinctive et d'une vision manichéenne, caractéristiques d'un cerveau en mode défensif dont le système délibéré n'est pas pleinement engagé. Par chance, George avait une petite idée de ce qui peut se passer dans la tête des gens quand ils se sentent menacés.

— Même si j'étais autant en colère que les autres, je savais que cela ne servirait à rien d'essayer de résoudre la situation de cette manière.

George a donc arrêté le processus en marche pour adopter une nouvelle stratégie. Il a mis en œuvre quelques-unes des méthodes de résilience mentionnées plus haut et a commencé à prendre du recul.

— Quand je dois faire face personnellement à une difficulté, j'aime m'abstraire de la situation pour l'observer de l'extérieur, explique-t-il. J'imagine quelqu'un d'autre à la direction de l'entreprise, et je me demande ce que je *lui* conseillerais de faire. Donc, j'ai incité mes salariés à m'imiter. Je leur ai demandé : « Qu'est-ce qui vous paraîtra important quand vous repenserez à tout ça dans cinq ans ? »

Puis George les a encouragés à oublier les coûts irrécupérables.

— Quand les choses tournent mal, je dis souvent : « On est là où on est. » Cette phrase toute bête me rappelle qu'il est inutile de regarder derrière soi et qu'il vaut mieux cesser de blâmer les coupables pour avancer.

Il les a également invités à se remémorer les crises auxquelles la société avait déjà fait face.

— Je leur ai rappelé que lorsqu'il y avait eu tel et tel problème dans le passé, nous nous en étions sortis. Nous sommes plus résilients qu'on le pense.

Une fois ses collaborateurs calmés, il leur a posé deux autres questions gratifiantes : « Quelles leçons pouvons-nous tirer de tout ça ? » et : « Que devrait-on faire, par conséquent ? » Enfin, lorsqu'ils ont été prêts à chercher une véritable solution, il leur a donné quelques-uns des conseils du chapitre 13, recourant à une question positive pour les aider à continuer à réfléchir efficacement : « À quelle issue aimerions-nous aboutir dans l'idéal ? »

— Ces questions nous ont poussés à réexaminer en profondeur notre politique de gestion des risques, explique-t-il. À tel point qu'on a réglé le problème de manière à ce qu'il ne se reproduise plus.

Alors, la prochaine fois que vous devrez gérer une crise qui n'est pas de votre fait (ou qui l'est), posez ce genre de questions pour abaisser le niveau d'état défensif du cerveau de chacun et aboutir à une solution :

➢ **Distanciation.** « Qu'aimerait-on s'entendre dire sur la façon dont on a géré cette situation si on en reparle dans un an ? »

➢ **Questions gratifiantes.** « Quand nous avons fait face à des problèmes dans le passé, qu'est-ce qui a bien marché ? », ou : « Qu'est-ce qui est vraiment primordial dans l'immédiat ? »

➢ **Cadre positif.** « Oublions un instant la situation actuelle. Quelle serait l'issue idéale, là ? » et : « Quel premier pas pourrait-on faire dans ce sens tout de suite ? »

PASSER À AUTRE CHOSE

Pour mettre en pratique les techniques indiquées dans ce chapitre, choisissez un événement négatif récent qui continue à vous contrarier ou vous inquiéter.

- **Réévaluez la situation.** Quels sont les *faits réels* ? Qu'est-ce que vous *supposez* ? (Certaines de ces suppositions sont-elles personnelles, invasives, ou permanentes ?) Comment pourrait-on expliquer les faits *autrement* ? Y a-t-il des preuves en faveur de cette interprétation *alternative* ? Lesquelles ?
- **Renoncez aux coûts irrécupérables.** Face à une situation qui ne progresse pas malgré vos efforts, oubliez les coûts irrécupérables et comparez les coûts et les bénéfices futurs liés au fait de continuer à vous y investir ou de vous en détourner. Comptez les apports de cette expérience dans les avantages liés à un renoncement.

• **Trouvez une issue quand une faute a été commise.** Évitez d'enfoncer encore plus le responsable dans son mode défensif.
— Reconnaissez qu'il n'avait sans doute pas l'intention de commettre cette faute.
— Parlez-lui de ce qu'il a fait, pas de sa personnalité.
— Concentrez-vous sur les solutions, pas sur les reproches (dans l'immédiat).
Utilisez des **techniques de distanciation** et des **questions gratifiantes** (voir chapitre 17) pour abaisser les niveaux de stress. Puis partez de l'issue idéale pour vous deux, en vous appuyant sur la technique de l'état d'esprit positif pour que chacun reste en mode découverte.

19

Rester fort

Sous pression, face à l'incertitude, au conflit ou à la déception au travail, on continue souvent en serrant les dents sans trop se soucier de son bien-être physique. On estime qu'on n'a pas le temps de faire de l'exercice. On ne s'accorde jamais un moment de tranquillité. Et souvent, on ne dort pas assez. Mais après la lecture des premiers chapitres de cet ouvrage, vous savez que notre condition physique joue sur nos capacités de réflexion et notre moral. Quand on est fatigué, on fait et on dit des choses moins intelligentes et on s'énerve plus facilement face aux facteurs de stress habituels.

J'ai évoqué plus haut l'intérêt qu'il y a à mieux comprendre la boucle corps/esprit, en particulier dans la partie IV (« La réflexion »), où j'explique pourquoi dormir et faire du sport et des « pauses pleine conscience » améliore la qualité de la réflexion. Dans ce chapitre, j'aimerais mettre l'accent sur les bienfaits de la résilience émotionnelle en montrant comment le sommeil, l'exercice et la pleine conscience peuvent nous aider à affronter les aléas de la vie professionnelle.

Un sommeil de qualité

Dans le chapitre 13, nous avons vu l'importance d'avoir un nombre d'heures de sommeil suffisant pour un bon fonctionnement cognitif. Mais respecter ses besoins de sommeil améliore également notre capacité à garder notre sang-froid dans les situations difficiles ou contrariantes. Cela tout simplement parce que, comme vous vous en doutez probablement et comme l'ont démontré plusieurs recherches sur la question, nous sommes plus sensibles aux événements négatifs quand nous avons mal dormi[1].

Les neuroscientifiques ont observé cette différence sur les images cérébrales de sujets exposés à des images perturbantes. Ceux qui n'avaient pas dormi présentaient une activité plus forte dans la région de l'amygdale – jusqu'à 60 % de plus dans une étude – que ceux qui étaient reposés[2]. Autrement dit, le circuit de la survie d'un cerveau fatigué est plus stressé et plus enclin à générer une réaction de défense lutte-fuite-inhibition face à un événement éprouvant ou incertain. Les chercheurs ont également découvert qu'un cerveau fatigué s'apaise plus difficilement. Les niveaux d'activité étaient moindres dans le cortex préfrontal des individus privés de sommeil, et leur système délibéré n'utilisait pas au mieux ses capacités pour adopter un point de vue plus mesuré. Guère étonnant dans ce cas qu'on ait plus de mal à prendre les contrariétés avec le sourire après une mauvaise nuit.

D'autres recherches ont confirmé le côté positif de l'équation, à savoir que l'on aborde plus facilement les choses avec humour si l'on a eu sa dose de sommeil. Cheri D. Mah, chercheuse à Stanford, s'est rendu compte que lorsqu'elle poussait des basketteurs à dormir dix heures par nuit (ce qui peut paraître beaucoup, mais il s'agit d'adolescents et de jeunes hommes qui font beaucoup de sport), ceux-ci étaient de meilleure humeur et bien plus énergiques durant la journée. Par ailleurs, leurs performances au tir au panier grimpaient de 9 % en moyenne, un résultat qui les motivait probablement plus que tout le reste[3].

George, notre P-DG dans le secteur du vêtement rencontré plus haut, explique :

— Dormir a mauvaise presse dans le monde professionnel. Certaines personnes se vantent de n'avoir besoin que de cinq heures de sommeil par nuit. D'après ce que j'ai lu, ça a pourtant toutes les chances d'être faux – et les comportements dysfonctionnels que j'observe quand les gens ne dorment que cinq heures vont dans ce sens. Pour ma part, je n'ai pas peur de dire que si je ne dors pas assez, je m'écroule d'une façon ou d'une autre le lendemain, même si, de l'extérieur, on pourrait croire que ça va.

George avait l'habitude d'écourter ses nuits quand il estimait que c'était vraiment nécessaire, mais depuis qu'il s'est rendu compte à quel point bien dormir augmentait sa résistance physique et émotionnelle, il fait beaucoup plus attention à toujours avoir son quota d'heures.

— J'ai commencé par mesurer mon sommeil avec un logiciel de suivi de forme physique, et j'ai noté une forte corrélation entre le fait de dormir peu sur une semaine et mon impression d'être particulièrement grincheux et irritable. Alors, maintenant, je me surveille, et dès que ma moyenne d'heures descend, j'essaie de dormir davantage pour être sûr d'avoir mon content de sommeil.

George se déplace souvent aux quatre coins du globe pour voir des clients ou des fournisseurs, et entre le décalage horaire et son importante charge de travail, il lui arrive parfois de dépasser ses limites. Quand ça lui arrive, il fait une sieste rapide à son bureau. Il a constaté qu'il pouvait récupérer momentanément de l'énergie de cette façon – même si cela ne vaut pas une vraie nuit de sommeil. D'après les recherches, une micro-sieste aide notre cerveau à traiter les émotions négatives et atténue nos réactions instinctives aux situations désagréables[4]. C'est également le constat de George[5].

— J'éteins tout, juste un instant, et je me repose, déclare-t-il. Après, j'ai toujours les idées plus claires et je me sens plus apte à affronter le reste de la journée.

Par conséquent, si vous traversez une période très mouvementée professionnellement, efforcez-vous de suivre les conseils de « sommeil intelligent » donnés au chapitre 13. Pour rappel :

➢ Considérez le sommeil comme un élément clé de votre arsenal professionnel et faites-en une priorité au même titre que tout ce que vous faites par ailleurs pour vous préparer à des journées difficiles au travail.

➢ Prenez conscience que le temps que vous mettez à trouver le sommeil est fortement influencé par la dose de luminosité à laquelle vous vous exposez avant le coucher. Accordez-vous un petit moment de tranquillité dans une chambre peu éclairée et évitez les écrans avant de dormir.

➢ Essayez de faire plus souvent des micro-siestes. N'hésitez pas à mettre des bouchons d'oreilles, un masque ou un coussin autruche dans vos affaires (ou, au moins, des lunettes noires).

Bougez pour vous sentir bien

J'ai parlé plus haut des bienfaits de l'exercice physique modéré, même à petites doses, sur les capacités intellectuelles. Mais l'exercice ne nous aide pas uniquement à réfléchir correctement et à être performants. C'est aussi un moyen fiable et souverain pour équilibrer l'humeur et réduire l'anxiété en période de stress. D'après plusieurs études, l'exercice serait même souvent aussi efficace que les antidépresseurs dans le traitement des dépressions légères à modérées[6]. Et bien que ses effets positifs soient renforcés par la répétition, la recherche montre qu'une seule séance de pratique douce peut modifier suffisamment la chimie de notre cerveau pour nous calmer. Une pratique plus intense est encore plus efficace, car elle favorise la production d'endorphines – les antidouleurs et stimulants de notre organisme (le terme « endorphine » signifie morphine endogène) – au sein du cerveau[7].

Kira, aujourd'hui directrice de la communication, ne manquait pas d'endorphines à l'époque où elle était étudiante. En plus de son job de maître-nageuse à temps partiel, elle faisait partie de l'équipe de volley-ball de son université. Puis, à l'instar de beaucoup d'entre nous, Kira a abandonné les habitudes sportives de sa jeunesse quand elle a quitté la fac. Son poste était exigeant, et elle n'avait jamais assez de temps pour tout faire. Et comme elle travaillait pour une firme internationale, les demandes atterrissaient dans sa boîte mail à n'importe quelle heure du jour et de la nuit. Elle avait déjà du mal à déconnecter, alors s'occuper d'elle...

Après des années de lutte contre l'épuisement mental et physique, elle s'est finalement décidée à introduire un peu d'exercice et de relaxation dans sa routine. Pourquoi ce changement ?

— Franchement, je me suis rendu compte que j'étais une meilleure personne quand je le faisais. La différence, c'était hurler sur les gens ou pas. J'étais capable de réagir plus intelligemment aux mails qui me contrariaient, capable de ne pas écrire de réponses vindicatives, ou au moins de me poser pour réfléchir avant de les envoyer. Alors, j'ai commencé à me préoccuper de mon corps, pour la première fois depuis de nombreuses années.

Comment a-t-elle fait pour introduire un peu d'activité physique dans son emploi du temps surchargé ?

— Ça commence dès le début de la journée, explique Kira. Au moment où je définis mes objectifs du jour, je me demande : « Quelles sont les trois choses qui feront d'aujourd'hui une super journée ? », et je veille à ce que l'une des trois soit physique. Puis je regarde mon emploi du temps et je cherche quand la caser en la considérant comme n'importe quelle autre priorité professionnelle.

Ces petits changements ont produit une grande transformation.

— J'ai pris conscience que mon corps est aussi important que mon cerveau, poursuit Kira. C'est, de fait, une extension de mon cerveau, et *vice versa*. Alors, maintenant, je le traite comme un ami au lieu de le rouer de coups pour qu'il se soumette.

Bartek, lui, a augmenté sa dose d'exercice pour garder la tête froide pendant la crise des Jeux olympiques.

— Quand la situation est difficile, je sais que ça m'aide de m'arrêter et de m'occuper l'esprit ailleurs. Je pratique le judo, et ça marche pour la simple raison qu'on ne peut pas penser aux soucis du travail quand quelqu'un s'apprête à vous jeter au sol. Mais durant l'été 2012, je me suis également mis à courir pour la première fois de ma vie. J'ai découvert que, grâce à ça, je pouvais arrêter de ruminer un moment, et ça m'a vraiment permis de retrouver la logique de la situation.

Évidemment, c'est une chose de savoir que le sport est un moyen de se remettre en forme rapidement, et c'en est une autre de trouver le temps d'en faire. Aussi, comme nous l'avons appris dans le chapitre 2 sur les intentions profondes, il est utile de commencer par un objectif atteignable s'intégrant facilement dans l'emploi du temps de la journée, et nous procurant un minimum de plaisir afin de stimuler notre circuit de la récompense – par exemple, marcher rapidement pour s'éclaircir les idées en se rendant à un rendez-vous. (Plusieurs personnes interviewées dans cet ouvrage mentionnent cette technique comme un élément de leur stratégie pour se dépenser physiquement un minimum chaque jour.)

Par ailleurs, il est important de se rappeler que l'exercice physique n'est pas une perte de temps, mais un investissement. C'est ce qu'exprime Ros, la responsable dans le secteur de la santé que nous avons croisée précédemment :

— J'ai toujours eu des idées bien précises sur ce qui méritait que j'y consacre du temps, et le sport n'en avait jamais fait partie. Pourtant, il était évident que je me sentais plus en forme et que je réfléchissais mieux après m'être occupée de moi. Aujourd'hui, je suis devenue plus confiante en mes capacités et plus optimiste sur le fait d'arriver à concrétiser les choses.

Elle considère maintenant l'exercice physique comme un investissement pragmatique pour mieux gérer le stress quotidien.

— Du coup, ce n'est plus une corvée, et je m'y mets facilement.

Des instants de pleine conscience

Dans les bases scientifiques, j'ai évoqué les preuves des bienfaits de la pleine conscience sur toutes les fonctions du système délibéré via une augmentation du nombre de connexions entre plusieurs régions clés du cortex préfrontal. Cela est particulièrement important pour la résilience au travail. Le système délibéré ne sert pas uniquement à bien réfléchir, à avoir des idées nouvelles et à se concentrer, il intervient également dans le contrôle des émotions et l'adaptabilité. C'est lui qui nous empêche de hurler : « C'est pas juste ! » quand quelque chose de manifestement injuste se passe, et lui encore qui nous permet de réviser notre jugement initial sur une situation délicate. L'analyse de scanners cérébraux de pratiquants réguliers de la pleine conscience a montré que cette technique abaisse la réactivité du circuit de la survie aux événements négatifs, ce qui réduit le nombre de comportements hostiles[8]. Autrement dit, les personnes qui pratiquent la pleine conscience basculent moins facilement en mode défensif. La pleine conscience joue donc à la fois sur la stabilité émotionnelle et sur la qualité de la réflexion. Une équipe de spécialistes de l'université de Washington a recruté des professionnels des ressources humaines auxquels elle a demandé de jongler entre plusieurs activités typiques de leur quotidien professionnel[9]. Au cours de l'expérience, les chercheurs ont proposé à certains un entraînement basique à la pleine conscience. Un deuxième groupe a suivi des séances de relaxation, et un troisième n'a rien eu de spécial. L'une des tâches à exécuter consistait à organiser une réunion rassemblant de nombreux participants dans un nombre de salles réduit et à proposer un agenda créatif. Les sujets recevaient les informations nécessaires via une série de mails, de messages instantanés, d'appels téléphoniques, de documents, et de commentaires de gens passant à l'improviste. Plusieurs de ces informations étaient incomplètes, et les participants modifiaient sans cesse leurs dates de disponibilité (les chercheurs avaient veillé avec beaucoup de soin à ce que l'étude ressemble à la vraie vie). Comme prévu, les sujets se sont déclarés épuisés par cette expérience – c'était le but. Pour autant, le groupe qui avait suivi l'entraînement à la pleine conscience s'en est nettement mieux sorti et a ressenti moins de stress que les deux autres.

Mais rafraîchissons notre mémoire : qu'est-ce que la pleine conscience ? On peut la résumer par les étapes suivantes : *se poser* un moment ; choisir de *focaliser* son attention sur un élément précis ; et quand l'esprit se met à vagabonder, le *ramener* sur son point de focalisation sans se juger. La plupart des personnes qui pratiquent la pleine conscience décident d'observer leur respiration, car elle est toujours là sans qu'on ait besoin de batailler pour la trouver. Cela explique pourquoi vous avez déjà rencontré plusieurs exercices de respiration dans cet ouvrage. Mais l'objet de notre attention exclusive peut être n'importe quoi. On peut se concentrer sur un tableau ou une plante de son bureau, ou sur chaque bouchée de son repas. Dans tous les cas, on prend conscience d'une chose que, dans d'autres circonstances, on aurait à peine remarquée, et l'on crée un moment d'immobilité dans le tourbillon quotidien de sa vie.

Les bienfaits de la méditation dans le monde professionnel sont désormais bien connus, et les formations de huit semaines à la pleine conscience se répandent de plus en plus. Cependant, si la perspective de suivre une telle formation vous semble incompatible avec votre rythme de vie, ne désespérez pas : il est tout à fait possible d'obtenir des résultats avec un engagement moindre. Le neurobiologiste Fadel Zeidan et ses collègues de l'université de Caroline du Nord ont invité des volontaires à pratiquer la pleine conscience vingt minutes par jour pendant quatre jours, et cela a suffi pour porter ses fruits. Au bout de ce bref laps de temps, les sujets ont déclaré ressentir moins de fatigue, moins d'anxiété, et mieux se contrôler. Via une batterie de tests et de casse-tête, les chercheurs ont également constaté une amélioration significative des mesures de la mémoire de travail de ces volontaires et de leur traitement des données visuelles et spatiales[10].

Et si vous ne disposez pas de vingt minutes par jour ? J'aime particulièrement une étude de l'université de Wisconsin-Stout pour laquelle il a été demandé à plusieurs sujets d'essayer de méditer deux fois par semaine vingt-cinq minutes – dans les faits, cinq à quinze minutes pour beaucoup d'entre eux. Eh bien, même ceux qui n'avaient pratiqué que cinq minutes ont présenté des modifications au niveau du schéma de leur activité cérébrale, en concordance avec les résultats positifs constatés dans les études menées sur des périodes plus longues[11].

Et si vous ne disposez pas de cinq minutes ? Si le temps dont vous disposez s'approche plus d'une minute, voire moins ? Peut-on encore parler de pleine conscience dans ce cas ? Je réponds oui. Kira, notre directrice de communication, en est la preuve.

— J'ai appris cette technique de méditation pour les accros du travail tels que moi, explique-t-elle. Il s'agit juste de 38 respirations, et même moi je peux y arriver. Le fait de compter ses respirations permet de rester concentré. Je fais ça presque tous les jours. Parfois, je me dis : « Tiens, ça ne marche pas », parce que j'ai l'impression de ne pas réussir à stabiliser mon esprit. Puis arrivent 18 heures, et comme par miracle, je me sens toujours calme. Alors que les jours où je ne fais pas mes 38 respirations, je suis tout sauf calme à ce moment de la journée.

Vous vous rappelez peut-être qu'Anthony, le spécialiste en marketing numérique de la partie II, a l'habitude de faire une brève « pause pleine conscience » pour mieux gérer sa charge de travail. À l'occasion, il se sert également d'une des nombreuses applications téléphoniques désormais disponibles pour pratiquer la pleine conscience.

— Même si l'introduction a l'air un peu mièvre, ça marche bien. Avec un casque, on peut écouter ça n'importe où. Comme il n'est pas nécessaire de fermer les yeux, on peut même le faire à son bureau sans que personne s'en rende compte.

Ce que lui suggèrent ces applications est parfois aussi simple que de se concentrer sur la sensation de ses orteils sur le sol pendant quelques secondes.

Ros, notre directrice dans le secteur de la santé, a eu une révélation du même ordre :

— Je me suis rendu compte que ça peut être aussi infime qu'être attentive à ce que je fais sur l'instant en prenant conscience des pensées qui me traversent et de la façon dont je me sens, que ce soit en plein travail ou quand je lis une histoire à mes enfants le soir.

Quant à moi, j'aime me concentrer sur le contact de mes pieds avec le sol à chaque pas de ma promenade matinale quotidienne.

En conclusion, cela vaut la peine d'expérimenter jusqu'à ce que vous trouviez une routine « pause-et-focus » en accord avec votre personnalité et votre style de vie. Si vous avez besoin pour cela de fixer intensément un verre de vin ou une boule de glace au chocolat, ce sera l'occasion d'expliquer à tous que la méditation revêt de multiples formes.

RESTER FORT

Dès que votre vie devient très mouvementée, servez-vous de la boucle corps-esprit :

- **Sommeil.** Pour conserver un maximum de calme et de sagesse, soyez particulièrement attentif à faire de votre sommeil et des habitudes qui lui sont liées une priorité. Si c'est vraiment difficile en ce moment, essayez de trouver un moyen de faire une sieste de temps à autre.

- **Exercice physique.** Vingt minutes d'exercice modéré vous éclairciront les idées et amélioreront votre humeur sur-le-champ. N'hésitez pas à les diviser en trois sessions de marche rapide si cela peut aider à les caser dans votre journée.

- **Pleine conscience.** Testez plusieurs techniques « pause-et-focus », puis introduisez celle qui vous convient le mieux dans votre quotidien afin de profiter d'une partie des bienfaits cognitifs et émotionnels de la pleine conscience.

PARTIE VII

L'énergie

Nourrir l'enthousiasme et la joie

« L'énergie permet à l'homme de se tracer un chemin à travers les corvées éprouvantes et les détails routiniers ; elle l'aide à avancer et à s'élever, quelle que soit sa condition. Elle accomplit plus que le génie, avec moindres déceptions et périls. »

Samuel SMILES (1897)

MAINTENANT, VOUS DISPOSEZ d'une boîte à outils « bonne journée » complète. Vous vous concentrez sur ce qui compte et organisez votre temps de manière à accorder à ces priorités l'attention qu'elles méritent ; vous appréhendez chaque interaction avec sensibilité et assurance et le sentiment d'être en pleine possession de vos moyens ; vos paroles et vos actions ont un impact important ; vous traversez les revers sans rien perdre de votre combativité ; et vous vous sentez de taille à affronter même la pire des journées.

Cette partie de l'ouvrage est une sorte de bonus : une source d'énergie supplémentaire pour les instants où l'aiguille de votre réservoir s'approche du rouge ou ceux où vous avez envie de briller un peu plus. Peut-être votre travail vous inspire-t-il un peu moins en ce moment. Ou bien la période est particulièrement chargée et un bon remontant vous aiderait à tenir. Dans tous les cas, les conseils qui suivent vous permettront d'enclencher le turbo pour affronter ces heures interminables et épuisantes et transformer vos bonnes journées en excellentes journées.

Nous examinerons tout d'abord plusieurs techniques destinées à remonter votre niveau d'énergie mentale, émotionnelle ou physique. Elles vous donneront un coup de fouet au moment où vous en avez le plus besoin. Puis, dans le dernier chapitre, je vous proposerai une stratégie pour aborder votre travail avec un enthousiasme profond et durable en commençant par des étapes simples dont vous récolterez instantanément les fruits.

20

Faire le plein d'énergie

Quand on se sent au bout du rouleau, on peut toujours s'aider à tenir en pensant au repos ou aux moments de détente que l'on s'accordera une fois de retour chez soi – ou pendant le week-end ou les vacances (voire, dans le pire des cas, à la retraite). Mais en comprenant comment fonctionne notre esprit, il est possible de faire beaucoup mieux. À partir de nos connaissances sur le circuit cérébral de la récompense et la psychologie du bien-être, il existe de nombreux moyens de se donner un coup de fouet en cas de stress trop intense ou de fatigue. Les sept approches présentées dans ce chapitre m'ont paru particulièrement intéressantes pour faire face à l'effervescence de la vie professionnelle. Elles sont simples et leurs effets sont rapides. Vous trouverez également dans ces pages deux conseils pour tirer le meilleur parti de ces techniques « coup de fouet » : *primo*, en détectant les moments où vous en avez besoin ; *secundo*, en veillant à vous en servir de manière à terminer sur une note positive.

1. Les « trois bonnes choses »

L'un des moyens les plus simples de se remonter le moral consiste à penser à des choses qui nous font plaisir. Les psychologues appellent souvent cette technique l'*exercice de la gratitude*. Personnellement, je préfère parler des « trois bonnes choses », ce qui permet de décrire comment ça marche. Car il s'agit tout simplement de prendre un moment pour penser à trois choses positives qui nous sont arrivées. Et, oui, on se sent mieux après, même si ces trois choses ne sont pas exceptionnelles. En fait, plusieurs études montrent qu'en pratiquant cet exercice tous les jours pendant une semaine, les gens se sentent toujours plus heureux plusieurs mois plus tard[1].

Il n'est pas difficile de comprendre pourquoi la répétition de l'exercice des « trois bonnes choses » en prolonge les effets. Rappelez-vous, nous avons appris au chapitre 3 qu'à chacune de nos pensées correspond un réseau de neurones reliés les uns aux autres, et que ces connexions neuronales se renforcent à chaque fois qu'on les utilise. Donc, plus on se concentre sur les choses négatives, plus on est prompt à remarquer tout ce qui va mal dans une journée. À l'inverse, nous possédons tous un réseau neuronal responsable de la pensée qui commence par : « Bon, le point positif là-dedans, c'est... », et si ce réseau est souvent activé, nous renforçons nos voies cérébrales associées à cette vision de la vie. Il devient alors de plus en plus facile au fil du temps de mettre en route la version « verre à moitié plein » de nous-mêmes.

Par conséquent, dès que vous avez besoin d'un surcroît d'énergie, pensez à trois choses qui se sont bien passées dans la journée, des choses qui vous inspirent de la gratitude ou simplement vous font sourire. (Des chercheurs allemands ont constaté que penser à trois choses drôles était aussi efficace que penser à trois bonnes choses[2].) Les jours très moyens, ma liste peut inclure des trucs aussi minimes que « ne pas avoir oublié mon parapluie ». N'empêche que ça marche. Et une fois que l'on commence à penser à ce qui va bien, même si cela semble dur au début, notre cerveau associatif déclenche une cascade de souvenirs positifs, de petits événements qui ont eu lieu dans la journée et qu'on aurait totalement oubliés autrement.

Voici quelques idées pour vous aider à profiter au mieux de cette technique :

➢ Prévoyez dans votre emploi du temps quotidien un moment pour vous remémorer les éléments positifs de la journée.

➢ Inscrivez toutes les choses positives qui vous arrivent sur un carnet que vous garderez toujours sur vous.

➢ Faites cet exercice avec votre conjoint ou vos enfants pour finir la journée sur une note joyeuse, ou dans votre lit juste avant de vous endormir.

➢ Utilisez-le en version abrégée en début de réunion pour mettre tout le monde de bonne humeur (et créez ainsi un contexte pour réfléchir en mode découverte, comme nous l'avons vu au chapitre 10).

2. Soyez gentil

Dire que l'on devrait proposer de l'aide à quelqu'un quand on en a soi-même besoin peut paraître contre-intuitif. Pourtant, c'est une réalité. Comme l'affirme Martin Seligman, de l'université de Pennsylvanie, l'un des plus grands spécialistes mondiaux du développement et du bien-être de la personne, « un acte de gentillesse peut à lui seul générer une augmentation passagère du bien-être de façon plus fiable que tout autre exercice testé jusqu'ici[3] ». Une équipe internationale de chercheurs conduite par Jorge Moll, directeur de l'Instituto D'Or au Brésil, a confirmé que le circuit de la récompense des sujets étudiés présentait la même activité quand ils faisaient un don à un organisme caritatif et quand ils recevaient eux-mêmes de l'argent[4]. (En fait, Elizabeth Dunn et Michael Norton, respectivement de l'université de Colombie-Britannique et de Harvard, ont établi que l'on éprouvait *plus de joie* à dépenser de l'argent pour les autres que pour soi-même[5].) Le rapport mondial sur le bonheur de l'ONU confirme que les gens semblent trouver leur propre générosité inspirante, quelle que soit leur culture d'origine[6].

Enfin, tout comme visualiser nos succès passés peut nous aider à retrouver un état d'esprit confiant en activant plusieurs connexions neuronales impliquées dans cet état, *se rappeler* ses gestes bienveillants a presque le même effet que les *faire réellement*. Une équipe de chercheurs japonais a établi que les gens s'estimaient plus heureux après s'être remémoré toutes leurs bonnes actions de la semaine – des résultats confirmés par une autre étude américaine[7]. Ainsi, faire preuve de gentillesse à un moment donné peut vous rapporter beaucoup si vous y repensez plus tard.

Voici quelques suggestions pour se montrer gentil et généreux, même lorsqu'on est débordé :

➢ **Faire un compliment à une personne qui ne s'y attend pas et ne l'a pas sollicité.** Dites quelque chose comme : « Vous êtes toujours si serviable », ou : « Je suis impressionné par ton sens de l'organisation », ou encore : « J'aime ta musique [ou ta montre, ou toute autre chose]. »)

➢ **Exprimer sa satisfaction.** Prenez un instant pour dire à quelqu'un que vous appréciez ce qu'il a fait au lieu de passer directement à votre activité suivante.

➢ **Proposer ses services.** Si vous voyez quelqu'un aux prises avec un problème, offrez-lui votre aide. Vous pouvez préciser de combien de temps vous disposez : « J'ai un quart d'heure devant moi. Tu as besoin d'un coup de main ? »

➢ **Avoir un geste aimable.** Proposez votre siège. Laissez passer une autre voiture. Apportez des friandises. Présentez quelqu'un avec chaleur.

3. Trouvez un truc intéressant

Si votre travail vous ennuie, l'une des façons de réveiller rapidement votre énergie consiste à trouver un moyen de le rendre plus intéressant. Plus facile à dire qu'à faire, me direz-vous. Si vous avez besoin d'un coup de pouce, n'est-ce pas justement parce que ce que vous faites ne vous inspire pas ? Je comprends votre point de vue. Mais avez-vous déjà entendu parler du jeu de « l'expression tendance » et de ses effets miraculeux ?

Si vous n'y avez jamais joué, en voici à peu près les règles : déterminez quelques formules en vogue et bien jargonnesques qui, selon vous, apparaîtront lors d'une présentation, d'une réunion ou d'une conversation. Mettez-vous d'accord sur une liste de mots ou d'expressions avec d'autres joueurs. Puis, chacun de votre côté, cochez ces petits bijoux de langage dès que vous entendez quelqu'un les employer. Le gagnant sera le premier à avoir coché toute sa liste. J'ai eu vers le milieu des années 1990 des collègues qui recouraient parfois à ce moyen pour égayer les réunions ennuyeuses, ce qui nous a valu de belles crises de rire. Mais il est, par ailleurs, indéniable qu'en nous obligeant à faire attention à tout – et pas seulement au jargon à la mode –, ce jeu nous aidait à conserver notre dynamisme au fil du temps.

Pourquoi ce jeu marchait-il aussi bien ? En majeure partie parce que nous avions *décidé* qu'il y avait quelque chose qui valait la peine d'être repéré. Par conséquent, nous restions attentifs. Rappelez-vous : notre cerveau filtre constamment les informations environnantes pour éviter une surcharge de nos capacités neuronales limitées. Nous nous concentrons sur tout ce qui confirme nos attentes et avons tendance à éliminer le reste. Donc, si je pars du principe que ce que je vais entendre sera ennuyeux, je serai enclin à voir et à entendre tout ce qui viendra confirmer ma croyance. En revanche, si je décide que ce sera intéressant, j'aurai plus de chances de trouver que ça l'est, au moins en partie. Puisqu'on sait que notre perception de la réalité est hautement subjective, autant choisir de se concentrer sur ses aspects les plus intéressants afin de se sentir stimulé par les événements du quotidien.

Il y a donc beaucoup à dire sur cette stratégie simple et efficace qui consiste à prendre l'habitude de vouloir trouver un truc intéressant autour de soi. Tournez-vous vers une chose qui mérite que vous l'appreniez ou vous en souveniez, même si c'est un peu subversif (« Aujourd'hui, je vais apprendre à parler à ce psychopathe au boulot sans perdre mon calme »). Si vous vous retrouvez dans une formation qui traîne en longueur, décidez de chercher ce qu'il pourrait y avoir d'intéressant dans la façon de procéder de l'intervenant – des éléments susceptibles de vous aider à mieux communiquer vos propres idées aux autres. Et si vous devez effectuer la tâche la plus barbante du monde, pourquoi ne pas vous demander comment la réaliser avec un maximum de rapidité ou d'habileté ?

La carrière de Ruby a été sans conteste extrêmement variée. Après avoir été une interprète très recherchée, Ruby a pris, il y a de nombreuses années, la direction d'une école de commerce, avant de devenir plus récemment réalisatrice. Juste après l'obtention de son diplôme de commerce international, elle a également travaillé dans l'industrie maritime à Taïwan, où elle occupait un poste dans lequel elle faisait appel presque chaque jour à la technique « trouver un truc intéressant ».

— Rien n'était informatisé à l'époque, se souvient-elle, il y avait juste un énorme registre rempli de prix que je devais consulter pour facturer les cargaisons. J'ai passé la première semaine à essayer de mémoriser un maximum de choses, mais au bout d'un mois, je m'ennuyais à mourir. Ce boulot était totalement mécanique. Je savais qu'il fallait que je change d'emploi, mais en attendant j'ai décidé d'en savoir plus sur les autres postes en discutant avec mes collègues et en les interrogeant sur ce qu'ils faisaient. J'ai compris comment était organisé le transport maritime aux États-Unis, puis en Europe et au Moyen-Orient. J'ai même appris à me servir d'un standard pendant mes pauses déjeuner, ce qui m'a permis de mieux appréhender le fonctionnement de l'entreprise. Et j'ai découvert en quoi consistait le poste de P-DG en sympathisant avec l'assistante de direction. Tout ça a rendu mon quotidien beaucoup plus supportable – utile, même. Et ça m'a permis d'avoir beaucoup plus de choses à dire lors de mes entretiens pour un nouveau boulot.

4. Offrez-vous des succès faciles

Atteindre un but que l'on s'est fixé nous procure un sentiment de satisfaction. À chaque fois que l'on coche une case, notre circuit de la récompense rayonne de plaisir, ce qui, en retour, nous motive pour continuer. Un cercle vertueux s'établit alors : efforts, objectif atteint, contentement, persévérance, efforts, objectif atteint, contentement, etc. Cela explique pourquoi certains d'entre nous intègrent après coup un objectif supplémentaire à leur To-Do list, s'accordant ainsi le plaisir éphémère de le barrer cérémonieusement d'un trait. On peut également user de ce stratagème pour se réveiller quand on sent son attention ou son moral flancher en se donnant un but facile à atteindre, que l'on pourra rayer de sa liste avec ravissement.

Certaines petites victoires sont plus efficaces que d'autres pour nous remettre en forme. Nous sommes tous familiers de ce genre de transfert d'activités qui consiste à ranger son bureau au lieu de se consacrer à une tâche plus urgente mais plus difficile. De telles activités nous procurent une légère satisfaction. Mais les meilleurs petits buts sont ceux qui servent de plus grands objectifs dotés, eux, d'une réelle valeur à nos yeux. C'est ce qu'ont vérifié Teresa Amabile et Steven Kramer via un vaste projet de recherche portant sur le vécu quotidien de plus de 200 professionnels au sein de sept entreprises différentes[8]. Après l'analyse en profondeur de 12 000 jours de données, ils ont conclu que « parmi toutes les choses susceptibles de regonfler nos émotions, notre motivation et nos perceptions au cours d'une journée de travail, progresser dans une tâche qui a du sens est sans conteste la plus importante ». L'astuce consiste donc à :

➢ Choisir une tâche vraiment importante.

➢ Se demander : « Quel tout premier pas pourrais-je faire dans cette direction aujourd'hui ? » Il s'agira peut-être d'un coup de fil à donner, ou d'un mail à envoyer.

➢ Puis passer à l'action immédiatement, et la rayer de sa To-Do list avec plaisir.

5. Gardez du temps pour les contacts humains

Des milliers d'études ont comparé le niveau et les causes de bien-être des personnes dans de nombreux pays, et le résultat ne fait aucun doute : l'argent compte, mais pas autant qu'on pourrait le penser. D'après le rapport mondial de l'ONU sur le bonheur, le montant des revenus expliquerait en moyenne 2 % des écarts du degré de satisfaction globale d'une population concernant sa vie entre les différents pays, et n'aurait même aucune influence sur le niveau de bien-être quotidien[9]. Ce qui joue un rôle beaucoup plus fondamental, ont constaté les chercheurs, c'est la qualité des relations humaines. À partir d'un ensemble important de données britanniques, Nattavudh Powdthavee, professeur à la London School of Economics, a calculé qu'entretenir des relations profondes avec les autres avait le même impact sur le bien-être que 142 000 dollars d'augmentation annuelle[10].

Or, il n'est pas forcément nécessaire de parler avec nos amis, nos proches, ou nos collègues les plus chers pour profiter de ces bienfaits sociaux. Même la plus infime impression de connexion avec un de nos frères humains suffit à nous remonter le moral. Une étude menée par Gillian Sandstrom, de l'université de Cambridge, et Elizabeth Dunn, de l'université de Colombie-Britannique, semble attester l'importance de ces « liens faibles » avec ce qu'elles nomment les *rôles secondaires de notre vie quotidienne*. Elles ont établi que les individus, qu'ils soient introvertis ou extravertis, se sentent plus joyeux les jours où ils ont davantage de contacts humains, et que ces contacts – même s'il s'agit de quelque chose d'aussi ténu qu'un bref échange amical avec un barman ou un inconnu dans le métro – ont quasiment le même effet sur le moral qu'un moment en compagnie d'amis proches[11].

Comment pouvons-nous utiliser ces découvertes pour nous-mêmes ? Je ne suis pas en train de vous dire qu'il faut discuter avec chaque personne que vous croisez. Mais vous aurez plus d'énergie si vous gardez tous les jours un peu de temps pour les contacts humains.

Catherine est directrice du programme de formation des cadres d'une prestigieuse université, et se considère elle-même comme une « grande introvertie ». Ce qui ne l'empêche pas de reconnaître l'importance d'avoir un minimum de contacts sociaux chaque jour.

— J'ai fini par comprendre que, même si je ne suis pas extravertie, discuter avec quelqu'un me redonnait systématiquement de l'énergie, confie-t-elle. Alors, j'essaie de libérer du temps pour déjeuner avec les autres. Ce serait plus simple de manger un sandwich seule à mon bureau, mais j'ai remarqué que j'ai davantage d'énergie les jours où ont lieu ces échanges impromptus et plaisants. Je garde mon sens de l'humour et le travail me paraît plus facile.

Pour être sûr d'avoir suffisamment de sources d'énergie sociales, appliquez chaque jour les conseils suivants :

➢ **Prenez le temps d'échanger avec une personne qui compte pour vous, même si c'est à distance.** Si vous envisagez d'annuler un rendez-vous avec un ami, réfléchissez-y à deux fois. Écourtez la rencontre si nécessaire, mais ne refusez pas l'occasion d'un coup de pouce psychologique qui, au final, vous rendra plus productif.

➢ **Transformez vos relations avec des inconnus en occasions de contact.** Au lieu de garder les yeux sur votre téléphone quand vous payez à la caisse, arrêtez-vous un instant. Souriez. Regardez la personne. Initiez un bref échange avec un petit commentaire sympathique, du genre : « On dirait que vous ne chômez pas cet après-midi », ou : « Vous avez une longue journée ? »

➢ **Recherchez les gens qui dégagent de bonnes ondes.** J'ai déjà parlé du caractère contagieux des émotions. Si vous vous sentez dans un creux, n'hésitez pas à vous rapprocher délibérément de la personne la plus optimiste et enjouée que vous connaissez et à rester un moment près d'elle.

6. Cherchez du sens

J'ai déjà expliqué dans ces pages pourquoi nous avons plus de chances de réaliser de grandes choses lorsque nous poursuivons un but que nous nous sommes fixé nous-mêmes plutôt qu'un objectif imposé de l'extérieur. J'ai également présenté les résultats de recherches montrant qu'on résiste mieux aux aléas de la vie si on a le sentiment de poursuivre un but qui a du sens. Vous ne serez donc sans doute pas surpris d'apprendre qu'ajouter une touche de sens aux choses constitue un bon moyen de se redonner un coup de fouet quand on s'enlise dans une activité qui nous déplaît. On peut, par exemple, se demander : « Pourquoi ce travail est-il important à mes yeux (et non ceux de mon patron ou de mes collègues) ? » Ou, au moins : « Pourquoi est-il important de le faire de la *manière* dont je choisis de le faire ? » Même quand nous n'avons pas vraiment le choix de l'activité en elle-même, définir dans quel but ou de quelle façon on la réalise reste généralement de notre ressort.

Catherine, notre directrice de programme de formation, a employé cette approche lors de la restructuration de son département à la suite d'une réorganisation plus globale de son université. De son point de vue, cette restructuration a généré des semaines de travail inutile pour modifier l'organigramme, déplacer certaines personnes, et faciliter les échanges entre les équipes nouvellement créées.

— Cela semblait une énorme perte de temps au départ. Ce qui m'a aidée, c'est de trouver quelque chose qui me parlait derrière tout ce chambardement.

Cela n'a pas été facile au début, tant elle était agacée.

— Mais il y avait bien une chose : je me suis aperçue que je croyais en l'idée d'une organisation plus internationale. Or, c'était l'un des avantages de ce qu'on était en train de mettre en place. Je me rendais compte qu'il serait plus facile pour nous d'échanger de bonnes pratiques entre collègues de tous les continents. Ça me semblait une bonne chose, parce que je suis finalement convaincue que le travail de mon équipe rend le monde un peu meilleur. C'était une idée suffisamment motivante pour me remettre en selle dans les moments où je commençais à me sentir fatiguée par tout ça.

Si vous avez besoin de relier votre travail à quelque chose de plus vaste, voici deux façons de procéder :

➢ **En amont.** À partir de ce qui compte pour vous, remontez peu à peu jusqu'à votre tâche actuelle en vous interrogeant :

- Qu'est-ce qui a vraiment de l'importance à vos yeux : quelles valeurs, quelles causes, quels objectifs de développement personnel ?
- Comment ce que vous faites actuellement peut-il contribuer à ces valeurs, à ces causes ou à ces objectifs ?

➢ **En aval.** Reliez votre tâche actuelle à ce qui compte pour vous. Demandez-vous :
- Quel sera le résultat de ce que vous faites en ce moment ?
- Et quel sera le résultat final de *ça* pour la société et/ou vous-même ?

Si c'est un mauvais jour, il se peut que vos premières réponses soient un peu sarcastiques (« Je vais permettre à cet imbécile de recevoir tous les lauriers, voilà ce qui se passera finalement ! »). Allez plus loin, jusqu'à ce que vous trouviez quelque chose qui vous fasse hocher la tête et non froncer les sourcils.

7. Pensez à sourire

À propos de froncer les sourcils, parlons un peu des expressions faciales. Commençons par un lien causal évident : quand on est content, on sourit. Même si tout le monde ne le fait pas exactement de la même manière, sourire est une expression de plaisir typiquement humaine et universelle. Le plus étonnant, c'est que la relation cause-conséquence a l'air de fonctionner dans les deux sens : quand on sourit, on est content – ou, du moins, plus content. Y compris, semblerait-il, lorsque ce sourire n'est pas sincère. Pour notre cerveau, un sourire forcé de notre part signifie : « Ah, je suis content », ce qui se traduit par une amélioration, elle bien réelle, de notre humeur.

Les chercheurs s'intéressent à ce pouvoir des faux sourires sur l'humeur depuis de nombreuses années. Ainsi, dans les années 1970, un audacieux psychologue dénommé James D. Laird a tenté une expérience avec plusieurs groupes de sujets en plaçant des électrodes sur leur visage de manière à provoquer de légers spasmes musculaires pendant qu'ils visionnaient un dessin animé[12]. Chez l'un des groupes, les muscles stimulés étaient les mêmes que ceux qui servent à sourire, ce qui les poussait donc à sourire involontairement. Après le visionnage, les personnes de ce groupe ont déclaré avoir trouvé le dessin animé plus drôle que celles sur lesquelles on avait placé les électrodes à d'autres endroits. (Qu'elles aient pu trouver quoi que ce soit de drôle dans ces conditions est déjà surprenant en soi, selon moi.) Depuis, d'autres scientifiques ont constaté les mêmes effets en induisant de faux sourires par des moyens moins invasifs (par exemple, en demandant aux personnes de tenir un stylo entre leurs dents, ce qui provoque une sorte de grimace souriante[13]). Une équipe de chercheurs a montré que sourire aide également à mieux supporter les moments difficiles : les faux sourieurs de leur étude se sont sentis moins contrariés que les autres quand on leur a demandé de plonger les mains dans de l'eau glacée et leur rythme cardiaque est revenu plus rapidement à la normale après le choc thermique[14].

On appelle ce phénomène de circulation à double sens entre sourire et humeur positive la *rétroaction faciale*. Personnellement, cette boucle corps-esprit me semble d'autant plus intéressante qu'elle est extrêmement rapide et facilement accessible en toutes circonstances. D'ailleurs, juste avant de prendre la parole ou d'animer un atelier, je veille toujours à poser mes papiers et à sourire aux gens (apparemment, ça ne les dérange pas).

Alors, n'hésitez pas : dès que vous sentez votre énergie mentale ou émotionnelle baisser, souriez. Plus votre sourire sera vrai, mieux ce sera, mais dans le doute, faites faire un peu d'exercice à votre visage, et l'humeur devrait suivre.

Combinez le tout : connaissez-vous vous-même

Une caractéristique typique des gens qui arrivent à conserver toute leur énergie malgré une profession épuisante, c'est la connaissance profonde qu'ils ont d'eux-mêmes. Ils sont conscients des raisons de leurs variations d'humeur et savent comment se remonter et booster leur endurance quand il le faut.

Rakesh, médecin urgentiste depuis quinze ans, est ce genre de personnes.

— Vous êtes constamment face à des problèmes, explique-t-il à propos de son travail. Vous êtes toujours pressé par le temps et continuellement en action. En une heure, vous prenez peut-être 100 ou 200 décisions : quels examens demander, où envoyer un patient, et quelles interventions sont adaptées. Vous avez des horaires de garde différents, parfois le matin, parfois la nuit. Une garde de douze heures peut en durer quatorze si quelque chose tourne mal avec un patient.

Ce métier, confirme Rakesh, est éprouvant émotionnellement, mais également épuisant sur le plan mental et physique.

— C'est très dur quand arrive ce qu'on voulait éviter ou qu'on est face à un résultat auquel on ne s'attendait pas. Au début, j'avais l'habitude de dire : « Personne ne mourra tant que je serai là », mais c'était irréaliste.

Alors, Rakesh a une stratégie calculée pour garder ce qu'il appelle « une tête de battant » du début à la fin de sa garde. Par exemple, il écoute de la musique pour influer sur son état d'esprit.

— Vous savez que vous allez entrer dans une salle d'attente bondée et que dès que vous aurez fait un pas à l'intérieur, il va falloir agir. Du coup, j'ai besoin de monter mon niveau d'énergie pendant le trajet, et je choisis des musiques que je sais avoir cet effet sur moi, par exemple Linkin Park. À l'arrivée, je passe au reggae, diffusé en fond sonore pour tous. C'est à la fois gai et détendu, ce qui correspond à l'état dans lequel je dois me sentir pour être le plus efficace sous pression.

Rakesh est également conscient de ses périodes de pic et de creux pendant ses gardes, et il s'organise en conséquence.

— Il faut avoir conscience de ses biorythmes pour pouvoir faire un travail aussi épuisant que celui d'urgentiste, affirme-t-il. Par exemple, je sais que je suis à mon plus haut niveau d'énergie pendant les deux ou trois premières heures de ma garde. Mon cerveau fonctionne à toute allure, je me sens vif. Du coup, je ne gaspille pas ce temps. Je veux capitaliser dessus et j'examine un maximum de patients durant cette période.

Rakesh poursuit en expliquant que lorsqu'il commence à fatiguer, il fait attention à discuter avec l'équipe et les patients :

— J'aime demander aux patients de me parler de leur vie, surtout les plus âgés. L'autre jour, j'ai découvert qu'un homme que je soignais avait été mitrailleur de queue sur un B-52. On peut avoir des conversations profondes juste en quelques minutes. Ça aide le patient, et ça me rend plus alerte.

Il ne faut pas grand-chose pour devenir aussi conscient de soi que Rakesh – juste faire plus attention à ses propres schémas de fonctionnement. Quand on connaît ce qui risque de nous fatiguer le plus et la manière la plus efficace de nous redynamiser, il est beaucoup plus facile d'agir sur son humeur et sa productivité au cours d'une longue journée de travail. Voici quelques conseils pour développer cette conscience de soi :

➢ Dessinez le schéma chronologique d'une de vos journées. Placez-y les pics et les creux par lesquels vous êtes passé ces derniers jours (ou ces dernières semaines) : les moments où vous étiez plein d'énergie et ceux où vous vous êtes senti à plat.

➢ Observez le schéma de vos pics et de vos creux. Qu'est-ce qui vous donne de l'énergie ou vous épuise systématiquement ? Examinez ces différentes catégories :

- mental : analyse, réflexion créative, planification, lecture ;
- physique : exercice, déplacement, travail manuel ;
- social : personnes spécifiques, types d'individus, être seul ou en groupe ;
- environnement : musique et bruits, espace de travail, environnement naturel ;
- moments de la journée : rythmes circadiens, habitudes familiales et personnelles ;
- thèmes de la liste des sept sources d'énergie abordées dans ce chapitre : gratitude, générosité, curiosité, réussite, contacts humains, sens et humour (pour ceux que les plus petites choses font sourire).

➢ Cherchez comment utiliser votre source d'énergie la plus fiable pour rehausser les creux. En particulier :

• Quand la journée s'annonce difficile ou aux heures où votre énergie a tendance à diminuer, fabriquez un pic ou deux : par exemple, prévoyez un moment d'échange avec un ami ou attaquez-vous à une tâche agréable.

• Si possible, effectuez les activités qui vous prennent le plus d'énergie dans un contexte dynamisant : dans un lieu particulier, en compagnie de certaines personnes, ou avec de la musique rythmée.

La loi de l'apogée (ou pourquoi il faut toujours finir sur une note positive)

Si je vous demande comment vous vous sentez aujourd'hui, vous allez inconsciemment évaluer deux choses pour me répondre : votre sentiment de bien-être immédiat (au moment même où vous me parlez) et celui dont vous vous souvenez (ce qui s'est passé pour vous depuis ce matin et ce que vous éprouvez en y repensant). Des deux, les recherches montrent que c'est le dernier qui a le plus fort impact sur notre sentiment de bien-être global – après tout, il s'agit de l'histoire que nous nous racontons à propos de notre journée[15]. Le montage auquel nous procédons à partir de l'ensemble de nos souvenirs devient la vision que nous avons de notre vie. D'où l'importance de ce que nous mémorisons.

Mais, contrairement à ce que l'on pourrait croire, ce souvenir global de la qualité de notre journée ne correspond pas à la somme de *tout* ce qui s'est passé. En effet, pour apprécier nos expériences, nous avons tendance à faire une moyenne entre le moment où elle a été le plus intense (l'apogée) et la façon dont tout s'est terminé (la fin). C'est ce que les scientifiques appellent la *loi de l'apogée*. Une fois encore, ce phénomène est le fruit de l'action du système automatique qui cherche à nous épargner un effort mental en créant une version simplifiée de la réalité à enregistrer dans notre mémoire – une réalité élaborée à partir de quelques données, nous évitant d'avoir à nous remémorer et évaluer chaque instant particulier[16].

Daniel Kahneman, l'éminent psychologue de Princeton dont les travaux ont élargi le champ de l'économie comportementale, a démontré la loi de l'apogée en exposant plusieurs volontaires à des expériences déplaisantes. Pour l'une de ces expérimentations, il leur a demandé de plonger les mains dans de l'eau très froide (14 °C) pendant une minute – ce qui suffit généralement à provoquer une grimace et l'envie de les retirer. Kahneman a constaté que les personnes trouvaient cette expérience moins pénible lorsqu'on la prolongeait de trente secondes dans de l'eau légèrement plus chaude (15 °C). 15 °C restant une température très désagréable, on peut en conclure que les sujets ont préféré subir l'expérience pendant quatre-vingt-dix secondes plutôt que soixante uniquement parce que la dernière partie était un peu moins pénible. Et cela se vérifie en général. Les études montrent que les gens estiment les expériences déplaisantes (par exemple, une coloscopie ou un bruit strident) moins désagréables lorsqu'on *ajoute* une période légèrement moins inconfortable à la fin[17]. En résumé, terminer sur quelque chose d'un peu moins difficile nous laisse une meilleure impression d'ensemble de l'expérience vécue.

La fin a également un effet disproportionné sur les expériences positives. Lors d'une autre étude, des personnes ayant versé un don à un organisme sans but lucratif ont reçu en remerciement un DVD qu'elles pouvaient choisir parmi une liste de films très populaires. Pour certains, l'offre s'est arrêtée là. Mais d'autres se sont également vu proposer un deuxième film, à sélectionner cette fois parmi des titres moins connus[18]. Eh bien, ceux qui n'avaient reçu qu'un DVD de film célèbre se sont montrés plus satisfaits que ceux qui avaient eu en sus un film moins célèbre.

Par conséquent, la loi de l'apogée nous donne quelques pistes claires pour accroître notre impression d'avoir passé une bonne journée. Tout d'abord, nous devrions essayer de fabriquer le genre d'apogées décrits dans le reste de ce chapitre. Un bon moment au cours d'une réunion barbante nous aidera à avoir une vision d'ensemble plus positive ultérieurement. Mais ce qu'il faut retenir avant tout de la loi de l'apogée, c'est que ça vaut la peine d'essayer de terminer systématiquement (chaque échange, chaque activité, chaque journée) sur une note positive. Voici quelques suggestions à cet effet :

➢ Un rituel du soir incluant l'exercice des « trois bonnes choses » est un excellent moyen de modifier notre souvenir de la journée écoulée.

➢ On peut clore la plupart des conversations en faisant référence au meilleur moment. Par exemple : « La bonne nouvelle que tu m'as donnée m'a vraiment fait plaisir ! » C'est un moyen de se rappeler (et de rappeler à l'autre) le positif.

➢ Après des discussions formelles, il est également possible de conclure en déclarant : « Alors, qu'est-ce qui a bien fonctionné pour nous aujourd'hui que l'on pourrait reprendre une prochaine fois ? » Cela permet à chacun de se rappeler ce qu'il a trouvé utile ou intéressant dans le rendez-vous. Et si vous n'avez pas le temps de poser la question, rien ne vous empêche de finir en précisant simplement ce qui vous a plu dans cet échange. Par exemple : « C'était une bonne discussion. C'était bien de réfléchir ensemble à la question. »

Rédactrice en chef d'un journal, Sabine a une vision intéressante de cette idée de « fin sur une note positive ». Bien que son travail soit très apprécié, son patron actuel n'est pas du genre à faire des compliments. Malgré tout, elle a trouvé un moyen de terminer chaque jour sur une bouffée de reconnaissance.

— Je recherche en ligne la photo d'un bon patron amical, juste une photo de banque d'images, quelqu'un de totalement anonyme ressemblant au genre de personnes avec qui j'aime travailler, et je la colle sur ma porte. À chaque fois que je sors du bureau, j'imagine que ce patron super me fait des retours sur ce que j'ai fait de bien dans la journée. Évidemment, c'est drôle, et ça soulage de rire, mais cette technique me donne aussi de la distance : ça me pousse à regarder en arrière et à me rappeler les choses bien que j'aurais pu oublier.

De cette façon, Sabine est certaine de terminer chaque soir sur une bonne note.

FAIRE LE PLEIN D'ÉNERGIE

Pour ne pas oublier de booster votre énergie les jours difficiles, suivez ces conseils :

- **Testez les sept sources d'énergie.** Voyez laquelle fonctionne le mieux pour vous : les « trois bonnes choses » ; avoir des gestes de gentillesse ; s'intéresser à *un truc* ; s'offrir un succès facile ; réserver du temps pour les contacts humains ; trouver du sens ; sourire (même quand on n'en a pas envie).

- **Connaissez-vous vous-même.** Identifiez l'origine de *vos* pics et de *vos* baisses d'énergie. Notez ce qui a tendance à vous dynamiser ou à vous vider (dans des schémas au sein de vos activités mentales, physiques ou sociales ; dans votre environnement physique et les différents moments de la journée ; et dans les sept sources d'énergie : gratitude, générosité, curiosité, réussite, contact humain, sens, et humour). Choisissez une ou deux stratégies fiables pour prévenir ou contrer un coup de barre.

- **Finissez sur une bonne note.** Cherchez un moyen de terminer chaque journée – et, bien sûr, chaque tâche ou chaque interaction – sur un pic positif pour profiter de la loi d'apogée. Faites des « trois bonnes choses » une routine du soir.

- Et pour soutenir l'ensemble, reportez-vous au chapitre 5 sur les périodes de repos et au chapitre 19 sur les techniques pour rester ferme dans votre détermination à intégrer suffisamment de pauses galvanisantes et d'activité physique dans votre emploi du temps.

21

Tirer parti de ses forces

La plupart d'entre nous cherchent à s'améliorer et n'ont pas envie de faire toute leur vie le même petit boulot. Cette aspiration ne vient pas uniquement d'un désir de sécurité financière ou de statut social. Depuis des dizaines d'années, Carol Dweck, éminente psychologue à Stanford, mène des recherches qui ont montré à quel point il est important pour notre bien-être de savoir que nos talents ne sont pas limités et que nous pouvons développer nos capacités au fil du temps[1]. Cette idée nous aide à rebondir après nos erreurs, elle nous procure une sensation de nouveauté et nous donne l'impression que les choses sont possibles – autant de cadeaux pour notre cerveau.

Cependant, même si nous n'aimons pas faire du sur-place, il peut arriver que notre travail nous pèse ou nous épuise. C'est peut-être parce qu'on s'est lancé corps et âme dans un nouveau projet professionnel et qu'on se débat pour garder la tête hors de l'eau. Ou parce qu'on se retrouve à un poste difficile ou ennuyeux, mais susceptible de servir de tremplin pour quelque chose de mieux. Ou encore parce qu'on se donne à fond dans l'espoir de gravir le prochain échelon de notre carrière. Dans tous les cas, comment affronter ce genre de défis professionnels avec énergie et enthousiasme ? Dans ce chapitre, je vous montrerai que la solution consiste à s'appuyer délibérément sur ses propres forces, pour maximiser ses chances de rester en mode découverte face aux aspects les plus éprouvants de son travail.

Cette approche va à l'encontre de l'idée que l'on se faisait autrefois de l'auto-amélioration. Il s'agissait alors de se concentrer sur ses faiblesses. Cette vision n'est pas complètement fausse, bien sûr : si on est nul en calcul ou incapable d'arriver à l'heure, il faut corriger ces défauts jusqu'à atteindre à un niveau acceptable. Mais quand cette attitude autocorrective finit par dominer tout notre développement personnel au travail, cela devient problématique. Ne considérer que nos points faibles joue en effet sur notre sentiment de compétence, ce qui (comme nous l'avons vu au chapitre 9) va sans doute provoquer une réaction défensive au sein de notre cerveau. Et comme il est plus difficile de penser intelligemment dans ce mode, on risque de devenir encore moins bon dans ce qu'on fait. Finalement, c'est un cercle vicieux.

En quoi consiste l'alternative basée sur nos atouts ? En bref, à identifier ses forces et à trouver des moyens d'en tirer davantage parti, notamment face aux problèmes les plus ardus (j'expliquerai comment dans quelques pages). Résultat, même si la tâche semble toujours aussi dure, il est plus facile de rester en mode découverte, et donc d'être performant, sans être continuellement assailli par un sentiment d'incompétence.

De nombreuses recherches décrivent les avantages de cette approche en termes de motivation et de performance. Dans une série d'études à grande échelle, l'institut de sondage Gallup a systématiquement constaté que les gens sont plus satisfaits de leur travail s'ils reçoivent des retours sur leurs points forts et sont guidés de manière à s'appuyer encore plus dessus dans le cadre de leur mission (par exemple : « Vous êtes super en X. Voilà comment vous pourriez utiliser davantage cette capacité avec les problèmes Y et Z »). Les chercheurs se sont aperçus que la rentabilité des entreprises qui employaient cette approche basée sur les forces était supérieure de 9 % à celle de sociétés comparables utilisant l'approche classique « Corrigez vos points faibles[2] ». La société de conseil Corporate Leadership Council a noté, de son côté, des corrélations encore plus fortes : une vaste étude portant sur près de 20 000 salariés répartis dans 34 entreprises, 7 secteurs d'activité et 29 pays a montré des performances entre 21 % et 36 % plus hautes là où la stratégie managériale s'appuyait sur les forces de chacun[3].

Et que vous travailliez ou non dans une structure qui a compris ce point essentiel, il semblerait que vous puissiez en faire bon usage pour vous-même. Alex Wood et Alex Linley, respectivement psychologues à l'université de Stirling et au Centre of Applied Positive Psychology (Centre de psychologie positive appliquée), ont invité des volontaires à trouver chaque jour une nouvelle façon d'utiliser leurs forces pendant une semaine. Ils ont ensuite constaté que ces volontaires avaient un meilleur niveau de bien-être, d'estime de soi et de « vitalité » (l'équivalent de ce que je désigne sous le terme « énergie » dans cette partie du livre). Ils se déclaraient aussi moins stressés. Plus important encore, ces bénéfices étaient toujours présents quand les chercheurs ont à nouveau interrogé les sujets trois et six mois plus tard[4]. Un bon investissement pour quelques minutes de réflexion !

Pourquoi insister sur ce mot ?

Mais de quelles « forces » parlons-nous ? On pense généralement à ce mot en termes de connaissances ou de capacités : « Je connais la théorie macroéconomique », « Je sais jouer du piano », etc. Or, ces forces fondées sur des connaissances ne présentent généralement d'intérêt que dans des contextes bien précis. Parler de la politique monétaire ou jouer un morceau ne va pas m'être utile dans mon travail de coach.

Donc, quand les chercheurs invitent les gens à « s'appuyer davantage sur leurs forces », ils ne conseillent pas simplement de mettre en application une accumulation de savoirs. Ils proposent d'employer les qualités qui sont les nôtres quand nous sommes au meilleur de nous-mêmes en tant qu'êtres humains – notre personnalité et nos valeurs. Ils ne nous demandent pas seulement en quoi nous sommes particulièrement bons, mais aussi ce qui compte le plus à nos yeux et nous inspire particulièrement.

Pour mieux comprendre cette idée, lisez la liste établie par Martin Seligman et Christopher Peterson. Ils ont été les premiers à créer une classification de ce qu'ils appellent les *forces de caractère*, dont voici les différentes catégories :

➢ **Sagesse.** Forces impliquant l'acquisition et la mise en application des connaissances, comme la créativité, la curiosité, la capacité de jugement, l'amour de l'étude, et la faculté de prendre du recul.

➢ **Courage.** Forces impliquant l'exercice de la volonté, nécessaire pour atteindre ses objectifs en dépit des obstacles. Ces forces peuvent être la vaillance, la persévérance, la sincérité et l'énergie.

➢ **Humanité.** Forces relationnelles impliquant la compréhension et le souci d'autrui, comme l'amour, la gentillesse et l'intelligence sociale.

➢ **Justice.** Forces permettant une vie citoyenne et communautaire saine. Cela peut être la facilité à travailler en équipe, l'équité et le leadership (capacité à diriger).

➢ **Tempérance.** Forces protégeant des excès et des comportements extrêmes, dont le pardon, l'humilité, la prudence, et l'autorégulation.

➢ **Transcendance.** Forces permettant de donner du sens et un but à la vie, comme la capacité à apprécier l'excellence, la beauté. Ces forces recouvrent la gratitude, l'espoir, l'humour et la spiritualité.

Ainsi, vous pouvez vous savoir doué pour manier les feuilles de calcul ou concevoir des logos et ne pas vraiment vous rendre compte que des facultés comportementales reflétant les thèmes ci-dessus complètent ces capacités techniques. Par exemple, vous possédez peut-être un talent particulier pour fédérer les gens autour d'une idée (signe d'« énergie », d'« intelligence sociale » et de « leadership ») ou une faculté hors du commun pour garder votre calme en toute situation et toujours voir le bon côté des choses (« recul », « autorégulation » et « espoir »).

Bien entendu, il existe de nombreux termes pour désigner les forces de caractère. Ceux choisis par Seligman et Peterson font peut-être écho chez vous, mais il se peut que vous préfériez décrire la même idée avec d'autres mots (par exemple, « empathie » au lieu d'« amour », ou « enthousiasme » pour « énergie »). Il existe aujourd'hui de multiples classifications des forces de caractère, chacune avec sa propre terminologie. Mais au-delà du langage employé, l'idée de base reste la même : comme le montrent les recherches, quand nous avons l'occasion de déployer nos forces spécifiques, nous nous sentons pleins d'énergie et totalement absorbés par notre activité. Et puisque cela nous maintient en mode découverte, nous sommes également plus performants.

Comment identifier vos forces

Reste maintenant à identifier vos forces spécifiques – ou à vous les remémorer – de manière à vous appuyer sur elles au quotidien. En m'inspirant de ce qui a fonctionné pour mes clients, je vous suggère trois façons complémentaires de le faire :

➢ **Examinez plusieurs actions passées couronnées de succès dont vous vous sentez particulièrement fier, quelle que soit leur envergure.** Concentrez-vous sur des victoires personnelles qui vous font dire : « J'aimerais me sentir comme ça tous les jours », ou : « C'est tellement bien que je n'ai pas l'impression de travailler. » Vous n'êtes pas obligé de vous limiter au domaine professionnel. Peut-être avez-vous également résolu une situation familiale difficile ou organisé avec succès un événement social ou culturel. Pour chacun de ces exemples, répondez à ces questions :

- Qu'avez-vous exactement dit, fait ou pensé qui vous a aidé à réussir ?
- Quelles qualités et talents personnels vous ont permis de dire, faire ou penser ces choses ? (Voilà vos forces.)

➢ **Prenez l'avis de quelques personnes de confiance (collègues, amis, famille).** Expliquez-leur que vous essayez d'avoir une idée plus claire de vos forces personnelles. Demandez-leur de vous donner des exemples de moments où vous leur avez paru particulièrement enthousiaste ou brillant, ainsi que ce que pourraient être, selon eux, vos forces.

➢ **Faites un test pour identifier vos forces.** On trouve aujourd'hui en ligne plusieurs tests de ce genre[5]. Bien qu'ils ne puissent pas se substituer à l'examen de ce qui vous dynamise ni à l'appréciation personnelle de vos forces, ils pourront vous aider à identifier des schémas récurrents et à mettre un nom sur des talents que vous avez du mal à cerner.

En définissant vos forces, veillez à ne pas en rester à ces points forts très généraux que l'on retrouve dans la plupart des évaluations faites en entreprise. Par exemple, ne vous contentez pas de dire : « Je communique bien. » Creusez un peu plus pour découvrir la particularité de ce qui fait votre force en tant que communicant. Demandez-vous : « Qu'est-ce qui fait que je suis vraiment bon dans ce domaine ? » Il pourra s'agir de votre empathie à l'égard de vos interlocuteurs, de l'art avec lequel vous maniez les mots, de votre sens de la repartie, ou encore de l'impact de votre ouverture d'esprit ou de votre sincérité sur ceux qui vous écoutent.

N'oubliez pas que vous êtes à la recherche des qualités personnelles qui vous emplissent d'énergie quand vous les laissez s'exprimer. Que ce soit pour notre travail ou pour notre vie de tous les jours, nous sommes tous obligés d'apprendre un tas de choses qui ne nous plaisent qu'à moitié. Mais pour mettre notre cerveau en mode découverte, il est indispensable de stimuler la neurochimie de l'intérêt et de la récompense plutôt que celle du devoir et des obligations. Aussi, en réfléchissant à vos pics d'énergie personnels, cherchez à bien différencier les moments où vous faites des choses *censées* vous plaire de ceux où vous vous sentez *réellement* galvanisé.

Ted est un ancien ingénieur, aujourd'hui cadre dirigeant dans une compagnie d'électricité internationale.

— J'avais toujours pensé que, puisque j'étais doué pour le travail analytique, ma capacité d'analyse était mon principal atout, explique-t-il. Mais, en fait, contrairement à ce que je croyais, ce qui me plaisait plus que tout, c'était d'apprendre des choses aux autres. En me remémorant mon parcours, j'ai découvert avec surprise que j'avais vécu des moments vraiment forts en participant au développement de nos jeunes les plus prometteurs. Je me souviens d'un brainstorming que j'avais organisé pour les pousser à avoir une réflexion plus créative ; j'y ai pris plus de plaisir qu'à tout ce que je pouvais faire d'autre à l'époque.

Après cette révélation, Ted a consacré une plus grande partie de son temps à coacher et guider ses collègues plus jeunes. Il a ainsi pu ressentir un enthousiasme pour son travail qu'il n'avait pas éprouvé depuis vingt ans.

Trouvez d'autres façons d'employer vos forces

Alors, comment pouvez-vous utiliser vos forces de façon plus active dans une journée de travail ? Comment aborderiez-vous vos activités de façon différente en vous appuyant sur l'un de vos talents spécifiques ?

À l'époque où je travaillais chez McKinsey, j'ai découvert que je prenais énormément de plaisir à imaginer de nouveaux services pour nos clients (ce qui n'est pas si surprenant que ça, vu que, selon le test de Seligman et Peterson, ma plus grande force de caractère est « l'amour de l'étude »). Concernant ce genre d'initiatives pour les entreprises, McKinsey avait une méthode bien établie, qui consistait à exposer son idée à tous ses collègues jusqu'à ce que l'un d'eux la trouve intéressante pour l'un de ses clients. J'ai donc suivi cette façon de faire pour mon premier projet. Il s'agissait d'améliorer l'efficacité des équipes dirigeantes. J'y ai passé des nuits entières. J'ai rencontré quelques collègues sensationnels. J'ai produit des tonnes de documents. Cette expérience a été une formidable succession de petites victoires qui, au final, m'ont laissé un merveilleux sentiment de satisfaction. Avec un seul bémol : tous ces efforts m'avaient épuisée.

Alors, pour le projet suivant, j'ai procédé différemment. J'ai décidé de m'appuyer sur mes qualités relationnelles, également en tête de liste de mes forces de caractère spécifiques, pour une approche plus centrée sur les personnes. Cette fois, mon objectif était de créer un nouveau business pour rendre les organismes de soins plus performants. Plutôt que d'écrire des pages et des pages, j'ai envoyé un mail enthousiaste à des centaines de gens, demandant qui serait intéressé pour m'aider. Plusieurs bonnes âmes m'ont répondu, ce qui était largement suffisant pour commencer. Puis, je me suis concentrée sur le fait de rassembler et de motiver une équipe en vue de mettre ce nouveau service en place. Certaines personnes aidaient les hôpitaux à revoir leur prise en charge des patients, d'autres travaillaient avec des entreprises de biotechnologie sur l'accélération de leurs process de mise au point de nouveaux médicaments. J'ai organisé des réunions pour que tous puissent partager leur expérience et leur expertise, et je leur ai offert un maximum de soutien. Cette façon de faire bousculait complètement mes priorités en tant que leader. Mais surtout, je n'avais plus à me soucier autant des présentations formelles. Je passais moins d'heures devant mon ordinateur, et plus de temps à coacher les échanges avec ma nouvelle équipe.

Au final, les deux approches ont porté leurs fruits, que ce soit pour moi ou pour ma société. Aucune d'elles n'était « la bonne », mais l'énergie que me donnait le fait de m'appuyer sur ma personnalité extravertie m'a permis de rester constamment au top dans la seconde. Bien sûr, si ma force principale avait été « mettre de l'ordre dans le chaos », j'aurais tout de même pu entraîner des gens dans l'aventure, mais alors, j'aurais dû me focaliser sur la coordination de l'équipe pour la mise en place d'un seul produit standardisé au lieu d'encourager mes collaborateurs à laisser cent fleurs s'épanouir. Et c'est *ça* qui m'aurait remplie d'énergie. Ce que je veux dire, c'est qu'il est possible d'aborder la même tâche de multiples manières, et qu'on a plus de chances de prendre du plaisir et de faire des étincelles en utilisant au moins une de ses forces comme tremplin.

Maintenant, voyez comment vous pourriez vous appuyer davantage sur vos talents et vos centres d'intérêt dans le cadre professionnel, notamment pour les tâches qui ne vous inspirent pas ou qui vous pèsent. Par exemple :

➢ **Pourriez-vous utiliser vos forces dans votre poste tel qu'il est aujourd'hui ?** Pensez aux tâches qui sont les vôtres actuellement. Comment pourriez-vous vous y prendre pour mieux utiliser vos points forts dans leur exécution ? Par exemple, si vous vous savez doué pour créer de l'ordre dans la confusion, pouvez-vous employer ce talent de façon plus délibérée pour vous aider et aider les autres à rester concentrés sur l'essentiel ? Si vous avez une forte intelligence sociale, pouvez-vous faire davantage pour mobiliser un groupe de supporters autour d'un travail en cours ou vous occuper d'aspects relationnels importants qui risqueraient d'échapper à vos collègues ?

➢ **Pourriez-vous vous appuyer sur vos forces pour relever de nouveaux défis ?** Accepter de nouvelles responsabilités implique généralement d'apprendre un tas de choses. Mais cela n'empêche pas de s'appuyer sur ce que l'on sait faire, et bien faire, pour rester en mode découverte face à la nouveauté. Imaginons, par exemple, que c'est la première fois que vous faites une présentation devant votre comité de direction. Si vous avez le don de détecter ce qui se cache derrière des données complexes, vous pourrez choisir de commencer par un élément caractéristique autour duquel vous construirez votre exposé. Mais si ce qui vous plaît, c'est de rencontrer de nouvelles personnes, pourquoi ne pas vous renseigner sur les centres d'intérêt des différents membres du comité de manière à pouvoir vous adresser directement à chacun d'eux durant la réunion ? Dans l'un ou l'autre cas, vous serez plus détendu et brillant si vous prenez en compte vos forces.

De tels ajustements subtils peuvent faire une énorme différence sur notre niveau d'énergie à la fin de la journée. Au fil du temps, la conscience de nos forces nous rend plus aptes à créer et saisir les opportunités qui rendront notre travail plus satisfaisant. Nous intégrerons à notre activité des tâches ou des projets permettant à nos talents de s'exprimer pleinement. Cela n'implique pas forcément de changer d'emploi ou d'augmenter sa charge de travail – juste de redéfinir le point de focalisation de son travail, tout en restant fidèle à son profil de poste. C'est ce que les professeurs de management Amy Wrzesniewski, de Yale, et Jane Dutton, de l'université du Michigan, appellent le *job crafting*, ou « façonnage » de son propre travail.

Ben a découvert la puissance du *job crafting* à l'époque où il travaillait pour une agence chargée de la surveillance civile des forces de police de New York. Pendant la journée, il réalisait des enquêtes auprès des citoyens et relisait des rapports balistiques. Le soir, il changeait complètement de registre en se produisant sur des scènes comiques. Ben aimait son travail, mais il l'appréciait encore plus quand il avait la possibilité d'utiliser ses talents comiques.

— Je travaillais avec trois collègues, explique-t-il, et notre équipe devait faire pas mal de formations, comme donner des conférences sur la législation des perquisitions et des saisies. N'importe lequel d'entre nous aurait pu le faire, mais je me suis proposé parce que je savais que c'était l'occasion de tirer avantage de ma relative aisance sur une scène. Je pouvais être drôle et divertissant, ce qui maintenait l'attention des gens et donnait plus d'impact à la conférence. J'ai compris que l'humour pouvait être un plus, quel que soit le contexte, et pas seulement après le boulot.

Poursuivant sa réflexion, Ben ajoute :

— Se connaître est un devoir envers soi-même. Voir sincèrement ce qui nous procure du plaisir, et trouver comment le faire plus souvent, ça, c'est vraiment important. Pour ma part, je ne voulais pas que mon seul objectif au boulot soit de garder la tête hors de l'eau.

Tirez parti de vos centres d'intérêt

Ben a trouvé un moyen d'utiliser plus pleinement un talent non professionnel dans son travail. Mais comment faire si vos centres d'intérêt n'ont aucun rapport avec votre emploi ? C'est la question que s'est posée Catherine (du chapitre précédent) à un certain moment de sa vie. Elle était directrice des opérations dans la même entreprise depuis cinq ans et commençait à trouver que ses journées lui prenaient plus d'énergie qu'elles ne lui en apportaient.

— Vu de l'extérieur, tout avait l'air parfait. Je continuais à faire du très bon travail, mais je me sentais de moins en moins motivée. Les journées se traînaient, et j'avais l'impression qu'il fallait un temps monstrueux pour que les choses avancent.

Depuis son enfance, Catherine baignait dans l'art, la littérature et l'histoire ; elle avait même failli travailler pour une maison de disques spécialisée dans la musique classique. Sauf qu'à présent, elle passait ses journées à monter des budgets et à s'assurer que chacun faisait bien ce qu'on attendait de lui. Puis, un jour, lors d'une conversation impromptue, elle a évoqué son passé avec son interlocuteur.

— Ce type m'a fait remarquer combien mes centres d'intérêt étaient éloignés de la manière dont je gagnais ma vie. Il m'a demandé : « Comment arrives-tu à rester saine d'esprit ? », et j'ai réalisé qu'il avait raison : il me manquait quelque chose.

Il n'y avait aucun rapport entre son goût pour la culture et son travail.

Catherine a alors décidé de faire preuve de créativité. Il lui fallait établir un lien entre ses passions et son activité professionnelle.

— Je me suis lancée dans ce que j'appelle « un programme de ré-inspiration structurée ». Chaque semaine, je visionnais un grand classique du cinéma, mais en gardant ma vie professionnelle en tête, et j'en tirais quelque chose pour mon travail. Dans un de ces films, on voit le personnage de Thomas More, qui était une sorte d'administrateur à la cour du roi Henri VIII en Angleterre au XVIe siècle. Eh bien, je me suis rendu compte que, finalement, son travail n'était pas si différent du mien.

S'identifier à More, qui a eu le courage de tenir tête au roi, l'a rassérénée.

— Un jour, penser à Thomas More m'a aidée à défendre une chose importante pour moi au travail, d'une façon qui m'allait parfaitement, affirme-t-elle.

À condition d'oublier que More a fini décapité, bien sûr.

Catherine a ensuite visité des musées dans le même état d'esprit. Elle sélectionnait un tableau et se demandait quel rapport il pourrait avoir avec une question qu'elle cherchait à résoudre dans son activité.

— Ça me mettait toujours de bonne humeur, explique-t-elle. Parfois, je repartais avec une idée nouvelle. À d'autres moments, ça m'aidait seulement à me calmer à propos d'un truc qui s'était mal passé au boulot. Après tout, il y a tant de tragédies dans l'histoire qu'on finit par se dire que ce n'est pas si grave si quelqu'un échoue. La vie ne va pas s'arrêter pour ça.

Cette nouvelle approche a transformé son sentiment par rapport à son travail.

— Rapidement, les journées m'ont paru moins lourdes, assure-t-elle. J'avais l'impression que l'horizon s'éclaircissait de nouveau, et je recommençais à me concentrer sur ce qui était possible dans mon boulot en cherchant des solutions plus créatives.

Aujourd'hui, quand Catherine sent son énergie diminuer, elle se dit : « C'est le moment pour une séance de ré-inspiration. » Et ça marche à tous les coups.

Pour créer votre propre « programme de ré-inspiration » à partir de vos intérêts extraprofessionnels, posez-vous les questions suivantes :

➢ Quels sujets ou activités vous intéressent le plus ? Sur quoi avez-vous vraiment envie de lire ou d'apprendre des choses, sans que ce soit pour faire plaisir à quelqu'un ou parce qu'on vous le demande ?

➢ De quelle manière pourriez-vous créer plus de liens entre l'un de ces centres d'intérêt et votre travail ?

• Pourrait-il vous apporter un nouvel éclairage utile pour votre pratique professionnelle ?

• Y a-t-il une technique ou un outil intéressant à en tirer ?

• Si ce n'est pas le cas, vous serait-il possible de créer un groupe avec des collègues qui partagent la même passion (un cercle de lecture, une chorale, une équipe de sport) de manière à introduire davantage de plaisir dans votre lieu de travail ?

Dans *Donnant, donnant*, Adam Grant, psychologue à l'université de Pennsylvanie, décrit une expérimentation au cours de laquelle des employés ont eu l'occasion de faire exactement la même chose que Ben et Catherine : ils ont élaboré une « vision idéale mais réaliste de leur poste » en l'adaptant de manière à ce qu'il s'ajuste à leurs forces, leurs centres d'intérêt et leurs valeurs. Certains ont pris en charge de nouveaux projets ; d'autres ont modifié des tâches existantes pour les rendre plus agréables ou leur donner plus de sens ; et beaucoup ont trouvé des moyens de déléguer des aspects qui ne leur correspondaient pas – peut-être grâce à la technique du « non positif » de la partie II. Grant précise que « six mois plus tard, leurs managers et leurs collaborateurs estimaient qu'ils étaient significativement plus heureux et plus efficaces[6] ». Un résultat que nous serions sûrement tous ravis d'expérimenter.

TIRER PARTI DE SES FORCES

Pour conserver votre énergie et votre enthousiasme au travail (et accroître vos performances) au fil du temps :

- **Identifiez vos forces.** Prenez le temps de réfléchir aux forces qui sont votre marque de fabrique : les qualités, les valeurs, et les talents qui vous caractérisent quand vous êtes au meilleur de votre forme. Identifiez vos spécificités, demandez leur avis aux autres, et faites un test sur le sujet. Remarquez les thèmes qui ressortent.

- **Servez-vous plus consciemment de vos forces.** Chaque jour de la semaine, trouvez un moyen d'employer l'une de vos forces plus pleinement dans votre approche professionnelle. Quand vous relevez de nouveaux défis, demandez-vous comment vos forces personnelles pourraient vous aider à maîtriser tout ce que vous devez apprendre.

- **Retrouvez l'inspiration grâce à vos centres d'intérêt.** Cherchez des façons créatives de relier vos passions et votre travail. Quel éclairage ou quel outil pourriez-vous réutiliser dans votre vie professionnelle ?

Postface

Maintenir le cap

Avant de vous quitter, j'aimerais vous adresser quelques paroles d'encouragement pour la mise en œuvre des pistes proposées dans cet ouvrage, car je sais combien il peut être difficile de briser de vieilles habitudes pour en adopter de meilleures. On est bien décidé à définir ses intentions profondes avant une rencontre importante, mais on oublie de le faire jusqu'au moment où on se retrouve en pleine discussion ; on a envie d'employer la technique des feed-back sympathiques au cerveau avec ses jeunes collaborateurs, et on se surprend à agir comme d'ordinaire en leur disant sèchement qu'ils devraient faire différemment. Cela n'a rien d'étonnant. Souvenez-vous : notre cerveau cherche toujours à économiser de l'énergie et il se met en pilote automatique dès que possible. Laissé à lui-même, il tend à répéter les mêmes routines.

Pourtant, malgré la ténacité de nos habitudes, notre cerveau est éminemment adaptable. Chaque pensée, chaque expérience trace un nouvel ensemble de connexions parmi nos milliards de neurones, d'où une transformation incessante de nos réseaux neuronaux. C'est la raison pour laquelle le professeur Michael Merzenich, de l'UC San Francisco, l'un des plus grands experts mondiaux de la plasticité cérébrale (ou capacité du cerveau à se réorganiser lui-même), parle de « câblage mou » plutôt que de « câblage dur ». Nous avons un cerveau en partie fixe et en partie changeant[1]. C'est la souplesse de ce câblage qui nous donne suffisamment de champ pour développer de nouveaux talents et de nouvelles pratiques.

À condition de savoir soutenir notre faculté de transformation intrinsèque.

Alors, que pouvons-nous faire pour que la balance penche du côté adaptabilité et non du côté pilote automatique ? Les recherches ont identifié trois facteurs importants : se récompenser, se rappeler, répéter.

Se récompenser

Lorsque vous réussissez quelque chose en essayant une approche nouvelle au bureau, prenez-vous le temps de vous féliciter ? La plupart des gens ne le font pas. Comme nous l'avons vu dans le chapitre 10, nous avons tendance à ne pas nous attarder sur nos réussites dans la mesure où notre attention est naturellement attirée par ce qui *ne marche pas* si bien que ça. Or, les neuroscientifiques, les économistes et les psychologues sont tous d'accord sur le fait que l'on est plus enclin à répéter un comportement si on le juge gratifiant, car notre cerveau cherchera à retrouver ce sentiment agréable, et avec lui, l'attitude qui l'a déclenché. C'est pourquoi, si vous voulez introduire durablement une nouvelle habitude dans votre vie, il est important de trouver un moyen de récompenser chacun de vos efforts dans ce sens.

À quel genre de récompense fais-je allusion ? La plus évidente serait, bien sûr, de vous offrir un petit plaisir immédiat : une pause, un truc à grignoter ou une conversation. Mais les récompenses qui consistent à revisiter nos actions couronnées de succès sont encore plus efficaces, car la réflexion qu'elles impliquent est un processus cognitif qui augmente notre capacité à apprendre de l'expérience (comme nous l'avons vu au chapitre 5).

Imaginez, par exemple, que vous abordiez une question avec un collaborateur en appliquant la technique des feed-back sympathiques au cerveau et que cet échange porte ses fruits. Comme Peter au chapitre 10, vous avez commencé par détailler tout ce que vous appréciez dans sa façon d'agir avant de lui faire part de ce qui vous plairait encore plus. Visiblement, vos remarques, loin de démotiver votre interlocuteur, l'ont galvanisé, et il vous a proposé un excellent plan d'amélioration. Super ! Sauf que vous avez de grandes chances d'oublier cette victoire avec la prochaine difficulté de la journée. Aussi, vous devriez prendre un instant pour voir ce qui a bien marché (dans l'idéal, l'écrire) et ressentir le plaisir que ça vous procure.

Je connais un homme qui prolonge ce plaisir en tenant une comptabilité de ses réussites sur un tableau blanc près de l'entrée de son bureau (dans un code incompréhensible par les autres) ; ça lui donne un coup de fouet à chaque fois qu'il passe devant, assure-t-il. Vous pouvez également ajouter une dimension sociale à vos récompenses en parlant autour de vous des transformations que vous entreprenez et des résultats que vous recherchez. Ou, comme Cristine au chapitre 16, inclure des succès plus importants dans une liste récapitulant vos résultats en vue de votre prochain entretien d'évaluation. Toutes ces actions alimenteront votre circuit cérébral de la récompense tout en renforçant ce que vous avez appris.

Mais comment faire si vous essayez quelque chose de nouveau et que ça ne se passe pas exactement comme vous l'espériez ? Appuyez-vous sur le fait que la découverte d'informations nouvelles est une chose gratifiante en soi, et choisissez de considérer ce qui s'est produit comme une expérimentation. Posez-vous la question du chapitre 17 en vous disant : « Comme c'est intéressant ! Quelles leçons puis-je en tirer ? » Et saluez le moindre aspect de votre « expérimentation » *qui a marché*, même si cela se réduit à vous rappeler après coup ce que vous étiez censé faire.

Se rappeler

Quand on veut modifier un comportement, il est préférable de rendre cette transformation le plus simple possible. Une manière d'y parvenir consiste à se fixer un objectif précis et réaliste, puis à le relier à un élément de son quotidien professionnel. La clé, c'est d'identifier un signal que vous rencontrerez forcément sur votre chemin – une activité, une situation ou un objet –, et de l'associer dans votre esprit à la nouvelle façon dont vous souhaitez agir. Comme je l'ai indiqué au chapitre 2, les recherches montrent que ce genre de pense-bête « Quand… alors » peut tripler nos chances d'atteindre notre but. Ce qui n'est pas si mal !

Par exemple, si vous essayez de donner plus de place à l'exercice physique dans votre quotidien, il faudra un certain temps avant que votre cerveau établisse toutes les connexions indispensables pour que ce désir devienne réellement une nouvelle habitude. Néanmoins, vous pouvez avancer immédiatement dans cette direction en vous appuyant sur une activité que vous faites déjà régulièrement (comme sortir déjeuner) pour initier l'action désirée (davantage d'exercice). Vous pouvez vous dire, par exemple : « *Quand* je sortirai déjeuner, *alors* je prendrai l'escalier plutôt que l'ascenseur », ou encore : « *Quand* j'aurai le choix entre l'escalier ou l'ascenseur, *alors* je prendrai l'escalier. » Si votre intention est d'appliquer la technique des feed-back sympathiques au cerveau, rien ne vous empêche de placer une note près de votre téléphone et de prendre la résolution : « *Quand* je mourrai d'envie de faire des commentaires sur son travail à un collaborateur, *alors* je regarderai mon téléphone pour décider quelle technique de feed-back je veux employer. »

Pour une approche plus visuelle, pourquoi ne pas vous inspirer de plusieurs de mes clients qui se servent de leur écran de veille pour se remémorer certaines méthodes de ce livre ? Une cliente a choisi l'image d'un iceberg pour symboliser l'idée « Une bonne personne, de mauvaises circonstances ». À chaque fois qu'elle voit la partie immergée de l'iceberg, elle se souvient que nos comportements sont le reflet d'influences cachées sous la surface. J'ai rencontré quelqu'un qui préfère les pense-bêtes tactiles : il a toujours un caillou sur lui, m'a-t-il confié, afin de penser à la nouvelle habitude qu'il cherche à mettre en place à chaque fois qu'il met la main dans sa poche (c'est plutôt une bonne idée : les cailloux ne coûtent rien et n'ont pas besoin d'être rechargés)[2]. Chacun est différent. Choisissez n'importe quels pense-bêtes pourvu qu'ils vous parlent et s'intègrent facilement à votre quotidien.

Répéter, répéter, répéter

Enfants, nous avons appris à faire du vélo, tombant et retombant de nombreuses fois jusqu'à ce que cette activité devienne naturelle. Mais maintenant que nous sommes adultes, nous ne faisons généralement qu'un seul essai avant de décider si ça marche ou non. Si on ne s'en tire pas très bien la première fois, ou si c'est un peu hasardeux, on se dit que c'est raté au lieu de recommencer.

C'est très dommage, car la répétition est au centre du processus de recâblage de notre cerveau. Si vous voulez prendre l'habitude d'utiliser cette technique des feed-back sympathiques au cerveau, n'oubliez pas que le vôtre possède un réseau de neurones qui se connectent entre eux à chaque fois que vous vous souvenez de le faire. Ces connexions ne seront pas très fiables au départ, d'où le caractère un peu aléatoire de vos premiers efforts. Il se peut que vous vous souveniez d'une des étapes, et que vous oubliiez les autres. Mais, comme je l'ai mentionné au chapitre 3, « les neurones qui s'activent ensemble se connectent ensemble », selon la formule des neuroscientifiques. Ce qui signifie que la répétition d'une action renforce les connexions entre les neurones impliqués. Par conséquent, plus vous essaierez d'appliquer cette nouvelle technique des feed-back, plus vous y penserez quand vous en aurez besoin.

C'est une bonne raison pour retrouver la persévérance de son enfance. N'oubliez pas : ce n'est pas un problème si vos premières tentatives ne sont pas très fructueuses ; chaque essai supplémentaire est important, car il permet de renforcer une nouvelle configuration utile au sein de votre cerveau. Et finalement, cette « nouvelle » technique sera la première chose qui s'imposera à vous au moment voulu.

Pour terminer, je vous encourage à essayer au moins une fois tout ce qui figure dans cet ouvrage jusqu'à ce que vous trouviez les méthodes qui vous parlent le plus. Ros, notre responsable dans le secteur de la santé, l'a bien compris :

— On peut savoir intellectuellement qu'une chose est une bonne idée, mais on n'apprend vraiment qu'à partir du moment où on l'applique. Comprendre qu'il faut du temps pour qu'une nouvelle approche s'imprime dans le cerveau m'a libérée du souci de réussir dès la première fois.

Doug, notre P-DG d'une société de vente en ligne, renchérit :

— Étant donné qu'il faut plusieurs essais et erreurs pour voir ce qui marche le mieux pour soi, ça aide d'expérimenter. J'ai découvert que lorsqu'on utilise régulièrement ses compétences pour les garder au top, on arrive à gérer de mieux en mieux les choses, quoi que nous réserve la journée.

Voilà qui me paraît une excellente conclusion.

APPENDICE A

Comment réussir ses réunions

Sous de multiples formes – échanges informels, bilans de routine, coups de fil banals ou présentations décomplexées –, les réunions émaillent nos journées – ce qui, généralement, est loin de nous réjouir. Le terme « réunion » a presque acquis une connotation désagréable, et entendre quelqu'un déclarer : « J'ai eu un tas de réunions aujourd'hui » provoque plus de compassion que d'envie. Comment en est-on arrivé là ? Les réunions sont une forme de relation, or, nous sommes des êtres sociaux. Alors pourquoi nous déplaisent-elles autant ?

La raison, me semble-t-il, vient du fait que l'on porte souvent beaucoup d'attention au *contenu* de la discussion (le dossier qu'on présente, la décision à prendre, le message qu'on souhaite transmettre) et très peu à sa *forme*. Souvenez-vous de la dernière réunion à laquelle vous avez participé. Combien de temps a été consacré à organiser les échanges et à réfléchir à une façon de procéder qui permette à chacun d'y contribuer au mieux ? Très peu, je suppose. J'ai vu un nombre incalculable de fois des personnes intelligentes passer des semaines entières à préparer une présentation et ne prendre que quelques minutes (le plus souvent en se rendant à la réunion elle-même) pour s'interroger sur les moyens d'en tirer le meilleur parti. Quel dommage de passer à côté d'une telle opportunité !

Cette partie a donc pour but de vous aider à mettre en application les conseils contenus dans *Passer une bonne journée au bureau, c'est possible* lors de toutes vos réunions. En testant ne serait-ce qu'une ou deux de ces suggestions, vous devriez commencer à reprendre plaisir aux réunions, que vous les dirigiez ou que vous soyez un simple participant.

Se préparer avant la réunion

Voici quelques idées pour vous mettre en condition afin d'avoir une réunion réussie :

➢ Avant de pousser la porte de la salle, définissez vos intentions profondes en répondant à ce genre de questions :

• **Objectif** : si une seule chose positive devait sortir de cette rencontre, quelle serait-elle ? Par conséquent, qu'est-ce qui est le plus important ?

• **Attitude** : identifiez l'élément qui, dans cette réunion, vous préoccupe le plus. Soyez conscient de l'influence qu'il aura sur votre façon de percevoir les choses.

• **Suppositions** : avez-vous des a priori négatifs sur le déroulé de cette réunion ? Pouvez-vous les remettre en cause ?

• **Attention** : étant donné votre priorité du moment, sur quoi souhaitez-vous vous focaliser pendant la réunion ? Que voulez-vous remarquer ? (Mettez-vous à la place des autres participants. Que répondraient-ils, selon vous, à ces questions sur les intentions profondes ?)

➢ **Actions** : quelles actions spécifiques vous aideraient à concrétiser ces intentions ? Quel déclencheur « Quand... alors » pourrait vous inciter à les mettre en œuvre ?

➢ **Contraste mental** : qu'est-ce qui pourrait empêcher que tout se passe comme vous l'espérez ? Que pouvez-vous prévoir pour que la situation ne dégénère pas ?

➢ **Répétition mentale** : visualisez le déroulé idéal de la réunion. À quoi ressemble-t-il ?

➢ **Boucle corps-esprit** : si cette rencontre vous stresse, servez-vous de l'action du physique sur l'esprit pour encourager votre cerveau à sortir du mode défensif : souriez et respirez profondément ; grandissez-vous, épaules en arrière, tête haute, pieds fermement ancrés dans le sol. Faites cela dans une salle vide ou en accueillant les gens (et durant la réunion).

Si vous avez votre mot à dire sur l'organisation de la réunion, essayez également ceci :

➢ Prévoyez une durée légèrement inférieure à une heure ou une demi-heure afin que chacun ait un peu de temps pour récupérer (et ne dépassez jamais quatre-vingt-dix minutes sans une vraie pause).

➢ Essayez de présenter les différents points à l'ordre du jour sous forme de questions et non d'affirmations (par exemple, « Comment pouvons-nous améliorer la communication au sein de l'équipe ? » plutôt que « Communication interne »).

➢ Choisissez le lieu et organisez l'espace de manière à refléter ce que vous attendez de la discussion. Vous souhaitez un échange informel ? Poussez les tables ou, au moins, installez-vous à côté de votre interlocuteur (tous les deux du même bord de la table) plutôt qu'en face à face. Vous préférez un échange enjoué ? Veillez à ce qu'il y ait beaucoup de lumière. Etc.

Partir d'un bon pied

➢ Favorisez la mise en place d'un objectif commun en demandant : « À quoi aimerions-nous arriver à la fin de cette réunion ? » Puis : « Quel est le meilleur moyen d'obtenir ce résultat ? » (Il n'est pas nécessaire de diriger la réunion pour poser ces questions.)

➢ Si possible, établissez une règle « sans appareils ». Sinon, les gens utiliseront une partie de leur précieuse mémoire de travail pour leur téléphone et leur tablette, et chacun aura un peu moins de choses intelligentes à dire que s'il était totalement concentré sur la conversation. J'étais connue pour arriver au début des longues réunions avec une « crèche de téléphones » dans laquelle les participants pouvaient déposer volontairement leurs appareils, avec droit de visite pendant les pauses (si vous n'êtes pas en mesure de demander ça, laissez au moins vos propres appareils de côté).

➢ Commencez par quelque chose de positif pour mettre les gens en mode découverte. Pas besoin d'être mièvre, il suffit de demander aux personnes de faire part de leurs derniers progrès. Posez la question : « Qu'est-ce qui avance bien pour l'instant ? », ou : « Quel est l'élément le plus positif concernant la partie du projet dont vous vous occupez ? »

Laisser une trace

➢ Pour que votre contribution marque les esprits, illustrez vos arguments par une anecdote ou des exemples réels mettant en scène des collègues ou des clients.

➢ Si vous avez prévu de prendre longtemps la parole, annoncez clairement vos différents points pour aider vos auditeurs à traiter mentalement les informations : « Trois choses m'ont frappé à ce sujet. Un... Deux... Trois... »

➢ Si vous devez exprimer un désaccord ou une inquiétude, veillez à ce que les autres restent en mode découverte en employant l'une des techniques des feed-back sympathiques au cerveau :

- Dites ce qui vous plaît dans les idées proposées en étant très précis. Puis ajoutez : « Ça me plairait encore plus si... »
- Dites : « Oui, et... », plutôt que : « Oui, mais... »
- Demandez : « Qu'est-ce qui est indispensable pour que ça marche ? »

➢ Incitez les gens à réaliser ce que vous attendez d'eux par des indices. Si vous désirez qu'on vous fasse trois propositions, écrivez : « 1, 2, 3 » sur un paperboard. Demandez : « Si vous aviez trois suggestions à faire, quelles seraient-elles ? »

Rendre la discussion plus fertile

Ne pas tomber dans la pensée de groupe

C'est toujours très agréable d'arriver rapidement à un accord. Mais si le sujet est important et qu'aucune contradiction ne surgit au sein du groupe, il y a de fortes chances qu'une partie de la situation échappe à tout le monde. Pour améliorer la réflexion de chacun, posez les questions suivantes :

➢ « Si on devait trouver des faiblesses dans tout ça, où se situeraient-elles ? »

➢ « Si untel était là et critiquait notre idée, que dirait-il ? Que pourrions-nous faire pour le rassurer ? »

➢ « Projetons-nous dans le futur et imaginons que les choses ont mal tourné. Qu'est-ce qui nous a échappé ? »

➢ « Qui pourrait être impacté par nos projets ? Qu'est-ce qui pourrait les inquiéter ? »

➢ « Si on jouait les avocats du diable, quels contre-arguments pourrait-on avancer ? »

Tourner la page

On peut également avoir le problème inverse : personne n'arrive à se mettre d'accord sur quoi que ce soit. Pour diminuer la tension :

➢ Clarifiez les aspects sur lesquels il est possible de s'entendre. Cela permettra de créer un sentiment de groupe et de calmer les réactions de défense instinctives de chacun.

➢ Demandez s'il est possible d'accepter de ne pas être d'accord sur le reste. S'il est clair pour tout le monde que vous êtes déjà d'accord sur les choses importantes, la réponse pourrait être « oui ».

➢ Sinon, efforcez-vous de résumer chaque position objectivement en rendant justice à toutes les idées. Demandez ce qu'il faudrait qu'il se passe réellement dans chaque option pour qu'elle devienne la meilleure. Décidez tous ensemble du processus à suivre pour trouver un moyen de mettre ces différentes pistes à l'épreuve.

Si le problème vient plus d'un manque de concentration que d'un véritable désaccord, créez une « salle d'attente » pour toutes les idées et les questions hors sujet qui surgissent au cours des échanges. Cette façon de procéder donnera à chacun l'impression d'être entendu tout en ramenant l'attention sur les vraies priorités. Établissez une liste bien visible sur un paperboard, un tableau blanc ou un bloc-notes.

Gérer les comportements difficiles

Quand une personne pose problème, rappelez-vous qu'elle se sent probablement menacée par l'un des déclencheurs courants : sentiment d'exclusion, d'injustice, de ne pas être appréciée, manque d'autonomie, manque de compétence, valeurs en danger, ou incertitude. Si elle n'a pas assez dormi ou est épuisée physiquement, sa sensibilité à ce genre de « menaces » sera encore exacerbée. Pour améliorer la situation, posez-vous ces questions :

➢ Que fait-elle ou dit-elle exactement ? (Essayez de ne pas interpréter. Observez simplement les faits.)

➢ Quel(s) élément(s) peuvent être à l'origine de ses réactions ? Quel besoin chez elle n'est peut-être pas satisfait ?

➢ Comment pouvez-vous réduire cette « menace » en répondant davantage à son besoin ? Même si vous ne dirigez pas la réunion, vous pouvez, par exemple, l'aider à se sentir intégrée en montrant votre intérêt pour ses idées, ou lui donner le sentiment d'être entendue et respectée en faisant référence à une chose qu'elle a dite.

Conclure

Réservez toujours un moment pour récapituler les décisions clés ou réfléchir aux apports de cette réunion, puis mettez-vous d'accord sur les actions à entreprendre individuellement. Si possible, effectuez une sorte de tour d'horizon positif. Vous pouvez en profiter pour faire un résumé des « prochaines étapes » de chacun, en demandant à tout le monde de signaler une chose qui l'a intéressé ou inspiré pendant la réunion, ce qu'il doit faire et quand.

Alléger la charge

Un dernier point : beaucoup de gens déclarent détester les réunions pour la simple raison qu'ils en ont trop. Rendre ces réunions plus agréables est une chose, mais ce dont ils ont besoin, c'est d'en avoir moins. Si cette remarque vous parle, inspirez-vous de Nayan, le directeur financier d'une banque rencontré au chapitre 12. Après avoir examiné son agenda, il s'est rendu compte qu'il s'était engagé à participer régulièrement à 42 réunions ! Pour réduire ce nombre, nous avons appliqué plusieurs des concepts du chapitre 6 sur la façon de gérer la surcharge de travail.

Tout d'abord, Nayan a réfléchi à ce qui comptait le plus pour lui sur le plan professionnel dans l'année à venir : ses principaux objectifs dans une vision d'ensemble. Il est rapidement devenu clair qu'un grand nombre de ces réunions n'avaient rien à voir avec ses priorités et n'étaient que l'héritage d'engagements révolus. Il a donc commencé à s'en extraire avec courtoisie en envoyant une série de « non positifs ». Puis, concernant les autres – celles en lien avec ses priorités –, il s'est demandé si le fait d'y participer résistait à l'*épreuve de l'avantage comparatif* : était-il vraiment la seule personne capable d'apporter un plus ou quelqu'un de moins expérimenté pouvait-il le remplacer correctement ? En participant uniquement aux réunions où sa présence était indispensable, il a non seulement permis à des collaborateurs plus jeunes de se mettre en avant, mais a également divisé par deux le nombre de ses réunions. Et retrouvé du temps pour lui.

APPENDICE B

Comment rédiger de bons mails

Les mails professionnels représentent 110 milliards de messages échangés chaque jour, et ce nombre ne cesse de s'amplifier[1]. Les mails ont de gros avantages : ils sont plus rapides qu'une rencontre, moins dépendants du moment de la journée qu'un appel téléphonique, et plus formels que les messages instantanés ou les SMS. Pourtant, si vous demandez aux gens ce qu'ils pensent des mails, vous pouvez être sûr d'avoir au moins une personne qui lèvera les yeux au ciel et commencera à vous parler de son impression d'être submergée. D'ailleurs, nous avons pour la plupart un tas de messages auxquels nous n'avons pas réagi, sans compter ceux que nous n'avons même pas lus. Ce qui ne nous empêche pas d'être contrariés quand les autres ne nous répondent pas ou le font de manière désinvolte. Il nous arrive aussi de régler par mail des sujets délicats pour lesquels ce mode de communication n'a pas été conçu. Nous passons un temps monstrueux à élaborer un message à haut risque tout en ayant conscience qu'il serait beaucoup plus facile de trouver les mots justes en face à face. Résultat, comme le montrent les enquêtes, nous passons au moins un quart de nos journées à envoyer des messages et à y répondre, pour notre plus grand malheur[2].

Alors, comment les sciences du comportement peuvent-elles nous aider à améliorer les choses ? Que faire pour que nos messages aient l'impact souhaité ? Comment gérer le flux de notre boîte mail ?

Rédiger des mails qu'on a envie de lire

Envoyez des mails simples à comprendre et auxquels il est facile de répondre

Que cela nous plaise ou non, le goût de nos cerveaux pour l'aisance cognitive fait que nous sommes plus facilement convaincus par une information quand elle se traite aisément. Pour cette raison :

➢ Si possible, limitez à quelques lignes le texte de la majorité de vos mails. Employez un langage simple avec des phrases courtes et des formules percutantes. Gardez la rhétorique pour votre roman ou vos discours de mariage.

➢ Si vous devez envoyer un message long, divisez-le en paragraphes courts et n'hésitez pas à utiliser des puces ou des titres pour qu'on s'y retrouve plus facilement.

➢ Mettez l'accent sur l'action ou la décision que vous attendez de la part du destinataire. Partez du principe qu'il aura juste le temps de lire les deux premières lignes. Par quoi allez-vous commencer ?

Débutez par du positif

Il nous arrive d'avoir à régler par mail des questions délicates. L'ennui, c'est que ces mails mettent souvent les gens sur le qui-vive dès les premières lignes, et sont généralement mal interprétés par leur destinataire dont le cerveau a basculé en mode défensif. Alors, pour éviter ça :

➢ **Débutez par un compliment.** Au lieu d'écrire : « Merci pour le rapport. Puis-je faire quelques remarques ? », prenez quelques secondes supplémentaires pour parler d'au moins un aspect qui vous a plu : « Merci pour le rapport. J'apprécie la façon dont vous intégrez le point de vue du client. Puis-je faire quelques remarques ? » Comme nous l'avons vu au chapitre 10, adresser un compliment sur un point précis est plus efficace qu'un commentaire positif global

➢ **Commencez par les solutions, pas par les problèmes.** Au lieu d'écrire : « Malheureusement, notre idée de départ ne fonctionne pas parce que... Donc, nous allons faire... », annoncez ce que vous proposez : « Nous pensons que les choses fonctionneront mieux si nous... Cela s'écarte de notre plan de départ parce que... » Même contenu, ordre différent : impact émotionnel autre.

➢ **Faites comprendre au destinataire en quoi c'est important.** Imaginez que quelqu'un ait commis une erreur. Que lui direz-vous ? « C'est le bazar complet. Vous devez absolument arranger ça. » L'autre va réagir, mais son action risque plus d'être plus dictée par le besoin de se protéger que par une réflexion intelligente. Essayez plutôt une approche qui engagera son circuit de la récompense en l'invitant à jouir de la satisfaction de pouvoir résoudre le problème : « C'est extrêmement important pour nous que tout soit effectué correctement pour les raisons XYZ. Que pouvez-vous faire pour arranger ça ? »

Adaptez-vous au ton de votre interlocuteur

Essayez de rester sur la même fréquence que lui sans oublier votre propre voix. Souvenez-vous que nous sommes tous psychologiquement attirés par ceux qui nous ressemblent et se comportent comme nous, et beaucoup moins enclins à voir l'autre comme une menace si nous pensons appartenir à la même équipe que lui. Il suffit de très peu pour générer ou détruire ce sentiment d'appartenance au groupe.

➢ Si le dernier mail que vous avez reçu de la personne était chaleureux et que vous-même avez un style plus formel, ajoutez une formule sympathique. Dites, par exemple, que vous êtes ravi à l'idée de bientôt la rencontrer.

➢ Si votre interlocuteur a un style bref, allez directement au but dans votre réponse. Concision ne signifie pas forcément froideur ; votre ton peut rester engageant.

➢ Reprenez ses mots, comme vous le feriez naturellement en parlant. Utilisez le même style que lui pour vos formules de politesse de début et de fin. Petit bonus : essayez de reproduire le nombre de points d'exclamation contenus dans son mail.

Contrôler le volume

Comment pouvez-vous vous extraire de la masse de mails qui s'entassent dans votre boîte et passer moins de temps à les gérer chaque jour ? Les sciences du comportement ont beaucoup à nous apprendre à ce sujet.

Premièrement, arrêtez de consulter continuellement votre boîte mail

Traiter nos mails tout au long de la journée (au milieu d'une autre activité, en réunion, ou pendant que nous marchons) nous donne le sentiment d'être très occupés et efficaces. Mais cela signifie que nous y passons plus de temps que nécessaire. Comme je l'ai expliqué dans le chapitre 4, faire plusieurs choses à la fois oblige le cerveau à transférer son attention d'une activité à l'autre, ce qui entraîne une perte de temps et d'énergie à chaque va-et-vient entre l'activité en cours et la lecture des mails. Aussi, « compactez » le temps consacré aux mails de manière à leur consacrer plusieurs moments par jour – et non par minute.

Deuxièmement, utilisez les filtres de votre boîte mail

Notre cerveau ne perd pas seulement du temps quand il détourne son attention d'une tâche pour lire des mails, mais aussi quand il traite à la suite des mails de *genres différents* requérant des réponses cognitives de *genres différents*. Arrivent dans le désordre des mails urgents envoyés par des personnes importantes, des mails où l'on est simplement en copie, des abonnements, des invitations à participer à une réunion, et de multiples spams, qui tous exigent de notre cerveau un traitement particulier. C'est pourquoi vous pourrez faire gagner un peu plus de temps à vos neurones en profitant des possibilités qu'offre votre messagerie pour classer ces différents types de mails et les gérer par catégories. Voici quelques suggestions de filtres et catégories :

➢ Les mails qui vous sont adressés personnellement par des personnes privées. Si possible, séparez-les des mails où vous êtes juste en copie. Vous pouvez créer un dossier spécial ou un onglet pour les expéditeurs particulièrement importants.

➢ Regroupez également les invitations à des événements si vous en recevez beaucoup.

➢ Choses à lire. On se laisse facilement absorber par « les choses qui, selon untel ou untel, devraient nous intéresser », sans parler de ces abonnements qui finissent par nous submerger plus qu'ils ne nous informent vraiment. Personnellement, j'ai créé un dossier pour tout ce que j'estime susceptible d'être utile pour mes recherches, et je l'ouvre seulement une fois par semaine, voire moins.

Troisièmement, n'y revenez pas

Quand vous vous occupez d'un mail, faites-le d'une traite. Si vous rouvrez trois fois un message avant d'y répondre, vous triplez le temps que vous lui accordez. Or, comme vous le savez, la capacité de prise en charge de notre système délibéré cérébral est très limitée. Alors, pour paraphraser David Allen, l'auteur du merveilleux ouvrage *S'organiser pour réussir*, quand vous parcourez votre mail, ayez comme objectif l'une des PCAF (Premières Choses À Faire)[3] :

➢ **Faire** : Prenez une décision et répondez.

➢ **Déléguer** : Si une question peut raisonnablement être traitée par quelqu'un d'autre, transférez le message.

➢ **Différer :** Classez en vue d'une action ou d'une référence future. Si nécessaire, envoyez une réponse indiquant à l'expéditeur que vous reviendrez vers lui au moment voulu.

➢ **Supprimer** : Si rien de ce qui précède ne s'applique, effacez le message.

Malgré toutes nos bonnes intentions, nous laissons parfois des mails traîner des jours et des jours dans notre boîte avant de nous en occuper. C'est pourquoi, une fois par semaine, je jette un coup d'œil à ces messages « longue durée » en me posant la question : « Ma réponse sera-t-elle meilleure si j'attends un jour de plus ? » Si ce n'est pas le cas, je m'oblige à agir tout de suite, car une réponse courte vaut mieux que pas de réponse du tout.

Accuser réception, encore et encore

Évitez les silences radio

Si vous accordez de l'importance à l'expéditeur, n'attendez pas pour lui répondre. Pour le cerveau, l'exclusion sociale et l'incertitude représentent une menace – que l'on réactive un peu à chaque fois que l'on tarde à donner signe de vie. Notre interlocuteur ignore si on a reçu son message, si on l'a lu, s'il nous a déplu, si on l'a trouvé stupide, mis de côté, voire supprimé. Ce qui n'est pas l'idéal pour une relation de qualité. Aussi, lorsqu'une personne qui a de l'importance à vos yeux vous envoie un mail :

➢ Adressez-lui une réponse brève dans les vingt-quatre heures si possible. Plus vous attendrez, plus vous vous sentirez obligé d'en écrire plus. Si vous n'êtes pas prêt à répondre à sa demande, accusez-en réception en quelques phrases : « Merci pour votre mail. J'ai hâte de pouvoir en parler plus en détail avec vous. »

➢ Si vous n'avez même pas le temps d'écrire une ligne, envisagez de mettre en place une réponse automatique expliquant que vous êtes extrêmement occupé en ce moment, avec une indication de la date à laquelle vous serez en mesure de répondre. Pendant la rédaction de ce livre, j'avais créé une réponse automatique qui disait : « Je suis occupée mais je pense à vous », ce qui me permettait de gérer mes messages au moment où je me sentais suffisamment disponible pour le faire correctement.

➢ Si vous recevez beaucoup de mails d'expéditeurs inconnus ou de vagues connaissances, rédigez une réponse polie standard que vous (ou un assistant) pourrez copier-coller et envoyer rapidement.

Utilisez le « non positif »

Une raison typique qui nous empêche de répondre à un mail est l'envie de nous dérober à la situation dans laquelle il nous met, c'est-à-dire, dans de nombreux cas, l'obligation d'informer l'expéditeur qu'on n'est pas en mesure d'acquiescer à sa demande ou de contester ce qu'il écrit : « Non, désolé, je ne pourrai pas respecter vos délais », ou : « Non, je ne pense pas que l'on devrait prendre la solution la plus chère. » Comme on se sent mal à cette idée, on repousse ça au lendemain. Dans ce cas, il est utile de recourir à la technique du « non positif » décrite au chapitre 6. Un petit rappel à ce sujet :

➢ Commencez avec chaleur. Faites un compliment, ou au moins remerciez l'expéditeur pour son mail.

➢ Évoquez une chose dans laquelle vous êtes totalement engagé : un objectif, une priorité, la préparation d'un rendez-vous.

➢ Puis expliquez-lui que cet engagement vous empêche de répondre à sa demande ou d'accepter sa proposition.

➢ Terminez avec chaleur en lui souhaitant de réussir dans son entreprise.

Nous sommes tellement habitués à commencer par « Je suis désolé » que le « non positif » nous oblige souvent à réécrire notre mail avant de l'envoyer. Si vous vous surprenez à utiliser cette formule en début de message, arrêtez-vous et demandez-vous s'il n'existe pas un moyen d'amorcer les choses plus positivement.

Éteindre l'incendie

Évitez d'envoyer un mail sous le coup de l'agacement ou de la contrariété. Il est fort probable que vous serez alors en mode défensif, ce qui empêchera la partie la plus judicieuse de votre cerveau de s'exprimer. Résultat, même si vous avez l'impression de prendre toutes les précautions de langage possibles, vous ne rédigerez pas votre mail avec vos ressources mentales les plus élaborées. Faites une pause, et revenez-y quand vous serez plus calme – peut-être après une bonne nuit de sommeil.

Si exprimer votre fureur vous soulage, servez-vous de la technique de l'*étiquetage des émotions* décrite dans le chapitre 17 et tapez votre mail. Mais auparavant, effacez tous les noms inscrits dans le champ « À » pour être sûr de ne pas clamer votre colère au monde entier. Puis enregistrez votre message dans les brouillons, de manière à pouvoir le relire plus tard en vous disant : « Dieu merci, je n'ai pas envoyé ça ! »

Si votre irritation est due à un mail que vous venez de recevoir, n'accusez pas tout de suite son expéditeur de mauvaises intentions. Rappelez-vous que l'*erreur fondamentale d'attribution* fait partie de nous. Elle nous pousse à attribuer les mauvais comportements à des motivations négatives plutôt qu'à des facteurs conjoncturels. Ce qui signifie que nous verrons plus facilement une personne grossière que pressée derrière un message sec. Si par ailleurs nous sommes dans un état d'esprit irritable, nous risquons également de souffrir de *cécité d'inattention* et de passer à côté des nuances plus conciliantes. Combien de fois avez-vous relu un mail « absolument outrageant » pour finalement vous rendre compte qu'il n'était pas si affreux que ça ?

Ces deux conseils rassemblés en entraînent un troisième : évitez au maximum de gérer les problèmes relationnels délicats par mail. Téléphonez à la personne ou proposez-lui une rencontre en face à face, surtout si vous avez déjà échangé un ou deux mails. Car si notre cerveau social est plutôt doué pour lire les sentiments des autres, il l'est beaucoup moins quand il ne les *voit* pas. En effet, des chercheurs ont montré que lorsque quelqu'un fait de l'humour caustique dans un mail, le destinataire ne perçoit le sarcasme que dans 56 % des cas[4]. Les sujets étudiés ont un peu mieux décelé le sarcasme dans les messages vocaux, mais c'est en présence l'un de l'autre qu'ils ont obtenu le meilleur score aux tests sur leurs radars émotionnels.

Générer moins de trafic

Un simple mail peut facilement donner naissance à trois, cinq ou dix mails supplémentaires, en particulier s'il est envoyé à plusieurs destinataires. Une étude de la *Harvard Business Review* dans un service composé de 85 personnes dont 5 cadres montre comment fonctionne ce « taux de contagion » dans la réalité[5]. Quand chaque cadre envoie dix mails de moins dans la journée, le nombre de mails reçus par tous est divisé par trois ou plus. Un mail demandant en moyenne une minute et demie pour être traité, cette petite différence libère quatre heures de travail par jour. Quand c'est possible, il est donc très judicieux de générer moins de trafic dès le départ. Voici quelques propositions à cet effet :

➢ **Évitez les ambiguïtés.** Soyez clair sur ce que vous attendez que les gens fassent après avoir lu votre mail, et si votre message ne nécessite pas de réponse par mail, dites-le explicitement.

➢ **N'obligez pas les gens à vous harceler pour obtenir une réponse.** Tarder à répondre entraîne souvent un nouvel échange de mails. Si vous êtes très occupé, envoyez une réponse rapide pour faire patienter votre interlocuteur.

➢ **Faites des propositions concrètes d'horaires, de lieux et de délais.** Cela permettra de limiter les allers-retours, inévitables quand on convient de ce genre de détails pratiques par mail. De plus, grâce au raccourci de l'*option par défaut*, vos suggestions ont de grandes chances d'être retenues.

Si vous suivez ces conseils, votre messagerie devrait bientôt se désencombrer et générer moins de stress. Et vos collègues vous diront merci !

APPENDICE C

Comment revitaliser son quotidien

Rares sont ceux d'entre nous qui s'exclament en regardant leur agenda : « Waouh, c'est du pur bonheur. Vite, j'ai hâte de vivre tout ça. » Pourtant, il ne faut pas beaucoup d'efforts pour intégrer dans notre emploi du temps des activités sources d'énergie et de joie. Le tableau ci-dessous propose une nouvelle façon d'appréhender son quotidien en s'appuyant sur toutes les données scientifiques présentées dans cet ouvrage. Utilisez cette check-list pour mettre en place une journée qui vous laissera en pleine forme.

AVANT LE TRAVAIL	Définissez vos intentions	Réfléchissez à la journée qui vous attend (par exemple, sous la douche ou pendant votre trajet). Demandez-vous : « Qu'est-ce qui est primordial aujourd'hui ? Qu'est-ce que cela implique en termes d'attitude, d'attention et d'actions ? Quels objectifs spécifiques dois-je me donner pour la journée ? »
	Visualisez la situation idéale	Prenez un moment pour vous imaginer en train de faire ce qui compte le plus aujourd'hui. Visualisez-

		vous au sommet de vos capacités. Prenez note de ce que vous faites et de ce que vous dites.
	Prévoyez un pic	Pensez à ce qui vous fait le plus envie dans cette journée, même s'il s'agit d'une toute petite chose. Ce qui est petit grossit quand on lui accorde de l'attention.
POUR COMMENCER	Regroupez vos activités	Planifiez une plage de temps où vous pourrez réfléchir à vos tâches les plus complexes sans être interrompu. Prévoyez un (ou deux) autre(s) moment(s) pour lire et répondre à vos messages. Regroupez les tâches similaires : vous les effectuerez plus rapidement.
	Mettez-vous en condition	Réfléchissez aux qualités mentales dont vous aurez le plus besoin aujourd'hui, et mobilisez tous les éléments susceptibles de les éveiller : une photo, une chanson, des modifications dans votre espace de travail.
DANS LA JOURNÉE	Donnez le ton	Voyez quelle attitude vous attendez de la part des autres et comment vous-même pouvez la refléter. Ils se mettront au diapason, que vous en soyez conscient ou non.

	Montrez votre satisfaction	Complimentez ou faites part de votre appréciation à quelqu'un, si possible spontanément. Donnez-lui des détails afin que cela s'imprime mieux dans son esprit. Notez les effets produits sur vous et sur l'autre.
	Protégez vos moments de réflexion	Durant vos temps de réflexion, redirigez vos notifications ou éteignez vos appareils. Si nécessaire, prévenez vos collaborateurs/clients de votre indisponibilité, par exemple via un mail de réponse automatique promettant de les recontacter plus tard dans la journée.
	Adoptez le principe « Une bonne personne, de mauvaises circonstances »	Si quelqu'un autour de vous se comporte mal, essayez de vous dire qu'il s'agit d'une personne respectable qui s'est sentie menacée dans sa dignité ou sa position sociale. Pour réduire rapidement la tension, dites-lui quelque chose de valorisant.
	Jouez la bonne humeur	Donnez-vous vous-même un coup de fouet grâce à la boucle corps-esprit : souriez. Même un faux sourire suffira à enclencher le processus.

	Nommez toutes vos frustrations	Quand vous vous sentez irrité ou contrarié, écrivez les faits (sans les interpréter) et les émotions qu'ils suscitent en vous. Si vous en avez le temps (cela peut se faire plus tard), relisez ce que vous avez écrit, et pensez à ce que ferait ou dirait votre moi (ou votre ami) le plus avisé.
	Ne perdez pas de vue ce qui compte	Dans les moments les moins amusants de la journée, demandez-vous : « Qu'est-ce qui est vraiment important aujourd'hui ? » Écrivez-le sur un Post-it ou un tableau blanc – tout ce qui vous aidera à le garder au centre de votre esprit.
	Arrêtez et redémarrez le système	Faites une pause toutes les quatre-vingt-dix minutes, même si ça se limite à vous lever et à étirer vos jambes. Plus le travail est pénible et complexe, plus ces pauses sont fondamentales, car il permet un traitement inconscient susceptible d'apporter de nouvelles idées.
LA PAUSE DÉJEUNER	Ayez un contact humain	Prévoyez un moment d'échange, même bref, avec une personne que vous appréciez. Cela peut être assez rapide. Si ce n'est pas possible en face

		à face, prenez le temps d'entrer en contact avec un ami ou d'avoir une conversation un peu plus chaleureuse que de coutume avec un inconnu.
	Faites de l'exercice	Un exercice physique très modéré peut suffire à vous redonner du peps et de la concentration. Marchez rapidement. Montez des escaliers. Sautillez sur place. Tout est bon.
POUR CHAQUE ACTIVITÉ	Renforcez au maximum votre motivation	Posez-vous ces questions : « Qu'est-ce qui m'intéresse le plus dans cette tâche ? » « Quelle est la raison principale pour laquelle il faut la faire ? » « Si je pouvais utiliser mes forces personnelles pour ce travail, comment m'y prendrais-je ? » « Cela a-t-il déjà été correctement réalisé (par moi ou d'autres) ? Si oui, que puis-je en tirer d'intéressant ? »
	Partez d'un bon pied	Commencez par une question positive (par exemple : « Qu'est-ce qui marche bien jusque-là ? » ou : « Quel serait le résultat idéal ? »). Faites-le avant de vous lancer dans l'aventure.

	Débloquez-vous	Si vous retrouvez toujours la même tâche sur votre To-Do list, posez-vous une série de « pourquoi ? » afin de trouver la véritable raison de votre blocage. Que devez-vous faire pour le dépasser ? Quel serait le tout premier pas ? Remplacez la tâche de votre liste par *ça*.
À LA FIN DE LA JOURNÉE	Terminez sur une note positive	Pensez aux trois choses les plus satisfaisantes de la journée. Inscrivez-les sur un carnet près de votre lit, faites-en part à votre compagne ou votre compagnon en lui racontant votre journée, ou méditez dessus une fois couché. Même de toutes petites choses feront parfaitement l'affaire.
	Ayez un sommeil de qualité	Évitez les écrans juste avant de vous coucher ou vous aurez plus de mal à vous endormir. Par conséquent, laissez votre téléphone hors de la chambre. Si vous n'avez pas de réveil et que vous utilisez l'alarme de votre portable, placez-le de l'autre côté de la porte, l'écran tourné vers le sol (et demain, achetez un vrai réveil).

Suggestions de lecture

Il existe de nombreux et excellents livres de psychologie, d'économie comportementale et de neurosciences pour les non-spécialistes. Vous trouverez ci-dessous quelques-uns de mes préférés au cas où vous souhaiteriez explorer plus en profondeur certains sujets abordés dans ces pages.

Pour commencer, deux ouvrages plus généraux sur les rapports entre les neurosciences et le monde professionnel qui reprennent de nombreux sujets traités dans *Passer une bonne journée au bureau, c'est possible* :

David Rock, *Votre cerveau au bureau, le mode d'emploi efficace*. Comprendre les neurosciences pour améliorer les performances et la qualité des échanges au travail.

Tara Swart, Kitty Chisholm et Paul Brown, *Neuroscience for Leadership*. Comment développer ses compétences en leadership grâce aux neurosciences.

Puis, pour chaque partie de cet ouvrage :

Bases scientifiques

LE CERVEAU À DEUX VITESSES

Jonathan Haidt, *L'Hypothèse du bonheur*. Explore les vastes implications psychologiques des interactions des deux systèmes au niveau du bien-être, et relie les nouvelles avancées de la science aux sagesses anciennes pour en tirer des leçons de vie.

Daniel Kahneman, *Système 1, système 2, les deux vitesses de la pensée*. Un véritable chef-d'œuvre écrit par l'un des penseurs les plus influents des sciences comportementales.

L'AXE DÉCOUVERTE-DÉFENSE

Matthew Lieberman, *Social, Why Our Brains Are Wired to Connect*. L'importance des menaces et récompenses sociales, et les implications de notre nature hautement sociale.

Daniel Pink, *La Vérité sur ce qui nous motive*. L'impact des récompenses intrinsèques sur la motivation : autonomie, sentiment de compétence, sens.

LA BOUCLE CORPS/ESPRIT

Arianna Huffington, *The Sleep Revolution*. Une présentation fascinante des questions liées à la place du sommeil dans la société moderne, et des techniques à mettre en œuvre pour répondre à ses besoins de repos.

Gretchen Reynolds, *The First 20 Minutes*. Une présentation très accessible des découvertes scientifiques sur l'importance des bienfaits de l'exercice physique, même à petites doses.

Jon Kabat-Zinn, *Où tu vas, tu es*. Un classique pour apprendre à appliquer les techniques de la pleine conscience dans la vie moderne. Il existe de nombreux ouvrages sur la pleine conscience, mais tous se réfèrent à celui-ci.

PARTIE I : Les priorités

Chris Chabris et Daniel Simons, *Le Gorille invisible*. Une présentation pleine d'humour des nombreuses recherches sur les effets de l'attention sélective.

Heidi Grant Halvorson, *Succeed*. *Le* livre à lire si vous voulez en apprendre plus sur comment se fixer des objectifs de manière à les atteindre vraiment.

David Allen, *S'organiser pour réussir*. Un classique qui recouvre les parties I et II en expliquant comment définir clairement ses intentions, établir une To-Do list, et gérer son temps en accord avec elle.

PARTIE II : La productivité

Edward Hallowell, *Driven to Distraction at Work*. Un programme d'entraînement pour se concentrer efficacement.

Paul Hammerness et Margaret Moore, *Organize Your Mind, Organize Your Life*. Des explications issues des neurosciences, et de nombreux témoignages de personnes ayant modifié leurs anciennes habitudes pour garder l'esprit clair et gagner en efficacité.

Timothy Ferriss, *La Semaine de 4 heures*. De nombreux conseils pratiques pour porter un œil nouveau sur ce qui mérite qu'on y consacre notre temps.

PARTIE III : Les relations

Douglas Stone, Bruce Patton et Sheila Heen, *Comment mener les discussions difficiles*. Un guide méthodique pour affronter les conversations délicates.

Max Landsberg, *The Tao of Coaching*. Un grand petit livre pour ceux qui souhaitent suivre le modèle GROW.

Nancy Kline, *Time to Think*. Présentation d'un système destiné à améliorer chaque échange interpersonnel grâce à une écoute approfondie.

PARTIE IV : La réflexion

Tom Kelley et David Kelley, *La Confiance créative*. Comment se montrer créatif dans des types de tâches qui ne le sont pas.

Dan Ariely, *C'est (vraiment ?) moi qui décide*. Une illustration pleine d'humour de la manière dont les biais cognitifs orientent nos choix. Par l'un des géants de l'économie comportementale.

Edward Russo et Paul Shoemaker, *Winning Decisions*. Des conseils pratiques, des exercices et des études de cas pour être certain de prendre de bonnes décisions en affaires.

PARTIE V : L'influence

Chip et Dan Heath, *Ces idées qui collent*. Une étude approfondie des différents moyens de s'assurer que tous ses messages auront un réel impact.

Richard Thaler et Cass Sunstein, *Nudge, la méthode douce pour inspirer la bonne décision*. Le célèbre ouvrage d'économie comportementale qui explique comment les responsables politiques pourraient donner un coup de pouce aux gens pour qu'ils s'orientent vers les bons choix.

Adam Grant, *Donnant, donnant*. Une présentation convaincante de l'importance de la réciprocité et de tout ce qu'on gagne à recevoir *et* donner.

PARTIE VI : La résilience

Carol Dweck, *Changer d'état d'esprit*. Un tour d'horizon inspirant des recherches prouvant les effets positifs de l'apprentissage et de la croyance en son potentiel d'évolution sur ses performances et son attitude face à l'échec.

Viktor Frankl, *Découvrir un sens à sa vie*. Les mémoires d'un ancien déporté. Une magnifique illustration du pouvoir de la réévaluation cognitive et du contraste mental.

Bill George, *True North*. Comment mieux repérer les forces psychiques sur lesquelles s'appuyer face aux aléas de la vie. Bien qu'il soit surtout question de leadership, le cœur du livre s'adresse à tous.

PARTIE VII : L'énergie

James Loehr et Tony Schwartz, *Le Pouvoir de l'engagement total*. Des conseils pratiques pour booster différentes formes d'énergie.

Sonja Lyubomirsky, *Comment être heureux et le rester*. Un guide pour intégrer dans sa vie les activités génératrices d'énergie de la partie VII tout en augmentant sa résilience (partie VI).

Marcus Buckingham, *Go Put Your Strengths to Work*. Comment adapter sa vie professionnelle afin d'utiliser plus pleinement ses forces personnelles.

Postface

Norman Doidge, *Les Étonnants Pouvoirs de transformation du cerveau*. Une présentation approfondie et néanmoins accessible des moyens employés par le cerveau pour s'adapter aux demandes qui pèsent sur lui.

Charles Duhigg, *Le Pouvoir des habitudes*. Une explication plus approfondie des mécanismes à l'origine de la formation des habitudes, et des conseils pour instaurer des changements personnels (et organisationnels).

Glossaire

Aisance cognitive (ou *fluidité cognitive*) : attrait naturel des humains pour les idées faciles à comprendre.

Amorçage : effet produit par un signal déclencheur (mot, image ou objet) qui éveille une action ou une émotion via le mécanisme de *diffusion de l'activation* et une association inconsciente entre ce signal et notre réaction dans le passé.

Amygdale : deux régions cérébrales en forme d'amande qui jouent un rôle central dans le traitement de l'ambiguïté, de l'incertitude et des expériences émotionnelles inattendues, dont les situations potentiellement menaçantes. Appartient au *circuit de la survie*.

Ancrage : biais consistant à faire inconsciemment d'un seul élément d'information le point de référence (une « ancre ») de sa réflexion (en évitant de s'en éloigner), y compris s'il est sans rapport avec le sujet concerné.

Attention sélective : caractère subjectif de tout ce que l'on perçoit consciemment après le filtrage des informations et des possibilités par le *système automatique* (sans qu'on en soit conscient).

Avantage comparatif : domaine où l'écart entre nos capacités et celles d'autrui est le plus grand. (Ne pas confondre avec

« l'avantage absolu », qui signifie simplement qu'on est meilleur qu'un autre.)

AVERSION À LA DÉPOSSESSION (ou *effet de dotation*) : biais consistant à accorder une valeur disproportionnée à ce qu'on possède par rapport à des objets de même valeur qui ne nous appartiennent pas. S'exprime même en l'absence de tout attachement sentimental.

AVERSION À LA PERTE : biais consistant à accorder plus d'importance aux pertes qu'aux gains dans notre esprit. On sera plus inquiet à la perspective de perdre 10 dollars qu'excité à l'idée d'en gagner autant.

BIAIS DE PROJECTION : tendance à croire que tous les autres pensent et réagissent plus ou moins comme nous, ce qui évite d'avoir à se poser des questions sur les raisons de leur comportement.

BIAIS D'OMISSION : tendance à examiner souvent les avantages et les désavantages qu'il y a à faire une chose en oubliant de s'interroger sur les avantages et les désavantages qu'il y aurait à *ne pas* la faire.

BIAIS DE CONFIRMATION : tendance à rechercher les informations confirmant nos attentes et nos a priori et à ignorer celles qui les infirment. Forme d'*attention sélective*.

BIAIS DE *STATU QUO* : tendance à laisser la situation telle qu'elle est plutôt qu'à se fatiguer mentalement à imaginer l'inconnu du futur, toutes choses étant égales par ailleurs.

BIAIS DU PRÉSENT : tendance à donner beaucoup plus de poids à ce qui est là et connu dans le présent, dans la mesure où se projeter dans l'abstraction du futur consomme une grande quantité d'énergie mentale.

Cécité d'inattention : tendance de notre système automatique à diriger notre attention consciente vers tout ce qui nous semble important et à rejeter les autres informations. Forme d'*attention sélective*.

Circuit de la récompense : ensemble complexe de zones cérébrales nous incitant à rechercher des expériences potentiellement gratifiantes. Voir *Récompense*.

Circuit de la survie : réseaux neuronaux impliqués dans la détection et l'identification d'éventuelles menaces et dans le passage en *mode défensif* par une réaction de *lutte-fuite-inhibition*.

Contraste mental : approche de détermination d'objectifs dans laquelle on compare le résultat idéal avec la réalité des obstacles qui se dressent devant soi. Moyen pour établir un plan d'action solide et efficace.

Cortex préfrontal : région du cerveau la plus récente dans l'évolution, où s'effectue l'essentiel de l'activité du *système délibéré*.

Coûts irrécupérables : ce qu'on a déjà investi et qui est perdu. Face à la décision de continuer ou d'arrêter d'investir dans un projet, on a tendance à prendre en compte tout ce qu'on a déjà investi au lieu de se concentrer sur le véritable enjeu : les avantages et les désavantages d'un futur investissement.

Diffusion de l'activation : mécanisme dans lequel la réactivation d'un souvenir déclenche automatiquement la réactivation d'autres aspects qui lui sont liés, y compris l'état d'esprit dans lequel on était à ce moment-là.

Effet d'apogée : biais consistant à apprécier une expérience de manière disproportionnée en fonction de ses moments de pic et de sa conclusion. Ce phénomène évite d'avoir à réfléchir à tout ce qui s'est passé entre ces points de repère.

Effet de certitude : biais consistant à préférer opter pour « ce qui est certain » plutôt que prendre un risque, et, si possible, éviter les situations ambiguës.

Effet de dotation : voir *Aversion à la dépossession*.

Effet de récence : influence dominante des événements les plus récents sur ce qu'on suppose probable ou vrai à propos de ce qui nous entoure.

Effet Einstellung : affaiblissement des capacités cognitives qui se produit quand on sait au fond de soi qu'un travail n'est pas terminé. Une petite quantité de notre énergie mentale est alors monopolisée par la pensée de cette tâche incomplète.

Endogroupe : toutes les personnes qui nous ressemblent d'une façon ou d'une autre, et sont donc moins susceptibles d'être perçues comme une menace potentielle par le cerveau.

Erreur d'attribution : fausse supposition à propos de la motivation à l'origine du comportement d'une personne. Voir *Erreur fondamentale d'attribution*.

Erreur fondamentale d'attribution : erreur d'attribution fréquente, dans laquelle on suppose que le mauvais comportement d'un individu est l'expression de sa personnalité au lieu de se dire qu'il n'est peut-être que le résultat de circonstances difficiles.

Fatigue décisionnelle : charge cognitive intense créée par le fait de prendre de nombreuses décisions à la suite, chaque nouvelle décision représentant un effort pour le *système délibéré*. Se traduit par une baisse des performances du système délibéré.

Fluidité cognitive : voir *Aisance cognitive*.

Illusion de planification : tendance à estimer la durée d'une tâche en fonction du temps minimum qu'il nous a fallu pour la réaliser dans le passé au lieu de faire une moyenne de toutes les fois où nous l'avons déjà effectuée.

Intention d'exécution : terme technique désignant l'emploi de la formule « Si... alors » pour lier l'action que l'on souhaite effectuer à une situation nous rappelant cette intention (existe également sous la forme « Quand... alors »).

Lutte-fuite-inhibition : trois formes possibles de la réaction de protection déclenchée par le cerveau en *mode défensif*. « Fuir ou se battre » est une image courante, mais « l'inhibition » est une autre réponse fréquente à la *menace*, en particulier quand celle-ci est potentielle, et donc source d'incertitude.

Malédiction du savoir : tendance à croire, quand on sait une chose, que l'autre la sait également, d'où une communication involontairement brouillée.

Mémoire de travail : espace de stockage du cerveau où sont temporairement conservées et traitées les informations. D'une capacité limitée, elle est néanmoins indispensable pour que le *système délibéré* exerce ses fonctions (vous l'utilisez en ce moment pour comprendre cette phrase).

Menace : tout ce que le cerveau perçoit comme potentiellement dangereux pour notre sécurité physique, notre sentiment de valeur personnelle ou notre position sociale.

Mode découverte : état dans lequel on s'intéresse plus aux aspects gratifiants d'une expérience qu'aux menaces potentielles qu'elle contient, évitant ainsi de passer en *mode défensif*, d'où une utilisation maximale des ressources mentales disponibles pour le *système délibéré*.

Mode défensif : état dans lequel le cerveau dirige une part significative de l'énergie mentale vers une réaction automatique de défense (*lutte-fuite-inhibition*) face à une *menace* physique, sociale ou personnelle, réelle ou imaginaire. Diminue les ressources disponibles pour le *système délibéré*. Voir également *Mode découverte*.

Option par défaut : tendance à accepter une proposition claire et relativement raisonnable si elle ne demande aucune décision active de notre part.

Pensée de groupe : tendance à être d'accord avec les autres s'ils pensent tous la même chose. Cela permet au cerveau de ne pas dépenser d'énergie pour se faire un avis, et donne le sentiment de faire partie du groupe (élément qui a joué un rôle capital au cours de notre évolution).

Préférence pour le présent : tendance à préférer les options dont les bénéfices sont immédiats à celles qui portent leurs fruits plus tard. Comme ces dernières demandent plus d'efforts pour être appréhendées, on leur accorde moins de valeur.

Preuve sociale : tendance à agir en faveur d'une chose si l'on sait que d'autres personnes nous ressemblant l'ont fait avant nous.

Récompense : tout ce qui, selon le cerveau, mérite d'être recherché. Inclut tout ce qui répond à nos besoins physiologiques, ainsi que les récompenses augmentant notre sentiment de valeur et notre statut social, et les gains informationnels.

Régulation émotionnelle : faculté de conserver un certain équilibre émotionnel face aux aléas au lieu de sombrer dans le désespoir quand les choses tournent mal.

Système automatique : également appelé système réflexif, système 1, système rapide, ou inconscient. Il est formé de nombreuses zones cérébrales qui agissent au-dessous du niveau de conscience, et, ensemble, contrôlent la majorité de l'activité cérébrale.

Système délibéré : également appelé système 2, système lent, fonction exécutive, ou partie consciente du cerveau. En charge des fonctions cognitives élaborées, comme le raisonnement, le self-control (dont la *régulation émotionnelle* et la capacité à focaliser son attention) et la planification (dont la faculté de prendre en compte le futur par rapport au présent). L'aptitude à toutes ces fonctions est limitée par la taille de la *mémoire de travail*.

Remerciements

Ce vaste ouvrage personnel étant le résultat des multiples fils qui ont tissé ma vie, j'aimerais pouvoir remercier tous ceux qui, un jour, m'ont accordé dix minutes de leur temps. Mais, même si ce n'est pas possible, laissez-moi au moins citer quelques-unes de ces merveilleuses personnes sans lesquelles ce projet n'aurait jamais vu le jour.

Je commencerai par les trois catégories au cœur même de ce livre. Tout d'abord, ceux qui ont bien voulu partager leur histoire – pas seulement les hommes et les femmes dont le nom apparaît dans ces pages, mais tous ceux dont les réflexions ont permis de donner forme à l'ensemble. J'ai été profondément inspirée par votre sagesse, et je ne doute pas qu'il en sera de même pour ceux qui me liront. Puis tous les clients avec lesquels j'ai eu l'occasion de travailler au fil des années, toujours prêts à essayer ces nouvelles manières d'agir et de réfléchir, et si tolérants face à mes affreux dessins de cerveaux. Grâce à eux, j'ai appris comment enseigner les choses les plus importantes. Et enfin, les centaines de chercheurs dont j'ai allègrement pillé les travaux, auxquels je n'exprimerai jamais assez ma reconnaissance et mon admiration.

Merci à Todd Shuster, Jane von Mehren, Esmond Harmsworth, l'équipe hors pair de Zachary Shuster Harmsworth qui m'a permis de transformer le germe d'une idée en quelque chose de beaucoup plus vaste que ce que je pensais possible. Merci à tous ceux de chez Crown pour leur enthousiasme sans faille à l'égard de ce projet et le soutien constant de leurs talents quasi magiques : en particulier, Roger Scholl, Tina Constable, Cindy Berman, Sally Franklin, Ayelet Gruenwaldt, Carisa Hays, Megan Perritt et Campbell Wharton. Un immense merci également à l'équipe de Pan Macmillan, notamment Cindy, Chan, Robin Harvie et Laura Langlois, qui m'ont donné l'impression d'être une rock star dans mon domaine.

Une grande partie de l'équipe de Sevenshift m'a fourni l'espace et le soutien nécessaires pour écrire ce livre ; jamais je n'aurais pu le faire sans eux : Hannah Bullmore, Alex Hardy, Susan Moore, Shireen Peermohamed, Tom Warner. Toute ma gratitude pour avoir aussi bien pris soin de moi. Un merci tout particulier à Audree Fletcher, ma DG au début du projet, qui a contribué à faire sortir la bête de l'antre, et dont l'écoute et la finesse m'ont permis de tester toutes mes idées de départ.

Je dois une reconnaissance sans bornes aux collègues de chez McKinsey qui m'ont supportée durant ces années. Mes premiers mentors en pratiques organisationnelles ont guidé et encouragé mes travaux en sciences comportementales, même quand ils m'entraînaient au loin : Colin Price a été là tout du long, me montrant le pouvoir des grandes ambitions ; Keith Leslie m'a appris à concevoir des expériences d'apprentissage transformatrices ; Jonathan Day m'a convaincue de l'utilité de lire au moins un essai par semaine ; et Mary Meaney m'a indiqué comment élaborer et raconter mon histoire. Chacune des personnes dont le nom suit mériterait un paragraphe à part entière pour décrire les conseils et les encouragements qu'elles m'ont prodigués à un point donné de ma carrière : Zafer Achi, Gassan Al-Kibsi, Maria-Eugenia Arias, Nora Aufreiter, Steve Bear, David Birch, Nina Bhatia, Felix Brück, Ian Davis, Derek Dean, Carolyn Dewar, John Dowdy, John Drew, Pierre Gurdjian, Nico Henke, Suzanne Heywood, Nathalie Hourihan, Tsun-yan Hsieh, Vivian Hunt, Neil Janin, Conor Kehoe, Scott Keller, Michiel Kruyt, Kevin Lane, Emily Lawson, Mark Loch, Nick Lovegrove, Judy Malan, Martin Markus, Tore Myrholt, Jeremy Oppenheim, Michael Rennie, Tim Roberts, Peter Slagt, Karen Tanner, Catherine Tilley, David Turnbull, Magnus Tyreman, Laura Watkins, Quentin Woodley.

Je tiens à citer un ensemble de professionnels qui ont eu un impact très profond sur ce livre : Kirstan Marnane, ma chère compagne de réflexion, dont la créativité et la sagesse ont permis l'arrivée de tant de choses fascinantes dans ma vie professionnelle ; Joanna Barsh, leader remarquable d'un mouvement révolutionnaire qui l'est tout autant ; l'extraordinaire équipe de Centered Leadership, notamment Natacha Catalino, Elizabeth Schwarz Hioe, Johanne Lavoie, Josephine Mogelof, Svea Steinweg, Gauthier van Eetvelde ; le si brillant groupe « boîte à outils » des sciences comportementales formé par Matthias Birk, Claudia Braun et Nils Cornelissen. Chez Mobius, Amy Fox et Erica Fox ont été des collaboratrices précieuses et avisées et des amies fidèles. Les idées et l'esprit de toutes ces personnes sont présents derrière chaque ligne de cet ouvrage.

Plusieurs collègues se sont mis en quatre pour m'aider à donner naissance à ce livre. Notamment Rik Kirkland, qui m'a généreusement offert son soutien et son enthousiasme au tout début de sa rédaction. Sean Brown et Allen Webb m'ont aidée à construire le genre de réseau dont rêve tout auteur.

Et je n'oublie pas tous les autres collègues de McKinsey qui ont rendu cette aventure possible : les responsables de chaque département où je suis passée dans l'agence ; les partenaires et les équipes avec lesquels j'ai travaillé (en particulier en pratiques organisationnelles et soins de santé) ; les chercheurs et administrateurs de rang mondial ; et les équipes des services généraux qui m'ont laissée faire des trucs bizarres dans des salles de réunion aux quatre coins du monde. Toute ma reconnaissance à vous tous.

J'ai eu la chance de pouvoir m'appuyer sur plusieurs piliers de la communauté des coachs au fil des années, des gens qui ont contribué à mon développement professionnel et veillé à certains moments à ce que j'applique mes propres recettes : Myles Downey, Judith Firman, Carol Kauffman, Jane Meyler, Anne Scoular, David Webster.

Je remercie plusieurs économistes grâce auxquels j'ai pu étendre ma vision au-delà des limites communes de cette discipline : Andi Kumalo, à l'origine de tout ; Bill Allen, qui a encouragé mon intérêt pour l'aspect humain du développement économique ; Paul Fisher, qui m'a convaincue que, même si je ne rentrais pas dans le moule, j'étais vraiment économiste ;

DeAnne Julius, qui m'a prouvé que c'était possible de naviguer entre les secteurs public et privé ; et Mervyn King, qui m'a appris à ne jamais écrire une chose que je ne pouvais pas prouver ni une phrase sans une syntaxe correcte.

Outre mes merveilleux éditeurs Roger Scholl et Cindy Chan, d'autres personnes adorables et pleines de persévérance ont relu ce livre en profondeur, me faisant des retours inestimables aussi bien sur le style que sur les questions techniques : Dan Bilefsky, Molly Crockett, Brian Dumaine, Audree Fletcher, Cabe Franklin, Alex Hardy, Paul Schoemaker, Peter Slagt, Tara Swart, Nik Webb. Leurs objections et leurs commentaires ont considérablement amélioré le résultat final. Je tiens également à adresser toute ma gratitude à mes « neurobuddies » Molly Crockett et Tara Swart pour leur soutien tous azimuts qui m'a rendue un peu plus intelligente et courageuse au fil des mois. Elizabeth Feldman Barrett et Jessica Payne m'ont également apporté plus d'aide que je n'aurais osé en espérer dans les domaines respectifs des neurosciences affectives et cognitives. Toutes les faiblesses encore présentes ne sont dues qu'à moi seule.

Beaucoup d'autres personnes m'ont généreusement offert leurs suggestions, leur aide ou leurs encouragements à des moments clés des quatre années sur lesquelles s'est étalé ce projet. Parmi elles : David Allen, Guy Barnes, Vaughan Bell, Lauren Bern, Geoff Bird, Charles Duhigg, Lynda Gratton, Valerie Keller, Max Landsberg, Matt Lieberman, Antony Mayfield, Deborah Mattinson, Margaret Moore, Gus O'Donnell, David Rock, Paul Schoemaker, Owain Service, Laurence Shorter, Greg Simon, Hitendra Wadhwa et Laurie Young. Merci à Janet Bedol pour m'avoir appris à me servir d'Endnote et m'avoir sauvée face à toutes mes références. Toute ma gratitude également à ma famille et mes amis merveilleux pour les tapas thérapeutiques, les martinis à mi-chemin, et les sommets des superwomen. Vous m'avez soutenue dans les moments où j'en avais besoin et ne m'en avez jamais voulu quand je m'enfermais dans mon bunker.

Nicole Webb a planté les graines de ce livre dès le début de ma vie : le goût de l'exploration intellectuelle, l'amour de l'écriture, et une compréhension du pouvoir de transformation de l'apprentissage. Merci pour nos discussions hebdomadaires pleines d'allant, et pour avoir toujours accepté de parler de ce qui m'occupait l'esprit (qu'il s'agisse de la dopamine ou du menu du dîner).

Enfin, je ne serai jamais assez reconnaissante à Cabe Franklin, le grand penseur et le compagnon qui est demeuré à mes côtés à chaque instant de cette aventure. J'ai été éblouie par le nombre et l'intensité de toutes les preuves de soutien, aussi bien émotionnel qu'intellectuel, que tu m'as données tout du long. Aucun doute : être ta femme est la plus grande chance qui soit.

Notes

Introduction

1. Par exemple, Gallup a constaté qu'aux États-Unis seuls 29 % des salariés se sentent impliqués dans leur travail, et que ce « degré d'implication baisse légèrement chez les employés ayant les plus hauts niveaux d'éducation ». À l'échelle internationale, les résultats montrent que seuls 13 % des salariés se sentent vraiment concernés : Gallup (2013), *State of the American Workplace* (téléchargeable sur : http://www.gallup.com/services/176735/state-global-workplace.aspx). Selon le Conference Board, « pour la huitième année consécutive, moins de la moitié des travailleurs américains s'estiment satisfaits de leur emploi », dans : Cheng, B., Kan, M., Levanon, G., & Ray, R. L. (2014), *Job Satisfaction Survey*, The Conference Board.

Les bases scientifiques

1. Milgram, S. (1963), « Behavorial study of obedience », *Journal of Abnormal and Social Psychology*, 67 (4), 371-378.

2. Kahneman, D., & Tversky, A. (1979), « Prospect theory. An analysis of decision under risk », *Econometrica*, 47 (2), 263-291.

3. Keith Stanovich et Richard West, en particulier, dans un article qui a eu un grand retentissement, définissent ces deux systèmes comme le Système 1 et le Système 2 – une terminologie également employée par Daniel Kahneman. Stanovich, K. E., & West, R. F. (2000), « Individual difference in reasoning. Implications for the rationality debate ? », *Behavioral and Brain Sciences*, 23, 645-726.

4. Kahneman, D., *Système 1, système 2, les deux vitesses de la pensée*, Paris, Flammarion, 2012.

5. Pour lire le discours d'acceptation du prix Nobel de Kahneman du 8 décembre 2002, voir : Kahneman, D. (2003), « A perspective on judgment and choice. Mapping bounded rationality », *American Psychologist*, 58 (9), 697-720.

6. Quand des données (par exemple, une série de nombres) sont tellement reliées entre elles dans notre mémoire que le fait de nous en remémorer une partie nous rappelle tout le reste, il est possible de les considérer comme un seul « morceau ». Ainsi, nous pouvons nous souvenir d'un numéro de téléphone à sept chiffres parce que nous l'avons découpé en plusieurs morceaux de trois ou quatre chiffres – ou, à force de répétition, compacté en un seul morceau. Voir : Cowan, N. (2008), « What are the differences between long-term, short-term, and working memory ? », *Progress in Brain Research*, 169, 323-338. Voir également : Cowan, N. (2001), « The magical number 4 in short-term memory. A reconsideration of mental storage capacity », *Behavioral and Brain Sciences*, 24, 87-185.

7. Dux, P. E., Ivanoff, J., Asplund, C. L., & Marois, R. (2006), « Isolation of a central bottleneck of information processing with time-resolved fMRI », *Neuron*, 52 (6), 1109-1120. (Se reporter au chapitre 4 pour d'autres références sur le multitâche.)

8. Baumeister, R., & Tierney, J. (2011), *Willpower. Rediscovering the Greatest Human Strength*, New York, Penguin.

9. Shiv, B., & Fedorikhin, A. (1999), « Heart and mind in conflict. The interplay of affect and cognition in consumer decision making, *Journal of Consumer Research*, 26, 278-292.

10. Treisman, A., & Geffen, G. (1967), « Selective attention. Perception or response ? », *Quarterly Journal of Experimental Psychology*, 19 (1), 1-17.

11. Simons et Chabris ont commenté de manière très amusante cette expérience et d'autres sur l'attention sélective dans leur livre : Chabris, C., & Simons, D., *Le Gorille invisible. Quand nos intuitions nous jouent des tours*, trad. Mirabelle Ordinaire, Paris, Le Pommier, 2015.

12. LeDoux, J. (2012), « Rethinking the emotional brain », *Neuron*, 73 (4), 653-676.

13. LeDoux, J. (2012). « Rethinking the emotional brain », *Neuron*, 73 (4), 653-676.

14. L'adrénaline est parfois désignée sous le nom d'épinéphrine, et la noradrénaline sous celui de norépinéphrine.

15. L'amygdale joue un rôle complexe en dirigeant l'attention vers tout ce qui est ambigu sur le plan émotionnel, que ce soit positif ou négatif. La recherche s'est intéressée en particulier à son action centrale dans nos réactions face à des menaces potentielles. Ainsi, une étude a prouvé qu'il suffit de montrer à quelqu'un un visage effrayé pendant trente millisecondes, une période trop brève pour qu'il en ait conscience, pour que son amygdale s'active : Whalen, P. J., *et al.* (1998), « Masked presentations of emotional facial expressions modulate amygdala activity without explicit knowledge », *Journal of Neuroscience*, 18 (1), 411-418. L'article suivant décrit une expérience dans laquelle l'amygdale des sujets réagit inconsciemment à des photographies de

visages en colère, alors même que la consigne était donnée de se concentrer sur les bâtiments apparaissant sur les photos : Anderson, A. K., Christoff, K., Panitz, D., De Rosa, E., & Gabrieli, J. D. (2003), « Neural correlates of the automatic processing of threat facial signals », *Journal of Neuroscience*, 23 (13), 5627-5633. D'autres travaux ont établi qu'une lésion dans la région de l'amygdale empêche les personnes touchées de reconnaître l'expression de peur sur les visages : Adolph, R., *et al.* (1995), « Fear and the human amygdala », *Journal of Neuroscience*, 15 (9), 5879-5891.

16. Arnsten, A. (2009), « Stress signaling pathways that impair prefrontal cortex structure and function », *Nature Reviews Neuroscience*, 10 (6), 410-422. Pour une présentation moins académique du principe de base, voir : Arnsten, A. (1998), « The biology of being frazzled », *Science*, 280 (5370), 1711-1712.

17. Andrea Eder et son équipe examinent les schémas comportementaux de « découverte et défense » dans le monde moderne : Eder, A. B., Elliot, A. J., & Harmon-Jones, E. (2013), « Approach and avoidance motivation. Issues and advances », *Emotion Review*, 5, 227-229.

18. Par exemple, les travaux menés par Mark Beeman et son équipe à Northwestern, référencés sous : Subramaniam, K., *et al.* (2009), « A brain mechanism for facilitation of insight by positive affect », *Journal of Cognitive Neuroscience*, 21 (3), 415-432. Voir également l'analyse approfondie de Alice Isen : Isen, A. (2000), « Positive affect and decision-making », dans : Lewis, M., & Haviland-Jones, H. (éd.), *The Handbook of Emotions*, New York, Guilford Press.

19. Deci, E. L., Koestner, R., & Ryan, R. M. (1999), « A meta-analytic review of experiments examining the effects of extrinsic rewards on intrinsic motivation », *Psychological Bulletin*, 125 (6), 627-668.

20. Dunbar, R. I. M. (2003), « The social brain. Mind, language, and society in evolutionary perspective », *Annual Review of Anthropology*, 32 (1), 163-181.

21. Pour une présentation détaillée de cette recherche, se reporter à l'excellent ouvrage de Matthew Lieberman : Lieberman, M. D. (2013), *Social*, New York, Crown.

22. Ryan, R. M., & Deci, E. L. (2000), « Self-determination theory and the facilitation of intrinsic motivation, social development, and well-being », *American Psychologist*, 55 (1), 68-78.

23. Loewenstein, G. (1994), « The psychology of curiosity. A review and reinterpretation », *Psychological Bulletin*, 116 (1), 75-98. Pour des travaux plus récents, voir : Kang, M. J., *et al.* (2009), « The wick in the candle of learning. Epistemic curiosity activates reward circuitry and enhances memory », *Psychological Science*, 20 (8), 963-973.

24. Payne, J. D. (2010), « Memory consolidation, the diurnal rhythm of cortisol, and the nature of dreams. A new hypothesis », dans : Clow, A., &

McNamara, P. (éd.), *International Review of Neurobiology*, vol. 92, Waltham, MA, Academic Press.

25. Il est vrai qu'une toute petite fraction de la population a besoin de moins de sommeil, mais les spécialistes n'ont vraiment trouvé que très peu de gens pouvant véritablement être qualifiés de « petits dormeurs ». Selon Daniel Buysse, professeur de psychiatrie et de science clinique et translationnelle au Pittsburgh University Medical Center, « sur cent personnes affirmant n'avoir besoin que de cinq à six heures de sommeil par nuit, seules cinq environ disent vrai ». Cité dans : Beck, M. (2011), « The sleepless elite », *Wall Street Journal*, 5 avril.

26. Czeisler, C., & Fryer, B. (2006), « A conversation with Harvard Medical School professor Charles A. Czeisler », *Harvard Business Review*, October.

27. Pour un tour d'horizon approfondi des preuves scientifiques des bienfaits de l'exercice physique, parmi lesquelles de nombreuses références d'études elles-mêmes méta-analyses, voir : Ratey, J. J., & Loehr, J. E. (2011), « The positive impact of physical activity on cognition during adulthood. A review of underlying mechanisms, evidence and recommendations », *Reviews in the Neurosciences*, 22 (2), 171-185. Pour une méta-analyse de 150 études montrant les effets positifs sur le lieu de travail, voir également : Conn, V. S., *et al.* (2009), « Meta-analysis of workplace physical interventions », *American Journal of Preventive Medicine*, 37 (4), 330-339.

28. Pour une liste complète de références, voir Ratey, J. J., & Loehr, J. E. (2011), « The positive impact of physical activity on cognition during adulthood. A review of underlying mechanisms, evidence and recommendations », *Reviews in the Neurosciences*, 22 (2), 171-185.

29. Coulson, J. C., *et al.* (2008), « Exercising at work and self-reported work performance », *International Journal of Workplace Health Management*, 1 (3), 176-197.

30. Tiré du site du livre de Ratey : Ratey, J. J. (2008), *Spark. The Revolutionary New Science of Exercise and the Brain*, New York, Little, Brown. Voir aussi : http://sparkinglife.org/page/why-exercise-works.

31. US Department of Health and Human Services (2008), *Physical Activity Guidelines, Advisory Committee Report*. Le guide conseille 500 MET (équivalent métabolique) par minute, soit 150 minutes d'aérobic modéré. Pour une description narrative des implications de ce document, voir : Reynolds, G. (2012), *The First 20 Minutes. Surprising Science Reveals How We Can Exercise Better, Train Smarter, Live Longer*, New York, Hudson Street Press.

32. Hasenkamp, W., & Barsalou, L. W. (2012), « Effects of meditation experience on functional connectivity of distributed brain networks », *Frontiers in Human Neuroscience*, 6 (38) ; Farb, N. A., *et al.* (2010), « Minding one's emotions. Mindfulness training alters the neural expression of sadness », *Emotion*, 10 (1), 25-33 ; Holzel, B. K., *et al.* (2010), « Stress reduction

correlates with structural changes in the amygdala », *Social Cognitive and Affective Neuroscience*, 5 (1), 11-17 ; Brewer, J. A., *et al.* (2011), « Meditation experience is associated with differences in default mode network activity and connectivity », *Proceedings of the National Academy of Sciences USA*, 108 (50), 20254-20259.

33. Moyer, C. A., *et al.* (2011), « Frontal electroencephalographic asymmetry associated with positive emotion is produced by very brief meditation training », *Psychological Science*, 22 (10), 1277-1279. Parmi différents travaux prouvant l'impact positif d'une pratique modérée de la pleine conscience, cette étude montre l'apparition de changements durables dans les performances cognitives après seulement quatre jours de pratique : Zeidan, F., *et al.* (2010), « Mindfulness meditation improves cognition. Evidence of brief mental training », *Consciousness and Cognition*, 19 (2), 597-605.

34. On retrouve cette philosophie tout au long du livre d'Ellen Langer : Langer, E., *L'Esprit en éveil*, trad. Michèle Garène, Paris, Interéditions, 1990.

PARTIE I : Les priorités

Chapitre 1 : Choisir ses filtres

1. Chabris, C., & Simons, D. (2010), *Le Gorille invisible. Quand nos intuitions nous jouent des tours*, trad. Mirabelle Ordinaire, Paris, Le Pommier, 2015.

2. Drew, T., Võ, M. L. H., & Wolfe, J. M. (2013), « The invisible gorilla strikes again. Sustained inattentional blindness in expert observers », *Psychological Science*, 24 (9), 1848-1853.

3. Forgas, J. P., & Bower, G. G. (1987), « Mood effects on person-perception judgments », *Journal of Personality and Social Psychology*, 53 (1), 53-60.

4. Riener, C. R., Stefanucci, J. K., Proffitt, D. R., & Clore, G. (2011), « An effect of mood on the perception of geographical slant », *Cognition & Emotion*, 25 (1), 174-182.

5. Hansen, T., Olkkonen, M., Walter, S., & Gegenfurtner, K. R. (2006), « Memory modulates color appearance », *Nature Neuroscience*, 9 (11), 1367-1368.

6. Cette phrase est au cœur de la nouvelle de Theodore Sturgeon intitulée « Le claustrophile », dans : Sturgeon, T., *Symboles secrets, Récits de science-fiction*, choix, prés. et trad. Alain Dorémieux, Paris, Casterman, 1980.

Chapitre 2 : Se fixer des objectifs solides

1. Locke, E. A., & Latham, G. P. (2002), « Building a practically useful theory of goal setting and task motivation. A 35-year odyssey », *American Psychologist*, 57 (9), 705-717.

2. Elliot, A. J., & Church, M. A. (1997), « A hierarchical model of approach and avoidance achievement motivation », *Journal of Personality and Social Psychology*, 72 (1), 218-232.

3. Deci, E. L., & Ryan, R. M. (2000), « The "what" and "why" of goal pursuits. Human needs and the self-determination of behavior », *Psychological Inquiry*, 11 (4), 227-268.

4. Les objectifs en provenance de l'extérieur sont traités dans le cortex préfrontal latéral ; ceux venant de l'intérieur, dans le cortex préfrontal médian. Berkman, E., & Lieberman, M. D. (2009), « The neuroscience of goal pursuit. Bridging gaps between theory and date », dans : Moskowitz, G., & Grand, H. (éd.), *The Psychology of Goals*, New York, Guilford Press, 98-126.

5. Peter Gollwitzer a dirigé une grande partie des recherches sur les intentions d'exécution sous la forme « Quand... alors ». Une référence clé est : Gollwitzer, P. M., & Brandstätter, V. (1997), « Implementation intentions and effective goal pursuit », *Journal of Personality and Social Psychology*, (73) 1, 186-199. Voir également : Vallacher, R. R., & Wegner, D. M. (1987), « What do people think they are doing ? Action identification and human behavior », *Psychological Review*, (94) 1, 3-15 ; Trope, Y., & Liberman, N. (2003), « Temporal construal », *Psychological Review*, 110 (3), 403-421.

Chapitre 3 : Renforcer ses intentions

1. Dans : Collins, J., *De la performance à l'excellence. Devenir une entreprise leader*, trad. Agnès Prigent, Paris, Village mondial, 2003.

2. Oettingen, G. (2014), *Rethinking Positive Thinking. Inside the New Science of Motivation*, New York, Penguin Random House.

3. Cette règle porte le nom de « règle de Hebb ». Pour la référence originale, voir : Hebb, D. O. (1949), *The Organization of Behavior*, New York, Wiley & Sons.

4. Kay, A. C., Wheeler, S. C., Bargh, J. A., & Ross, L. (2004), « Material priming. The influence of mundane physical objects on situational construal and competitive behavioral choice », *Organizational Behavior and Human Decision Processes*, 95 (1), 83-96.

5. Aarts, H., & Dijksterhuis, A. (2003), « The silence of the library. Environment, situational norm, and social behavior », *Journal of Personality and Social Psychology*, 84 (1), 18-28.

6. Adam, H., & Galinsky, A. D. (2012), « Enclothed cognition », *Journal of Experimental Social Psychology*, 48 (4), 918-925.

7. Se promener dans un espace ouvert ou dans la nature semble régénérer mentalement beaucoup d'entre nous. Berman, M. G., Jonides, J., & Kaplan, S. (2008), « The cognitive benefits of interacting with nature », *Psychological Science*, 19 (12), 1207-1212. Oppezzo, M., & Schwartz, D. L. (2014), « Give your ideas some legs. The positive effect of walking on creative thinking », *Journal of Experimental Psychology : Learning, Memory, and Cognition*, 40 (4), 333-347.

8. Kosslyn, S. M. (2005), « Mental images and the brain », *Cognitive Neuropsychology*, 22 (3-4), 333-347.

9. Pascual-Leone, A., Nguyet, D., Cohen, L. G., Brasil-Neto, J. P., Cammarota, A., & Hallett, M. (1995), « Modulation of muscle responses evoked by transcranial magnetic stimulation during the acquisition of new fine motor skills », *Journal of Neurophysiology*, 74 (3), 1037-1045.

PARTIE II : La productivité

1. Schor, J. (2003), « The (even more) overworked American », dans : De Graaf, J. (éd.), *Take Back Your Time. Fifhting Overwork and Time Poverty in America* (p. 7), San Francisco, Berrett-Koehler.

2. Par exemple, l'étude à grande échelle de Whitehall montre une forte corrélation entre une augmentation du temps de travail (plus de quarante heures par semaine) et des résultats moindres à des tests verbaux et de raisonnement : Virtanen, M., *et al.* (2009), « Long working hours and cognitive function. The Whitehall II Study », *American Journal of Epidemiology*, 169 (5), 596-605. L'OCDE a également publié des données établissant une corrélation négative entre les niveaux de productivité moyens nationaux et le nombre d'heures de travail entre 1990 et 2012. Disponible sur : http://stats.oecd.org/Index.aspx?DatasetCode=LEVEL#.

Chapitre 4 : Une chose à la fois

1. Dux, P. E., Ivanoff, J., Asplund, C. L., & Marois, R. (2006), « Isolation of a central bottleneck of information processing with time-resolved fMRI », *Neuron*, 52 (6), 1109-1120. En fait, d'autres chercheurs ont découvert que plus on se déconcentrait longtemps, plus le nombre d'erreurs augmentait : du double pour un arrêt de la concentration de deux secondes, du triple pour quatre secondes. Altmann, E. M., Trafton, J. G., & Hambrick, D. Z. (2014), « Momentary interruptions can derail the train of thought », *Journal of Experimental Psychology : General*, 143 (1), 215-226.

2. Speier, C., Valacioch, J. S., & Vessey, I. (1999), « The influence of task interruption on individual decision making. An information overload perspective », *Decision Sciences*, 30 (2), 337-360.

3. Iqbal, S. T., & Horvitz, E. (2007), « Disruption and recovery of computing tasks. Field study, analysis, and directions », article présenté lors des Proceedings of SIGCHI Conference on Human Factors in Computing Systems, San Jose, Californie.

4. Tombu, M. N., Asplund, C. L., Dux, P. E., Godwin, D., Martin, J. W., & Marois, R. (2011), « A unified attentional bottleneck in the human brain », *Proceedings of the National Academy of Sciences*, 108 (33), 13426-13431.

5. Bailey, B. P., & Konstan, J. A. (2006), « On the need for attention-aware systems. Measuring effects of interruption on task performance, error rate, and affective state », *Computers in Human Behavior*, 22 (4), 685-708.

6. Je qualifie de « graves » les accidents ayant entraîné des blessures ; 18 % d'entre eux sont dus à l'inattention de l'un des conducteurs. *Traffic Safety Facts, Research Note (Summary of Statistical Findings)* (2014), DOT HS 812 012, Washington, DC, US Department of Transportation. D'après les données sur : http://www-nrd.nhtsa.dot.gov/Pubs/812012.pdf.

7. Sur l'idée fausse selon laquelle il existerait une « période idéale de la journée » valable à la fois pour les lève-tôt et les lève-tard, voir : Gunia, B. C., Barnes, C. M., & Sah, S. (2014), « The morality of larks and owls. Unethical behavior depends on chronotype as well as time of day », *Psychological Science*, 25 (12), 2272-2274. Les auteurs répondent à des recherches dont les résultats ont été largement médiatisés selon lesquelles les gens seraient plus moraux le matin. En réalité, cela ne concerne que les personnes qui aiment se lever tôt ; c'est l'inverse pour les noctambules.

Chapitre 5 : Planifier des périodes de repos

1. Danziger, S., Levav, J., & Avnaim-Pesso, L. (2011), « Extraneous factors in judicial decisions », *Proceedings of the National Academy of Sciences*, 108 (17), 6889-6892.

2. Baumeister, R., & Tierney, J. (2011), *Willpower. Rediscovering the Greatest Human Strength*, New York, Penguin.

3. Dai, H., Milkman, K. L., Hofmann, D. A., & Staats, B. R. (2014), « The impact of time at work and time off from work on rule compliance. The case of hand hygiene in health care », *Journal of Applied Psychology*.

4. L'alimentation joue un rôle important en régénérant notre capacité à faire face à la période de travail suivante. Les experts ne sont cependant pas tous d'accord sur les raisons exactes de ce phénomène. La plupart l'expliquent par le fait que le cerveau a besoin du sucre contenu dans le sang ; voir : Baumeister, R., & Tierney, J. (2011), *Willpower. Rediscovering the Greatest Human Strength*, New York, Penguin. Pour d'autres, c'est la nécessité de résister à la distraction que représente la faim, et donc d'accroître son self-control, qui épuise le système délibéré : Kohn, D. (2014), « Sugar on the brain », *New Yorker*, 6 mai. Dans les deux cas, le résultat reste néanmoins le même : il faut nourrir son cerveau, et on devient irritable si on ne le fait pas.

5. Raichle, M. E. (2010), « The brain's dark energy », *Scientific American*, 302, 28-33. Pour un article plus académique sur le même sujet, voir : Raichle, M. E. (2010), « Two views of brain function », *Trends in Cognitive Sciences*, 14 (4), 180-190.

6. Sami, S., Robertson, E. M., & Miall, R. C. (2014), « The time-course of task-specific memory consolidation effects in resting state networks », *Journal of Neuroscience*, 34 (11), 3982-3992.

7. Di Stefano, G., Gino, F., Pisano, G., & Staats, B. (2014), « Learning by thinking. How reflection aids performance », *Harvard Business School Working Paper*, 14-093, March 25.

8. Entretien téléphonique avec Jessica Payne, 5 mars 2015.

9. Ericsson, K. A., *et al.* (1993), « The role of deliberate practice in the acquisition of expert performance », *Psychological Review*, 100 (3), 363-406.

10. Tuominen, S., & Pohjakallio, P. (2013), *The Workbook. Redesigning Nine to Five*. Disponible sur : http://www.925design.fi.

11. Vous pouvez lire le blog très éloquent de Robyn sur le sujet à l'adresse : https://medium.com/@robynscott/the-30-second-habit-with-a-lifelong-impact-2c3f948ead98.

Chapitre 6 : Halte au trop-plein

1. Kahneman, D., & Tversky, A. (1979), « Intuitive prediction. Biases and corrective procedures », *TMS Studies in Management Science*, 12, 313-327.

2. Masicampo, E. J., & Baumeister, R. F. (2011), « Consider it done ! Plan making can eliminate the cognitive effects of unfulfilled goals », *Journal of Personality and Social Psychology*, 101 (4), 667-693.

3. Le compte Twitter d'origine est inactif. Voir : http://lifehacker.com/5458741/productivity-in-11-words.

4. On rencontre fréquemment (y compris dans des publications de premier plan) l'emploi de l'expression *avantage comparatif* pour désigner « ce que vous faites de mieux » ou « un domaine où vous êtes le meilleur ». Cet emploi est incorrect, les auteurs faisant simplement référence à un avantage *absolu*, ce qui donne peu d'informations sur la priorisation si vous excellez dans de nombreux secteurs. On a un avantage *comparatif* dans le domaine où l'écart entre soi et l'autre est le plus important. On peut trouver cette explication dans n'importe quel manuel d'économie de base, mais pour la référence originale reportez-vous à : Ricardo, D., *Des principes de l'économie politique et de l'impôt*, Paris, J.-P. Aillaud, 1835.

5. Lewis, M. (2012), « Obama's way », *Vanity Fair*, 12 septembre.

Chapitre 7 : Vaincre la procrastination

1. Akerlof, G. A. (1991), « Procrastination and obedience », *American Economic Review*, 81 (2), 1-19.

2. Ersner-Hershfield, H., Garton, M. T., Ballard, K., Samanez-Larkin, G. R., & Knutson, B. (2009), « Don't stop thinking about tomorrow. Individual differences in future self-continuity account for saving », *Judgment and Decision Making*, 4 (4), 280-286.

3. Crockett, M. J., Braams, B. R., Clark, L., Tobler, P. N., Robbins, T. W., & Kalenscher, T. (2013), « Restricting temptations. Neural mechanisms of

precommitment », *Neuron*, 79 (2), 391-401. Même si la « tentation » choisie par les chercheurs était en réalité des images érotiques plutôt que celle, plus discrète, de la procrastination, le mécanisme reste le même.

PARTIE III : Les relations

1. Voir, par exemple : Helliwell, J. F., Layard, R., & Sachs, J. (2013), *World Happiness Report 2013*, New York, UN Sustainable Development Solutions Network. Le document synthétise les différentes études montrant les effets d'« avoir quelqu'un sur qui compter ». On trouve une synthèse du rapport en français sur : http://worldhappiness.report/wp-content/uploads/sites/2/2015/04/WHR-2015-summary_final-FR.pdf.

2. Pour une explication très détaillée de la nature de notre cerveau social, voir l'excellent livre de Matthew Lieberman : Lieberman, M. D. (2013), *Social*, New York, Crown.

Chapitre 8 : Instaurer de bonnes relations

1. Tamir, D. J., & Mitchell, J. P. (2012), « Disclosing information about the self is intrinsically rewarding », *Proceedings of the National Academy of Sciences USA*, 109 (21), 8038-8043.

2. Un essai intéressant sur cette question aussi simple que puissante : « Tell me more. The art of listening », dans : Ueland, B. (1992), *Strength to Your Sword Arm. Collected Writings of Brenda Ueland*, Duluth, MN, Holy Cow Press.

3. Mitchell, J. P., Macrae, C. N., & Banaji, M. R. (2006), « Dissociable medial prefrontal contributions to judgments of similar and dissimilar others », *Neuron*, 50 (4), 655-663.

4. Rivera, L. A. (2012), « Hiring as cultural matching. The case of elite professional service firms », *American Sociological Review*, 77 (6), 999-1022.

5. Ratner, K. G. & Amodio, D. M. (2013), « Seeing "us vs. them". Minimal group effects on the neural encoding of faces », *Journal of Experimental Social Psychology*, 49 (2), 298-301.

6. Valdesolo, P., & DeSteno, D. (2011), « Synchrony and the social tuning of compassion », *Emotion*, 11 (2), 262-266.

7. Martin, L. J., *et al.* (2015), « Reducing social stress elicits emotional contagion of pain in mouse and human strangers », *Current Biology*, 25 (3), 326-332.

8. Van Baaren, R. B., Holland, R. W., Steenaert, B., & Van Knippenberg, A. (2003), « Mimicry for money. Behavioral consequences of imitation », *Journal of Experimental Social Psychology*, 39 (4), 393-398.

9. Axelrod, R., & Hamiton, W. (1981), « The evolution of cooperation », *Science*, 211 (4489), 1390-1396.

10. Pour des examens de scanners cérébraux de sujets jouant au Dilemme du prisonnier, voir : Rilling, J. K., Sanfey, A. G., Aronson, J. A., Nystrom, L. E., &

Cohen, J. D. (2004), « Opposing BOLD responses to reciprocated and unreciprocated altruism in putative reward pathways », *Neuroreport*, 15 (16), 2539-2543. D'autres jeux faisant appel à la coopération ou la compétition sont détaillés dans : Decety, J. H., *et al.* (2004), « The neural bases of cooperation and competition. An fMRI investigation », *Neuroimage*, 23 (2), 744-751.

11. Aron, A., Melinat, E., Aron, E. N., Vallone, F. D., & Bator, R. J. (1997), « The experimental generation of interpersonal closeness. A procedure and some preliminary findings », *Personality and Social Psychology Bulletin*, 23 (4), 363-377.

12. Przybylski, A. K., & Weinstein, N. (2013), « Can you connect with me now ? How the presence of mobile communication technology influences face-to-face conversation quality », *Journal of Social and Personal Relationships*, 30 (3), 3237-3246.

Chapitre 9 : Résoudre les tensions

1. Rapoport, A., *Combats, débats et jeux*, Paris, Dunod, 1967.

2. De quelle façon notre biologie autorise cette contagion reste l'une des questions les plus débattues en neurosciences : certains évoquent les « neurones miroirs » ; d'autres font remarquer que personne n'a encore jamais directement observé de tels neurones dans le cerveau humain. Quoi qu'il en soit, les effets, eux, sont évidents. Nous savons tous que lorsque quelqu'un entre de mauvaise humeur dans une pièce, l'atmosphère s'alourdit sans qu'un mot soit prononcé.

3. Friedman, R., *et al.* (2010), « Motivational synchronicity. Priming motivational orientations with observations of others' behaviors », *Motivation and Emotion*, 34 (1), 34-38.

4. Buchanan, T. W., White, C. N., Kralemann, M., & Preston, S. D. (2012), « The contagion of physiological stress. Causes and consequences », *European Journal of Psychotraumatology*, 3.

5. Wild, B., *et al.* (2001), « Are emotions contagious ? Evoked emotions while viewing emotionally expressive faces. Quality, quantity, time course and gender differences », *Psychiatry Research*, 102 (2), 109-24.

6. Ross, L. D., Amabile, T. M., & Steinmetz, J. L. (1977), « Social roles, social control, and biases in social-perception processes », *Journal of Personality and Social Psychology*, 35 (7), 485-494. Voir également : Gilbert, D. T., & Malone, P. S. (1995), « The correspondence bias », *Psychological Bulletin*, 117 (1), 21-38.

7. Gilbert, D. T., Pelham, B. W., & Krull, D. S. (1988), « On cognitive business. When person perceivers meet persons perceived », *Journal of Personality and Social Psychology*, 54 (5), 733-740.

8. Ross, L. D., Amabile, T. M., & Steinmetz, J. L. (1977), « Social roles, social control, and biases in social-perception processes », *Journal of Personality and Social Psychology*, 35 (7), 485-494.

9. Izuma, K., Saito, D. N., Sadato, N. (2008), « Processing of social and monetary rewards in the human striatum », *Neuron*, 58 (2), 284-294.

10. Goldin, P. R., McRae, K., Ramel, W., & Gross, J. J. (2008), « The neural bases of emotion regulation. Reappraisal and suppression of negative emotion », *Biological Psychiatry*, 63 (6), 577-586.

Chapitre 10: Révéler le meilleur de chacun

1. Vous trouverez d'autres outils destinés à créer un environnement propice à la réflexion pour vos interlocuteurs dans l'ouvrage de Nancy Kline : Kline, N. (1999), *Time to Think. Listening to Ignite the Human Mind*, Londres, Octopus.

2. Deci, E. L., & Ryan, R. M. (2000), « The "what" and "why" of goal pursuits. Human needs and the self-determination of behavior », *Psychological Inquiry*, 11 (4), 227-268.

3. Williams, G. C., Gagne, M., Ryan, R. M., & Deci, E. L. (2002), « Facilitating autonomous motivation for smoking cessation », *Health and Psychology*, 21 (1), 40-50.

4. Baumeister, R. F., Brastlavsky, E., Finkenauer, C., & Vohs, K. D. (2001), « Bad is stronger than good », *Review of General Psychology*, 5 (4), 323-370.

5. Camerer, C. F., & Thaler, R. H. (1995), « Anomalies. Ultimatums, dictators and manners », *Journal of Economic Perspectives*, 9 (2), 209-219.

6. Tabibnia, G., *et al.* (2008), « The sunny side of fairness. Preference for fairness activates reward circuitry (and disregarding unfairness activates self-control circuitry) », *Psychological Science*, 19 (4), 339-347. Pour un aperçu plus général de la manière dont le cerveau traite l'injustice, voir : Rilling, J. K., & Sanfey, A. G. (2011), « The neuroscience of social decision-making », *Annual Review of Psychology*, 62, 23-48.

PARTIE IV : La réflexion

Chapitre 11 : En quête de l'illumination

1. Il s'agit d'une découverte très ancienne en psychologie cognitive. Ce terme a été employé pour la première fois par Luchins dans son article : Luchins, A.S. (1942), « Mechanization in problem solving. The effect of Einstellung », *Psychological Monographs*, 54 (6).

2. Senay, I., Albarracin, D., & Noguchi, K. (2010), « Motivating goal-directed behavior through introspective self-talk. The role of the interrogative form of simple future tense », *Psychological Science*, 21 (4), 499-504.

3. Par exemple : Burnkrant, R. E., & Howard, D. J. (1984), « Effects of the use of introductory rhetorical questions versus statements on information processing », *Journal of Personality and Social Psychology*, 47 (6), 1218-1230.

4. Cresswell, J. D., *et al.* (2012), « Mindfulness-based stress reduction training reduces loneliness and pro-inflammatory gene expression in older adults.

A small randomized controlled trial », *Brain, Behavior, and Immunity*, 26 (7), 1095-1101.

5. Bos, M. W., Dijksterhuis, A., & Van Baaren, R. B. (2008), « On the goal-dependency of unconscious thought », *Journal of Experimental Social Psychology*, 44 (4), 114-1120 ; Zhong, C. B., Dijksterhuis, A., & Galinsky, A. D. (2008), « The merits of unconscious thought in creativity », *Psychological Science*, 19 (9), 912-918.

6. Abadie, M., Waroquier, L., & Terrier, P. (2013), « Gist memory in the unconscious-thought effect », *Psychological Science*, 24 (7), 1253-1259.

7. Mueller, P. A., & Oppenheimer, D. M. (2014), « The pen is mightier than the keyboard. Advantages of longhand over laptop not taking », *Psychological Science*, 25 (6), 1159-1168.

Chapitre 12 : Prendre des décisions intelligentes

1. Kahan, D. M., Braman, D., Cohen, L., Gastil, J., & Slovic, P. (2010), « Who fears the HPV vaccine, who doesn't, and why ? An experimental study of the mechanisms of cultural cognition », *Law and Human Behavior*, 34 (6), 501-516. Pour des résultats similaires : Nyhan, B., & Reifler, J. (2010), « When corrections fail. The persistence of political misperceptions », *Political Behavior*, 32 (2), 303-330.

2. Buffett, W., & Loomis, C. (2001), « Warren Buffett on the stock market », *Fortune*, 10 décembre. Voir également : Zweig, J. (2013), « Lesson from Buffett. Doubt yourself », *Wall Street Journal*, May 5.

3. Jacowitz, K. E., & Kahneman, D. (1995), « Measures of anchoring in estimation tasks », *Personality and Social Psychology Bulletin*, 21 (11), 1161-1166.

4. Ariely, D., Loewenstein, G., & Prelec, D. (2003), « "Coherent arbitrariness". Stable demand curves without stable preferences », *Quarterly Journal of Economics*, 118 (1), 73-106.

5. Busse, M. R., Pope, J. C., & Silva-Risso, J. (2012), « Projection bias in the car and housing markets », *NBER Working Paper*, n° 18212.

6. Song, H., & Schwarz, N. (2008), « Fluency and the detection of misleading questions. Low processing fluency attenuates the Moses illusion », *Social Cognition*, 26 (6), 791-799.

7. Asch, S. E. (1951), *Effects of Group Pressure on the Modification and Distortion of Judgments in Groups. Leadership and Men*, Pittsburgh, Carnegie Press.

8. Dweck, C. S. (2006), *Changer d'état d'esprit. Une nouvelle psychologie de la réussite*, trad. Jean-Baptiste Dayez, Paris, Mardaga, 2010.

9. Kahneman, D., Knetsch, J. L., & Thaler, R. H. (1990), « Experimental tests of the endowment effect and the Coase theorem », *Journal of Political Economy*, 98 (6), 1325-1348.

10. Tversky, A., & Kahneman, D. (1991), « Loss aversion in riskless choice. A reference-dependent model », *Quarterly Journal of Economics*, 106 (4), 1039-1061.

11. Hoever, I. J., Van Knippenberg, D., Van Ginkel, W. P., & Barkema, H. G. (2012), « Fostering team creativity. Perspective taking as key to unlocking diversity's potential », *Journal of Applied Psychology*, 97 (5), 982-996.

12. Interview d'Eric Schmidt : Manyika, J. (2008), « Google's view on the future of business. An interview with CEO Eric Schmidt », *McKinsey Quarterly*, novembre.

13. Klein, G. (2007), « Performing a project pre-mortem », *Harvard Business Review, Project Management*, septembre.

14. Zhang, T., Gino, F., & Bazerman, M. H. (2014), « Morality rebooted. Exploring simple fixes to our moral bugs », *Harvard Business School NOM Unit Working Paper*, n° 14-105.

Chapitre 13 : Booster son cerveau

1. Friedman, R. S., & Forster, J. (2001), « The effects of promotion and prevention cues on creativity », *Journal of Personality and Social Psychology*, 8 (6), 1001-1013.

2. Hamilton, D. L., Katz, L. B., & Leirer, V. O. (1980), « Cognitive representation of personality impressions. Organizational processes in first impression formation », *Journal of Personality and Social Psychology*, 39 (6), 1050-1063. Mitchell, J. P., Macrae, C. N., & Banaji, M. R. (2004), « Encoding-specific effects of social cognition on the neural correlates of subsequent memory », *Journal of Neuroscience*, 24 (21), 4912-4917.

3. Wason, P. C., & Johnson-Laird, P. N. (1972), *Psychology of Reasoning. Structure and Content*, Cambridge, MA, Harvard University Press.

4. Cosmides, L., & Tooby, J. (1992), *Cognitive Adaptations for Social Exchange in the Adapted Mind. Evolutionary Psychology and the Generation of Culture*, New York, Oxford University Press. Les psychologues ne sont pas tous d'accord sur les raisons pour lesquelles nous résolvons mieux le second casse-tête : est-ce parce que nous sommes prompts à remarquer les mauvaises attitudes comme la tricherie, ou simplement parce que nous traitons mieux l'information quand elle se situe dans un contexte social familier ? Dans l'un ou l'autre cas, ces raisons sont en lien avec le développement de l'intelligence sociale.

5. Amabile, T. M., Mueller, J. S., Simpson, W. B., Hadley, C. N., Kramer, S. J., & Fleming, L. (2002), « Time pressure and creativity in organizations. A longitudinal field study », *Harvard Business School Working Paper*, n° 02-073.

6. Kounios, J., Frymiare, J. L., Bowden, E. M., Fleck, J. I., Subramaniam, K., Parish, T. B., & Jung-Beeman, M. (2006), « The prepared mind. Neural activity prior to problem presentation predicts subsequent solution by sudden insight », *Psychological Science*, 17 (10), 880-890.

7. Walker, M. P., Liston, C., Hobson, J. A., & Stickgold, R. (2002), « Cognitive flexibility across the sleep-wake cycle. REM-sleep enhancement of anagram problem solving », *Brain Research, Cognitive Brain Research*, 14 (3), 317-324.

8. Harrison, Y., & Horne, J. A. (1999), « One night of sleep loss impairs innovative thinking and flexible decision making », *Organizational Behavior and Human Decision Processes*, 78 (2), 128-145.

9. Stickgold, R. (2009), « How do I remember ? Let me count the ways », *Sleep Medicine Review*, 13 (5), 305-308.

10. Gooley, J. J., *et al.* (2011), « Exposure to room light before bedtime suppresses melatonin onset and shortens melatonin duration in humans », *Journal of Clinical Endocrinology and Metabolism*, 96 (3), 463-472.

11. Rosekind, M. R., *et al.* (1995), « Alertness management. Strategic naps in operational settings », *Journal of Sleep Research*, 4 (S2), 62-66.

12. Mednick, S., Nakayama, K., & Stickgold, R. (2003), « Sleep-dependent learning. A nap is as good as a night », *Nature Neuroscience*, 6 (7), 697-698.

13. National Sleep Foundation (2013), *International Bedroom Poll*. Disponible sur : http://sleepfoundation.org/sites/default/files/RPT495a.pdf.

14. Échange personnel de mails avec David Allen, 18 juin 2015.

15. Ratey, J. J., & Loehr, J. E. (2011), « The positive impact of physical activity on cognition during adulthood. A review of underlying mechanisms, evidence and recommendations », *Reviews in the Neurosciences*, 22 (2), 171-185.

16. Powell, K. E., Paluch, A. E., & Blair, S. N. (2011), « Physical activity for health. What kind ? How much ? How intense ? On top of what ? », *Annual Review of Public Health*, 32 (1), 349-365.

PARTIE V : L'influence

Chapitre 14 : Déjouer leurs filtres

1. Falk, E. B., Morelli, S. A., Welborn, B. L., Dambacher, K., & Lieberman, M. D. (2013), « Creating buzz. The neural correlates of effective message propagation », *Psychological Science*, 24 (7), 1234-1242.

2. Étude non publiée de Zakary Tormala. Plus d'informations sur : http://www.cmo.com/opinion/articles/2014/9/3/whiteboard_beats_pow.html.

3. Kensinger, E. A., & Schachter, D. L. (2008), « Memory and emotion », dans : Lewis, M., Haviland-Jones, J. M., & Feldman Barrett, L. (éd.), *Handbook of Emotions*, New York, Guilford Press.

4. McNeil, B. J., Pauker, S. G., Sox, H. C., Jr., & Tversky, A. (1982), « On the elicitation of preferences for alternative therapies », *New England Journal of Medicine*, 306 (21), 1259-1262.

5. Kensinger, E. A. (2009), « Remembering the details. Effects of emotion », *Emotion Review*, 1 (2), 99-113.

6. Berger, J., & Milkman, K. L. (2012), « What makes online content viral ? », *Journal of Marketing Research*, 49 (2), 192-205.

7. Mitchell, J. P., Macrae, C. N., & Banaji, M. R. (2004), « Encoding-specific effects of social cognition on the neural correlates of subsequent memory », *Journal of Neuroscience*, 24 (21), 4912-4917.

8. Small, D. A., Loewenstein, G., & Slovic, P. (2007), « Sympathy and callousness. The impact of deliberative thought on donations to identifiable and statistical victims », *Organizational Behavior and Human Decision Processes*, 102 (2), 143-153.

9. McKinsey & Company Internal Communications Team (2014), *McKinsey News Update, Internal report*, mai.

10. Pour une très bonne présentation académique de différents types de fluidité cognitive, voir : Alter, A. L., & Oppenheimer, D. M. (2009), « Uniting the tribes of fluency to form a metacognitive nation », *Personality and Social Psychology Review*, 13 (3), 219-235.

11. Alter, A. L., & Oppenheimer, D. M. (2006), « Predicting short-term stock fluctuations by using processing fluency », *Proceedings of the National Academy of Sciences USA*, 103 (24), 9369-9372.

12. McGlone, M. S., & Tofighbakhsh, J. (2000), « Birds of a feather flock conjointly (?). Rhyme as reason in aphorisms », *Psychological Science*, 11 (5), 424-428.

13. Begg, I. M., Anas, A., & Farinacci, S. (1992), « Dissociation of processes in belief. Source recollection, statement familiarity, and the illusion of truth », *Journal of Experimental Psychology : General*, 121, 446-458.

14. Sur les effets d'une présentation visuelle plus confortable, voir : Reber, R., Winkielman, P., & Schwarz, N. (1998), « Effects of perceptual fluency on affective judgments », *Psychological Science*, 9 (1), 45-48. Sur les effets d'un langage plus simple, voir : Oppenheimer, D. M. (2006), « Consequences of erudite vernacular utilized irrespective of necessity. Problems with using long words needlessly », *Applied Cognitive Psychology*, 20 (2), 139-156.

15. Binder, J. R., Westbury, C. F., McKiernan, K. A., Possing, E. T., & Medler, D. A. (2005), « Distinct brain systems for processing concrete and abstract concepts », *Journal of Cognitive Neuroscience*, 17 (6), 905-917.

16. The Behavioural Insights Team (2011), *Annual Update, 2010-2011*. Données disponibles sur : https://www.gov.uk/government/uploads/system/uploads/attachment_data/file/60537/Behaviour-Change-Insight-Team-Annual-Update_acc.pdf.

17. Camerer, C. F., Loewenstein, G., & Weber, M. (1989), « The curse of knowledge in economic settings. An experimental analysis », *Journal of Political Economy*, 97 (5), 1232-1254.

18. Keysar, B., & Henly, A. S. (2002), « Speakers' overestimation of their effectiveness », *Psychological Science*, 13 (3), 207-212.

Chapitre 15 : Initier le mouvement

1. Langer, E. J., Blank, A., & Chanowitz, B. (1978), « The mindlessness of ostensibly thoughtful action. The role of "placebic" information in interpersonal interaction », *Journal of Personality and Social Psychology*, 36 (6), 635-642.

2. Thaler, R., Sunstein, C., *Nudge, la méthode douce pour inspirer la bonne décision*, trad. Marie-France Pavillet, Paris, Vuibert, 2010.

3. Johnson, E. J., & Goldstein, D. (2003), « Do defaults save lives ? », *Science*, 302 (5649), 1338-1339.

4. Rozin, P., Scott, S., Dingleyu, M., Uranek, J. K., Jiang, H., & Kaltenbach, M. (2001), « Nudge to nobesity I. Minor changes in accessibility decrease food intake », *Judgment and Decision Making*, 6 (4), 323-332.

5. Strack, F., & Mussweiler, T. (1997), « Explaining the enigmatic anchoring effect. Mechanisms of selective accessibility », *Journal of Personality and Social Psychology*, 73 (3), 437-446.

6. Ames, D. R., & Mason, M. F. (2015), « Tandem anchoring. Informational and politeness effects of range offers in social exchange », *Journal of Personality and Social Psychology*, 108 (20), 254-274.

7. Votre demande doit sembler raisonnable. Des participants auxquels on a demandé de citer 12 situations où ils s'étaient montrés sûrs d'eux se sont par la suite attribué un degré de confiance en eux inférieur à ceux qui devaient n'en citer que six, car ils avaient eu du mal à en trouver autant. Voir : Schwarz, N., Bless, H., Strack, F., Klumpp, G., Rittenauer-Schatka, H., & Simons, A. (1991), « Ease of retrieval as information. Another look at the availability heuristic », *Journal of Personality and Social Psychology*, 61 (2), 195-202.

8. Platow, M. J., *et al.* (2005), « "It's not funny if they're laughing." Self-categorization, social influence, and responses to canned laughter », *Journal of Experimental Social Psychology*, 41 (5), 542-550.

9. Kahan, D. M., Braman, D., Cohen, G. L., Gastil, J., & Slovic, P. (2010), « Who fears the HPV vaccine, who doesn't, and why ? An experimental study of the mechanisms of cultural cognition », *Law and Human Behavior*, 34 (6), 501-516.

10. Langer, E. J. (1975), « The illusion of control », *Journal of Personality and Social Psychology*, 32 (2), 311-328.

11. Le fait de demander aux patients prenant rendez-vous par téléphone de répéter la date et l'heure prévues a encore réduit les rendez-vous manqués de 3,5 %. Et quand ces mesures ont été associées avec une forme de preuve sociale (des affiches déclarant : « Le mois dernier, 99 % de nos patients se sont présentés à leur rendez-vous »), leur nombre a diminué d'un tiers. Martin, S. J., Bassi, S., & Dunbar-Rees, R. (2012), « Commitments, norms and custard creams. A social influence approach to reducing did not attends (DNAs) », *Journal of the Royal Society of Medicine*, 105 (3), 101-104.

12. Adam Grant cite une recherche de Katie Liljenquist suggérant que les gens perçoivent le degré de sincérité avec lequel on requiert leur avis, dans : Grant, A. M., *Donnant, donnant. Quand générosité et entreprise font bon ménage*, trad. Danielle Charron, Montreuil, Pearson, 2013.

Chapitre 16 : Avoir confiance en soi

1. Par exemple, sur la confiance en soi dans les groupes : Zarnoth, P., & Sniezek, J. A. (1997), « The social influence of confidence in group decision making », *Journal of Experimental Social Psychology*, 33 (4), 345-366. Sur la confiance en soi dans les témoignages, voir : Sporer, S. L., Penrod, S., Read, D., & Cutler, B. (1995), « Choosing, confidence, and accuracy. A meta-analysis of the confidence-accuracy relation in eyewitness identification studies », *Psychological Bulletin*, 118 (3), 315-327. Sur la confiance en soi dans l'évaluation de probabilités, voir : Price, P. C., & Stone, E. R. (2004), « Intuitive evaluation of likelihood judgment producers. Evidence for a confidence heuristic », *Journal of Behavioral Decision Making*, 17 (1), 39-57.

2. Kilduff, G. J., & Galinsky, A. D. (2013), « From the ephemeral to the enduring. How approach-oriented mindsets lead to greater status », *Journal of Personality and Social Psychology*, 105 (5), 816-831.

3. Fragale, A. R. (2006), « The power of powerless speech. The effects of speech style and task interdependence on status conferral », *Organizational Behavior and Human Decision Processes*, 101 (2), 243-261.

4. Jamieson, J. P., Mendes, W. B., & Nock, M. K. (2013), « Improving acute stress responses. The power of reappraisal », *Current Directions in Psychological Science*, 22 (1), 51-56.

5. Creswell, J. D., Welch, W. T., Taylor, S. E., Lucas, D. K., Gruenewald, T. L., & Mann, T. (2005), « Affirmation of personal values buffers neuroendocrine and psychological stress responses », *Psychological Science*, 16 (11), 846-851.

6. Kilduff, G. J., & Galinsky, A. D. (2013), « From the ephemeral to the enduring. How approach-oriented mindsets lead to greater status », *Journal of Personality and Social Psychology*, 105 (5), 816-831.

7. La cause de cette sensation reste peu claire : est-ce dû à une réinitialisation des associations établies par le cerveau entre « se sentir sûr de soi » et « avoir une posture assurée », ou au fait qu'une posture plus hardie augmente également la sécrétion d'hormones liées à la prise de risque ? Une étude a montré l'implication des hormones dans ce phénomène, voir : Carney, D. R., Cuddy, A. J., & Yap, A. J. (2010), « Power posing. Brief nonverbal displays affect neuroendocrine levels and risk tolerance », *Psychological Science*, 21 (10), 1363-1368. Une autre étude à plus grande échelle a reproduit les effets sur la confiance en soi (mais pas sur la testostérone et le cortisol), voir : Ranehill, E., Dreber, A., Johannesson, M., Leiberg, S., Sul, S., & Weber, R. A. (2015), « Assessing the

robustness of power posing. No effect on hormones and risk tolerance in a large sample of men and women », *Psychological Science*, 26 (5), 653-656.

8. Carney, D. R., Cuddy, A. J., & Yap, A. J. (2010), « Power posing. Brief nonverbal displays affect neuroendocrine levels and risk tolerance », *Psychological Science*, 21 (10), 1363-1368.

Partie VI : La résilience

1. Wilson, T. D., & Gilbert, D. T. (2005), « Affective forecasting. Knowing what to want », *Current Directions in Psychological Science*, 14 (3), 131-134. Voir également l'ouvrage très accessible de Gilbert : Gilbert, D. T., *Et si le bonheur vous tombait dessus*, trad. Marie-Hélène Sabard, Paris, Laffont, 2007.

Chapitre 17 : Garder la tête froide

1. Wilson, T. (2004), *Strangers to Ourselves. Discovering the Adaptive Unconscious*, Cambridge, MA, Belknap Press.

2. Kircanski, K., Lieberman, M. D., & Craske, M. G. (2012), « Feelings into words. Contributions of language to exposure therapy », *Psychological Science*, 23 (10), 1086-1091.

3. Lieberman, M. D., Eisenberger, N. I., Crockett, M. J., Tom, S. M., Pfeifer, J. H., & Way, B. M. (2007), « Putting feelings into words. Affect labeling disrupts amygdale activity in response to affective stimuli », *Psychological Science*, 18 (5), 421-428.

4. Pour des références générales sur les faiblesses de la suppression des émotions comme stratégie d'adaptation, voir : Kross, E., & Ayduk, O. (2011), « Making meaning out of negative experiences by self-distancing », *Current Directions in Psychological Science*, 20 (3), 187-191. D'autres études montrent comment le fait d'étouffer les émotions diminue les bienfaits de la réévaluation des faits en tant que technique, voir : Goldin, P. R., McRae, K., Ramel, W., & Gross, J. J. (2008), « The neural bases of emotion regulation. Reappraisal and suppression of negative emotion », *Biological Psychiatry*, 63 (6), 577-586 ; Gross, J. J., & John, O. P. (2003), « Individual differences in two emotion regulation processes. Implications for affect, relationships, and well-being », *Journal of Personality and Social Psychology*, 85 (2), 348-362. Pour une étude montrant comment la suppression des émotions peut avoir un effet contre-productif et affecter l'entourage, voir : Butler, E. A., Egloff, B., Wilhelm, F. H., Smith, N. C., Erickson, E. A., & Gross, J. J. (2003), « The social consequences of expressive suppression », *Emotion*, 3 (1), 48-67.

5. Kross, E., *et al.* (2014), « Self-talk as a regulatory mechanism. How you do it matters », *Journal of Personality and Social Psychology*, 106 (2), 304-324.

6. Kross, E., & Ayduk, O. (2011), « Making meaning out of negative experiences by self-distancing », *Current Directions in Psychological Science*, 20 (3), 187-191.

7. Rutten, B. P., *et al.* (2013), « Resilience in mental health. Linking psychological and neurobiological perspectives », *Acta Psychiatrica Scandinavica*, 128 (1), 3-20. Une étude a également établi que la faculté de générer une émotion positive sur l'instant augmente la résilience, voir : Cohn, M. A., & Fredrickson, B. L. (2010), « In search of durable positive psychology interventions. Predictors and consequences of long-term positive behavior change », *Journal of Positive Psychology*, 5 (5), 355-366.

8. Zander, R. S., & Zander, B. (2000), *The Art of Possibility*, Boston, Harvard Business School Press.

9. George, B., & Sims, P. (2007), *True North. Discover Your Authentic Leadership*, San Francisco, Jossey-Bass.

10. Rutten, B. P., *et al.* (2013), « Resilience in mental health. Linking psychological and neurobiological perspectives », *Acta Psychiatrica Scandinavica*, 128 (1), 3-20.

11. Vous trouverez de nombreuses références dans : Brown, R. P, Gerbag, P. L., & Muench, F. (2013), « Breathing practices for treatment of psychiatric and stress-related medical conditions », *Psychiatric Clinics of North America*, 36 (1), 121-140.

12. Kahneman, D., & Tversky, A. (1986), « Rational choice and the framing of decisions », *The Journal of Business*, 59 (4), 251-278.

13. Yoshida, W., Seymour, B., Koltzenburg, M., & Dolan, R. J. (2013), « Uncertainty increases pain. Evidence for a novel mechanism of pain modulation involving the periaqueductal gray », *Journal of Neuroscience*, 33 (13), 5638-5646.

14. Fernald, A., & O'Neill, D. K. (1993), « Peekaboo across cultures. How mothers and infants play with voices, faces, and expectations », dans : MacDonald, K. B. (éd.), *Parent Child Play. Descriptions and Implications* (pp. 259-285), Albany, State University of New York Press.

15. Parrott, W. G., & Gleitman, H. (1989), « Infant's expectations in play. The joy of peek-a-boo », *Cognition and Emotion*, 3 (4), 291-311.

16. Arnsten, A. F. (1998), « The biology of being frazzled », *Science*, 280 (5370), 1711-1712.

Chapitre 18 : Passer à autre chose

1. MacNamara, A., Ochsner, K. N., & Hajcak, G. (2011), « Previously reappraised. The lasting effect of description type on picture-elicited electrocortical activity », *Social Cognitive and Affective Neuroscience*, 6 (3), 348-358.

2. Gross, J. J., John, O. P. (2003), « Individual differences in two emotion regulation processes. Implications for affect, relationships, and well-being », *Journal of Personality and Social Psychology*, 85 (2), 348-362.

3. McRae, K., Jacobs, S. E., Ray, R. D., John, O. P., & Gross, J. J. (2012), « Individual differences in reappraisal ability. Links to reappraisal frequency,

well-being, and cognitive control », *Journal of Research in Personality*, 46 (1), 2-7.

4. Ochsner, K. N., Ray, R. D., Cooper, J. C., Robertson, E. R., Chopra, S., Gabrieli, J. D. E., & Gross, J. J. (2004), « Thinking makes it so. A social cognitive neuroscience approach to emotion regulation », dans : Baumeister, R. F., & Vohs, K. D. (éd.), *Handbook of Self-Regulation. Research, Theory, and Applications*, New York, Guilford Press.

5. Shiota, M. N., & Levenson, R. W. (2012), « Turn down the volume or change the channel ? Emotional effects of detached versus positive reappraisal », *Journal of Personality and Social Psychology*, 103 (3), 416-429.

6. Ochsner, K. N., & Gross, J. J. (2005), « The cognitive control of emotion », *Trends in Cognitive Sciences*, 9 (5), 242-249. Voir également : MacNamara, A., Ochsner, K. N., & Hajcak, G. (2011), « Previously reappraised. The lasting effect of description type on picture-elicited electrocortical activity », *Social Cognitive and Affective Neuroscience*, 6 (3), 348-358.

7. Arkes, H. R., & Blumer, C. (1985), « The psychology of sunk cost », *Organizational Behavioral and Human Decision Processes*, 35 (1), 124-140.

8. Molden, D. C., & Hui, C. M. (2011), « Promoting de-escalation of commitment. A regulatory-focus perspective on sunk costs », *Psychological Science*, 22 (1), 8-12.

Chapitre 19 : Rester fort

1. Walker, M. P., & Van der Helm, E. (2009), « Overnight therapy ? The role of sleep in emotional brain processing », *Psychological Bulletin*, 135 (5), 731-748. Voir également : Van der Helm, E., & Walker, M. P. (2012), « Sleep and affective brain regulation », *Social and Personality Psychology Compass*, 6 (11), 773-791.

2. Yoo, S. S., Gujar, N., Hu, P., Jolesz, F. A., & Walker, M. P. (2007), « The human emotional brain without sleep. A prefrontal amygdala disconnect », *Current Biology*, 17 (20), 877-878.

3. Mah, C. D., Mae, K. E., Kezirian, E. J., & Dement, W. C. (2011), « The effects of sleep extension on the athletic performance of collegiate basketball players », *Sleep*, 34 (7), 943-950.

4. Cunningham, T. J., Crowell, C. R., Alger, S. E., Kensinger, E. A., Villano, M. A., Mattingly, S. M., & Payne, J. D. (2014), « Psychophysiological arousal at encoding leads to reduced reactivity but enhanced emotional memory following sleep », *Neurobiology of Learning and Memory*, 114, 155-164.

5. Pace-Schott, E. F., Shepherd, E., Spencer, R. M. C., Marcello, M., Tucker, M., Propper, R. E., & Stickgold, R. (2011), « Napping promotes inter-session habituation to emotional stimuli », *Neurobiology of Learning and Memory*, 95 (1), 24-36.

6. Rethorst, C. D., Wipfli, B. M., & Landers, D. M. (2009), « The antidepressive effects of exercise. A meta-analysis of randomized trials », *Sports Medicine*, 39 (6), 491-511.

7. Pour un exemple, voir : Kramer, A. F., *et al.* (1999), « Ageing, fitness and neurocognitive function », *Nature*, 400 (6743), 418-419. Cité dans : Ratey, J. J., & Loehr, J. E. (2011), « The positive impact of physical activity on cognition during adulthood. A review of underlying mechanisms, evidence and recommendation », *Reviews in the Neurosciences*, 22 (2), 171-185.

8. Brewer, J. A., Worhunsky, P. D., Gray, J. R., Tang, Y. Y., Weber, J., & Kober, H. (2011), « Meditation experience is associated with differences in default mode network activity and connectivity », *Proceedings of the National Academy of Sciences USA*, 108 (50), 20254-20259.

9. Levy, D. M., Wobbrock, J. O., Kaszniak, A. W., & Ostergren, M. (2012), « The effects of mindfulness meditation training on multitasking in a high-stress information environment », document présenté lors des Proceedings of Graphics Interface 2012, Toronto, Ontario, Canada.

10. Zeidan, F., Johnson, S. K., Diamond, B. J., David, Z., & Goolkastan, P. (2010), « Mindfulness meditation improves cognition. Evidence of brief mental training », *Consciousness & Cognition*, 19 (2), 597-605.

11. Moyer, C. A., *et al.* (2011), « Frontal electroencephalographic asymmetry associated with positive emotion is produced by very brief meditation training », *Psychological Science*, 22 (10), 1277-1279.

PARTIE VII : L'énergie

Chapitre 20 : Faire le plein d'énergie

1. Parmi les articles majeurs : Seligman, M. E. P., Steen, T. A., Park, N., & Peterson, C. (2005), « Positive psychology progress. Empirical validation of interventions », *American Psychologist*, 60 (5), 410-421 ; Montgrain, M., & Anselmo-Matthews, T. (2012), « Do positive psychology exercises work ? A replication of Seligman *et al.* (2005) », *Journal of Clinical Psychology*, 68 (4), 382-389.

2. Gander, F., Proyer, R., Ruch, W., & Wyss, T. (2013), « Strength-based positive interventions. Further evidence for their potential in enhancing well-being and alleviating depression », *Journal of Happiness Studies*, 14 (4), 1241-1259.

3. Seligman, M. E. P., *S'épanouir. Pour un nouvel art du bonheur et du bien-être*, trad. Brigitte Vadé, Paris, Belfond, 2012.

4. Moll, J., Krueger, F., Zahn, R., Pardini, M., de Oliveira-Souza, R., & Grafman, J. (2006), « Human fronto-mesolimbic networks guide decisions about charitable donation », *Proceedings of the National Academy of Sciences USA*, 103 (42), 15623-15628.

5. On trouve de nombreux éléments en faveur de cette thèse dans l'ouvrage de Dunn, E., & Norton, M. (2013), *Happy Money. The Science of Happier Spending*, New York, Simon & Schuster. Par ailleurs, une étude montre que l'on a tendance à se montrer plus généreux quand on se souvient de ses propres

actes de générosité, d'où l'apparition d'un cercle vertueux, voir : Aknin, L., Dunn, E., & Norton, M. (2012), « Happiness runs in a circular motion. Evidence for a positive feedback loop between prosocial spending and happiness », *Journal of Happiness Studies*, 13 (2), 347-355.

6. Une autre conclusion du recueil d'enquêtes sur le bonheur du Rapport mondial sur le bonheur. Helliwell, J., Layard, R., & Sachs, J. (2013), *World Happiness Report 2013*, New York, UN Sustainable Development Solutions Network.

7. Otake, K., Shimai, S., Tanaka-Matsumi, J., Otsui, K., & Fredrickson, B. L. (2006), « Happy people become happier through kindness. A counting kindness intervention », *Journal of Happiness Studies*, 7 (3), 361-375 ; Aknin, L., Dunn, E., & Norton, M. (2012), « Happiness runs in a circular motion. Evidence for a positive feedback loop between prosocial spending and happiness », *Journal of Happiness Studies*, 13 (2), 347-355.

8. Amabile, T. M., & Kramer, S. J. (2011), *The Progress Principle. Using Small Wins to Ignite Joy, Engagement, and Creativity at Work*, Watertown, MA, Harvard Business Review Press.

9. Helliwell, J., Layard, R., & Sachs, J. (2013), *World Happiness Report 2013*, New York, UN Sustainable Development Solutions Network.

10. Powdthavee, N. (2008), « Putting a price tag on friends, relatives, and neighbors. Using surveys of life satisfaction to value social relationships », *Journal of Socio-Economics*, 37 (4), 459-1480.

11. Sandstrom, G. M., & Dunn, E. W. (2014), « Social interactions and well-being. The surprising power of weak ties », *Personality and Social Psychological Bulletin*, 40 (7), 910-922.

12. Laird, J. D. (1974), « Self-attribution of emotion. The effects of expressive behavior on the quality of emotional experience », *Journal of Personality and Social Psychology*, 29 (4), 475-486.

13. Strack, F., Martin, L. L., & Stepper, S. (1988), « Inhibiting and facilitating conditions of the human smile. A nonobtrusive test of the facial feedback hypothesis », *Journal of Personality and Social Psychology*, 54 (5), 768-777.

14. Kraft, T. L., & Pressman, S. D. (2012), « Grin and bear it. The influence of manipulated facial expression on the stress response », *Psychological Science*, 23 (11), 1372-1378.

15. Kahneman, D. (1999), « Objective happiness », dans : Kahneman, D., Diener, E., & Schwarz, N. (éd.), *Well-Being Foundations of Hedonic Psychology*, New York, Russell Sage Foundation. Une conférence TED de Daniel Kahneman est également consacrée à ce sujet : Kahneman, D. (2010), « L'énigme de l'expérience et de la mémoire ».

16. Frederickson, B. L. (2000), « Extracting meaning from past affective experiences. The importance of peaks, ends, and specific emotions », *Cognition and Emotion*, 14 (4), 577-606.

17. Coloscopies, souvenirs de traitements médicaux douloureux : Redelmeier, D. A., & Kahneman, D. (1996), « Real-time and retrospective evaluations of two minimally invasive procedures », *Pain*, 66 (1), 3-8. Sons stridents : Schreiber, C. A., & Kahneman, D. (2000), « Determinants of the remembered utility of aversive sounds », *Journal of Experimental Psychology, General*, 129 (1), 27-42. Pour un exposé des travaux sur la loi de l'apogée, voir : Frederickson, B. L. (2000), « Extracting meaning from past affective experiences. The importance of peaks, ends, and specific emotions », *Cognition and Emotion*, 14 (4), 577-606.

18. Do, A. M., Rupert, A. V., & Wolford, G. (2008), « Evaluation of pleasurable experiences ? The peak-end rule », *Psychonomic Bulletin & Review*, 15 (1), 96-98.

Chapitre 21 : Tirer parti de ses forces

1. Résumé dans : Dweck, C. S. (2006), *Changer d'état d'esprit. Une nouvelle psychologie de la réussite*, trad. Jean-Baptiste Dayez, Paris, Mardaga, 2010.

2. Pour rédiger *Strengths-Based Leadership*, le rapport dont sont issus ces chiffres, les chercheurs de Gallup ont étudié plus d'un million d'équipes de travail, conduit plus de 20 000 interviews de dirigeants, et interrogé plus de 10 000 followers. Ces chiffres spécifiques proviennent d'une enquête menée sur 65 672 employés, 530 équipes et 469 unités opérationnelles, depuis les usines jusqu'aux points de vente.

3. Corporate Leadership Council (2002), *Building the High-Performance Workforce. A Quantitative Analysis of the Effectiveness of Performance Management Strategies*, Washington, DC.

4. L'étude originelle montrant ces résultats était : Seligman, M. E. P., Steen, T. A., Park, N., & Peterson, C. (2005), « Positive psychology progress. Empirical validation of interventions », *American Psychologist*, 60, 410-421. Les travaux d'Alex Linley ont été particulièrement utiles pour prouver la durabilité des effets à long terme, par exemple dans : Govindji, R., & Linley, A. P. (2007), « Strengths use, self-concordance and well-being. Implications for strengths coaching and coaching psychologists », *International Coaching Psychology Review*, 2 (2), 143-153 ; Wood, A. M., Linley, P. A., Maltby, J., Kashdan, T. B., & Hurling, R. (2011), « Using personal and psychological strengths leads to increases in well-being over time. A longitudinal study and the development of the strengths use questionnaire », *Personality and Individual Differences*, 50 (1), 15-19.

5. On trouve le questionnaire utilisé pour la recherche de Seligman et Peterson sur : http://www.viacharacter.org (en plusieurs langues, dont le français). Gallup propose également d'acheter une série d'outils fondés sur les forces, voir : https://www.gallupstrengthscenter.com. Le test du Centre for Applied Positive Psychology fait une distinction entre les forces liées à un apprentissage et celles qui sont intrinsèques à la personne, et les forces exprimées et non exprimées ; voir : https://assessment.r2profiler.com.

6. Grant, A. M., *Donnant, donnant. Quand générosité et entreprise font bon ménage*, trad. Danielle Charron, Montreuil, Pearson, 2013.

Postface : Maintenir le cap

1. Merzenich, M. (2013), *Soft-Wired. How the New Science of Brain Plasticity Can Change Your Life*, San Francisco, Parnassus.

2. Il existe même une recherche qui semble prouver le bien-fondé de son choix. Lors d'une étude comparant différentes techniques visant à inciter les gens à économiser plus, Dan Ariely et ses collègues ont constaté qu'un « dispositif tangible pour garder le cap » (dans ce cas, une grosse pièce brillante à portée de main) était plus efficace que tout le reste. Voir : Akbas, M., Ariely, D., Robalino, D. A., Weber, M. (2015), « How to help the poor to save a bit. Evidence from a field experiment in Kenya », *Duke University Working Paper*, January.

Appendice B : Comment rédiger de bons mails

1. Radicati Group (2015), *Email Statistics Report, 2015-2019*, Palo Alto, CA.

2. Chui, M., Manyika, J., & Bughin, J. (2012), *The Social Economy. Unlocking Value and Productivity Through Social Technologies*, McKinsey Global Institute.

3. Allen, D., *S'organiser pour réussir*, trad. Michel Edéry, Paris, Leduc, 2008.

4. Kruger, J., Epley, N., Parker, J., & Ng, S. W. (2005), « Egocentrism over e-mail. Can we communicate as well as we think ? », *Journal of Personality and Social Psychology*, 89 (6), 925-936.

5. Brown, C., Killick, A., & Renaud, K. (2013), « To reduce e-mail, start at the top », *Harvard Business Review*, septembre.

l'esprit d'ouverture

Collection dirigée par Fabrice Midal

Shawn Achor

Comment devenir un optimiste contagieux, 2012
Choisir l'optimisme. Comment être heureux par mauvais temps, 2015

Karen Armstrong

Compassion. Manifeste révolutionnaire pour un monde meilleur, 2013

Julie Barton

Dog médecine, 2017

Bashô, Issa, Shiki

L'Art du haïku. Pour une philosophie de l'instant, 2009

Tal Ben-Shahar

L'Apprentissage du bonheur. Principes, préceptes et rituels pour être heureux, 2008
L'Apprentissage de l'imperfection, 2010
Apprendre à être heureux. Cahier d'exercices et recettes, 2010
Choisir sa vie. 101 expériences pour saisir sa chance, 2014

Andrew Bienkowski

Le Grand-Père et le Veau. Leçons de vie et d'espoir, 2012

Tara Brach

L'Acceptation radicale, 2016

Dr Michael Breus

Quand ? Faites votre révolution chronobiologique et réalisez pleinement votre vie, 2017

David Burns

Bien ensemble. Comment résoudre les problèmes relationnels, 2010

Dana Caspersen

Reprendre la conversation. 17 principes pour sortir du conflit et se faire entendre, 2016

Yu Dan

Le Bonheur selon Confucius. Petit manuel de sagesse universelle, 2009
Le Bonheur selon Tchouang-tseu, 2015

David Deida

L'Urgence d'être. Zen et autres plaisirs inattendus, 2009

Norman Doidge

Les Étonnants Pouvoirs de transformation du cerveau. Guérir grâce à la neuroplasticité, 2008
Guérir grâce à la neuroplasticité. Découvertes remarquables à l'avant-garde de la recherche sur le cerveau, 2016

Stefan Einhorn

L'Art d'être bon. Oser la gentillesse, 2008

Robert Emmons

Merci ! Quand la gratitude change nos vies, 2008

Les Fehmi et Jim Robbins

La Pleine Conscience. Guérir le corps et l'esprit par l'éveil de tous les sens, 2010

Erich Fromm

L'Art d'aimer, 2015

Gerd Gigerenzer

Le Génie de l'intuition. Intelligence et pouvoirs de l'inconscient, 2009

Dr Michael Greger avec Gene Stone

Comment ne pas mourir. Les aliments qui préviennent et renversent le cours des maladies, 2017

Christopher Hitchens

dieu n'est pas Grand. Comment la religion empoisonne tout, 2009

Russell Jacoby

Les Ressorts cachés de la violence. D'Abel et Caïn à nos jours, 2014

Ursula James

La Source. Manuel de magie quotidienne, 2012

Jia Jiang

À l'épreuve du non. 100 jours d'un désopilant combat pour surmonter la peur du rejet, 2017

Thupten Jinpa

N'ayons plus peur. Oser la compassion peut transformer nos vies, 2016

Dan Josefsson et Egil Linge

Du premier rendez-vous à l'amour durable. Identifier ses problèmes relationnels, se libérer de l'insécurité affective, vaincre la peur de l'engagement et construire enfin une relation durable, 2012

Jack Kornfield

Bouddha mode d'emploi, 2011
Une lueur dans l'obscurité. Comment traverser les temps difficiles grâce à la méditation, 2013
La Sagesse du cœur. La méditation à la portée de tous, 2015

Satish Kumar

Tu es donc je suis. Une déclaration de dépendance, 2010

John Lane

Les Pouvoirs du silence. Retrouver la beauté, la créativité et l'harmonie, 2008

Martha Lear

Mais où sont passées mes lunettes ? Comment gérer au quotidien les petits troubles de la mémoire, 2009

Roberta Lee

SuperStress. La solution, 2011

Takanori Naganuma

Prendre soin de son intestin. La méthode japonaise pour ouvrir les voies de l'intuition, retrouver l'énergie vitale et renouer avec le moi profond, 2016

Dzogchen Ponlop Rimpoché

Bouddha rebelle. Sur la route de la liberté, 2012

Richard David Precht

Qui suis-je et, si je suis, combien ? Voyage en philosophie, 2010
Amour. Déconstruction d'un sentiment, 2011
L'Art de ne pas être un égoïste. Pour une éthique responsable, 2011
Pourquoi j'existe ? Et autres leçons de philosophie pour les enfants curieux, 2014

Todd Rose

La Tyrannie de la norme, 2017

Mark Rowlands

Le Philosophe et le Loup. Liberté, fraternité, leçons du monde sauvage, 2010

Gretchen Rubin

Opération Bonheur. Une année pour apprendre à chanter, ranger ses placards, se battre s'il le faut, lire Aristote... et être heureux, 2011

Sharon Salzberg

Apprentissage de la méditation. Comment vivre dans la plénitude, 2013
L'Amour qui guérit, 2015

Brenda Shoshanna

Vivre sans peur. Sept principes pour oser être soi, 2011

Adam Soboczynski

Survivre dans un monde sans pitié. De l'art de la dissimulation, 2011

Carlo Strenger

La peur de l'insignifiance nous rend fous. Une quête de sens et de liberté pour le xxie siècle, 2013
Le Mépris civilisé, 2016

Scott Stossel

Anxiété. Les tribulations d'un angoissé chronique en quête de paix intérieure, 2016

Chade-Meng Tan

Connectez-vous à vous-même. Une nouvelle voie vers le succès, le bonheur (et la paix dans le monde), 2014

Thich Nhat Hanh

Prendre soin de l'enfant intérieur. Faire la paix avec soi, 2014
Vivre en pleine conscience : manger, 2016
Vivre en pleine conscience : s'asseoir, 2016
Vivre en pleine conscience : marcher, 2016
Vivre en pleine conscience : aimer, 2016
Vivre en pleine conscience : se détendre, 2017
La Terre est ma demeure. Autoportrait d'un artisan de paix, 2017

Peter M. Wayne

Taï-chi : la méditation en mouvement. Une approche scientifique pour un art millénaire, 2014

Composition et mise en pages
Nord Compo à Villeneuve-d'Ascq

MIXTE
Papier issu de
sources responsables
FSC® C003309

Cet ouvrage a été achevé d'imprimer en octobre 2017
dans les ateliers de Normandie Roto Impression s.a.s.
61250 Lonrai
N° d'impression : 1704313

Imprimé en France